“十二五”江苏省高等学校重点教材（编号：2013-2-046）

高等职业教育系列教材

路面施工技术

主编　罗云军
参编　胡友好　刘永珍　程青现
主审　蒋　玲　薛永森

机械工业出版社

本书改变原有学科型的课程体系，构建以任务驱动、工作过程为导向的项目教学课程教学体系，将教学内容按路面设计、施工能力的培养组织了四大模块（基础模块、设计模块、施工模块、拓展模块），7个项目，下设35个任务的教学内容。本书主要介绍了路面结构的基本构造和每一结构层适用的路面常用材料；路面结构层组合设计的基本原理与方法；沥青路面和水泥混凝土路面设计的基本原理与方法；路面的施工放样；路面常用材料结构层的施工工艺、施工过程质量控制、施工质量标准以及路面设计规范和施工规范的应用等内容。

本书主要供高等职业教育道路桥梁工程类专业教学使用，也可作为路桥类工程技术人员的培训教材或自学用书。

为方便教学，本书配有电子课件，凡使用本书作为教材的教师可登录机工教育服务网 www.cmpedu.com 注册下载。咨询邮箱：cmpgaozhi@sina.com。咨询电话：010-88379375。

图书在版编目（CIP）数据

路面施工技术/罗云军主编 .—北京：机械工业出版社，2014.8（2025.8重印）

高等职业教育系列教材

ISBN 978-7-111-47116-5

Ⅰ.①路… Ⅱ.①罗… Ⅲ.①路面施工-高等职业教育-教材 Ⅳ.①U416.2

中国版本图书馆CIP数据核字（2014）第125434号

机械工业出版社（北京市百万庄大街22号 邮政编码100037）
策划编辑：李 莉 责任编辑：李 莉 常金锋
责任校对：肖 琳 封面设计：陈 沛
责任印制：单爱军
中煤（北京）印务有限公司印刷
2025年8月第1版第8次印刷
184mm×260mm · 20.5印张 · 462千字
标准书号：ISBN 978-7-111-47116-5
定价：52.00元

电话服务
客服电话：010-88361066
010-88379833
010-68326294

网络服务
机 工 官 网：www.cmpbook.com
机 工 官 博：weibo.com/cmp1952
金 书 网：www.golden-book.com
机工教育服务网：www.cmpedu.com

前　言

“路面施工技术”是公路工程类专业的一门专业核心课，为适应人才培养目标的要求与专业课程体系的改革，本书在项目和任务的设计上充分考虑到针对性、先进性、实用性和可操作性等，并以现行的最新规范为准则，结合目前的实际生产状况，选用沥青路面设计、水泥混凝土路面设计、路面施工准备、垫层及基层（底基层）施工技术、面层施工技术、路面排水施工技术等典型项目，精心设计了若干个学习任务，为有效地促进学生职业能力发展，达到课程的总体目标奠定基础。

本书是通过对多家企业的调研，对路面施工技术课程所涵盖的岗位群进行任务和职业能力分析，确定路面工程的工作任务，以路面设计施工能力的培养为主线，将教学内容设计为四大模块（基础模块、设计模块、施工模块、拓展模块），7个项目，下设35个任务的教学内容，构建了教材的完整内容体系。

本书的主要创新点是：根据专业人才培养方案和公路施工员岗位的任职要求，编排教材内容，强调学生校内学习与工程实际的一致性；以公路现行规范作为教与学的重要蓝本，以学生的实践能力培养为主线，强调行业标准与教学内容结合，引入职业资格证书标准，教材内容与职业资格证的考证要求接轨，做到课证融合；以项目为载体，以学生为主体，以具体工作任务为主线，突出“职业性”和“实用性”，通过项目化教学，培养学生的职业能力；本书内容紧随路面施工技术及本行业规范的发展，编入新技术、新工艺、新方法；校企合作开发教材，教材内容针对性强，强化学生综合职业能力和职业素质，实现高技能培养目标，提升学生就业竞争力，为学生后续顶岗实习及与工作岗位零距离对接打下良好的基础。

本书由南京交通职业技术学院罗云军主编，由南京交通职业技术学院蒋玲和南京市六合区交通局薛永森主审。本书编写人员分工如下：项目一～项目三、项目七、由罗云军编写，项目四、项目五由南京交通职业技术学院胡友好编写，项目六的任务一至任务七由南京交通职业技术学院刘永珍编写，项目六的任务八由南京交通职业技术学院程青现编写。罗云军负责全书总体布局安排，提出了编写大纲，并进行了完善和修改。

在本书的编写和审稿过程中，得到苏州交通工程集团有限公司、江苏省交通工程集团有限公司、南京市六合区交通局的企业专家和技术人员的大力支持和帮助，在此深表谢意。

本书在编写过程中参考了较多的书籍，列于参考文献中，在此对文献的编著者表示感谢。

限于编者水平，书中难免有不当之处，诚挚希望广大读者批评指正。

为方便教学，本书配有电子课件，凡使用本书作为教材的教师可登录机工教育服务网 www.cmpedu.com 注册下载。咨询邮箱：cmpgaozhi@sina.com。咨询电话：010－88379375。

编　者

目　录

项目一　路面工程基础知识

学习目标

1. 能描述路面工程发展趋势及对其要求。
2. 能说明路面工程的结构组成、各层的功能、路拱形式及路面类型。
3. 会描述路面结构各层的常用材料性质及适用场合，并能正确选用。
4. 会描述路面的行车荷载。

重　点

1. 路面结构组成、各层的功能。
2. 路面结构各层的常用材料性质及适用场合。

难　点

选用路面结构各层的材料。

任务一　路面基本认识

一、路面工程概述和发展趋势

路面工程主要研究公路与城市道路以及机场跑道路面的设计原理与方法、路面结构组合、材料性能要求以及路面结构层施工、养护、维修和管理技术等。路面是道路工程的重要组成部分，它直接承受和传递行驶车辆的荷载，并抵御各种自然条件的侵袭。随着社会经济的发展和交通量的增长，路面工程技术也在不断发展。

路面工程的发展趋势主要有以下几个方面。

1. 设计自动化

路面材料和配合比设计，路面应力、应变计算，路面结构选型、各层厚度计算，工程概预算以及路面优化设计，均能使用计算机自动进行。

2. 施工机械化

在路面施工中，从土基整修、路面材料的备料及拌制、运料到摊铺、压实、成型，已基本采用机械化流水作业。路面工程建设普遍使用高效率的工程机械施工，如振动压路机、沥青洒布车、沥青混凝土自动摊铺机、沥青混凝土自动拌和厂、水泥混凝土滑模摊铺机等，提高了效率，缩短了工期，并保障了工程的高质量。

3. 检测自动化

路面量测是对路面工程结构物进行检查、质量鉴定、技术品质量测、工作状态测定的工作。主要有两个方面的工作：对路面状况和质量的测定，结构无破损质量检查。自动化测试仪器，如核子密度仪、自动弯沉仪、激光平整仪，自动摩擦系数测定车和自动噪声测量车等，为路面设计与建设提供了快速而正确的采集数据的有力工具。

4. 设计规范化

对于各类路面材料和结构，强度检验和稳定性监测等我国都先后制定了有关设计和工程质量检验标准。如《公路水泥混凝土路面设计规范》（JTG D40）、《公路水泥混凝土路面施工技术规范》（JTG F30）等，使我国路面设计和施工逐渐做到标准化。

5. 材料和结构多样化

在沥青路面中，广泛采用高性能高黏度的重交通沥青和改性沥青。改性沥青种类繁多，如橡胶类改性剂 SBR，橡胶粉等；树脂类改性剂如聚乙烯 PE，环氧树脂 EP 等；热塑性弹性体改性剂如苯乙烯—丁二烯—苯乙烯嵌段共聚物 SBS 等。水泥混凝土路面中广泛使用了减水剂、早强剂、缓凝剂和加气剂，可以显著改善水泥混凝土路面的强度和有关的工程性质。

路面结构呈多样化的趋势，如沥青路面采用土工布、土工格栅、多孔沥青混凝土排水消声路面、沥青玛蹄脂碎石路面（SMA）、Superpave 路面、排水路面等；水泥混凝土路面有碾压混凝土、钢纤维混凝土、预应力混凝土、连续配筋混凝土路面等。

此外，除了柔性路面、刚性路面和半刚性路面，还有复合式路面，其中最为典型的是由水泥混凝土作下面层，沥青混合料作上面层组成。这类路面综合了水泥混凝土强度高、刚度大、使用寿命长和沥青混凝土舒适性好、便于修补的长处。

6. 路面管理系统化（简称 PMS）

路面管理系统是路面工程技术、系统工程理论和计算机技术相结合的产物，是一种现代化的路面养护管理新技术。它运用现代管理科学的理论、系统分析的方法和计算机传输手段，为管理部门提供科学的分析工具和方法，使有限的资源实现最佳配置，提供足够服务水平的路面。

二、对路面工程的要求

（一）影响路面的主要因素

1. 行车荷载

汽车是路面的服务对象，路面的主要功能是长期保证汽车快速、安全、舒适地通行。汽车荷载又是造成路基路面结构损坏的主要原因。为了保证设计的路基路面结构达到预期的功能，具有良好的结构性能，应对行驶的汽车进行分析，包括汽车轮重与轴重的大小与特性，不同车型车轴的布置，设计使用期限内汽车轴型的分布以及车轴通行量逐年增长的规律，汽车静态荷载与动态荷载特性比较等。

2. 自然环境因素

路面是一种常年暴露于大自然的线形构造物，公路沿线地区的气温、降雨量、降雪量、冰冻深度、日照、年蒸发量、风力、风向等，都会影响路基路面的水温状况。路面的稳定性在很大程度上由路面结构的温度和湿度所决定。深入调查公路沿线的自然条件，从整体（地区）和局部（具体路段）去分析研究，掌握各有关自然因素的变化规律及其对路基路面稳定性的影响，从而因地制宜地采取有效的工程技术措施，这是正确进行路基路面设计、施工、养护，进而提高公路使用质量的重要前提。

3. 路面材料的力学特性

路面材料在车轮荷载和环境因素的作用下所表现出的力学强度特性，对路面的使用品质和使用寿命有重大影响。深刻理解路面材料的力学特性有助于正确判别路面各种病害的真实成因，也有助于理解路面设计的基本原理。

4. 人为因素

主要是指从事路面设计、施工及养护人员的素质和管理水平，包括路基路面设计、施工及养护方案的正确性和可行性等。路面设计时，应根据各地的气候特点，采用合理的结构组合和厚度，并采用适当的路面结构排水设施。精心组织路面施工，严格控制路面原材料和结构的质量，及时有效的养护措施，都十分必要。

（二）对路面工程的要求

路面工程的设计和施工质量，直接影响到公路的行车速度、行车安全和营运效益，关系到公路整体服务水平。为了保证汽车能全天候地在路面上快速、安全、舒适行驶，对路面的基本要求有以下几点。

1. 具有足够的承载能力

路面结构的承载能力包括强度和刚度两个方面。路面结构的强度是指抵抗车轮荷载引起的各个部位的各种应力（如压应力、拉应力、剪应力等），保证不发生压碎、拉断、剪切等各种破坏的能力。路面结构的刚度是指抵抗车轮荷载作用下引起的变形，保证不发生过量变形（如沉陷、波浪或车辙等病害）的能力。

行驶在公路上的汽车，通过车轮把垂直力、水平力以及汽车产生的振动力和冲击力传给路面，使路面结构内部产生应力、应变和位移。如果路基路面结构整体或某一组成部分的强度或抗变形能力不足，则路面就会出现断裂、沉陷、波浪或车辙等病害，影响路基路面的正常使用。因此，要求路面结构整体及其各组成部分都必须具有与行车荷载相适应的承载能力。

2. 具有足够的稳定性

路面结构的稳定性是指路面结构在水和温度等自然因素的作用下，能较好地保持其工程设计要求的几何形态及物理、力学性能的能力。路面结构长期暴露在大自然环境中，直接受到高温、低温、水、太阳、空气和风等作用和影响，致使路面材料的力学性能和技术品质发生变化。因此，稳定性要求归纳起来主要有：

（1）具有足够的高温稳定性　夏季高温条件下，沥青路面的材料或结构如没有足够的抗高温能力，较易发生泛油、面层发软，在车轮荷载作用下会产生较大的变形，甚至产生车辙、波浪和推挤，结构使用功能将下降；水泥混凝土路面面板则会翘曲变形，在车轮荷载的反复作用下则容易产生裂缝或造成断板。

（2）具有足够的低温抗裂稳定性　冬季低温时，沥青路面材料或结构如没有足够的抗低温的能力，则会因收缩或变脆而开裂。

（3）具有足够的水温稳定性　大气降水会使路面结构内部的湿度状态发生变化。如水泥混凝土路面，如果不能及时将水分排出结构层，会发生唧泥现象；水泥混凝土路面接缝渗入的水，在车轮荷载反复作用下，会冲刷基层，导致结构层提前破坏。沥青混凝土路面，由于水分的侵蚀，会引起沥青结构层剥落或松散。砂石路面，在雨季会因雨水冲刷和渗入结构层，而导致强度下降，会大量出现坑洞、集料外露、松散等病害。因此，加强防水、排水是确保路面水稳定性的重要措施。

（4）具有足够的大气稳定性（抗老化能力）　太阳的照射，空气中氧气的氧化作用等都会对结构和材料产生作用，如果路面材料和结构没有足够的抵抗大气作用的能力，则沥青材料会出现老化而失去其原有技术品质，导致沥青路面开裂、剥落，甚至大面积松散破坏。

3. 具有足够的平整度

路面表面平整度是指路面表面纵向的凹凸情况，是反映路面施工质量与使用品质的一项重要指标。不平整的路面表面会增大行车阻力，并使车辆产生附加的振动作用，这种振动会造成行车颠簸，影响行车的速度和安全、驾驶的平稳和乘客的舒适感。同时，振动作用还会对路面施加冲击力，从而加剧路面和汽车机件的损坏和轮胎的磨损，并增大油料的消耗。此外，不平整的路面还会积滞雨水，加速路面的破坏。所有这些都会使路面使用的社会经济效益降低。因此，为了减少车辆荷载的冲击力，提高行车速度和行车舒适性、安全性，路面应保持一定的平整度。道路等级越高，对路面的平整度的要求也就越高。

优良的路面平整度，要依靠优良的施工装备，精细的施工工艺，严格的施工质量控制，以及经常和及时的养护来保证。同时，路面的平整度与整个路面结构和路基顶面的强度、抗变形能力有关，与结构层所用材料的强度、抗变形能力以及材料的均匀性有很大关系。

4. 具有足够的表面抗滑性能

路面表面抗滑性能亦称粗糙度，是指路面能够提供汽车车轮在其上安全行驶所需要的足够附着力（或称摩擦力）的性能。其通常用摩擦系数和构造深度来表示。

路面表面要求平整，但不能光滑。汽车在光滑的路面上行驶，车轮与路面之间缺乏足够的附着力或称摩擦力，雨天高速行车、紧急制动或突然起动、爬坡或转弯时，车轮易产生空转或打滑，致使行车速度降低，油料消耗增加，甚至引起交通事故。

路面表面的抗滑能力通常采用坚硬、耐磨、表面粗糙的集料组成路面表层材料来实现，也可采用一些工艺性措施（如水泥混凝土路面的刷毛或刻槽等）来实现。此外，路面上的积雪或污泥等也会降低路面的抗滑性，必须及时予以清除。

5. 具有足够的耐久性

路面结构在行车荷载和冷热、干湿气候因素的多次重复作用下，路面材料的性能将产生老化衰变，路面使用性能将逐步降低，从而逐渐产生疲劳破坏和塑性形变累积，缩短路面的使用年限。因此，路面结构必须具备足够的抗疲劳强度以及抗老化和抗累积形变的能力，以保持或延长路面的使用寿命。

为了提高路面的耐久性，除了精心设计、精选材料、精细施工外，经常和及时的养护、维修和恢复路用性能是十分必要的。

6. 具有良好的环保性能

汽车在砂石路面上或灰尘较多的其他路面上行驶时，车身后面所产生的真空吸引力会将面层表面或其中较细材料吸出而飞扬尘土，甚至导致路面松散、脱落和坑洞等破坏。路面扬尘会加速汽车机件的损坏，影响行车视距，降低行车速度，而且对乘客和沿线居民的环境卫生以及货物和路旁农作物都带来不良影响。因此，要求路面在行车过程中尽量减少扬尘。

汽车在路面上行驶时，除发动机等噪声外，路面不平整引起车身的振动是噪声的又一来源。为降低噪声，应提高路面施工的平整度。

三、路面的类型

路面类型可从不同角度来划分，如按面层所用的材料可分为水泥路面、沥青路面、砂石路面等。也可从路面结构的力学特性和设计方法的相似性出发将路面划分为柔性路面、刚性路面、半刚性路面三类。

1. 柔性路面

柔性路面指用各种未经处理的粒料作基层和各类沥青混合料、碎（砾）石或块石作面层组成的路面结构。柔性路面总体结构刚度较小，在车辆荷载作用下产生较大的垂直变形，路面结构本身的抗弯拉强度较低，它通过各结构层将车辆荷载传递给基层直至土基，使基层承受较大的单位压力。柔性路面主要靠抗压、抗剪强度来承受车辆荷载的作用。

2. 刚性路面

刚性路面主要指水泥混凝土作面层的或基层的路面结构。水泥混凝土路面强度高，与其他路面结构相比，它的抗弯拉强度高，并且有较高的弹性模量，故呈现出较大的刚性。在车轮荷载作用下，水泥混凝土结构层处于板体工作状态，竖向弯沉较小，主要靠水泥混凝土板的抗弯拉强度承受车轮荷载，通过板体的扩散分布作用，传递给路基的单位压力较柔性路面小得多。另外，用水泥混凝土作路面基层叫做刚性路面基层（简称刚性基层）。

3. 半刚性路面

半刚性路面是指用水泥、石灰等无机结合料处治的土或碎（砾）石或含有水硬性结合料的工业废渣作基层和沥青混合料作面层组成的路面结构。由于采用的这种基层材料在前期具有柔性路面的力学性质，后期的强度和刚度均有较大幅度的增长但仍小于水泥混凝土，刚性处于柔性路面与刚性路面之间，因此把该基层称为半刚性基层，该路面结构称为半刚性路面。在设计中，半刚性基层仍按柔性路面进行设计。

半刚性基层的显著特点是：整体性强、承载力高、刚度大、水稳性好，而且较为经济。高等级公路越来越多地采用半刚性基层。

任务二　路面结构组成

路面是铺筑在路基顶面的结构层，是由各种符合质量要求的筑路材料或混合料分层铺筑而成的层状结构物，在自然环境中直接承受行车荷载的作用。路基是指按照路线位置和一定技术要求修筑的带状构造物，是路面的基础。若交通等级为轻、中及重交通荷载，路面底面以下 0.80m 范围内的路基部分称为路床，在结构上分为上路床（0 ~ 0.30m）及下路床（0.30 ~ 0.80m）两层。路堤是指高于原地面的路基，在结构上分为上路堤和下路堤，上路堤是指路面底面以下 0.80 ~ 1.50m 范围内的填方部分，下路堤是指上路堤以下的填方部分。若交通等级为特重、极重交通荷载，上路床、下路床、上路堤、下路堤处于路床顶面以下深度分别为 0 ~ 0.30m、0.30 ~ 1.20m、1.20 ~ 1.90m、大于 1.90m。路槽是指为铺筑路面，在路基上按设计要求修筑的浅槽。从公路的横断面方向看，路面表面一般是由行车道、（中央分隔带）、硬路肩和土路肩组成。路面的横断面形式通常分为槽式横断面和全铺式横断面，如图 1-1 所示。

路基填挖到设计标高后，在路基上按路面设计宽度范围将路基挖成与路面厚度相同的浅槽；或路基填筑到路床顶面后，按路面设计宽度范围在两侧的路肩部位培土（压实）形成与路面厚度相同的浅槽；也可采用半挖半培的方法形成浅槽。然后，在浅槽内铺筑路面。公路路面一般都采用槽式横断面，如图 1-1a 所示。

全铺式横断面是在路基全部宽度内都铺筑路面。在高等级公路建设中，有时为了将路面

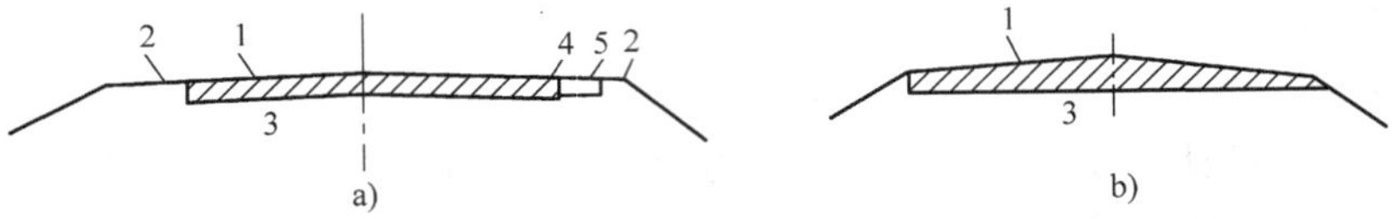

图 1-1 路面横断面形式示意图

a）槽式横断面 b）全铺式横断面

1—路面 2—土路肩 3—路基 4—路缘石 5—硬路肩（紧急停车带）

结构内部的水分迅速排出，在全宽范围内铺筑基层材料，保证水分由横向排入边沟。有时考虑到道路交通的迅速增长，为适应扩建的需要，将硬路肩全部按行车道标准铺筑面层。在盛产石料的山区或较窄的路基上，也可全宽铺筑砂石路面。全铺式路面横断面形式如图 1-1b 所示。

一、路面结构层次

行车荷载和自然因素对路面的影响随深度的增加而逐渐减弱，因此，对路面材料的强度、抗变形能力和稳定性的要求也随深度的增加而逐渐降低。为了适应这一特点，路面结构通常是分层铺筑，即按照使用的要求、受力状况、土基支承条件和自然因素影响程度的不同，分成若干层次。路面结构一般是由面层、基层、底基层和必要的功能层（包含垫层、封层、黏层、透层）组成，路面结构层次示意图如图 1-2 所示。

1. 面层

面层是直接承受车轮荷载反复作用和自然因素影响的结构层，它承受较大的行车荷载引起的垂直力、水平力和冲击力的作用，同时还受到降水的侵蚀和气温变化的影响。因此，面层应具备较高的结构强度和抗变形能力，较好的水稳定性和温度稳定性，而且应当耐磨、不透水，其表面还应有良好的抗滑性和平整度。目前，根据组成的材料，面层可分为下述几种类型。

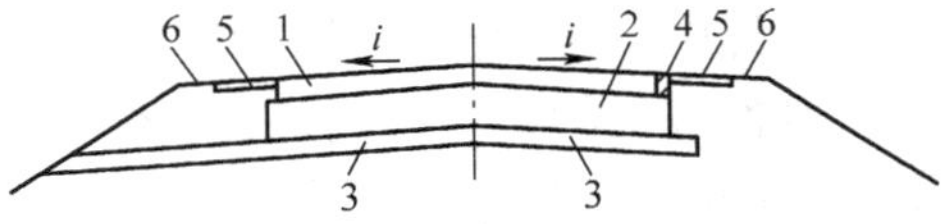

图 1-2 路面结构层次划分示意图

i—路拱横坡度 1—面层 2—基层

3—底基层 4—路缘石 5—硬路肩 6—土路肩

（1）水泥混凝土面层 这类面层具有强度高、刚度大、使用寿命长的特点，能承受较繁重的车辆荷载的作用。以水泥混凝土作为面层的路面称为水泥混凝土路面。

（2）沥青混合料面层 以碎石为集料，沥青作结合料的各种沥青混合料，如沥青混凝土（AC）、沥青碎石、乳化沥青碎石、沥青贯入碎石、沥青表面处治、沥青玛蹄脂碎石混合料（SMA）、Superpave 沥青混合料、排水式沥青磨耗层（OGFC）等。以沥青混合料作为面层的路面称为沥青路面。

（3）粒料面层 以砂、石等为骨料，以土、水、灰作为结合料的各种碎石或砾石混合料，如泥结碎石、泥灰结碎石、水结碎石、填隙碎石、级配碎（砾）石等。其顶面宜设置砂土磨耗层和松散保护层。这类面层只能承受中等和轻交通。以粒料作为面层的路面称为粒料路面。

（4）块料面层 由水泥混凝土嵌锁式块料、整齐或半整齐块石、其他材料块料铺筑而成。面层下需铺设薄砂垫层，以调节砌块高度，形成块料间的嵌挤作用。这类面层能承受较重的荷载，但平整度较差。

（5）复合式面层 由水泥混凝土（贫水泥混凝土或经济混凝土）作下面层，沥青混合料或水泥混凝土作上面层组成。这类面层综合了水泥混凝土强度高、刚度大、使用寿命长和沥青混凝土舒适性好、便于修补的长处，是一种经久耐用的优质面层。

面层由 1 ~ 3 层组成。沥青类路面的面层可为单层、双层或三层。双层结构自上而下分别称之为表面层、下面层；三层结构自上而下分别称为表面层、中面层、下面层。如高速公路沥青面层总厚度一般为 18 ~ 20cm，可分为表面层、中面层、下面层三层铺筑，并根据各分层的要求采用不同的级配组成。水泥混凝土路面一层的铺筑厚度一般为 24 ~ 26cm，有的水泥混凝土路面也可分上下两层铺筑，分别采用不同强度等级的水泥混凝土材料。在水泥混凝土路面上加铺 5cm 厚的沥青混凝土这样的复合式面层结构也是常见的。但是，砂石路面面层上所铺的 2 ~ 3cm 厚的磨耗层和 1cm 厚的保护层，以及厚度不超过 3cm 的沥青表面处治层，在结构计算时不能作为一个独立的层次，只能看作面层的一部分。

2. *基层*

基层是设置在面层之下，主要承受由面层传来的车轮荷载的垂直力，并将车轮荷载的反复作用传递到底基层、垫层和土基中。对于沥青类路面而言，基层是路面结构中的承重层（对刚性路面，承重层是水泥混凝土板），因此，对基层材料的要求是应具有足够的强度、刚度、耐久性和扩散应力（即应有较好的板体性）。由于基层不直接与车轮接触，故一般对基层材料的耐磨性不予严格要求，但为了保证面层的平整性和面层铺筑厚度的均匀性，其表面应有较好的平整度。基层受自然因素的影响虽不如面层强烈，但仍应有足够的水稳定性，以防基层湿软后变形大，从而导致面层损坏。对于水泥混凝土路面结构而言，虽然基层承受的垂直力作用较小，但应具有足够的抗冲刷能力和一定的刚度。底基层是设置在基层之下，并与面层、基层一起承受车轮荷载反复作用的次要承重层或辅助层，对底基层要求可比基层略低。

目前常用的基层和底基层材料按力学性质可划分为半刚性类、柔性类和刚性类。

1）半刚性类（无机结合料稳定类）：包括水泥稳定类、石灰工业废渣类（石灰粉煤灰、石灰钢渣等）、石灰稳定类及综合稳定类（水泥粉煤灰、水泥石灰稳定类等）。

2）柔性类：可分为有机结合料稳定类（沥青碎石、沥青贯入碎石、乳化沥青碎石等）和无黏结粒料类（级配碎石、级配砾石、填隙碎石、泥结碎石、泥灰结碎石等）。

3）刚性类：包括贫混凝土、水泥混凝土以及连续配筋水泥混凝土。

高等级公路的基层厚度根据力学计算往往需要设计得比较厚（约 40cm），而目前使用的碾压机具的压实厚度以不超过 20cm 为宜，所以需要分层；同时，从不同层位功能要求的差异，以及技术和经济上的结合考虑，即当基层设计和施工中需要分为两层时，其上层仍称为基层，下层称为底基层。基层和底基层可以采用不同的结构形式，如目前常用的水泥稳定粒料基层和石灰土底基层等；也可以用不同质量的材料填筑，相对而言，底基层材料质量的要求比基层的要求要低。当基层或底基层较厚，需要分两层施工时，可分别称为上基层、下基层，或上底基层、下底基层。

为了保护路面面层的边缘，一般公路铺筑时的基层宽度每侧宜比面层宽出 25cm，底基层每侧宜比基层宽出 15cm。高速公路与一级公路铺筑时的基层和底基层宽度应分别比上层宽出 10cm 和 15cm。

3. *功能层*

在路面设计和施工中，为了调节和改善土基水温状况设置的结构层，或为了加强沥青路面各结构层的层间接触，避免层间滑动位移产生，保持路面结构的整体性，在基层表面以及面层间设置的沥青联结层，或为了防止水分浸入而在沥青面层或基层上铺筑的有一定厚度的沥青混合料薄层，统称为路面功能层。功能层包括：垫层、透层、黏层和封层。

（1）垫层　垫层是底基层和土基之间的层次，它的主要作用是加强土基、改善基层的工作条件。垫层往往是为隔水、排水、隔热、防冻等目的而设置的，所以通常设在路基处于潮湿和过湿以及有冰冻翻浆的路段。在地下水位较高地区铺设的能起隔水作用的垫层称隔离层；在冰冻较深地区铺设的能起防冻作用的垫层称防冻层。此外，垫层还能扩散由基层或底基层传下来的应力，以减小路基的应力和变形，而且也能阻止路基土挤入基层或底基层中，从而保证基层或底基层的结构稳定性。垫层材料的强度要求不一定高，但其水稳定性和隔热性要好。常用的垫层材料，一般采用松散的颗粒材料如碎石、砂砾、粗砂、煤渣、矿渣等。

高等级公路的排水垫层应铺至路基同宽，以利路面结构排水。

（2）透层、黏层和封层

为使沥青面层与非沥青材料基层结合良好，在基层上喷洒液体石油沥青或乳化沥青或煤沥青而形成的透入基层表面一定深度的薄层，称为透层，也称为透层沥青或透层油。为加强路面沥青层与沥青层之间、沥青层与水泥混凝土路面之间的黏结而洒布的沥青材料薄层，称为黏层，也称为黏层沥青或黏层油。为封闭路面表面空隙、防止水分浸入而在沥青面层或基层上铺筑的有一定厚度的沥青混合料薄层，称为封层。其中铺筑在沥青面层表面的称为上封层，铺筑在沥青面层下面、基层表面的称为下封层。这些功能层不作为路面力学计算模型中的结构层，在路面厚度计算中不计其厚度。

应当指出，不是任何路面结构都需要上述几个层次，各级公路应根据具体情况设置必要的结构层。

各类路面各结构层次可选用的组成材料见表 1-1。

表 1-1　各类路面各结构层次可选用的组成材料

结构层次	路面类型				
	沥青路面	水泥混凝土路面	复合式路面	块料路面	砂石路面
面层	SMA OGFC Superpave 沥青混凝土 沥青碎石 乳化沥青碎石 沥青贯入碎石 沥青表面处治	普通水泥混凝土 钢筋混凝土 连续配筋混凝土 钢纤维混凝土 预应力混凝土 碾压混凝土	贫混凝土或经济混凝土 + 高强水泥混凝土或沥青混凝土等	嵌锁式混凝土、整齐或半整齐块石	级配碎石或砾石、泥灰结碎石、粒料改善土等
基层	水泥或石灰粉煤灰稳定碎石或砾石、贫混凝土 沥青稳定碎（砾）石、乳化沥青碎石、沥青贯入碎石、 级配碎石、泥结碎石、泥灰结碎石等				石灰、水泥或石灰粉煤灰稳定细粒土、砂砾
垫层	碎石、粗砂或砂砾				

二、路拱及路拱横坡度

为了保证路面上的雨水及时排出，减少雨水对路面的浸润和渗透，从而保证路面结构强度，路面表面做成中间高、两侧低的形状，称之为路拱。在横断面上路拱形式常采用直线形

（直线-直线）和直线抛物线组合线形（直线-抛物线-直线）两种形式。

路面表面的高差与水平距离的百分比称为路拱横坡度。沥青混凝土、SMA、Superpave水泥混凝土路面，平整度和水稳定性较好，透水性也小，通常采用直线形路拱和较小的路拱横坡度。其他沥青路面和砂石路面，为了有利于迅速排除路表积水，可采用抛物线形路拱或较大的路拱横坡度。表1-2列出了各种不同类型路面的路拱平均横坡度参考值。

表1-2　各类路面的路拱平均横坡度参考值

路面类型	路拱平均横坡度（%）	路面类型	路拱平均横坡度（%）
沥青混凝土、水泥混凝土、SMA、OGFC、Superpave	1～2	碎石、砾石等粒料	2.5～3.5
其他沥青类面层、整齐石块	1.5～2.5	炉渣土、砾石土、砂粒土等	3～4
半整齐石块、不整齐石块	2～3		

选择路拱横坡度，应充分考虑有利于行车平稳和有利于横向排水两方面的要求。在干旱和有积雪、浮冰的地区，应采用低值，多雨地区采用高值；当道路纵坡较大或路面较宽，或行车速度较高时，或交通量和车辆载重较大时，或常有拖挂汽车行驶时，应采用平均坡度的低值；反之则应取用高值。

高速公路和一级公路设有中央分隔带。通常采用两种方式布置路拱横断面：若分隔带未设置排水设施，则做成中间高，两侧低，由横坡向路肩方向单向排水。若分隔带设置排水设施，则两侧路面分别单独做成中间高两边低的路拱，向中间排水设施和路肩两个方向排水。

三、路肩

行车道两侧的路肩，承受车辆的偶然停留作用，并对路面基层和垫层起侧向支承作用。路肩结构层和排水设计，应同路面结构层和排水通盘考虑。平整、坚实和不透水的路肩表面，既可增加行车道的有效宽度，又可改善路面边缘部分的工作条件，延长路面的使用寿命。

路肩横坡度一般较路面横坡大1%，以利于迅速排除路表水。但是高速公路和一级公路的硬路肩采用与路面行车道相同的结构时，应采用与路面行车道相同的路面横坡度。

任务三　路面常用材料

一、路面基层（底基层）常用材料

常用的路面基层（底基层）材料按力学性质可划分为半刚性类、柔性类和刚性类。

（一）半刚性类

在粉碎的或原来松散的材料（包括各种粗粒土、中粒土和细粒土）中，掺入一定量的无机结合料（包括水泥、石灰和工业废渣等）和水，经拌和得到的混合料经摊铺压实及养护后，当其抗压强度和耐久性符合规定要求时，称为无机结合料稳定材料；以此铺筑的路面结构层称为无机结合料稳定材料结构层。

由于无机结合料稳定材料的刚度介于柔性路面材料和刚性路面材料之间，常称之为半刚性材料。以此铺筑的基层或底基层称为半刚性基层或半刚性底基层。

无机结合料稳定材料结构层具有稳定性好、抗冻性能强、结构本身自成板体等特点，广泛用于铺筑路面结构的基层和底基层。但其耐磨性差，不宜用作面层。

1. 半刚性材料的分类

稳定材料中的土，按照土中单个颗粒（指碎石、砾石和砂颗粒）的粒径大小和组成，将其分为下列三种：

① 细粒土：颗粒最大粒径不大于4.75mm，公称最大粒径不大于2.36mm的土，包括各种黏质土、粉质土、砂和石屑。

② 中粒土：颗粒最大粒径不大于26.5mm，公称最大粒径大于2.36mm且不大于19mm的土或集料，包括砂砾土、碎石土、级配砂砾、级配碎石等。

③ 粗粒土：颗粒最大粒径不大于53mm，公称最大粒径大于19mm且不大于37.5mm的土或集料，包括砂砾土、碎石土、级配砂砾、级配碎石等。

不同的土与无机结合料拌和得到不同的稳定材料，分类如下：

（1）水泥稳定材料　以水泥为结合料，通过加水与被稳定材料共同拌和形成的混合料，包括水泥稳定级配碎石、砂砾、砂、砾石、未筛分碎石、石屑、细粒土等。

（2）石灰稳定材料　以石灰为结合料，通过加水与被稳定材料共同拌和形成的混合料，包括石灰稳定细粒土、砂砾土、碎石土以及用石灰稳定级配砂砾、级配碎石和矿渣等。

（3）石灰工业废渣稳定材料　以石灰为结合料，以煤渣、钢渣、矿渣等工业废渣为主要被稳定材料，通过加水拌和形成的混合料，包括

① 石灰粉煤灰（二灰）类：二灰、二灰土、二灰砂、二灰砂砾、二灰碎石、二灰矿渣等。

② 石灰煤渣类：石灰煤渣、石灰煤渣土、石灰粉渣碎石、石灰煤渣砂砾、石灰煤渣矿等。

（4）综合稳定材料　以两种或两种以上材料为结合料，通过加水与被稳定材料共同拌和形成的混合料，包括水泥粉煤灰类（水泥粉煤灰稳定砂砾、碎石、砂）、水泥石灰稳定类（水泥石灰稳定砂砾、碎石、砂）等。

无机结合料稳定材料中，用水泥稳定级配碎石、未筛分碎石所得到的混合料称为水泥稳定碎石（简称水稳）；用水泥稳定级配砂砾、天然砂砾得到的混合料称为水泥稳定砂砾（水泥砂砾）；用水泥稳定细粒土所得到的混合料，简称水泥土；水泥稳定中、粗粒土得到的混合料为水泥稳定粒料（或称水泥稳定集料）。石灰稳定材料、石灰工业废渣稳定材料和综合稳定材料的各类命名以此类推。

无机结合料稳定材料种类较多，其物理、力学性质各有特点，使用时应根据结构要求、掺加剂量和原材料的供应情况及施工条件进行综合技术、经济比较后选定。

2. 半刚性材料的力学特性

无机结合料稳定材料的力学特性包括应力-应变特性、疲劳特性、收缩（温缩和干缩）特性。

（1）无机结合料稳定材料的应力-应变特性　无机结合料稳定材料的重要特点之一是强度和弹性模量随龄期的增长而不断增长，逐渐具有一定的刚性性质。一般规定：水泥稳定材料混合料设计龄期为3个月，石灰或石灰粉煤灰（简称二灰）稳定材料混合料设计龄期为6个月。

（2）无机结合料稳定材料的疲劳特性　无机结合料稳定材料的疲劳寿命主要取决于重复应力ζ_f与屈服极限σ_s的比值，一般情况下，当ζ_f/σ_s小于50%，无机结合料稳定材料可经受无限次重复加荷次数而无疲劳破裂，但是，由于材料的变异性，实际试验时其疲劳寿命要小得多。在一定的应力条件下，材料的疲劳寿命取决于材料的强度和刚度。强度越大则变

形越小（刚度越大），其疲劳寿命就越长。

（3）无机结合料稳定材料的干缩特性　无机结合料稳定材料经拌和压实后，由于水分挥发和混合料内部的水化作用，混合料的水分会不断减少。由此发生的毛细管作用、吸附作用、分子间力的作用、材料矿物晶体或凝胶体间层间水的作用和碳化收缩作用等会引起无机结合料稳定材料体积收缩，严重时将产生干缩裂缝。

无机结合料稳定材料的干缩特性（最大干缩应变和平均干缩系数）与结合料的类型、剂量、和稳定材料的类别、粒料含量、小于0.6mm的细颗粒的含量、试件含水量和龄期等有关。

对于稳定粒料材料，三种半刚性材料的干缩特性的大小次序为：石灰稳定粒料类 > 水泥稳定粒料类 > 石灰粉煤灰稳定粒料类。

对于稳定细粒材料，三种半刚性材料的干缩特性的大小排列为：石灰土 > 水泥土和水泥石灰土 > 石灰粉煤灰土。

（4）无机结合料稳定材料的温度收缩特性　无机结合料稳定材料是由固相（组成其空间骨架的原材料的颗粒和其间的胶结物）、液相（存在于固相表面与空隙中的水和水溶液）和气相（存在于空隙中的气体）组成，所以，无机结合料稳定材料的外观胀缩性是三相的不同的温度收缩性的综合效应的结果。一般气相大部分与大气贯通，在综合效应中影响较小，可以忽略。原材料中砂粒以上颗粒的温度收缩系数较小，粉粒以下的颗粒温度收缩性较大。

半刚性材料温度收缩的大小与结合料类型和剂量、被稳定材料的类别、粒料含量、龄期等有关。试验结果表明：

石灰土砂砾 > 悬浮式石灰粉煤灰粒料 > 密实式石灰粉煤灰粒料和水泥砂砾。

无机结合料稳定材料一般在高温季节修建，成形初期基层内部含水量大，且尚未被沥青面层封闭，基层内部的水分必然要蒸发，从而发生由表及里的干燥收缩。同时，环境温度也存在昼夜温度差。因此，修建初期的半刚性基层同时受到干燥收缩和温度收缩的综合作用，必须注意养护保护。经过一定龄期的养护，半刚性基层上铺筑沥青面层后，基层内相对湿度略有增大，使材料的含水量趋于平衡，这时半刚性基层的变形以温度收缩为主。

3. 半刚性材料应用简介

（1）水泥稳定材料　水泥稳定材料有良好的力学性能和板体性，能适应不同的气候与水文条件，特别是在潮湿寒冷地区的适应性较其他稳定材料更强。用水泥稳定材料可显著地改善材料的物理力学性质，获得良好的整体性、足够的力学强度、水稳定性和抗冻性，所以水泥稳定材料的使用范围很广，在工业发达、水泥产量大的国家，大量采用了水泥稳定材料。

水泥土与水泥稳定砂砾、水泥稳定碎石相比有下述三个不利的特征：①水泥土容易产生严重的收缩裂缝，并影响沥青面层；②水泥土的强度没有充分形成时，其表层遇水会发生软化；③水泥土的抗冲刷能力小，表面水由面层裂缝渗入后易产生唧泥现象。

水泥稳定集料类可用于各级公路路面结构的基层和底基层，但水泥土禁止用作高级沥青路面的基层，只能用作底基层。在高等级公路的水泥混凝土面板下，水泥土也不应作基层。

（2）石灰稳定材料　石灰稳定材料宜用于各级公路的底基层以及二、三、四级公路的基层。但石灰稳定材料的收缩裂缝多、水稳定性较差，不应作高速公路或一级公路的基层，必要时可以用作底基层。在冰冻地区的潮湿路段以及其他地区的过湿路段，也不宜采用石灰稳定材料作基层。石灰稳定细粒材料也不得用作二级公路高级路面的基层。

（3）石灰工业废渣稳定材料　工业废渣包括粉煤灰、炉渣、煤渣、高炉矿渣（镁渣）、钢渣（已经过崩解达到稳定）、镁渣、煤矸石和其他粉状废渣。用一定比例的石灰与这些废渣中的一种或两种经加水拌和、压实和养护后得到的一种强度和耐久性都有很大提高并符合规范规定的要求时，称为石灰工业废渣稳定材料（简称石灰工业废渣）。石灰工业废渣材料可分两大类：石灰粉煤类（简称二灰）和石灰其他废渣类。

石灰与工业废渣拌和后，石灰中的氧化钙与工业废渣中的活性物质二氧化硅和三氧化二铝相互作用生成含水的硅、铝酸钙，这些新生成的胶凝物质晶体具有较强的胶结能力和稳定性，因而其强度、刚度和水稳定性显著提高，抗冻性和温缩性也明显改善。石灰工业废渣稳定材料具有水硬性、缓凝性、抗裂性好、板体性好等特点。

石灰工业废渣稳定集料类适用于各级公路的基层和底基层，冰冻地区、多雨潮湿地区，宜用于高速公路、一级公路的下基层或底基层。二灰土不应用作高级沥青路面的基层，而只用作底基层。在高速和一级公路水泥混凝土面板下，二灰土也不应用作基层。

综合稳定类在现在的公路建设中，不作为常用材料，故在此不作详细介绍。

（二）柔性类

柔性类包括无黏结粒料类和有机结合料稳定类。无黏结粒料类包含级配碎石、级配砾石、泥灰结碎石、填隙碎石、级配碎砾石等，有机结合料稳定类包含沥青碎石、沥青贯入碎石等，有机结合料稳定类在面层常用材料的沥青混合料内容中一并讲述，下面对无黏结粒料类的性质及适用场合进行阐述。

1. 无黏结粒料类材料的特性

无黏结粒料类是用粗、细碎（砾）石，黏土（或不含黏土）按照嵌挤原则或级配原则铺筑而成的结构层。嵌锁型的粒料类包括泥结碎石、泥灰结碎石、水结碎石、填隙碎石；级配型的粒料类包括级配碎石、级配砾石，符合级配要求的天然砂砾，部分砾石经轧制掺配而成的级配碎砾石等。

嵌挤原则是采用分层撒铺矿料（每层矿料的粒径基本相同）并经严格碾压而成的路面结构层（或采用尺寸大致均一的开级配矿料进行拌和）。用这种方法铺筑的路面，其强度构成主要依靠矿料之间相互嵌挤锁结作用而产生的较大内摩阻力。黏结力虽然也是需要的，但仅起着辅助作用。因此，采用这种方法铺筑的路面，必须使用强度比较高的石料（Ⅰ~Ⅱ级），每层矿料颗粒的尺寸必须大小均匀，形状近似立方体并有棱角，表面粗糙。各种矿料的尺寸自下而上逐渐减小，上下层矿料的粒径比一般按1/2递减。粗料做主层料，细料作为各级嵌缝料。为了增加其联结强度，可在矿料中掺入不同的结合料以使其产生一定的黏结力。

级配原则是采用颗粒大小不同的矿料按一定比例配合，并掺入一定数量的结合料，拌制成混合料，经过摊铺、碾压而形成的路面结构层。这种混合料符合最佳级配原理，具有较大的密实度。按级配原则铺筑的路面结构，其强度来源于内摩阻力和黏结力，但由于矿料没有较强的嵌挤锁结作用，以及受结合料的影响，一般来讲内摩阻力较小。

无黏结粒料类强度形成的特点是：矿料颗粒之间的联结强度，一般都要比矿料颗粒本身的强度小得多；在外力作用下，材料首先将在颗粒之间产生滑动和位移，使其失去承载能力而遭致破坏。因此，对于这种松散材料组成的路面结构强度，矿料颗粒本身强度固然重要，但是起决定作用的则是颗粒之间的联结强度。总之，由材料的黏结力和内摩阻角所表征的内摩擦力所决定的颗粒之间的联结强度，即构成了路面材料的结构强度。

无黏结粒料类既可作面层，也可作基层或底基层。由于碎、砾石结构层的平整度较差，易扬尘，雨天还易泥泞，用它作面层时适用于四级公路。

2. 无黏结粒料类应用简介

（1）级配碎石 各档位的碎石和石屑按一定比例混合，级配满足一定要求且塑性指数和承载比均符合规定要求的混合料，称为级配碎石。级配碎石路面的强度是由摩阻力和黏结力构成，具有一定的水稳性和力学强度。

各档位的砾石和砂按一定比例混合，级配满足一定要求且塑性指数和承载比均符合规定要求的混合料，称为级配砾石。

就力学性质和稳定性而言，级配碎石是级配集料中最好的材料，也是无结合料材料中最好的材料；级配砾石则是级配集料中最次的材料；级配碎砾石则处于两者之间。级配碎石可用作各级公路路面的基层和底基层；级配碎砾石、级配砾石可用作二级和二级以下公路路面的基层，也可用作各级公路路面的底基层。

（2）填隙碎石 用单一尺寸的粗碎石做主骨料，形成嵌锁作用，用石屑填满碎石间的孔隙，增加密实度和稳定性，这种结构称为填隙碎石。但是由于其抗磨耗能力较差，作为面层时宜在其上设置砂土磨耗层和保护层。

我国20世纪50年代前盛行的嵌锁型碎石基层，是用筛分成几种不同规格的大、中、小单一尺寸碎石分层摊铺、分层碾压而成的。通常首先铺大碎石，大碎石经碾压稳定后，撒铺嵌缝碎石，继续碾压稳定，然后再摊铺小碎石，并碾压稳定。

填隙碎石的强度主要依靠粗碎石间的嵌锁作用，用石屑或相当的天然砂砾和粗砂填塞粗碎石间的孔隙，使其变成一种密实结构，进一步增加其强度和稳定性，但用天然砂砾作为填料效果不如石屑。影响填隙碎石基层质量好坏的关键是：从上到下粗碎石间的孔隙一定要填满，也就是说，达到规定的密实度非常重要；表面粗碎石间的孔隙既要填满，填隙料又不能覆盖粗碎石而自成一层，表面应看得见粗碎石，粗碎石的棱角可外露3~5mm。

填隙碎石也是一种不用结合料的良好的基层材料，它的力学性质接近于级配碎石，优于级配砾石。由于干法施工填隙碎石洒水量较少，特别是在干旱和缺水地区，采用这种基层结构，特别显示其优越性。填隙碎石的主要缺点是，潮湿的填隙料实际上很难靠振动压路机将空隙填满。如采用过多遍数的振动碾压，往往有可能会使主骨料浮到填隙料层上而丧失其稳定性。

填隙碎石适用于三、四级公路的基层和各级公路的底基层。填隙碎石一般用于二级公路的底基层。其最大粒径宜为厚度的0.5~0.7倍。用作基层时，最大粒径不应超过60mm；用作底基层时，最大粒径不应超过80mm。填隙料可用石屑或最大粒径小于10mm的砂砾或粗砂。

（3）泥结碎石 以碎石作为骨料，黏土作为填充料和结合料，经压实铺筑成的一种结构，称为泥结碎石。泥结碎石的厚度一般为8~20cm；当总厚度等于或超过15cm时，一般分两层铺筑，上层厚度6~10cm，下层厚度9~14cm。泥结碎石的力学强度和稳定性不仅取决于碎石的相互嵌挤作用，同时也依赖于土的黏结作用。泥结碎石结构虽用同一尺寸石料铺筑，但在使用过程中由于行车荷载的反复作用，石料会被压碎而向密实级配转化。

泥结碎石所用的石料，其强度等级不宜低于Ⅳ级，细长、扁平状颗粒不宜超过15%。泥结碎石所用的黏土，应具有较高的黏性，塑性指数以18%~26%为宜。黏土内不得含腐殖质或其他杂物。黏土用量一般不超过混合料总重的15%~18%。

泥结碎石适用于四级公路路面的面层，并宜在其上设置砂土磨耗层和松散保护层。泥结碎石亦可作三、四级公路的基层，但由于是黏土作结合料，其水稳性较差，如作沥青路面的基层时，只能用于干燥路段，不能用于中湿和潮湿路段。

(4) 泥灰结碎石　以碎石为骨料，用一定数量的石灰和土作填充料和结合料铺筑的碎石结构，称为泥灰结碎石。泥灰结碎石所用的碎石和黏土质量规格要求与泥结碎石相同，石灰的质量不低于Ⅲ级。石灰与土的用量不应大于混合料总重的20%。其中石灰剂量为土重的8%~12%。

泥灰结碎石因掺入石灰，其水稳性要比泥结碎石好，故可用于潮湿与中湿路段，作为三、四级公路的基层，亦可作为四级公路路面的面层。

(5) 水结碎石　用大小不同的轧制碎石从大到小分层铺筑，经洒水碾压后形成一种结构，称为水结碎石。此种结构层属于典型的嵌锁结构，它的强度是由碎石之间的嵌锁作用以及碾压时所产生的石粉与水形成的石粉浆的黏结作用而成的。考虑黏结力较强，所以经常用石灰岩碎石来铺筑。水结碎石结构的厚度一般为10~16cm。

水结碎石结构层材料的基本要求是：碎石应具有较高的强度（Ⅲ级以上）韧性和抗磨耗能力。碎石应尺寸均匀，形状近似立方体且有棱角。此外，碎石应不含泥土杂物，最大粒径不得大于结构层压实厚度的0.8倍。

水结碎石的施工特点主要是分层撒铺、洒水碾压，碾压质量是关键。

水结碎石可以做四级公路的路面面层，由于它的黏结力是由石粉浆形成的，故水稳性较好，它也适用于各级公路的底基层和二级以下公路的基层。

（三）刚性类

刚性类包括贫混凝土、水泥混凝土以及连续配筋水泥混凝土等。水泥混凝土是以水泥与水拌和成的水泥浆为结合料，以碎（砾）石、砂为集料，再加适当的掺和料及外掺剂，拌和成的混合料；贫混凝土为水泥用量较低的水泥混凝土；连续配筋水泥混凝土为在水泥混凝土面层内配置纵向连续钢筋和横向钢筋，横向不设缩缝的结构层。刚性类结构层强度高、稳定好、耐久性能好，因此适用于高速公路、一级公路的基层。

刚性类材料的力学性质及各类型的介绍在“路面面层常用材料”的“水泥混凝土”内容中一并讲述。

各类基层材料都有各自的特点，其适用的场合，见表1-3。

二、路面面层常用材料

路面面层最常用的材料是水泥混凝土、沥青混合料以及粒料类。粒料类在基层材料中已讲述，本内容主要是对沥青混合料的性质、特点及适用场合进行详细阐述，对水泥混凝土略作介绍。

（一）沥青混合料

沥青混合料是由矿料与沥青结合料拌和而成的混合料的总称。按材料组成及结构分为连续级配、间断级配混合料。按矿料级配组成及空隙率大小分为密级配、半开级配、开级配混合料。按公称最大粒径的大小可分为特粗式（公称最大粒径大于31.5mm）、粗粒式（公称最大粒径等于或大于26.5mm）、中粒式（公称最大粒径16mm或19mm）、细粒式（公称最大粒径9.5mm或13.2mm）、砂粒式（公称最大粒径小于9.5mm）沥青混合料。按制造工艺分为热拌沥青混合料、冷拌沥青混合料、再生沥青混合料等，其中，热拌沥青混合料主要有沥青混凝土、沥青稳定碎石混合料（简称沥青碎石）、沥青玛蹄脂碎石混合料（简称SMA）、Superpave沥青混合料等。

表 1-3　基层、底基层材料类型及适用范围

混合料类型		层位	类别	适宜的公路等级
半刚性材料	水泥稳定材料	基层	集料	各级公路
			细粒土	三级公路、四级公路
		底基层	集料	各级公路
			细粒土	
	石灰工业废渣材料	基层	集料	各级公路
			细粒土	三级公路、四级公路
		底基层	集料	各级公路
			细粒土	
	综合稳定材料	基层	集料	各级公路
			细粒土	二级公路、三级公路、四级公路
		底基层	集料	各级公路
			细粒土	
	石灰稳定类	基层	集料	二级公路、三级公路、四级公路
			细粒土	三级公路、四级公路
		底基层	集料	各级公路
			细粒土	
柔性类	热拌沥青碎石	基层	—	各级公路
		底基层	—	各级公路
	贯入式沥青碎石	基层	—	各级公路
		底基层	—	各级公路
	冷拌沥青混合料	基层	—	各级公路
		底基层	—	各级公路
	级配碎石	基层	—	各级公路
		底基层	—	各级公路
	级配砾石	基层	—	二级公路、三级公路、四级公路
		底基层	—	各级公路
	填隙碎石	基层	—	三级公路、四级公路
		底基层	—	各级公路
	泥结碎石	基层	—	三级公路、四级公路
		底基层	—	各级公路
	泥灰结碎石	基层	—	三级公路、四级公路
		底基层	—	各级公路
	水结碎石	基层	—	三级公路、四级公路
		底基层	—	各级公路
刚性类	贫混凝土、水泥混凝土以及连续配筋水泥混凝土等	基层	—	高速公路、一级公路

1. 沥青混合料的力学特性

沥青混合料的力学特性可以通过抗剪强度、抗拉强度、抗弯拉强度、应力-应变特性和疲劳特性等几种不同的力学强度参数来表征。沥青混合料具有较高的抗压强度，而抗剪和抗拉强度较低，因此沥青类路面的损坏往往是从拉裂或滑移开始而逐渐扩展。

（1）抗剪强度　沥青混合料的抗剪强度主要取决于沥青与集料相互作用而产生的黏结力，以及集料在沥青混合料中的嵌挤锁结作用所产生的内摩阻力。沥青混合料的黏结力取决于许多因素，其中最主要的是沥青黏滞度、沥青含量与矿粉含量的比值以及沥青与集料相互作用的特性。沥青的黏滞度越高，黏结力就越大，因而具有较高的抗剪强度。随着沥青含量增加，集料之间的自由沥青也增加，沥青混合料的黏结力随之下降。集料的级配、颗粒的形状和表面特性，都对沥青混合料的内摩阻力产生影响。随着颗粒尺寸的增大，内摩阻力也增大。颗粒表面粗糙、棱角尖锐的集料，由于颗粒相互嵌紧，其内摩阻力要比圆滑颗粒的集料大得多。沥青混合料的抗剪强度可以通过三轴剪切试验取得。

（2）抗拉强度　在气候较寒冷地区或冬季气温下降，特别是急剧降温时，沥青混合料发生收缩，如果收缩受阻，就会产生拉应力，该应力超过沥青混合料的抗拉强度时，路面就会产生开裂。沥青混合料的抗拉强度，可用直接拉伸试验和间接位伸——劈裂试验来测定。沥青混合料在低温下的抗拉强度同沥青的性质、沥青含量、矿质混合料的级配、测试时的温度等因素有关。试验表明，沥青的黏滞度大，或沥青含量较大，沥青混合料就会具有较高的抗拉强度。密级配沥青混合料的抗拉强度较开级配混合料高，在低温下沥青混合料的抗拉强度随温度降低而提高。

（3）抗弯拉强度　沥青类路面在行车荷载重复作用下，往往因路面弯曲而产生开裂破坏。因此，必须考虑沥青混合料的抗弯拉强度。沥青混合料的抗弯拉强度可通过实验室内制作标准梁式试件，然后按简支梁受力情况进行测定。也可用劈裂试验的劈裂强度代替其抗弯拉强度。沥青混合料的抗弯拉强度，取决于所用材料的性质（如沥青的性质、沥青的用量、集料的性质、混合料的级配与拌和质量等）及结构破坏过程的加荷状况（如重复次数、应力增长速度等）。此外，温度状况对抗弯拉强度也有很大影响。

（4）应力-应变特性　沥青混合料是一种弹性-黏塑性材料，在应力-应变关系中呈现出不同的性质。有时呈现为弹性性质，有时则主要呈现为黏塑性性质，而大多数情况下，几乎同时综合呈现上述性质。如冬季低温时，沥青混合料就呈现为弹性体，并且具有弹性体的变形特性，夏季高温时则呈现为黏塑性体。研究表明，沥青混合料的应力-应变特性，不仅与荷载大小和作用时间有关，而且与材料的温度有关，故有时常用劲度模量（简称劲度）作为表征沥青混合料力学特性的指标。所谓劲度模量就是材料在给定的荷载、作用时间和温度条件下应力与总应变的比值。

（5）疲劳特性　沥青类路面的疲劳特性表现为沥青混合料的变形和破坏，不仅与荷载应力的大小有关，而且同荷载作用的次数有很大关系。路面材料在低于抗拉强度下经受重复拉应力或拉应变而最终导致破坏，称为疲劳破坏。导致路面最终破坏的荷载重复作用次数称为疲劳寿命。影响沥青混合料疲劳特性的因素很多，如材料的性质（包括矿料种类、集料级配、沥青种类和用量），环境因素（包括温度、湿度、混合料的压实程度和空隙率），加荷方式等。沥青混合料疲劳特性的室内研究，是通过在简支小梁、劈裂试件、梯形悬臂式或旋转弯曲试件上施加正弦或脉冲式变化的反复应力进行的。

2. 沥青混合料各类型简介

（1）热拌沥青混合料（HMA）　热拌沥青混合料是沥青与矿料在热态拌和、热态铺筑的混合料。热拌沥青混合料结构层的类型见表 1-4，除表 1-4 中外，还有 Superpave 沥青混合料和抗滑表层混合料 AK。

表 1-4　热拌沥青混合料分类

混合料类型	密级配			开级配		半开级配	公称最大粒径/mm	最大粒径/mm
	连续级配		间断级配	间断级配				
	沥青混凝土	沥青稳定碎石	沥青玛蹄脂碎石	排水式沥青磨耗层	排水式沥青碎石基层	沥青碎石		
特粗式	—	ATB-40	—	—	ATPB-40	—	37.5	53.0
粗粒式	—	ATB-30	—	—	ATPB-30	—	31.5	37.5
	AC-25	ATB-25	—	—	ATPB-25	—	26.5	31.5
中粒式	AC-20	—	SMA-20	—	—	AM-20	19	26.5
	AC-16	—	SMA-16	OGFC-16	—	AM-16	16	19.0
细粒式	AC-13	—	SMA-13	OGFC-13	—	AM-13	13.2	16.0
	AC-10	—	SMA-10	OGFC-10	—	AM-10	9.5	13.2
砂粒式	AC-5	—	—	—	—	—	4.75	9.5
设计空隙率（%）	3～5	3～6	3～4	>18	>18	6～12	—	—

注：表中沥青碎石混合料一般适用于基层，用作面层要慎重考虑，其他沥青混合料可以用作面层。

1）沥青混凝土。沥青混凝土是由适当比例的粗集料、细集料及填料（矿粉）按连续级配原则组成符合规定级配的矿质混合料，与沥青在较高温度下拌和而成符合相应技术标准要求的沥青混合料，简称沥青混凝土（Asphalt Concrete，以 AC 表示）。沥青混合料采用热拌热铺工艺在平整、稳定、满足强度要求的基层上铺筑而成的路面结构称为沥青混凝土路面。

沥青混凝土含有较多的细料，特别是一定数量的矿粉，使矿料同沥青相互作用的表面积大大增加，因而混合料的黏聚力在强度构成上占有主导地位。但黏聚力受温度影响大，如配料不当，特别是沥青用量过多，热稳性就较差，容易产生永久变形，造成车辙、推拥，且表面构造深度小，抗滑性能也不好。沥青混凝土由于本身的结构强度高，若基层坚实，路面结构合理，可以承受繁重交通；又因空隙率小，受水和空气等的侵蚀作用小，故耐久性、水稳性、抗老化性能好，使用寿命长。

沥青混凝土的矿料级配属连续型密级配，压实混合料空隙率相对较小。沥青混凝土按照矿料级配的 4.75mm 或 2.36mm 筛孔的通过量可分为粗型（C 型）和细型（F 型），两种在具体应用时根据当地气候条件、行车荷载等情况确定。

沥青混凝土是性能优良的混合料，目前，这种混合料在我国和世界上其他国家、地区的路面中担当主要角色。沥青混凝土 AC 结构层适用于做各级公路的面层。

2）沥青玛蹄脂碎石混合料（Stone Mastic Asphalt，SMA）。SMA 是一种由沥青、纤维稳定剂、矿粉及少量的细集料组成的沥青玛蹄脂填充间断级配的粗集料骨架间隙的沥青混合料。用沥青玛蹄脂碎石混合料（SMA）作面层或抗滑层的沥青路面，即为沥青玛蹄脂碎石路面。

SMA 的结构组成可概括为“三多一少”，即粗集料多、矿粉多、沥青多、细集料少。由于粗集料良好的嵌挤作用，混合料有非常好的高温抗车辙能力，同时由于沥青玛蹄脂良好的黏结作用，混合料的低温变形性能和水稳定性也有较多的改善。添加纤维稳定剂，使沥青结合料保持高黏度，其摊铺和压实效果较好。间断级配在表面形成大孔隙，构造深度大，抗滑性能好。同时混合料的空隙率又很小，耐老化性能及耐久性都很好，从而全面提高了沥青混合料的路面性能。实践表明，沥青玛蹄脂碎石结构层的耐久性、抗裂性及抗疲劳裂缝的性能比沥青混凝土结构层要高。

沥青玛蹄脂碎石混合料适用于高速公路、一级公路的抗滑表层，厚度一般为3.5～5cm。

3）沥青稳定碎石混合料。沥青稳定碎石混合料是由适当比例的粗集料、细集料及少量填料与沥青拌和而成，根据空隙率、集料最大粒径、添加矿粉数量的多少，可分为：密级配沥青稳定碎石（ATB）、半开级配沥青碎石（AM）和开级配沥青碎石（ATPB基层）三种类型，压实后的空隙率分别为3%～6%、6%～12%、>18%。以此混合料采用热拌热铺工艺，并满足平整、稳定、强度要求的沥青路面我们称之为沥青稳定碎石路面。

密级配沥青稳定碎石（ATB）是指粗集料粒径较大、按密实级配原理设计组成的各种粒径颗粒的矿料与沥青结合料拌和而成的混合料。在此基础上，国外提出了大粒径沥青混合料（LSM）的概念，大粒径沥青混合料（LSM）是指公称最大粒径等于或大于26.5mm的混合料，适用于柔性基层，属于沥青稳定碎石类（ATB），但是LSM与ATB的集料级配与混合料技术指标有所不同。

半开级配沥青碎石（AM）是由适当比例的粗集料、细集料及少量填料（或不加填料）与沥青结合料拌和而成，经马歇尔标准击实成型试件的剩余空隙率（设计空隙率）在6%～12%的半开级配沥青混合料。这种结构石料嵌挤甚好，有较好的抗车辙变形能力，以及缓解反射裂缝、排除路面结构内部滞留水的作用，但使用沥青和矿粉太少，空隙率太大，渗水严重，沥青与集料的黏结性不足，水分对混合料的浸蚀很容易造成破坏，低温抗裂性也不好，耐久性很差，故规范已经不容许在高速公路中应用，适用于做柔性基层、底基层。

开级配的沥青碎石（ATPB）主要由粗集料嵌挤组成，细集料及填料较少，设计空隙率大于18%，属骨架空隙结构型、排水式的沥青混合料。其用于路面结构内部可能出现自由水，需考虑路面结构内部排水的特殊路段，而且只能作为基层，不能用于面层。因其空隙率大于18%，耐久性令人担忧，在我国尚缺少实践，应通过试验研究慎重使用。

总之，沥青稳定碎石混合料的空隙率较大，且混合料中仅有少量的矿粉或没有矿粉，其强度以石料间的嵌挤为主，黏结为辅。沥青碎石与沥青混凝土的主要区别仅在于是否加矿粉填料及矿料级配比例是否严格，其实质是混合料的空隙率不同。沥青碎石路面的热稳性较好，但因其空隙较大，易渗水，因而耐久性较差。

热拌沥青碎石宜用于中等交通及其以上的公路基层、底基层和改建工程的调平层。半开级配沥青碎石（AM）不宜做面层，只有在具有良好的透水性的粒料基层上可做面层，一般适用于三级、四级公路的面层。AM-13、AM-16、AM-20主要用于调平层，ATB-25、LSM-25做柔性基层。

4）排水式沥青混合料（Open Graded Friction Course，OGFC）。排水式沥青混合料（OGFC）是指用大空隙的沥青混合料铺筑，能迅速从内部排走路表雨水，具有防滑、抗车辙及降低噪声的路面结构层。排水式沥青磨耗层所用的混合料为开级配的沥青碎石混合料，主要由粗集料嵌挤组成，细集料及填料较少，设计空隙率为18%，一般在18%以上，属骨架空隙结构型沥青混合料路面。

排水式沥青混合料适用于年平均降雨量大于800mm地区的磨耗层和排水路面的表面层，一般用于高速公路。开级配沥青混合料磨耗层厚度为20mm左右，排水表面层宜为30～40mm。

5）Superpave沥青混合料。Superpave沥青混合料是美国公路战略研究计划（SHRP）的研究成果之一。Superpave是Superior Performing Asphalt Pavement的缩写，即高性能沥青路面。Superpave沥青混合料设计法是一种全新的沥青混合料设计法，包含沥青结合料规范，沥青混合料体积设计方法，计算机软件及相关的使用设备、试验方法和标准。Superpave沥青结合料与沥青混合料规范的新体系直接将试验方法与指标同沥青路面的路用性能联系起来，通过控制车辙、低温开裂和疲劳开裂，来达到全面改进路面性能的目的，形成一个基于路面性能基础上的沥青-沥青混合料设计新体系。

Superpave最核心的技术有两个：一个是沥青结合料性能规范，就是所谓的PG规范，这个规范不仅注意到原样沥青的性能，更重视短期和长期老化后的性能；另一个是Superpave沥青混合料设计方法。

Superpave与“马歇尔”相比有很多优点：第一，增加了粗集料的含量，“马歇尔”粗集料的含量为50%～60%，而Superpave粗集料含量为60%～70%，而且4.75～9.5mm的用量增加，分布比较均匀，明显地增加了抗车辙能力；第二，能够适应更大的集料粒径，我国现在使用的4in的“马歇尔”击实仪，实际上只能适应最大公称粒径只有19mm的混合料，Superpave是用了150mm直径试件解决了适应最大公称粒径25mm，甚至最大公称粒径37.5mm的集料的问题；第三，Superpave增加了一个2h的短期老化时间，这跟生产实际情况是很符合的；第四，Superpave增加了粉胶比的指标。另外，在粉胶比计算中，使用了有效沥青用量的概念，也就是说，集料会吸收一部分沥青，吸收的这部分沥青对混合料来说是不起作用的。过去规范限制使用吸水率大于2%的集料，就是因为无法考虑吸收沥青，吸水率大了，吸收沥青也多了。现在新规范考虑了吸收沥青，所以集料吸水率也放宽到3%（高速公路表面层除外）。而美国允许的吸水率标准是4%～5%的就占了65%。这样可以充分利用地方资源。

我国对美国Superpave的研究进展及其成果一直十分关注。江苏省交通科学研究院率先从美国引进了第一批Superpave沥青结合料和沥青混合料的相关试验设备。实践表明，Superpave路面质量明显比传统的马歇尔设计的路面好，有专家明确指出，Superpave是解决我国车辙问题的一个重要的途径。

目前，在我国Superpave沥青混合料用得较多的是高速公路的中面层，通常是Superpave-20。

另外，我国通过对沥青路面表面层结构的研究，曾提出了AK型抗滑表层混合料，但这种结构注重抗滑性能，尤其是提高表面的构造深度，致使混合料的空隙率偏大，并伴随着离析，也有较严重的渗水或局部渗水，耐久性不足成了难以克服的缺点，此问题在多雨地区更为突出，往往成为早期损坏的根源，后经体积指标的调整，渗水性减少了，仍可获得粗糙密实表面层，同时，调整后的AK型改名为AC-C，故调整前的AK型抗滑表层混合料虽曾在高速公路上使用过，但目前用之较少。

我国现行规范规定的沥青混合料，各自具有不同的优点和缺点，如表1-5所示。

表 1-5 不同沥青混合料结构类型的比较（$D_{max}=16mm$）

特点和性能	AC16-Ⅰ型	AC16-Ⅱ型	AK-16A	AM-16	OGFC	SMA-16
结构类型	悬浮密实结构	悬浮半空隙结构	悬浮或嵌挤半空隙结构	嵌挤空隙结构	嵌挤空隙结构	嵌挤密实结构
空隙率(%)	3~6	4~8(10)	3~8	>10	>15	3~4(4.5)
沥青用量	中等	较少	中等	很少	很少	较多
4.75mm 通过率(%)	42~63	30~50	30~50	18~42	30~50	20~30
0.075mm 通过率(%)	中等(4~8)	较少(2~5)	较多(4~9)	很少(0~5)	很少(2~5)	很多(8~12)
抗车辙变形	差	差	较好	好	很好	很好
疲劳耐久性	好	较好	好	很差	差	很好
抗裂性能	好	较好	好	很差	差	很好
水稳定性	好	较差	较差	很差	很差	很好
渗水情况	小	较大	较大	很大	很大	很小
抗老化性能	很好	较好	较好	很差	很差	很好
抗磨损	很好	较好	较好	很差	很差	很好
抗滑性能	差	较差	较好	—	很好	好
路面噪声、反光、溅水、水雾	差	较差	较好	—	很好	好
施工难易程度	易	易	较难(敏感性大,易离析)	简单	难	难(温度高、敏感性强)
成本	中	较低	较高	很低	较高	高

在选择以上热拌沥青混合料的种类时，应当根据工程实际的使用要求、气候特点、交通条件、结构层功能等因素，并从满足耐久性、抗车辙、抗裂、抗水损害能力、抗滑性能等多方面要求以及施工机械、工程造价等实际情况综合考虑。

（2）冷拌沥青混合料　冷拌沥青混合料是由乳化沥青（改性乳化沥青）或液体沥青与矿料在常温状态下拌和而成的常温沥青混合料，一般为密级配。冷拌沥青混合料宜采用拌和厂机械拌和及沥青摊铺机摊铺的方式施工。

乳化沥青碎石混合料适用于交通量小的三、四级公路面层，二级公路的罩面施工以及各级公路沥青路面的联结层或整平层。乳化沥青碎石混合料路面的沥青面层宜采用双层式：下层采用粗粒式乳化沥青碎石混合料，上层采用中粒式或细粒式乳化沥青碎石混合料。单层式只适用于少雨干燥地区或半刚性基层上使用。在多雨潮湿地区必须作上封层或下封层。

（3）贯入式沥青碎石　在初步压实的碎石层上，分层浇洒沥青、撒布嵌缝料，或再在上部铺筑热拌沥青混合料封层，经压实而成的结构层为贯入式沥青碎石，作为面层即为贯入式沥青路面。其中，贯入式沥青碎石的上部若加铺热拌沥青混合料封层的，也称为上拌下贯沥青碎石，形成的沥青路面也叫做上拌下贯沥青路面。

贯入式沥青碎石是一种多孔结构，它的强度主要依靠碎石之间的嵌挤锁结作用，沥青只起黏结碎石的作用，故温度稳定性较好，抗滑性能也好。其厚度宜为 40~80mm。为了防止路表水的浸入，贯入式沥青路面应设置封层（封层可分为上封层和下封层，厚度约 10mm，封层材料可选用单层式沥青表面处治或沥青砂）。贯入式沥青路面施工较简便，不需要复杂的机具，但对碎石材料的要求较高，沥青用量也不易控制，并且施工质量同操作者的技术水平和经验有很大关系。

下部采用层铺法施工，上部铺筑沥青混合料封层的上拌下贯沥青路面总厚度宜为 70 ~ 100mm，其中拌和层的厚度宜为 25 ~ 40mm。它属于贯入式结构层，但综合了贯入式和热拌沥青混合料的施工特点，具有成型快、质量易控制、平整度较好等优点。

贯入式沥青碎石和上拌下贯沥青碎石可用于三、四级公路的面层。贯入式沥青碎石还适宜作中、重等交通公路基层、底基层和改建工程的调平层。

（4）沥青表面处治　用沥青和集料按层铺法铺筑而成的厚度不超过 3cm 的沥青面层，即为沥青表面处治。当采用乳化沥青作结合料时，称为乳化沥青表面处治。

沥青表面处治按层铺的次数及厚度可分为：单层式（厚度 10 ~ 15mm）、双层式（厚度 15 ~ 25mm）、三层式（厚度 25 ~ 30mm）。

沥青表面处治结构层按嵌锁原则铺筑而成。它的主要作用是抵抗车轮磨耗，增强抗滑和防水能力，提高平整度，改善路面的行车条件。为了保证石料间有良好的锁结作用，同一层石料的颗粒尺寸要均匀。为了防止石料松散，所用的沥青必须有足够的稠度。层铺法表面处治在施工完毕后，需经过行车，特别是夏季行车的作用，使其石料取得最稳定的嵌紧位置，并同沥青黏结牢固，这一过程称为“成型”阶段。由于成型期较长，加之质量不易保证，层铺法表面处治应注意初期养护。

沥青表面处治可用于三级、四级公路的面层。

（5）微表处　微表处是采用适当级配的石屑或砂、填料（水泥、石灰、粉煤灰、石粉等）与聚合物改性乳化沥青、外掺剂和水，按一定比例拌和而成的流动状态的沥青混合料，将其均匀地摊铺在路面上形成的沥青封层。

微表处按照矿料粒径的不同，可分为 MS-2 型和 MS-3 型两种，单层厚度分别为 4 ~ 6mm 和 8 ~ 10mm。

微表处可起到防水、耐磨、防滑的作用，提高了路面平整度、美观度，防止了路面的老化与松散，从而有效地延长路面的使用寿命，还可以填补已经稳定的车辙，也可直接用于新建道路的表面磨耗层，从而减少昂贵石料的使用，降低工程造价，显著降低甚至基本消除早期水损坏的发生。而且在常温下施工，没有毒烟雾、粉尘、噪声污染，没废水外排，是真正的全程环保。

MS-3 型微表处适用于高速公路、一级公路的罩面；MS-2 型微表处适用于中等交通量高速公路，一级公路、二级公路的罩面。

（6）稀浆封层　稀浆封层是用适当级配的石屑或砂、填料（水泥、石灰、粉煤灰、石粉等）与乳化沥青、外掺剂和水，按一定比例拌和而成的流动状态的沥青混合料，将其均匀地摊铺在路面上形成的沥青薄层。

稀浆封层按照矿料粒径的不同，可分为 ES-1 型、ES-2 型和 MS-3 型两种，单层厚度分别为 2.5 ~ 3mm、4 ~ 6mm 和 8 ~ 10mm。

稀浆封层可起到防水、防滑、平整、耐磨、改善路面功能及恢复路面外观等方面的作用。稀浆封层使用（改性）乳化沥青，施工温度敏感性大大降低，延长可施工时间，施工速度快，成型快，缩短开放交通时间。由于其优良的抗老化性、高温稳定性、低温抗裂性，使沥青路面的使用性能大大提高，使用寿命大大延长，而且常温施工，降低能耗，不释放有害气体，真正实现节能减排，现已广泛用于新建公路上。

ES-3 型稀浆封层适用于二级公路的罩面以及新建公路的下封层；ES-2 型稀浆封层适用于二级及二级以下公路的罩面，以及新建公路的下封层；ES-1 型稀浆封层适用于三、四级公路、停车场的罩面。

（二）水泥混凝土

水泥混凝土是以水泥与水拌和成的水泥浆为结合料，以碎（砾）石、砂为集料，再加适当的掺和料及外掺剂，拌和成的水泥混凝土混合料。水泥混凝土类型很多，包括普通混凝土、钢筋混凝土、连续配筋混凝土、钢纤维混凝土、碾压水泥混凝土等。

1. 水泥混凝土的力学特性

水泥混凝土的力学特性可以通过抗压强度、抗拉强度、抗弯拉强度、应力-应变特性和疲劳特性等几种不同的力学强度参数来表征。水泥混凝土是一种抗压强度高、体积稳定性差、抗拉强度低的脆性材料，其抗弯拉强度比抗压强度低得多，约为抗压强度的 1/7 ~ 1/6。另外，它在断裂时的相对拉伸变形很小，弯曲断裂的表面相对拉伸变形只有 1/10000 ~ 3/10000。

（1）抗压强度　一般采用抗压强度作为评价混凝土力学性能的指标。由于抗压试件尺寸较小、抗压强度试验方法简单，路面工程中通常将其作为设计施工的参考指标。此外，混凝土的抗压强度是影响混凝土耐磨性的重要因素，随着抗压强度的提高，混凝土的耐磨性增强，如图 1-3 所示。试验结果表明，抗压强度 34.5MPa 的混凝土的耐磨性是强度 20.7MPa 混凝土耐磨性的 2 倍。因此，可以将抗压强度作为间接评价混凝土耐磨性的指标。

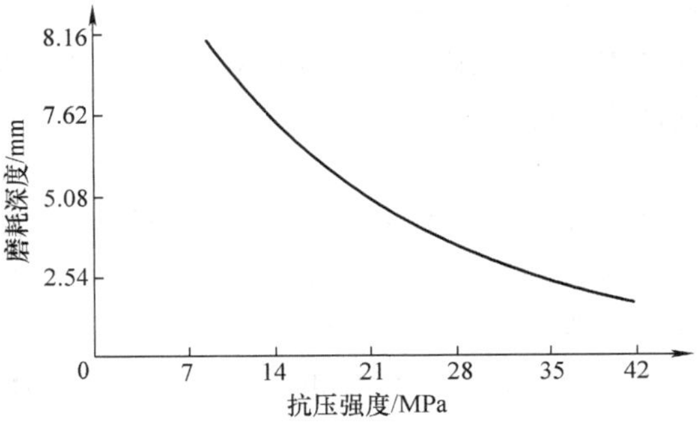

图 1-3　抗压强度与耐磨性的关系

水泥混凝土的抗压强度试验是在小型试件上进行的，出于习惯和传统，各国的标准实验方法不尽相同。中国、欧洲等采用立方体，标准尺寸为 15cm × 15cm × 15cm；美国等采用圆柱体，标准尺寸为直径 15cm、高 30cm。立方体试件的抗压强度一般比圆柱体试件大 10% ~ 15%。立方体试件的尺寸增大时，强度值增大，反之亦然。例如，与尺寸为 15cm × 15cm × 15cm 的抗压强度相比，20cm × 20cm × 20cm 时提高 5%，10cm × 10cm × 10cm 时降低 5%；圆柱体试件的尺寸减小时，强度值提高。例如，7.5 cm × 15cm 时提高 8%，5cm × 10cm 时提高 6%。圆柱体试件的形状改为直径与高度相同时，强度值可提高 15%。

（2）弯拉强度　水泥混凝土路面设计中，由于水泥混凝土面层板承受行车荷载和温度荷载的共同作用，面层所需要的厚度取决于面层底面所产生的弯拉应力和混凝土的抗弯拉强度。因此，采用弯拉试验确定的抗弯拉强度能更好地同路面受力状况相匹配。

弯拉试验采用梁式试件，试件的标准尺寸为 15cm × 15cm × 55cm。截面尺寸减小为 10cm × 10cm × 40cm 时，其测定值乘以 0.85 的转化系数作为标准试件的强度。标准弯拉试验采用三分点加荷方式，以往采用的中点加荷，其测定值约比三分点加荷大15%～20%。

（3）劈裂强度　在水泥混凝土面层施工质量检验和现有水泥混凝土面层评定时，直接进行弯拉强度试验有一定的困难，通常采用钻芯方式取出圆柱形试件，进行劈裂试验确定其劈裂强度，根据所建立的劈裂强度与弯拉强度的经验关系式，由劈裂强度得到弯拉强度。

劈裂强度试验采用圆柱体试件。试件直径随钻芯直径而定，一般为10cm或15cm，试件高度为面层厚度。

（4）抗拉强度　水泥混凝土的抗拉强度通常采用直接拉伸和间接拉伸试验测得。直接拉伸试验时，棱柱体试件在两端固定，施加拉力至试件破坏，破坏荷载除以截面积即得抗拉强度。但是混凝土的直接拉伸试验难以做得准确，因为试件很不容易夹紧，试件与作用荷载易产生偏心，且有较大的试验误差，因此抗拉试验不是一种标准试验方法，很少使用。

我国的国家标准和各部的技术规程均规定采用劈裂抗拉试验间接确定混凝土的抗拉强度。在试验室进行劈裂抗拉试验一般采用15cm×15cm×15cm立方体试件，置于上下垫条之间，保持轴向受力方向，连续而均匀地加荷直至立方体试件破坏。

混凝土的抗拉强度在普通混凝土路面中未予应用，而在连续配筋混凝土路面的设计时，需采用混凝土的极限抗拉强度指标确定面层内纵向钢筋的配筋率。

（5）疲劳特性　水泥混凝土路面在使用过程中，持续受到车轮荷载重复作用，同时还经受大气温度周期性变化的影响。因此，混凝土路面板的破坏现象不仅与荷载重复次数有关，而且与温度周期性变化产生的温度翘曲应力重复作用有关。

混凝土面层承受行车荷载及温度和湿度变化所产生的应力的反复作用，会在低于静载极限强度值时出现破坏。材料强度随荷载反复作用而降低的现象称为疲劳。混凝土出现疲劳损坏时所能经受的反复应力重复作用次数，称为混凝土的疲劳寿命。疲劳寿命随反复应力的增大而减小，不同疲劳寿命时混凝土能承受的反复应力的大小，称为混凝土的疲劳强度。

混凝土出现疲劳损坏，其深层次的原因是由于材料内部存在瑕疵或微裂隙，荷载作用下该处发生应力集中而超出其强度，从而不断出现新的微裂隙或使已有裂隙进一步扩展。应力的反复作用使微裂隙逐步增多和扩展，有效的应力承受面积不断减少，终于在反复作用一定次数后导致混凝土的开裂破坏。

（6）应力—应变特性　水泥混凝土是一种多相复合材料，其应力-应变特性是各组成相（集料、水泥浆体）应力-应变性状的组合。集料和浆体的应力-应变关系虽然都是线性的，但其弹性模量值却相差很大，在同一应力级位的作用下，集料和浆体会产生不同的应变量，这也使得混凝土的应力-应变曲线呈现非线性特征。

在持续增加的荷载作用下，混凝土的应力（σ）-应变（ε）关系曲线如图1-4所示。由图可知，当卸荷后，其变形并未能恢复到原点，即存在残余应变γ。所以其应变ε_0是由可逆的弹性应变ε_e和不可逆的残余应变γ组成的。一般把加荷瞬间产生的变形看作弹性变形，而把持续加荷期间产生的变形看作徐变，但两者难以严格区分。工程上采用反复加荷、卸荷的方法使徐变减小，从而测得弹性变形。经过几次反复加荷与卸荷后，其残留应变不会增加，而且加荷应力不超过混凝土抗压强度的50%～60%时，混凝土的应力-应变关系大致呈线性关系。

2. 各类型水泥混凝土简介

（1）普通混凝土　普通混凝土又称素混凝土，指除接缝区和局部范围外，混凝土内均不配筋的水泥混凝土，这种路面结构为普通混凝土路面（亦称素混凝土路面）。

（2）钢筋混凝土　钢筋混凝土指混凝土内配置纵、横向钢筋或钢筋网并设接缝的水泥混凝土，这种路面结构为钢筋混凝土路面，如图 1-5 所示。设置的钢筋网是控制裂缝缝隙的张开量，把开裂的板拉在一起，使板依靠断裂面上的集料嵌锁作用而保证结构强度，并非增加板的抗弯强度。

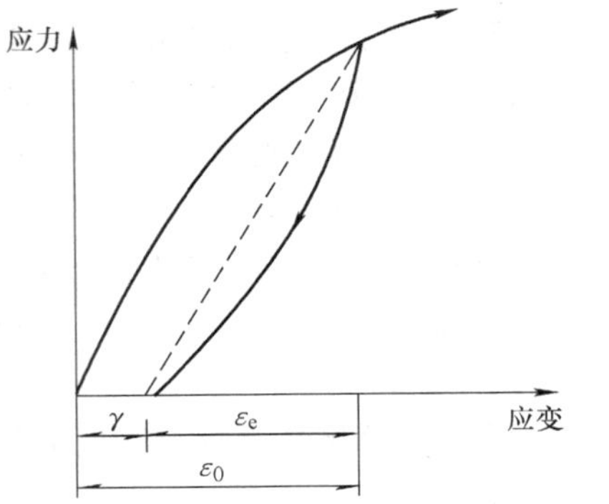

图 1-4　加荷与卸荷时混凝土应力-应变曲线

图 1-5　钢筋混凝土路面

（3）连续配筋混凝土　连续配筋混凝土指混凝土内配置纵向连续钢筋和横向钢筋，横向不设缩缝的水泥混凝土，这种路面结构为连续配筋混凝土路面，如图 1-6 所示。这种路面会在温度和温度变化引起的内应力作用下产生许多横向裂缝，配置的纵向连续钢筋使这些横向裂缝不至于张开而使杂物侵入或使混凝土剥落，因而不会影响行车的使用品质。

（4）钢纤维混凝土　钢纤维混凝土指在混凝土内掺入钢纤维的水泥混凝土，这种路面结构为钢纤维混凝土路面，如图 1-7 所示。钢纤维混凝土路面的抗疲劳强度、抗冲击能力和防止裂缝的能力比普通混凝土路面要好得多。其具有薄板、少缝、使用寿命长、养护费用少等特点，特别是作为旧混凝土路面的罩面尤为适宜。

图 1-6　连续配筋混凝土路面

图 1-7　钢纤维混凝土路面

（5）碾压混凝土　碾压混凝土指采用振动碾压成型的水泥混凝土，这种路面结构为碾压混凝土路面。与普通混凝土路面相比能节省大量的水泥，且施工速度快，养护时间短，强度高，但其耐磨性差于一般混凝土路面。

水泥混凝土作为面层具有足够的强度、耐久性，表面抗滑、耐磨、平整等路用性能。故水泥混凝土适用于各级公路的面层，也可以做基层，但碾压混凝土作为面层只适用于二级及二级以下公路。

路面面层的类型应与公路等级、使用要求、交通等级相适应。各级公路的路面面层类型的选用应符合表1-6。

表1-6　路面面层类型及适用范围

面层类型	适用范围
沥青混凝土、水泥混凝土	高速公路、一级公路、二级公路、三级公路、四级公路
沥青玛蹄脂碎石混合料SMA、排水式沥青混合料OGFC、Superpave沥青混合料	高速公路、一级公路
贯入式沥青碎石（上拌下贯沥青碎石）、沥青碎石、沥青表面处治、稀浆封层	三级公路、四级公路
冷拌沥青混合料	交通量小的三级公路、四级公路
粒料类	四级公路

任务四　路面行车荷载

为保证所设计的路面结构达到预期功能，具有良好的结构性能，首先应对行驶的车辆做综合分析，包括车辆轮重与轴重的大小与特性、不同车型的轮轴布置、汽车荷载的作用力等。

一、车辆的种类与轴型

道路上通行的车辆主要分为客车与货车两大类。客车又可分为小客车与大客车，货车又分为整车、牵引式挂车和牵引式半挂车。无论是客车还是货车，车身的全部重力都通过车轮传给路面，因此，对于路面的结构设计而言，关键在于轴重。因此，对于公路上行驶的多种车辆组合，重型货车与大客车起决定作用，轻型货车与小客车影响很小，有时可以忽略不计。

通常，整车形式的客、货车车轴分前轴和后轴。绝大部分车辆的前轴为两个单轮组成的单轴，轴载约为汽车总重力的1/3。极少数汽车的前轴由双轴单轮组成，双前轴的载重约为汽车总重的一半。汽车的后轴有单轴、双轴和三轴三种，大部分汽车后轴由双轮组组成，只有少量轻型货车由单轮组成后轴。每一根后轴的轴载大约为前轴轴载的两倍。目前，在我国公路上行驶的货车的后轴轴载，一般在60～130kN范围内，大部分在100kN以下。各种不同的轴轮型如图1-8所示，车辆荷载基本类型如图1-9所示。《公路沥青路面设计规范》（JTG D50）将车辆轴型根据表1-7规定按轮组和轴组类型分为7类。根据车辆构造、轴组组成及其对路面的破坏作用，将车辆按表1-8分为11种类型。我国部分汽车路面设计参数见表1-9所示。

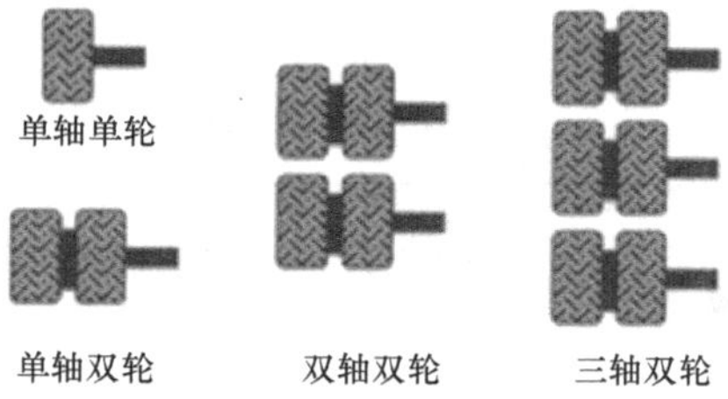

图1-8　不同轴轮型示意图

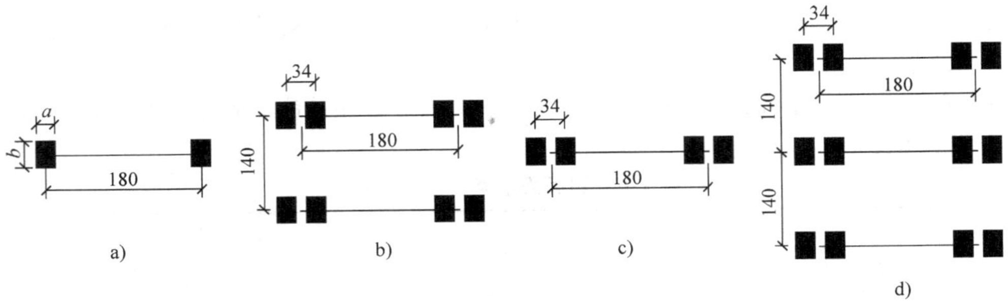

图 1-9　4 种基本类型车辆荷载图式
a）单轴—单轮组　b）双轴—双轮组　c）单轴—双轮组　d）三轴—双轮组

表 1-7　轴型分类

轴型编号	轴型说明	轴型编号	轴型说明
1	单轴（每侧单轮胎）	5	双联轴（每侧双轮胎）
2	单轴（每侧双轮胎）	6	三联轴（每侧单轮胎）
3	双联轴（每侧单轮胎）	7	三联轴（每侧双轮胎）
4	双联轴（每侧各一单轮胎、双轮胎）		

表 1-8　车辆类型分类

车型编号	说明	主要车型及图示	其他车型
1 类	2 轴 4 轮车辆	11 型车 	
2 类	2 轴 6 轮及以上客车	12 型客车 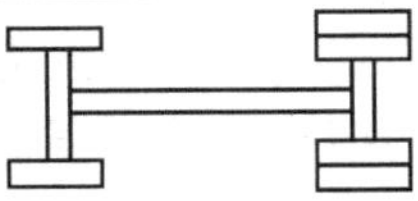	15 型客车
3 类	2 轴 6 轮整体式货车	12 型货车 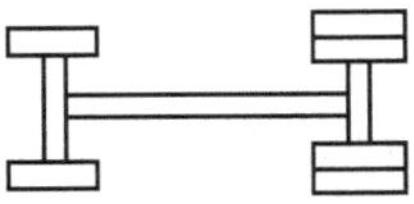	
4 类	3 轴整体式货车（非双前轴）	15 型 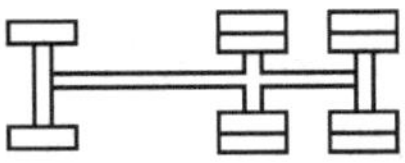	
5 类	4 轴及以下整体式货车（非双前轴）	17 型 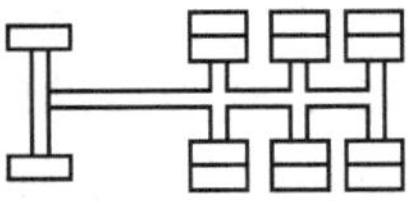	
6 类	双前轴整体式货车	112 型 115 型 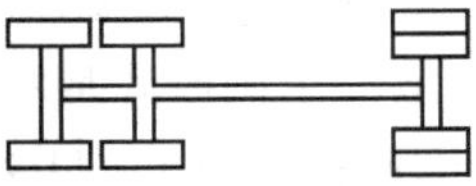	117 型
7 类	4 轴及以下半挂货车（非双前轴）	125 型 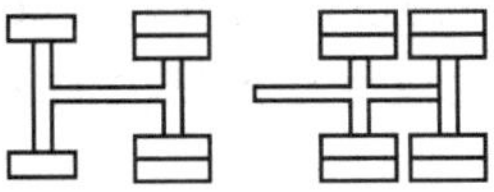	122 型

（续）

车型编号	说明	主要车型及图示	其他车型
8 类	5 轴半挂货车 （非双前轴）	127 型 155 型 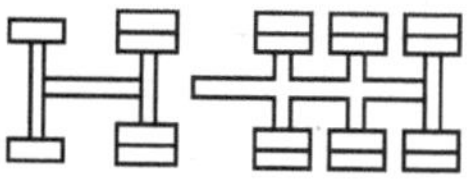	
9 类	6 轴及以上半挂货车 （非双前轴）	157 型 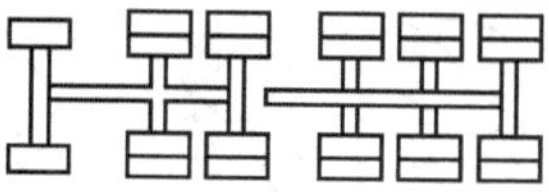	
10 类	双前轴半挂式货车	1127 型 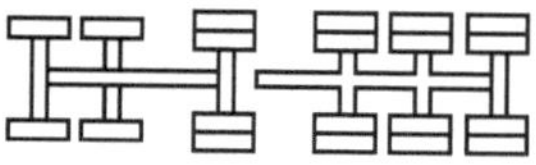	1122 型 1125 型 1155 型 1157 型
11 类	全挂货车	1522 型 1222 型 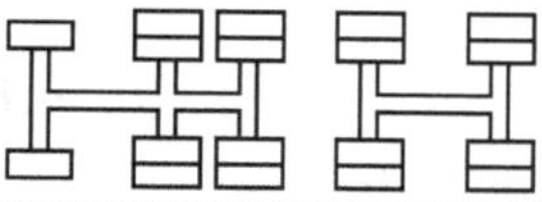	

二、汽车荷载的作用力

汽车荷载对路面施加的作用力的大小和性质，随汽车的运动状态而变化。当汽车停在路面上时，只有车轮对路面的垂直力作用；行驶时，除垂直力外还有车轮转动对路面产生的纵向水平切向力；转向时又增加了横向水平力（图 1-10）；如路面不平，汽车颠簸，又有冲击力和振动力产生；车轮的高速旋转，使车轮与路面间形成暂时真空，从而产生真空吸力。由此可见，汽车在任何一种运动状态下垂直力都是最基本的作用力，其次是水平力。汽车运动状态越复杂，对路面的作用力也越复杂。柔性路面主要考虑了汽车荷载对路面作用的垂直力和水平力。

1. 垂直力

荷载通过充气轮胎传给路面，车轮与路面的接触面积称为轮印面积，其形状为带有轮胎花纹的近似椭圆，在柔性路面设计中，用等面积圆来代替，称为轮印的当量圆。当量圆面积与轮荷载、轮胎尺寸及轮胎压强有关。汽车后轴一侧多为双轮（即双轮组），将双轮轮印化为一个当量圆，称为单圆荷载图式；若化为两个当量圆，称为双圆荷载图式，如图 1-11 所示。《公路沥青路面设计规范》（JTG D50）规定，我国采用双圆荷载作为设计图式。

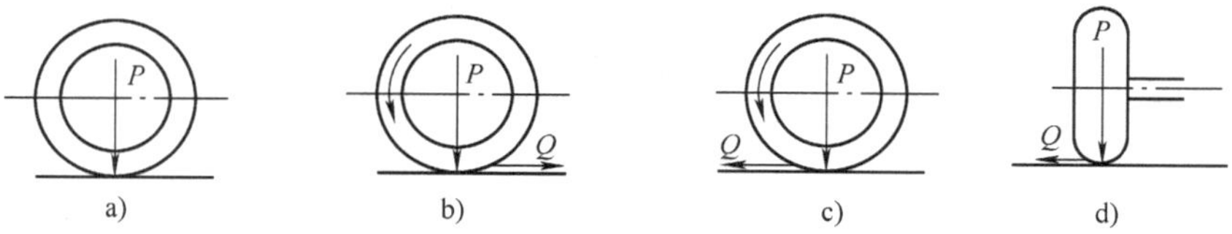

图 1-10　车轮荷载对路面作用的垂直力和水平力（P—垂直力；Q—水平力）
a）静止　b）一般行驶、加速、启动　c）减速、制动　d）转向（向右）

2. 水平力

由汽车的行驶条件可知，水平力的最大值 Q_{max} 不能超过垂直力 P 与路面车轮间的附着系数 f 的乘积，即

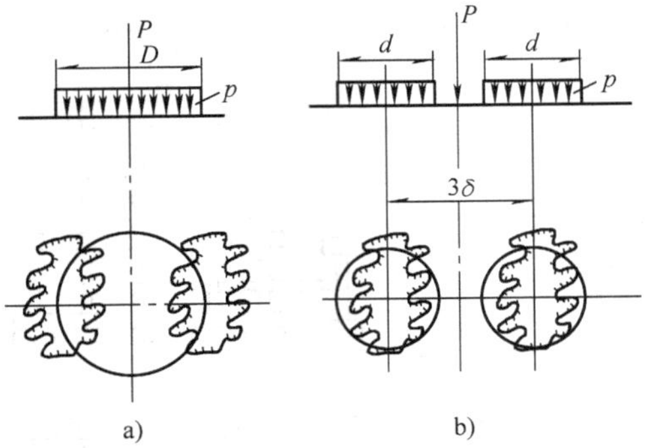

图 1-11　轮印面积与当量圆$\left(\delta=\frac{1}{2}d\right)$

a）单圆图式　b）双圆图式

$$Q_{max} \leqslant Pf \tag{1-1}$$

f 的最大值一般不超过 0.7 ~ 0.8。

我国部分汽车路面设计参数见表 1-9。

表 1-9　我国部分汽车路面设计参数

序号	汽车型号	总重/kN	载重/kN	前轴重/kN	后轴重/kN	后轴数	轮组数	轴路/cm	出产国
1	解放 CA10B	80.25	40.00	19.40	60.85	1	双		中国
2	解放 CA15	91.35	50.00	20.97	70.38	1	双		中国
3	解放 CA30A	103.00	46.50	29.50	2×36.75	2	双		中国
4	解放 CA50	92.90	50.00	24.70	68.20	1	双		中国
5	解放 CA340	78.70	36.60	22.10	56.60	1	双		中国
6	解放 CA390	105.15	60.15	35.00	70.15	1	双		中国
7	东风 EQ140	92.90	50.00	23.70	69.20	1	双		中国
8	黄河 JN150	150.60	82.60	49.00	101.60	1	双		中国
9	黄河 JN162	174.50	100.00	59.50	115.00	1	双		中国
10	黄河 JN162A	178.50	100.00	62.28	116.22	1	双		中国
11	黄河 JN253	187.00	100.00	55.00	2×66.00	2	双		中国
12	黄河 JN360	270.00	150.00	50.00	2×110.0	2	双		中国
13	黄河 QD351	145.65	70.00	48.50	97.15	1	双		中国
14	延安 SX161	237.14	135.00	54.64	2×91.25	2	双	135	中国
15	长征 XD160	213.00	120.00	42.60	2×85.20	2	双		中国
16	长征 XD250	189.00	100.00	37.80	2×72.60	2	双		中国
17	长征 XD980	182.40	100.00	37.10	2×72.65	2	双	122	中国
18	长征 CZ361	229.00	120.00	47.60	2×90.70	2	双	132	中国
19	交通 SH141	80.65	43.25	25.55	55.10	1	双		中国
20	交通 SH361	280.00	150.00	60.00	2×110.0	2	双	130	中国
21	南阳 351	146.00	70.00	48.70	97.30	1	双		中国

（续）

序号	汽车型号	总重/kN	载重/kN	前轴重/kN	后轴重/kN	后轴数	轮组数	轴路/cm	出产国
22	齐齐哈尔 QQ560	177.00	100.00	56.00	121.00	1	双		中国
23	太脱拉 111	186.70	102.40	38.70	2×74.00	2	双	120	捷克
24	太脱拉 111B	188.40	102.40	37.40	2×75.50	2	双	122	捷克
25	太脱拉 111S	194.90	102.40	38.50	2×78.20	2	双	122	捷克
26	太脱拉 13B	211.40	120.00	51.40	2×80.00	2	双	132	捷克
27	太脱拉 138S	225.40	120.00	45.40	2×90.00	2	双	132	捷克
28	斯柯达 706B	140.00	73.00	50.00	90.00	1	双		捷克
29	日野 KB222	154.50	80.00	50.20	104.30	1	双		日本
30	日野 KB300D	198.75	106.65	40.75	2×79.00	2	双	127	日本

项目训练

1. 试述路面工程的基本要求。
2. 就路面结构力学特性可将公路路面划分为哪三类？各有什么特点？
3. 公路路面结构的基本组成部分有哪些？各自的作用是什么？
4. 路面结构中功能层有哪些？如何区分？
5. 从力学角度看，路面结构层中的基层、底基层目前常用材料有哪几种类型？各自包括哪些材料？并阐述各类材料各自适用的公路等级。
6. 强度形成符合嵌挤原则的碎砾石材料有哪些？举例说明。
7. 常用的沥青路面有哪些？各自的特点有哪些？
8. 公路路面面层常用材料有哪些？它们各自的适用场合是什么？
9. 试述水泥混凝土路面有哪些类型？如何定义？
10. 路面行车荷载有哪些轴型及车辆类型？

项目二　沥青路面设计

学习目标

1. 知道沥青路面的分类及基本特性。
2. 会描述沥青路面常见破坏模式及形成机理。
3. 能描述沥青路面的设计理论、设计内容和设计指标。
4. 会通过轴载换算、累计当量轴次的计算进行交通分析。
5. 会根据材料特点及设计原则进行沥青路面结构组合设计。
6. 会选择沥青路面厚度组合方案，并确定设计指标和路面材料的有关参数。
7. 会运用设计规范计算沥青路面设计指标，进行沥青路面结构验算。
8. 能读懂沥青路面结构设计图，并能正确绘制常用沥青路面结构图。

重　点

1. 沥青路面结构组合设计。
2. 新建沥青路面设计计算原理、方法和流程。
3. 读懂沥青路面结构设计图。

难　点

1. 车辆当量设计轴载的换算。
2. 沥青路面结构验算。

沥青路面是指在柔性基层、半刚性基层上铺筑一定厚度的沥青混合料作面层的路面结构的总称，也称黑色路面。沥青路面抗弯拉强度较低，其承载力与稳定性在很大程度上取决于土基和基层的特性。因而要求土基和基层应具有足够的强度和稳定性。对软弱土基或翻浆路段，必须预先加以处理。在低温时，沥青路面的抗变形能力很低，在寒冷地区为了防止土基的不均匀冻胀而使沥青路面开裂，需设置防冻层。对交通量较大的路段，为使沥青路面具有一定的抗弯拉和抗疲劳开裂的能力，宜在沥青面层下设置沥青混合料封层。

任务一　沥青路面基本认知

一、沥青路面的基本特性

（一）沥青路面的高温稳定性

沥青路面的高温稳定性主要是指沥青混合料于高温季节在车辆荷载作用下抵抗变形的能力。如沥青路面在夏季出现的推挤、车辙、拥包等病害基本上属于高温稳定性的范畴，造成的原因主要是在高温时沥青混合料的抗剪切能力不足。

一般来讲，选用稠度较大和黏结力较强的沥青，沥青混合料的抗剪切强度也较高。另外，矿料的级配组成、矿料颗粒形状和表面性质也影响沥青混合料的内摩擦角，矿料的颗粒尺寸增加、针片状颗粒含量减少都可使混合料的内摩擦角增大。因此，使用形状接近立方体、有棱角和表面粗糙的碎石，以及增加碎石用量等都可以提高沥青混合料的高温稳定性。

（二）沥青路面的低温抗裂性

沥青路面的低温开裂主要有两种形式：一种是由于气温骤降使面层产生温度收缩变形，在有约束的条件下沥青面层内产生的温度拉应力超过沥青混合料的抗拉强度而形成的低温开裂；另一种形式是由于一年四季气候的变化，使沥青面层产生温度疲劳裂缝。无论哪种裂缝，从内因看是沥青混合料的性质决定，从外因看主要是外界环境温度的变化所诱发，车辆荷载的作用起次要作用。由于温度的下降，沥青混合料的刚度大大增加，在气温差较大或路表结构层产生较大的温度梯度时，较易在沥青路面表层先产生开裂，继而发展到面层深部，其裂缝形式一般为从上到下，而且裂缝一般为等间距。

使用稠度较低、温度敏感性低的沥青，可以减少或延缓路面的开裂。路面所在地区的温度越低，开裂一般越严重。沥青材料的老化，致使混合料变硬、变脆，因此对低温更为敏感，使路面产生开裂的可能性增大。

（三）沥青路面的水稳定性

沥青路面的水稳定性通常是指沥青混合料在水的作用下保持强度（黏结强度、整体强度）的能力。高速公路、一级公路、二级公路的沥青混合料面层应具有良好的水稳定性。沥青混凝土的水稳定性指标，除通常采用的浸水马歇尔试验和沥青与矿料的黏附性试验，以检验沥青混合料受水损害时的抗剥落性能外，对年最低气温低于－21.5℃的寒冷地区，还应增加沥青混合料冻融劈裂残留强度试验。

改善沥青混合料水稳定性的措施主要有：使用水泥或消石灰处理集料表面，也可掺加抗剥落剂来提高沥青结合料与矿料之间的黏附性。国内外的经验证明，使用消石灰处理集料表面的效果较好，而且比较经济。

（四）沥青路面的疲劳特性

同其他路面材料一样，沥青混合料的变形和破坏，不仅与荷载应力大小有关，而且与荷载的重复作用次数有很大的关系。路面材料受重复荷载的作用在低于极限抗拉强度下的破坏，称为疲劳破坏，导致疲劳破坏最终的荷载作用次数称为材料的疲劳寿命。

影响沥青路面疲劳特性的因素很多，除了材料的性质（种类、组成等）、环境因素（温度、湿度等），还取决于沥青混合料的劲度。沥青混合料的压实度直接决定着沥青混合料的稳定度和劲度，也决定着混合料中的孔隙率。当沥青混合料结构层中的孔隙率较大时会增加沥青的氧化速度，增大与水的接触面积，因而减少其疲劳寿命。因此，保证沥青混合料具有较高的压实度，对增加沥青混合料的使用寿命意义重大。

（五）沥青路面的老化特性

沥青材料在沥青混合料的拌和、摊铺、碾压以及运营使用中，都存在老化问题。从大的方面看，主要是施工过程中超过规范规定的高温加热老化和使用过程中的空气及紫外线照射等长期作用而老化。

对于沥青材料来说，评价其抗热老化的能力一般用蒸发损失、薄膜烘箱及旋转薄膜烘箱试验，而评价长期老化的性能则用压力老化试验等。

二、沥青路面的分类

（一）按沥青面层的结构组成分类

按沥青面层的结构组成可分为密实型、嵌挤型和嵌挤密实型三大类。

密实型沥青结构层的集料级配按最大密实原则设计，颗粒尺寸连续多样，其强度和稳定性主要取决于沥青混合料的黏聚力和内摩阻力。此类路面的主要特点是空隙率较小（小于10%），沥青混合料致密耐久，但热稳性较差。如沥青混凝土 AC、密级配沥青碎石混合料 ATB。

嵌挤型沥青结构层要求采用颗粒尺寸较为均一的集料与沥青分层铺筑或采用开级配（半开级配）沥青碎石混合料铺筑，结构层的强度和稳定性主要依靠集料之间相互嵌挤产生的内摩阻力，而黏结力起次要作用。此类路面的主要特点是热稳性较好，但空隙较大（大于10%）、易渗水，因而耐久性较差。如开级配沥青碎石 ATPB、半开级配沥青碎石 AM。

嵌挤密实型沥青结构层的粗集料嵌挤作用较好，设计空隙率较小（小于10%），其强度和稳定性主要取决于沥青混合料的内摩阻力和黏聚力。此类路面的主要特点是沥青混合料致密耐久，热稳性也较好。如沥青玛蹄脂碎石混合料 SMA。

（二）按沥青面层的成形方法分类

按沥青面层的成形方法可分为层铺法、路拌法和厂拌法三类。

层铺法是用分层洒布沥青、分层铺撒矿料和碾压的方法修筑。其主要优点是工艺和设备简便、功效较高、施工进度快、造价较低；缺点是路面成形期较长，需要经过炎热季节行车碾压反油之后路面方能成形。用这种方法修筑的沥青路面有沥青表面处治和沥青贯入式两种。

路拌法是在路上用机械将矿料和沥青材料就地拌和摊铺经碾压密实而成的沥青面层。此类面层所用的矿料为碎（砾）石的称为路拌沥青碎（砾）石；所用的矿料为土的则称为路拌沥青稳定土。路拌沥青面层，通过就地拌和，沥青材料在矿料中分布比层铺法均匀，可以缩短路面的成形期。但因所用的矿料为冷料，需使用黏稠度较低的沥青材料，故沥青混合料的强度较低。用这种方法修筑的沥青路面有乳化沥青碎石或冷拌沥青混合料。

厂拌法是将规定级配的矿料和沥青材料在工厂用专用设备加热拌和，然后送到工地摊铺碾压而成的沥青路面。厂拌法按沥青混合料铺筑时温度的不同，又可分为热拌热铺和热拌冷铺两种：热拌热铺沥青混合料是在专用设备中加热拌和后立即趁热运到路上摊铺压实。如果沥青混合料加热拌和后储存一段时间再在常温下运到路上摊铺压实，即为热拌冷铺。厂拌法使用较黏稠的沥青材料，且矿料经过精选，因而沥青混合料质量高，使用寿命长，但修建费用也较高。用这种方法修筑的沥青路面有热拌沥青碎石、沥青玛蹄脂碎石混合料 SMA、沥青混凝土 AC、开级配排水式抗滑磨耗层 OGFC、Superpave 沥青混合料等。

（三）按沥青面层的使用品质分类

按沥青面层的使用品质可分为沥青混凝土（AC）路面、沥青碎石（AM）路面、沥青玛蹄脂碎石（SMA）路面、沥青贯入式、沥青表面处治、开级配排水式抗滑磨耗层（OGFC）、Superpave 沥青混合料等类型。具体见项目一中的任务三。

三、沥青路面结构的破坏模式

沥青路面在行车荷载的反复作用和自然因素的不断影响下，会逐渐出现损坏。由于环境、材料组成、结构层组合、荷载、施工和养护等条件的变异，损坏的形态多种多样。常见的有：沉陷、车辙、推移、开裂、松散和坑槽、表面磨光、低温缩裂和反射裂缝等模式。路面结构的损坏现象，有时单独出现，有时几种形式同时出现，严重地影响了路面的使用品质，因此很有必要对破坏模式产生的原因进行分析。

（一）沉陷

沉陷是路面在车轮作用下表面产生的较大凹陷变形，有时凹陷两侧伴有隆起现象，如图2-1所示，当沉陷严重时，超过了结构的变形能力，在结构层受拉区产生开裂而形成纵裂，并有可能逐渐发展成网裂。造成路面沉陷的主要原因是路基土压缩。路基由于不良的水文条件或翻浆而过于湿软，通过路面传递给路基的轮载应力超过了土的承载能力，在车轮作用下表面产生较大的垂直变形即沉陷，同时在凹陷两侧常伴有隆起现象。

（二）车辙

车辙是路面的结构层及土基在行车重复荷载作用下，沿行车轮迹产生的纵向带状凹陷变形，同时也常伴有以纵向为主的裂缝，其产生同荷载应力大小、交通量与交通组成以及结构和土基的性质有关，如图2-2所示。

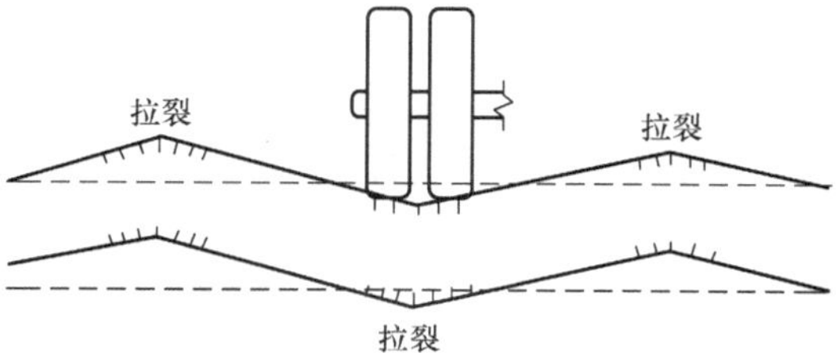

图2-1　沉陷示意图

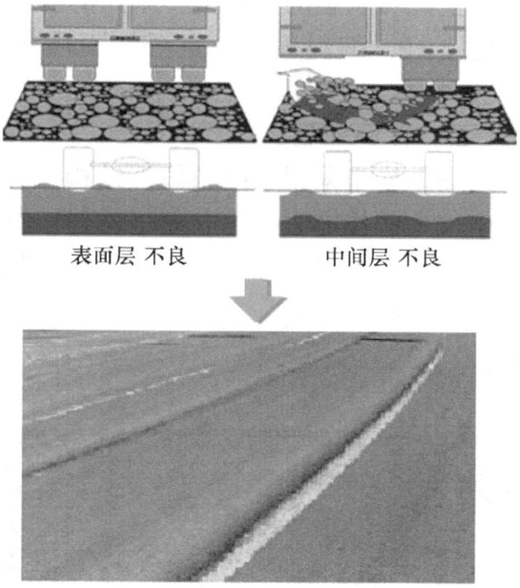

图2-2　车辙示意图

车辙是沥青路面的主要破坏形式之一。因为这类路面的使用寿命较长，即使每一次行车荷载作用产生的残余变形量很小，而多次重复作用累积起来的残余变形总和也将会相当可观，当车辙达到一定深度时，辙槽积水，极易导致交通事故。车辙一般是在温度较高季节，车辆反复碾压下产生塑性流动而逐渐形成的。因此，主要应从提高沥青面层材料的高温稳定性着手防治。

（三）疲劳开裂

裂缝是沥青路面常见的一种破坏类型。疲劳开裂的特点是路面无显著的永久变形，开裂开始大多是形成细而短的横向开裂，继而逐渐扩展成网状，开裂的宽度和范围不断扩大，如图2-3所示。

产生疲劳开裂的原因有很多种，这里所讲的开裂是沥青结构层受车轮荷载的反复弯曲作用，使结构层底面产生的拉应变（或拉应力）值超过材料的疲劳强度（它较一次荷载作用的极限值小很多），底面便发生开裂，并逐渐扩展延伸到表面。稳定类整体性基层也会产生出疲劳开裂，并进而导致面层破坏。疲劳开裂的产生主要取决于所受到的重复应变（或应力）大小，同时也与路面的环境因素有关。

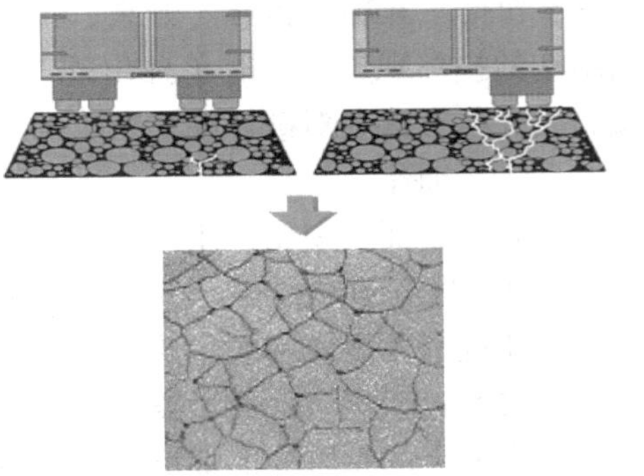

图 2-3 疲劳开裂

（四）推移和拥包

推移和拥包是指沥青路面材料沿行车方向受到行车水平力作用发生剪切或拉裂破坏而出现推挤和拥起现象，如图 2-4 所示。

造成这种破坏的原因是，车轮荷载引起的垂直力和水平力的综合作用，使结构层内产生的剪应力超过材料的抗剪强度。同时也与行驶车轮的冲击、振动有关。

发生此类病害的路面大多采用的沥青稠度偏低，用量偏多，或者采用的沥青混合料中矿料级配不好，细料偏多。此外，面层较薄以及面层与基层的粘结较差，也易产生推挤、拥包。

（五）低温缩裂

路面结构中采用某些整体性结构层在低温（通常为负温度）时由于面层材料收缩受阻而产生较大的拉应力，当它超过材料相应条件下的抗拉强度时便产生开裂，如图 2-5 所示。由于路面的纵向尺度远大于横向，低温收缩时侧向约束不大，故这种开裂一般为横向间隔性的裂缝。在冰冻地区，沥青面层和用无机结合料稳定的整体性基层，冬季可能出现这种开裂。

图 2-4 推移和拥包

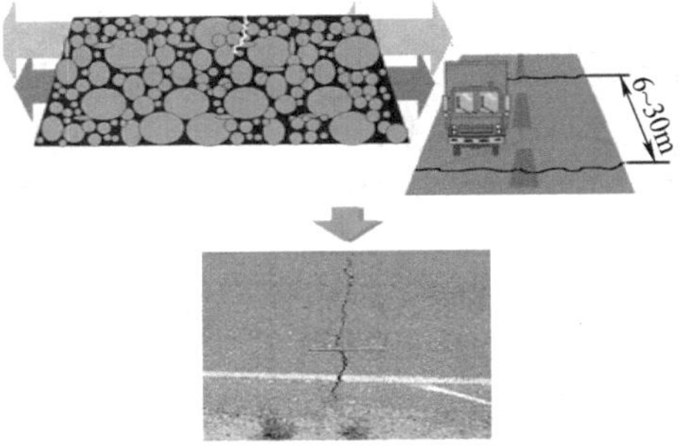

图 2-5 低温缩裂

四、沥青路面的设计理论

当前世界各国众多的沥青路面设计方法，可概括分为三类：第一类是经验法，以过去的修建和使用经验以及路基路面材料的室内或室外试验为主要依据。经验法最具有代表性的是美国加州承载比（California Bearing Ratio）法，简称 CBR 法；二是美国公路工作者协会（American Association States Highway Officials）法，简称 AASHO 法；三是在英国、法国和德国颇为流行的“典型结构、经验厚度”法。经验法的优点是使用简单方便，缺点是局限性太大。交通荷载、自然环境和材料特性一旦发生变化，原有经验曲线、公式或图表将无法使用，如要靠修筑试验路来实现对新条件的适应，则既费钱又费时。第二类是理论法，以力学分析为基础，并综合考虑影响路面工作的自然环境、交通条件以及材料特性。理论分析法实质上是把路面看成是一个工程结构物，根据行车荷载在路面结构层中所产生的应力、应变和位移量不超过路面结构层材料的容许应力、应变和位移，来选择和确定路面结构层的组成和厚度。但缺点是交通荷载预估不准确，材料试验与参数取值不能完全反映材料服役性状以及设计指标不全面等。第三类是验算法，吸取了国外先进的沥青路面设计方法和理念，总结了国内外在使用过程中的经验，在经验法的基础上，初拟路面结构方案，并按沥青混合料疲劳开裂寿命、无机结合料稳定层疲劳开裂寿命、沥青混合料永久变形量、路基顶面竖向压应变、沥青面层低温开裂等方面进行路面结构验算，再结合经验和经济分析选定路面结构方案。此法以力学分析为基础，不仅综合考虑自然环境、交通条件、材料特性，还考虑气温条件，采用了温度效应和湿度效应，同时室内测试模量采用与现场结构层模量相近的动态模量，根据行车荷载在路面结构层中所产生的应力、应变、变形量和压应变等指标验算确定路面结构方案。此法综合了前两类方法，因而它比前两类设计方法有更为广阔的发展前景。

40 多年来，有关验算法的研究取得了很大进展，许多国家相继提出较完整的设计体系。目前验算法对沥青路面的应力、应变、变形量和压应变的分析，大多应用弹性层状体系理论，并采用电算的方法。

我国现行《公路沥青路面设计规范》（JTG D50）采用双圆均布垂直荷载作用下的弹性层状体系理论，以沥青混合料层层底拉应变、无机结合料稳定层层底拉应力、沥青混合料层永久变形量和路基顶面竖向压应变等作为设计指标，以疲劳效应为基础，处理轴载标准化转换和轴载多次重复作用效应。

由不同材料的结构层及土基组成的路面结构，在荷载作用下其应力形变关系一般呈非线性特性，且应变随应力作用时间而变化，同时应力卸除后常有一部分变形不能恢复。因此，严格地说，沥青路面在力学性质上属于非线性的弹—黏—塑性体。但是考虑到行驶车轮作用的瞬时性（百分之几秒），在路面结构中产生的黏—塑性变形数量很小，所以对于厚度较大、强度较高的高等级路面，将其视作线性弹性体，并应用弹性层状体系理论进行分析计算将是合适的。

弹性层状体系是由若干个弹性层组成，上面各层具有一定厚度，最下一层为弹性半空间体，如图 2-6 所示，其中 h_1，h_2，…，h_i，…，h_{n-1} 为各层厚度，E_1，E_2…，E_i，…E_{n-1} 及 μ_1，μ_2，…μ_i，…μ_{n-1} 为各层弹性模量及泊松比，E_n 和 μ_n 分别为土基的弹性模量和泊松比。

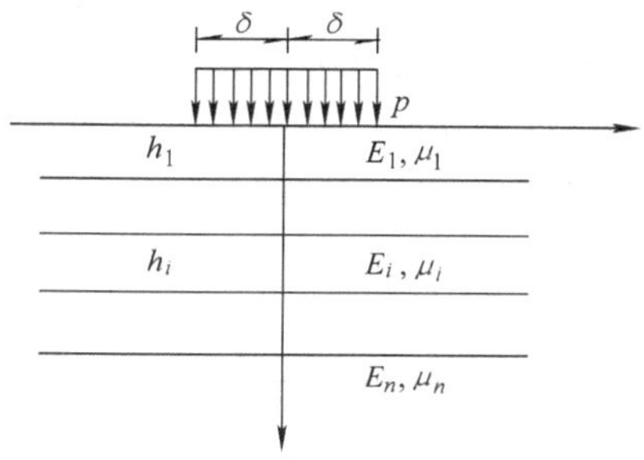

图 2-6　弹性层状体系示意图

我国在应用弹性力学方法求解弹性层状体系的应力、应变和变形量等分量时，引入如下一些假设：

1）各层是连续的、完全弹性的、均匀的、各向同性的，以及变形量是微小的。

2）最下一层在水平方向和垂直向下方向为无限大，其上各层厚度为有限、水平方向为无限大。

3）各层在水平方向无限远处及最下一层向下无限深处，其应力、应变和变形量为零。

4）层间接触情况，或者位移完全连续（称连续体系），或者层间仅竖向应力和位移连续而无摩阻力（称滑动体系）。

5）不计自重。

五、沥青路面的设计内容

沥青路面设计应根据公路等级、路面使用性能要求和所需承担的交通荷载，结合当地气候、水文、地质、材料、建设和养护条件、工程实践经验以及环境保护要求等，进行结构组合、材料设计和厚度设计，通过技术经济分析选定设计方案，使之能承受交通荷载和环境因素的作用，在预定的使用期限满足各级公路相应的承载能力，耐久性、舒适性、安全性要求。

路面设计的主要内容应包括交通参数调查分析，路面结构组合设计、材料设计和厚度设计，设计参数的测试与确定，路面结构验算以及路面结构的方案比选等内容。路面设计除行车道部分的路面外，对高速公路、一级公路还应包括路缘带、硬路肩、加减速车道、紧急停车带、收费站和服务区的场面设计以及路面排水系统的设计，对其他各级公路应包括路肩加固、路缘石和路面排水设计。

六、沥青路面的设计标准

（一）路面结构可靠度

路面结构可靠度可定义为：路面结构在规定的时间内和规定的条件下完成预定功能的概率。路面的功能是为行车提供一个平整、坚实、抗滑的道路结构。要求设计结构达到的可靠度称作目标可靠度。度量路面结构可靠度的数值指标，称为可靠指标，那么作为路面结构设计依据的可靠指标称为目标可靠指标。路面结构的目标可靠度和目标可靠指标不应低于表2-1的规定。

表2-1 目标可靠度和目标可靠指标

公路等级	高速公路	一级公路	二级公路	三级公路	四级公路
目标可靠度（%）	95	90	85	80	70
目标可靠指标β	1.65	1.28	1.04	0.84	0.52

（二）路面结构设计使用年限

路面结构设计使用年限指在正常设计、施工、使用和养护条件下，路面不需结构性维修的预定使用年限。新建沥青路面结构设计使用年限不应低于表2-2的规定，应根据公路等级、经济、交通荷载等级等因素综合确定。改建路面结构设计可根据工程实际情况选取适宜的设计使用年限。

表2-2 路面结构设计使用年限 （单位：年）

公路等级	设计使用年限	公路等级	设计使用年限
高速公路、一级公路	15	三级公路	10
二级公路	12	四级公路	8

（三）路面使用性能设计指标

我国现行《公路沥青路面设计规范》（JTG D50）规定：沥青路面设计应控制沥青混合料层疲劳开裂损坏、无机结合料稳定层疲劳开裂损坏、沥青混合料层永久变形量、路基顶面竖向压应变，以及季节性冻土地区的路面低温开裂。

1）沥青混合料层和无机结合料稳定层的疲劳开裂寿命 N_f，均不应小于设计使用年限内当量设计轴载累计作用次数 N_e，即

$$N_f \geqslant N_e \tag{2-1}$$

2）沥青混合料层永久变形量 R_a 不应大于表 2-3 容许永久变形量 $[R_a]$，即

$$R_a \leqslant [R_a] \tag{2-2}$$

表 2-3　沥青混合料层容许永久变形量　（单位：mm）

基层类型	沥青混合料层容许永久变形量	
	高速、一级公路	二级、三级公路
无机结合料稳定类基层、水泥混凝土基层和底基层为无机结合料稳定类的沥青混合料基层	15	20
其他基层	10	15

3）路基顶面竖向压应变 ε_z 不应大于竖向压应变的容许值 $[\varepsilon_z]$，即

$$\varepsilon_z \leqslant [\varepsilon_z] \tag{2-3}$$

4）季节性冻土地区沥青面层低温开裂指数 CI 不宜大于表 2-4 所列的容许低温开裂指数 [CI]，即

$$CI \leqslant [CI] \tag{2-4}$$

表 2-4　低温开裂指数要求

公路等级	高速、一级公路	二级公路	三级、四级公路
低温开裂指数 CI，不大于	3	5	7

注：低温开裂指数 CI——竣工验收时 100m 调查单元内横向裂缝条数，贯穿全幅的裂缝按 1 条计，未贯穿且长度超过一个车道宽度的裂缝按 0.5 条计，不超过一个车道宽度的裂缝不计入。

任务二　轴载换算及交通等级确定

一、设计轴载

公路上行驶的车辆类型很多，不同车型和不同作用次数对路面影响不同，为方便路面设计，需将不同车型组合而成的混合交通量换算成某种统一轴载的当量轴次。这种路面结构设计采用的计算轴载，称为设计轴载。

我国现行《公路沥青路面设计规范》（JTG D50）规定：我国沥青路面设计应采用轴重为 100kN 的单轴—双轮组轴载作为设计轴载，计算参数按表 2-5 确定。根据路面结构设计使用年限，确定当量设计轴载累计作用次数。

表 2-5　设计轴载的参数

设计轴载/kN	轮胎接地压强/MPa	单轮接地当量圆直径/mm	两轮中心距/mm
100	0.70	213.0	319.5

二、交通数据调查

交通数据的调查应包括交通量及增长率、方向系数、车道系数、车辆类型组成、轴组组

成和轴重等。

1）公路初期交通量和其他参数可参照可行性研究报告等有关交通量预测资料，结合当地交通观测站的观测和统计资料，或通过实地设立站点进行观测和统计。

2）交通量的年平均增长率可依据公路等级和功能以及地区经济和交通发展情况等，通过调查分析确定。

3）方向系数宜根据不同方向上实测交通量数据确定，无实测数据时可在0.5～0.6范围内选取。

4）车道系数为设计车道上大型客车和货车数量占该方向上大型客车和货车交通量的比例，可按下列三个水平确定，改建设计应采用水平一，新建路面设计可采用水平二或水平三：

① 水平一，根据现场交通量观测资料统计设计方向不同车道上车辆的数量，确定车道系数。

② 水平二，采用当地的经验值。

③ 水平三，采用表2-6推荐值。

表2-6　车道系数

单向车道系数	1	2	3	≥4
高速公路	—	0.70～0.85	0.45～0.60	0.40～0.50
其他等级公路	1.00	0.50～0.75	0.50～0.75	—

注：交通受非机动车和行人影响严重时取低限，反之取高值。

5）车辆类型分布系数为某一类车型数量占2类～11类车辆总数的百分比，是反映交通组成的重要参数。货车类型分布系数TTC为反映车辆组成中整体货车和半挂货车所占比例的参数。车辆类型分布系数可按下列三个水平确定，改建设计应采用水平一，新建路面设计可采用水平二或水平三。

① 水平一，根据交通观测资料分析2类～11类车型所占的百分比，得到车辆类型分布系数。

② 水平二，根据交通历史数据或经验数据按表2-7确定公路TTC分类，采用该TTC分类车辆类型分布系数当地经验值。

③ 水平三，根据交通历史数据或经验数据按表2-7确定公路TTC分类，采用表2-8规定车辆类型分布系数。

表2-7　公路TTC分类标准（%）

TTC分类	整体式货车比例	半挂式货车比例
TTC1	<40	>50
TTC2	<40	<50
TTC3	40～70	>20
TTC4	40～70	<20
TTC5	>70	—

注：表中整体式货车为表-8中3类～6类车，半挂式货车为表-8中7类～10类车。

表 2-8　不同 TTC 分类车辆类型分布系数（%）

车辆类型	2 类	3 类	4 类	5 类	6 类	7 类	8 类	9 类	10 类	11 类
TTC1	6.4	15.3	1.4	0.0	11.9	3.1	16.3	20.4	25.2	0.0
TTC2	22.0	23.3	2.7	0.0	8.3	7.5	17.1	8.5	10.6	0.0
TTC3	17.8	33.1	3.4	0.0	12.5	4.4	9.1	10.6	8.5	0.7
TTC4	28.9	43.9	5.5	0.0	9.4	2.0	4.6	3.4	2.3	0.1
TTC5	9.9	42.3	14.8	0.0	22.7	2.0	2.3	3.2	2.5	0.2

三、轴载换算

轴载换算参数包括轴组系数、轮组系数和换算系数，三个参数受路面设计参数、性能模型等直接影响。各类车辆当量设计轴载换算系数可按下列三个水平确定，高速公路和一级公路的改建设计应采用水平一，其他情况可采用水平二或水平三。

1）水平一，采用称重设备连续采集设计车道上车辆类型、轴型组成和轴重数据，按下列步骤分析各类车辆当量换算系数：

① 分别统计第 2 类 ~ 11 类车辆单轴单胎、单轴双胎、双联轴和三联轴的数量，除以各类车辆总量，按式（2-5）计算各类车辆中不同轴型平均轴数。

$$\mathrm{NAPT}_{mi}=\frac{\mathrm{NA}_{mi}}{\mathrm{NT}_{m}} \tag{2-5}$$

式中　NAPT_{mi}——m 类车辆中 i 种轴型的平均轴数；

NA_{mi}——m 类车辆中 i 种轴型总数；

NT_{m}——m 类车辆总数；

i——分别为单轴单胎、单轴双胎、双联轴和三联轴；

m——表-8 所列 2 类 ~ 11 类车。

② 按式（2-6）计算 2 类 ~ 11 类车辆不同轴型在不同轴重区间所占的百分比，得到不同轴型的轴重分布系数，即轴载谱。确定轴载谱时，单轴单胎、单轴双胎、双联轴和三联轴应分别间隔 2.5kN、4.5kN、9.0kN 和 13.5kN 划分轴重区间。

$$\mathrm{ALDF}_{mij}=\frac{\mathrm{ND}_{mij}}{\mathrm{NA}_{mi}} \tag{2-6}$$

式中　ALDF_{mij}——m 类车辆中 i 种轴型在 j 级轴重区间的轴重分布系数；

ND_{mij}——m 类车辆中 i 种轴型在 j 级轴重区间的数量；

NA_{mi}——m 类车辆中 i 种轴型的数量。

其他符号意义同式（2-5）。

③ 按式（2-7）计算 2 类 ~ 11 类车辆各种轴型在不同轴重区间的当量设计轴载换算系数，计算时取各轴重区间中点值作为该轴重区间代表轴重。按式（2-8）计算各类车辆当量设计轴载换算系数：

$$\mathrm{EALF}_{mij}=c_1c_2\left(\frac{P_{mij}}{P_s}\right)^b \tag{2-7}$$

式中　P_s——设计轴载（kN）；

P_{mij}——m 类车辆中 i 种轴型在 j 级轴重区间的单轴轴载（kN），对双联轴和三联轴，为平均分配到每根单轴的轴载；

b——换算指数。分析沥青混合料层疲劳和沥青混合料层永久变形时，$b=4$；分析路基永久变形时，$b=5$；分析无机结合料稳定层疲劳时，$b=13$；

c_1——轴组系数，前后轴间距大于3m时，分别按单个轴计算，$c_1=1$；轴间距小于3m时，按表2-9取值；

c_2——轮组系数，双轮组为1.0，单轮时取4.5。

表2-9 轴组系数取值

设计指标	轮—轴型	c_1 取值
沥青混合料层层底拉应变、沥青混合料层永久变形量	双联轴	2.1
	三联轴	3.2
路基顶面竖向压应变	双联轴	4.2
	三联轴	8.7
无机结合料稳定层层底拉应力	双联轴	2.6
	三联轴	3.8

$$EALF_m = \sum_i [NAPT_{mi} \sum_j (EALF_{mij} \times ALDF_{mij})] \quad (2\text{-}8)$$

式中 $EALF_m$——m类车辆的当量设计轴载换算系数；

$NAPT_{mi}$——m类车辆中i种轴型的平均轴数；

$ALDF_{mij}$——m类车辆中i种轴型在j级轴重区间的轴重分布系数；

$EALF_{mij}$——m类车辆中i种轴型在j级轴重区间当量设计轴载换算系数，根据式（2-7）计算确定。

2）水平二和水平三，按式（2-9）确定各类车辆的当量设计轴载换算系数。式（2-9）中非满载车和满载车的比例和当量设计轴载换算系数，水平二时取当地经验值，水平三时取表2-10和表2-11所列全国经验值。

$$EALF_m = EALF_{ml} \times PER_{ml} + EALF_{mh} \times PER_{mh} \quad (2\text{-}9)$$

式中 $EALF_{ml}$——m类车辆中非满载车的当量设计轴载换算系数；

$EALF_{mh}$——m类车辆中满载车的当量设计轴载换算系数；

PER_{ml}——m类车辆中非满载车所占的百分比；

PER_{mh}——m类车辆中满载车所占的百分比。

表2-10 2类~11类车辆非满载车与满载车比例

车型	非满载比例	满载比例
2类	0.80~0.90	0.10~0.20
3类	0.85~0.95	0.05~0.15
4类	0.60~0.70	0.30~0.40
5类	0.70~0.80	0.20~0.30
6类	0.50~0.60	0.40~0.50
7类	0.65~0.75	0.25~0.35
8类	0.40~0.50	0.50~0.60
9类	0.55~0.65	0.35~0.45
10类	0.50~0.60	0.40~0.50
11类	0.60~0.70	0.30~0.40

注：非满载车和满载车以车辆总重标准划分，小于或等于车辆总重标准的车辆为非满载车，否则为满载车。

表 2-11　2 类～11 类车辆当量设计轴载换算系数

车型	沥青混合料层层底拉应变、沥青混合料层永久变形量		无机结合料稳定层层底拉应力		路基顶面竖向压应变	
	非满载车	满载车	非满载车	满载车	非满载车	满载车
2 类	0.8	2.8	0.5	35.5	0.6	2.9
3 类	0.4	4.1	1.3	314.2	0.4	5.6
4 类	0.7	4.2	0.3	137.6	0.9	8.8
5 类	0.6	6.3	0.6	72.9	0.7	12.4
6 类	1.3	7.9	10.2	1505.7	1.6	17.1
7 类	1.4	6.0	7.8	553.0	1.9	11.7
8 类	1.4	6.7	16.4	713.5	1.8	12.5
9 类	1.5	5.1	0.7	204.3	2.8	12.5
10 类	2.4	7.0	37.8	426.8	3.7	13.3
11 类	1.5	12.1	2.5	985.4	1.6	20.8

四、当量设计轴载累计作用次数计算

1）根据确定的车辆当量设计轴载换算系数，按式（2-10）确定初始年设计车道日平均当量轴次 N_1。

$$N_1 = \mathrm{AADTT} \times \mathrm{DDF} \times \mathrm{LDF} \times \sum_{m=2}^{11} (\mathrm{VCDF}_m \times \mathrm{EALF}_m) \tag{2-10}$$

式中　AADTT——2 轴 6 轮及以上车辆的双向年平均日交通量（辆/d）；

DDF——方向系数；

LDF——车道系数；

m——车辆类型编号；

VCDF_m——m 类车辆类型分布系数；

EALF_m——m 类车辆的当量设计轴载换算系数。

2）根据初始年设计车道日平均当量轴次 N_1、设计使用年限等，按式（2-11）计算设计车道上的当量设计轴载累计作用次数 N_e。

$$N_e = \frac{[(1+\gamma)^t - 1] \times 365}{\gamma} N_1 \tag{2-11}$$

式中　N_e——设计使用年限内设计车道上的当量设计轴载累计作用次数（次）；

t——设计使用年限（年）；

γ——设计使用年限内交通量的年平均增长率；

N_1——初始年设计车道日平均当量轴次（次/d）。

五、交通荷载等级确定

路面结构在设计年限内承担交通荷载的繁重程度以交通等级来划分。我国沥青路面根据交通荷载的轻重划分为五个等级（表 2-12），即轻交通、中等交通、重交通、特重交通和极重交通。路面结构选型、结构组合设计、结构层位的确定、路面材料的选定都应充分考虑沥青路面的交通等级。路面结构所承受的交通荷载应按表 2-12 进行分级。

表 2-12 设计交通荷载等级

设计交通荷载等级	极重	特重	重	中等	轻
设计使用年限内设计车道累计大型客车和货车交通量（$\times10^6$，辆）	≥50.0	50.0~19.0	19.0~8.0	8.0~4.0	<4.0

注：大型客车和货车为表-8 所列的 2 类～11 类车。

任务三 沥青路面结构组合设计

沥青路面结构层可由面层、基层、底基层和必要的功能层组合而成。面层采用不同材料分层铺筑时，可分为表面层、中面层和下面层。路面结构组合设计主要是各层材料的设计和厚度的设计。

一、一般规定

1）路面结构组合设计应针对各种路面结构组合的力学特性、功能特性及其长期性能衰变规律和损坏特点，遵循路基路面综合设计的理念，保证路面结构的安全、耐久和全寿命周期经济合理。

2）在设计使用年限内，路面应不发生由于疲劳导致的结构破坏，面层可进行表面功能修复。

3）沥青结合料材料层间应设置黏层；在沥青结合类材料层与其他材料层间应设置封层，宜设置透层。

4）应采取路面结构的防水、排水措施，阻止降水渗入路面结构层。

二、路面结构组合原则和要求

1）路面结构组合设计应根据交通荷载等级和路基状况等因素，结合路面材料特性和结构特性，选择路面结构类型。

2）路面结构类型可按基层材料性质分为无机结合料稳定类基层沥青路面、粒料类基层沥青路面、沥青结合料类基层沥青路面和水泥混凝土基层沥青路面四类。路面结构的选用宜符合下列规定：

① 无机结合料稳定类基层沥青路面适用于各种交通荷载等级。

② 粒料类基层沥青路面适用于重及以下交通荷载等级。

③ 沥青结合料类基层沥青路面适用于各种交通荷载等级。

④ 水泥混凝土基层沥青路面适用于重及以上交通荷载等级。

3）路基湿度状态为中湿或潮湿时，宜采用粒料类底基层或设置粒料类路基改善层。

4）多雨地区，无机结合料稳定类基层和水泥混凝土基层沥青路面应采取在基层下方铺设粒料排水层或设置粒料类路基改善层等措施控制唧泥、脱空等水损坏。

5）当采用无机结合料稳定类基层时，可采取下列一种或多种措施减少基层收缩开裂和路面反射裂缝：

① 选用抗裂性好的无机结合料稳定类基层。

② 增加沥青混合料层厚度，或在无机结合料稳定类基层上设置沥青碎石层或级配碎石层。

③ 在无机结合料稳定类基层上设置改性沥青应力吸收层或敷设土工合成材料。

6）选定结构组合后，可根据交通荷载等级初选各结构层厚度。

三、路面结构组合设计

路面结构组织设计应当与路基路面综合设计，要求路基具有足够的承载能力和合适的干湿状态，使路面结构组合与路基承载能力、湿度条件和土质类型相适应。

（一）路基

路基应稳定、密实和均匀，具有足够的承载能力；多雨地区土质路堑和强风化岩石路段，应加强填挖交界处及路堑的排水设计，改善路基水文状况；岩石或填石路基顶面应设置整平层，厚度宜为200～300mm；新建公路路床应处于干燥或中湿状态，并应采取措施防止地表水或地下水的侵入。

（二）基层和底基层

基层和底基层应具有足够的承载能力、抗疲劳开裂性能、足够的耐久性和水稳定性。沥青结合料类和粒料类基层尚应具有足够的抗永久变形能力。基层和底基层的材料类型可参照表2-13选用。

表2-13　基层和底基层材料的适用交通荷载等级和层位

类型	材料类型	适用交通荷载等级和层位
无机结合料稳定类	水泥稳定级配碎石和砾石 水泥粉煤灰稳定级配碎石或砾石 石灰粉煤灰稳定级配碎石或砾石	各交通荷载等级的基层和底基层
	水泥稳定未筛分碎石或砾石 石灰粉煤灰稳定未筛分碎石或砾石 石灰稳定未筛分碎石或砾石	轻交通荷载等级的基层、各交通荷载等级的底基层
	水泥稳定材料、石灰稳定材料、石灰粉煤灰稳定材料	轻交通荷载等级的基层、各交通荷载等级的底基层
粒料类	级配碎石	重及重以下交通荷载等级的基层、各交通荷载等级的底基层
	级配砾石、未筛分碎石、天然砂砾、填隙碎石	中等和轻交通荷载等级的基层、各交通荷载等级的底基层
沥青结合料类	密级配沥青碎石、半开级配沥青碎石、开级配沥青碎石	极重、特重和重交通荷载等级的基层
	沥青贯入碎石	重及重以下交通荷载等级的基层
水泥混凝土	水泥混凝土或贫混凝土	极重、特重交通荷载等级的基层

在基层和底基层结构组合和选用材料时，还应注意以下几点：

1）再生沥青混合料和再生无机结合料稳定材料可用于各交通荷载等级的基层和底基层，厂拌热再生沥青混合料宜用于极重、特重和重交通荷载等级的基层。

2）为减少和延缓反射裂缝，无机结合料稳定层与沥青结合类材料层间可设置级配碎石、半开级配或开级配沥青碎石层。

不同材料基层和底基层厚度宜符合表2-14的规定。

表 2-14　基层和底基层厚度

材料种类	集料公称最大粒径/mm	厚度/mm，不小于
密级配沥青碎石 半开级配沥青碎石 开级配沥青碎石	19.0	50
	26.5	80
	31.5	100
	37.5	120
沥青贯入碎石	—	40
贫混凝土	31.5	120
无机结合料稳定类	19.0、26.5、31.5、37.5	150
	53.0	180
级配碎石 级配砾石 未筛分碎石、天然砂砾	26.5、31.5、37.5	100
	53.0	120
填隙碎石	37.5	75
	53.0	100
	63.0	120

（三）面层

面层应具有平整、抗车辙、抗疲劳开裂、抗低温开裂和抗水损坏等性能，表面层混合料尚应具有抗滑和耐磨损性能，密级配沥青混合料表面层应具有低透水性能。面层材料宜按表 2-15 选用。另外，对抗滑、排水或降噪有特殊要求的表面层可采用开级配沥青混合料，表面层下应设置防水层，防水层可采用改性乳化沥青或改性沥青等。

表 2-15　面层材料的交通荷载等级和层位

材料类型	适用交通荷载等级和层位
连续级配沥青混合料	各交通荷载等级的表面层、中面层和下面层
沥青玛蹄脂碎石混合料	极重、特重和重交通荷载等级的表面层、对抗滑有特殊要求的表面层
厂拌热再生沥青混合料	各交通荷载等级的表面层、中面层和下面层
上拌下贯沥青碎石	中等、轻交通荷载等级的面层
沥青表面处治	中等、轻交通荷载等级的表面层

为保证混合料压实，减少施工离析，规定了沥青混合料层厚与公称最大粒径的最小比例和不同粒径混合料的最小层厚。不同粒径沥青混合料的层厚应符合表 2-16 的规定。连续级配沥青混合料和沥青玛蹄脂碎石混合料的结构层厚度不宜小于集料公称最大粒径的 2.5 倍。开级配沥青混合料的结构层厚度不宜小于集料公称最大粒径的 2.0 倍。

表 2-16　不同粒径沥青混合料层厚

沥青混合料类型	以下集料公称最大粒径沥青混合料的层厚/mm，不小于					
	4.75	9.5	13.2	16.0	19.0	26.5
连续级配沥青混合料	15	25	35	40	50	75
沥青玛蹄脂碎石	—	30	40	50	60	—
开级配沥青混合料	—	20	25	30	—	—

沥青贯入式碎石层的厚度宜为 40～80mm，乳化沥青贯入式路面的厚度不宜超过 50mm。

上拌下贯式路面的拌和层厚度不宜小于25mm。沥青表面处治可分为单层、双层和三层，单层表面处治厚度宜为10～15mm，双层表面处治厚度宜为15～25mm，三层表面处治厚度宜为25～30mm。

（四）功能层

功能层在路面结构中起到不可忽视的作用，设计时应注意以下几点：

1）季节性冻土地区路面厚度不满足防冻要求时，应增设防冻层。防冻层宜采用粗砂、砂砾和碎石等粒料类材料。

2）地下水位高、排水不良的路段，有裂隙水、泉眼等水文条件下不良岩石挖方路段，基层和底基层为非粒料类材料时，可在基层或底基层与路床间设置粒料层。粒料层应与路基边缘或与边沟下渗沟相连接，厚度不宜小于150mm。

3）无机结合料稳定类或冷再生类材料结构层与沥青结合料结构层之间宜设置封层，封层可采用单层沥青表面处治或稀浆封层等。当设置改性沥青应力吸收层时，可不再设封层。

4）极重、特重和重交通荷载等级路面的黏层宜采用改性乳化沥青、道路石油沥青或改性沥青；中等和轻交通荷载等级路面的黏层可选用乳化沥青；水泥混凝土板与沥青面层间的黏层宜采用改性沥青。

5）单层表面处治封层的结合料可采用改性沥青、道路石油沥青或乳化沥青。改性沥青应力吸收层宜采用橡胶沥青。

6）粒料类基层和无机结合料稳定类基层顶面宜设置透层，透层沥青应具有良好的渗透性，可采用稀释沥青和乳化沥青等。

（五）路肩

路肩结构组合和材料选用应与行车道路面相协调，不应影响路面结构中水的排出。极重、特重和重交通荷载等级公路及冻土地区，硬路肩基层、底基层材料和厚度应与行车道路面相同。三级和四级公路硬路肩可采用沥青结合料类材料或粒料。

（六）路面排水

路面结构内部排水应与公路其他相关排水系统相衔接，并应符合现行《公路排水设计规范》（JTG/T D33）。采用开级配沥青混合料表面层，或设置粒料、开级配或半开级配混合料等排水层、防冻层时，为确保进入路面的水及时排出，可采用横贯整幅路基的形式，或设置边缘排水系统。

四、路面结构厚度组合方案

沥青路面结构层厚度应根据交通荷载等级、路基承载能力等因素选择。不同交通荷载等级时，沥青路面结构层厚度组合可参照表2-17～表2-22选用，也可根据当地工程经验确定。交通荷载等级高、路基承载能力弱时宜取靠近高限的厚度或参照高一个交通荷载等级的路面厚度范围，反之可靠近低限取值或参照低一个交通荷载等级的路面厚度范围。

表2-17　无机结合料稳定类基层（粒料类底基层）**路面厚度范围**（单位：mm）

交通荷载等级	极重、特重	重	中等	轻
面层	150～250	150～250	100～200	20～150
基层（无机结合料稳定类）	350～600	300～550	250～500	150～450
底基层（粒料类）	150～200			

表 2-18 无机结合料稳定类基层（无机结合料稳定类底基层）路面厚度范围（单位：mm）

交通荷载等级	极重、特重	重	中等	轻
面层	120～250	100～250	100～200	20～150
基层（无机结合料稳定类）	250～500	200～450	150～400	200～500
底基层（无机结合料稳定类）	150～200			

表 2-19 粒料类基层（粒料类底基层）路面厚度范围（单位：mm）

交通荷载等级	重	中等	轻
面层	200～350	150～300	100～200
基层（粒料类）	350～450	300～400	250～350
底基层（粒料类）	150～200		

表 2-20 沥青结合料类基层（粒料类底基层）路面厚度范围（单位：mm）

交通荷载等级	重	中等	轻
面层	120～150	100～120	40～80
基层（沥青结合料类）	200～250	180～220	120～200
底基层（粒料类）	300～400	300～400	250～350

表 2-21 沥青结合料类基层（无机结合料稳定类底基层）路面厚度范围（单位：mm）

交通荷载等级	极重、特重	重	中等	轻
面层	100～120	100～120	80～100	40～80
基层（沥青结合料类）	120～180	100～150	100～150	80～100
底基层（无机结合料稳定类）	300～600	300～600	250～550	200～450

表 2-22 沥青结合料类基层（粒料＋无机结合料底基层）路面厚度范围（单位：mm）

交通荷载等级	极重、特重	重	中等	轻
面层	100～120	100～120	80～100	40～80
基层（沥青结合料类）	160～240	120～180	100～160	80～100
底基层（粒料类）	150～200	150～200	150～200	150～200
底基层（无机结合料类）	200～400	200～400	200～350	150～250

任务四 材料性质要求和设计参数确定

一、一般规定

1）路面材料应根据公路等级、交通荷载等级、气候条件、各结构层功能要求和当地材料特性等，在技术经济论证基础上进行设计并确定材料设计参数。

2）各结构层的原材料性质要求和混合料组成与性质要求，应符合现行《公路沥青路面施工技术规范》（JTG F40）和《公路路面基层施工技术细则》（JTG/T F20）的有关规定，并应结合工程特点和当地经验确定。

3）路面结构层材料设计参数的确定可分为下列三个水平：

① 水平一，通过室内试验实测确定。

② 水平二，利用已有经验关系式确定。

③ 水平三，参照典型数量值确定。

4）高速公路和一级公路的施工图设计阶段宜采用水平一，其他设计阶段可采用水平二或水平三；二级及二级以下公路可采用水平二或水平三。

二、材料性质要求

路面结构组合设计中所用的材料主要是粒料类、无机结合料稳定类和沥青结合料类材料。沥青路面结构设计中，对材料的组成和性质有一定的要求。

（一）粒料类材料

粒料类材料主要指级配碎石、级配砾石、天然砂砾、填隙碎石等，材料性质要求如下：

1）基层、底基层级配碎石的 CBR 值应符合表 2-23 的有关规定。

表 2-23　级配碎石 CBR 值

结构层	公路等级	极重、特重交通	重交通	中等、轻交通
基层	高速公路、一级公路	≥200	≥180	≥160
	二级及二级以下公路	≥160	≥140	≥120
底基层	高速公路、一级公路	≥120	≥100	≥80
	二级及二级以下公路	≥100	≥80	≥60

2）级配砾石或天然砂砾用于基层时，CBR 值不应小于 80。级配砾石或天然砂砾用于底基层时，对极重、特重和重交通荷载等级，CBR 值不应小于 80；对中等交通荷载等级，CBR 值不应小于 60；对轻交通荷载等级 CBR 值不应小于 40。

3）高速公路和一级公路基层粒料公称最大粒径不宜大于 26.5mm；底基层采用级配碎石或级配砂砾时，公称最大粒径不宜大于 31.5mm；底基层采用天然砂砾时，公称最大粒径不宜大于 53.0mm。二级及二级以下公路的基层、底基层粒料公称最大粒径不宜大于 53.0mm。

4）填隙碎石公称最大粒径宜为层厚的 1/2 ~ 2/3。填隙碎石用于基层时，骨料公称最大粒径不应超过 53.0mm；用于底基层时，骨料公称最大粒径不应超过 63.0mm。

5）防冻层所用砂砾、碎石材料的最大粒径不应超过 53.0mm。

6）级配碎石和级配砂砾中通过 0.075mm 筛孔的颗粒含量不宜大于 5%，不满足要求时，可用天然砂替代部分细集料。

（二）无机结合料稳定类材料

无机结合料稳定类材料主要指水泥稳定类、水泥粉煤灰稳定类、石灰粉煤灰稳定类、石灰稳定类等，材料性质要求如下：

1）无机结合料稳定类材料用于高速公路、一级公路基层时，公称最大粒径不宜大于 31.5mm；用于高速公路和一级公路底基层或二级及二级以下公路基层时，公称最大粒径不宜大于 37.5mm；用于二级及二级以下公路底基层时，公称最大粒径不宜大于 53.0mm。

2）水泥稳定类材料水泥剂量宜为 3.0% ~6.0%。

3）贫混凝土集料公称最大粒径不宜大于 31.5mm，水泥用量不得少于 170kg/m^3，28d 弯拉强度标准值宜控制在 2.0 ~2.5MPa 范围内。

4）无机结合料稳定类材料 7d 无侧限抗压强度代表值应符合表 2-24 的要求。

表 2-24　无机结合料稳定类材料 7d 无侧限抗压强度（代表值）（单位：MPa）

材料	结构层	公路等级	极重、特重交通	重交通	中等、轻交通
水泥稳定类	基层	高速公路、一级公路	5.0～7.0	4.0～6.0	3.0～5.0
		二级及二级以下公路	4.0～6.0	3.0～5.0	2.0～4.0
	底基层	高速公路、一级公路	3.0～5.0	2.5～4.5	2.0～4.0
		二级及二级以下公路	2.5～4.5	2.0～4.0	1.0～3.0
水泥粉煤灰稳定类	基层	高速公路、一级公路	4.0～5.0	3.5～4.5	3.0～4.0
		二级及二级以下公路	3.5～4.5	3.0～4.0	2.5～3.5
	底基层	高速公路、一级公路	2.5～3.5	2.0～3.0	1.5～2.5
		二级及二级以下公路	2.0～3.0	1.5～2.5	1.0～2.0
石灰粉煤灰稳定类	基层	高速公路、一级公路	≥1.1	≥1.0	≥0.9
		二级及二级以下公路	≥0.9	≥0.8	≥0.7
	底基层	高速公路、一级公路	≥0.8	≥0.7	≥0.6
		二级及二级以下公路	≥0.7	≥0.6	≥0.5
石灰稳定类	基层	二级及二级以下公路	—	—	≥0.8①
	底基层	高速公路、一级公路	—	—	≥0.8
		二级及二级以下公路	—	—	0.5～0.7②

① 在低塑性土（塑性指数小于 7）地区，石灰稳定砂砾和碎石的 7d 龄期无侧限抗压强度应大于 0.5MPa（100g 平衡锥测液限）。

② 低限用于塑性指数小于 7 的黏土，高限用于塑性指数大于或等于 7 的黏土。

5）冻土地区高速公路和一级公路的石灰粉煤灰稳定类基层，应按现行《公路工程无机结合料稳定材料试验规程》（JTG E51）中 T0858 的有关规定进行材料抗冻性能检验，其残留抗压强度比应符合表 2-25 的要求。

表 2-25　石灰粉煤灰稳定类材料抗冻性能技术要求

气候区	重冻区	中冻区
残留抗压强度比（%）	≥70	≥65

（三）沥青结合料类材料

沥青结合料类材料主要指连续级配沥青混合料、沥青玛蹄脂碎石混合料、密级配沥青碎石、半开级配沥青碎石、开级配沥青碎石、厂拌热再生沥青混合料等，材料性质要求如下：

1）沥青结合料应采用道路石油沥青或其加工产品，沥青类型应根据公路等级、气候条件、交通荷载等级、结构层位和施工条件等确定。

2）极重、特重和重交通荷载等级公路、气候条件严酷地区公路，以及连续长陡纵坡路段，中面层和表面层宜采取优化混合料级配、选用改性沥青或添加外掺剂等措施。

3）开级配沥青混合料表面层宜采用高黏沥青或橡胶沥青，并采用适量消石灰或水泥替代矿粉。

4）表面层沥青混合料公称最大粒径不宜大于 16.0mm，中面层和下面层沥青混合料公称最大粒径不宜小于 16.0mm，基层沥青碎石公称最大粒径不宜小于 26.5mm。

5）季节性冻土地区高速公路和一级公路表面层沥青低温性能宜满足下列指标要求：

① 分析连续 10 年年最低气温平均值，作为路面低温设计温度。路面低温设计温度提高

稳定性。两项指标应符合表2-28的规定。水稳定性不满足要求时，可采取掺入消石灰、水泥或抗剥落剂，或更换集料等措施。

表2-28　沥青混合料水稳定性技术要求

沥青混合料类型		相应于以下年降雨量(mm)的技术要求(%)		试验方法
		≥500	<500	
浸水马歇尔试验残留稳定度（%）				
普通沥青混合料，不小于		80	75	T0709
改性沥青混合料，不小于		85	80	
SMA混合料，不小于	普通沥青	75		
	改性沥青	80		
冻融劈裂试验的残留强度比（%）				
普通沥青混合料，不小于		75	70	T0729
改性沥青混合料，不小于		80	75	
SMA混合料，不小于	普通沥青	75		
	改性沥青	80		

三、设计参数确定

沥青路面材料设计参数主要指路基顶面回弹模量、粒料类材料的回弹模量、无机结合料稳定类材料的弯拉强度和弹性模量、沥青混合料动态压缩模量以及各类材料的泊松比。

（一）路基

路基采用平衡湿度状态下并考虑干湿与冻融循环作用后的顶面当量回弹模量。路基顶面回弹模量的确定应符合现行《公路路基设计规范》（JTG D30）的有关规定。路基顶面回弹模量应符合表2-29的规定，不满足要求时，应采取改变填料、设置粒料类或无机结合料稳定类路基改善层，或采用石灰或水泥处理等措施提高路基顶面回弹模量。

表2-29　路基顶面回弹模量（单位：MPa）

交通荷载等级	极重	特重	重	中等、轻
回弹模量，不小于	70	60	50	40

（二）粒料类材料

粒料层的回弹模量在结构验算时应采用经湿度调整的回弹模量，即粒料回弹模量乘以湿度调整系数，湿度调整系数可在1.6～2.0范围内选取。粒料回弹模量应取用最佳含水率和与压实度要求相应的干密度条件下的试验值。压实度要求应符合现行《公路路面基层施工技术细则》（JTG/T F20）的有关规定。

最佳含水率和与压实度要求相应的干密度条件下的粒料回弹模量应按规范规定，依据相应的水平确定：

1）水平一，按规范采用重复加载三轴压缩试验测定，取回弹模量试验结果的均值。

2）水平三，按粒料类型和层位参照表2-30确定粒料回弹模量取值。

表 2-30 粒料回弹模量取值范围（MPa）

材料类型和层位	最佳含水率和与压实度要求相应的干密度条件下	经湿度调整后
级配碎石基层	200～400	300～700
级配碎石底基层	180～250	190～440
级配砾石基层	150～300	250～600
级配砾石底基层	150～220	160～380
未筛分碎石层	180～220	200～400
天然砂砾层	105～135	130～240

注：材料性能、级配好或压实度大时取高值，反之取低值。

（三）无机结合料稳定类材料

无机结合料稳定类材料弯拉强度和弹性模量应按规范规定，依据相应的水平确定：

1）水平一，采用中间段法单轴压缩试验测定。弯拉强度和弹性模量的测定应符合现行《公路工程无机结合料稳定材料试验规程》（JTG E51）中 T0851 的有关规定。测试时水泥稳定类、水泥粉煤灰稳定类材料试件的龄期应为 90d，石灰稳定类、石灰粉煤灰稳定类材料试件的龄期应为 180d。弯拉强度和弹性模量应取用测试数据的平均值。

2）水平三，参照表 2-31 确定弯拉强度和弹性模量。

表 2-31 无机结合料稳定类材料的弯拉强度和弹性模量取值范围（单位：MPa）

材料	弯拉强度	弹性模量
水泥稳定粒料、水泥粉煤灰稳定粒料、石灰粉煤灰稳定粒料	1.5～2.0	18000～28000
	0.9～1.5	14000～20000
水泥稳定土、水泥粉煤灰稳定土、石灰粉煤灰稳定土	0.6～1.0	5000～7000
石灰土	0.3～0.7	3000～5000

注：1. 结合料用量高、材料性能好、级配好或压实度大时取高值，反之取低值。
2. 结构验算时，弹性模量应乘以结构层模量调整系数 0.5。

（四）沥青结合料类材料

沥青混合料动态压缩模量应按规范规定，依据相应的水平确定：

1）水平一，沥青混合料动态模量的测定应符合现行《公路工程沥青及沥青混合料试验规程》（JTG E20）T0738 的有关规定，取平均值，试验温度选用 20℃，面层沥青混合料加载频率采用 10Hz，基层沥青混合料加载频率采用 5Hz。

2）水平二，采用式（2-18）计算确定沥青混合料动态压缩模量，适用于采用道路石油沥青和常规级配的沥青混合料。

$$\lg E_a = 4.59 - 0.02f + 2.58G^* - 0.14P_a - 0.041V - 0.03VCA_{DRC} - 2.65\times 1.1\lg f\, G^*\cdot f^{-0.06} - 0.05\times 1.52\lg f\, VCA_{DRC}\cdot f^{-0.21} + 0.0031f\cdot P_a + 0.0024V \tag{2-18}$$

式中 E_a——沥青混合料动态压缩模量（MPa）；

f——试验频率（Hz）；

G^*——60℃、10rad/s 下沥青动态剪切复数模量（kPa）；

P_a——沥青混合料的油石比（%）；

V——压实沥青混合料的空隙率（%）；

VCA_{DRC}——捣实状态下粗集料的松装间隙率（%）。

3）水平三，参照表2-32确定沥青混合料动态压缩模量。

表2-32　常用沥青混合料20℃条件下动态压缩模量取值范围（单位：MPa）

沥青混合料类型	沥青种类			
	70号道路石油沥青	90号道路石油沥青	110号道路石油沥青	SBS改性沥青
SMA10、SMA13、SMA16	—	—	—	7500~12000
AC10、AC13	8000~12000	7500~11500	7000~10500	8500~12500
AC16、AC20、AC25	9000~13500	8500~13000	7500~12000	9000~13500
ATB25	7000~11000	—	—	—

注：1. ATB25为5Hz条件下动态压缩模量，其他沥青混合料为10Hz条件下动态压缩模量。

2. 沥青黏度大、级配好或空隙率小时取高值，反之取低值。

（五）各类材料泊松比

各类材料的泊松比应按表2-33确定。

表2-33　泊松比取值

材料类别	路基	粒料	无机结合料	密级配沥青混合料	开级配沥青混合料、半开级配沥青混合料
泊松比	0.40	0.35	0.25	0.25	0.40

任务五　温度调整系数和等效温度确定

温度调整系数和等效温度分两个步骤确定。首先根据气温统计资料确定基准路面结构温度调整系数和等效温度，然后进行结构层厚度和模量修正，得到不同结构路面的温度调整系数和等效温度。

一、温度调整系数

沥青混合料层疲劳开裂寿命、无机结合料稳定层疲劳开裂寿命和路基顶面竖向压应变验算时，应根据所在地区的气温条件、路面结构类型和结构层厚度，确定温度调整系数。

1. 厚度和模量换算

路面结构沥青面层或基层（含底基层）由两层或两层以上不同材料结构层组成时，应按式（2-19）和式（2-20）分别换算成当量沥青面层和当量基层。对采用沥青结合料类基层的路面，将基层换算至当量沥青面层。超过2层时，重复利用式（2-19）和式（2-20）自上而下逐层换算，简化为由当量沥青面层、当量基层和路基构成的三层路面结构。

$$h_i^* = h_{i1} + h_{i2} \tag{2-19}$$

$$E_i^* = \frac{E_{i1}h_{i1}^3 + E_{i2}h_{i2}^3}{h_{i1} + h_{i2}} + \frac{3}{h_{i1} + h_{i2}}\left(\frac{1}{E_{i1}h_{i1}} + \frac{1}{E_{i2}h_{i2}}\right)^{-1} \tag{2-20}$$

式中　h_i^*，E_i^*——当量层厚度（mm）和模量（MPa），下标 $i=a$ 为沥青面层，$i=b$ 为基层。

2. 确定基准路面结构温度调整系数和等效温度

不同气温状况下基准路面结构的损坏，转换成标准温度（20℃）条件下基准路面结构的等效损坏，得到基准路面结构温度调整系数。部分地区各类路面结构设计指标的基准结构温度调整系数，可参照表2-34取用。其他地区的基准结构温度调整系数，可按气温条件相近地区的系数值取用，气温资料宜取连续10年的平均值。

表2-34 各地气温统计资料及相应的基准路面结构温度调整系数和等效温度

地名	省（自治区、直辖市）	最热月平均气温/℃	最冷月平均气温/℃	年平均气温/℃	温度调整系数		基准等效温度/℃
					沥青混合料层层底拉应变、无机结合料稳定层层底拉应力	路基顶面竖向压应变	
北京	北京	26.9	-2.7	13.1	1.23	1.09	20.1
济南	山东	28.0	0.2	15.1	1.32	1.17	21.8
日照	山东	26.0	-2.0	12.7	1.21	1.06	19.4
太原	山西	23.9	-5.2	10.5	1.12	0.98	17.3
大同	山西	22.5	-10.4	7.5	1.01	0.89	15.0
侯马	山西	26.8	-2.3	13.0	1.23	1.08	19.9
西安	陕西	27.5	0.1	14.3	1.28	1.13	20.9
延安	陕西	23.9	-5.3	10.5	1.12	0.98	17.3
安康	陕西	27.3	3.7	15.9	1.35	1.19	21.7
上海	上海	28.0	4.7	16.7	1.38	1.23	22.5
天津	天津	26.9	-3.4	12.8	1.22	1.08	20.0
重庆	重庆	28.3	7.8	18.4	1.46	1.31	23.6
台州	浙江	27.7	6.9	17.5	1.42	1.26	22.8
杭州	浙江	28.4	4.5	16.9	1.40	1.25	22.8
合肥	安徽	28.5	2.9	16.3	1.37	1.22	22.6
黄山	安徽	27.5	4.4	16.6	1.38	1.23	22.3
福州	福建	28.9	11.3	20.2	1.55	1.40	24.9
建瓯	福建	28.2	8.9	19.1	1.49	1.35	24.1
敦煌	甘肃	25.1	-8.0	9.9	1.10	0.97	17.6
兰州	甘肃	22.9	-4.7	10.5	1.12	0.98	17.0
酒泉	甘肃	22.2	-9.1	7.8	1.02	0.90	15.0
广州	广东	28.7	14.0	22.4	1.66	1.52	26.5
汕头	广东	28.6	14.4	22.1	1.64	1.50	26.1
韶关	广东	28.5	10.3	20.4	1.56	1.42	25.2
河源	广东	28.4	13.1	21.9	1.63	1.49	26.1
连州	广东	27.6	11.0	20.3	1.55	1.40	24.8
南宁	广西	28.4	13.2	22.1	1.64	1.51	26.3
桂州	广西	28.0	8.1	19.1	1.49	1.35	24.2

（续）

地名	省（自治区、直辖市）	最热月平均气温/℃	最冷月平均气温/℃	年平均气温/℃	温度调整系数		基准等效温度/℃
					沥青混合料层层底拉应变、无机结合料稳定层层底拉应力	路基顶面竖向压应变	
贵阳	贵州	23.7	4.7	15.3	1.31	1.15	20.1
郑州	河南	27.4	0.6	14.7	1.30	1.15	21.2
南阳	河南	27.3	1.7	15.2	1.32	1.17	21.4
固始	河南	28.1	2.6	16.0	1.36	1.21	22.3
黑河	黑龙江	21.5	−22.5	1.0	0.80	0.77	10.7
漠河	黑龙江	18.6	−28.7	−3.9	0.67	0.73	6.4
齐齐哈尔	黑龙江	23.0	−19.7	3.5	0.88	0.81	13.0
沈阳	辽宁	24.9	−11.2	8.6	1.06	0.94	16.9
大连	辽宁	24.8	−3.2	11.6	1.16	1.02	18.2
朝阳	辽宁	25.4	−8.7	9.8	1.10	0.97	17.7
二连浩特	内蒙古	24.0	−17.7	4.8	0.92	0.84	14.2
东胜	内蒙古	21.7	−10.1	6.9	0.98	0.87	14.2
额济纳旗	内蒙古	27.4	−10.3	9.5	1.10	0.97	18.2
海拉尔	内蒙古	20.5	−24.1	0.0	0.77	0.76	9.8
科右前旗	内蒙古	20.8	−16.7	3.0	0.86	0.79	11.4
通辽	内蒙古	24.3	−12.5	7.3	1.01	0.90	15.7
锡林浩特	内蒙古	21.5	−18.5	3.3	0.87	0.80	12.2
石家庄	河北	26.9	−2.4	13.3	1.24	1.10	20.3
承德	河北	24.4	−9.1	9.1	1.07	0.95	16.8
邯郸	河北	26.9	−2.3	13.5	1.25	1.10	20.5
武汉	湖北	28.9	4.2	17.2	1.41	1.27	23.3
宜昌	湖北	27.5	5.0	17.1	1.40	1.25	22.7
长沙	湖南	28.5	5.0	17.2	1.41	1.26	23.1
常宁	湖南	29.1	6.0	18.1	1.45	1.31	23.9
湘西	湖南	27.2	5.3	16.9	1.39	1.24	22.4
长春	吉林	23.6	−14.5	6.3	0.97	0.87	14.9
延吉	吉林	22.2	−13.1	5.9	0.95	0.86	13.9
南京	江苏	28.1	2.6	15.9	1.35	1.20	22.1
南通	江苏	26.8	3.6	15.5	1.33	1.17	21.2
南昌	江西	28.8	5.5	18.0	1.45	1.30	23.8
赣州	江西	29.1	8.3	19.6	1.52	1.38	25.0
银川	宁夏	23.8	−7.5	9.5	1.08	0.95	16.8
固原	宁夏	19.6	−7.9	6.9	0.97	0.86	13.2

（续）

地名	省（自治区、直辖市）	最热月平均气温/℃	最冷月平均气温/℃	年平均气温/℃	温度调整系数		基准等效温度/℃
					沥青混合料层层底拉应变、无机结合料稳定层层底拉应力	路基顶面竖向压应变	
西宁	青海	17.3	-7.8	6.1	0.94	0.84	11.9
海北	青海	11.3	-13.6	0.0	0.74	0.74	5.5
格尔木	青海	18.2	-8.9	5.7	0.93	0.83	11.9
玉树	青海	12.9	-8.0	3.5	0.85	0.78	8.2
果洛	青海	9.9	-12.9	-0.3	0.73	0.74	4.7
成都	四川	25.5	5.8	16.5	1.37	1.21	21.5
峨眉山	四川	11.7	-5.8	3.4	0.84	0.77	7.4
甘孜州	四川	13.9	-4.6	5.7	0.92	0.82	10.0
阿坝州	四川	11.0	-10.0	1.7	0.79	0.75	6.4
泸州	四川	27.0	7.6	17.9	1.43	1.28	22.9
绵阳	四川	26.2	5.5	16.7	1.38	1.22	21.9
攀枝花	四川	26.4	12.8	20.8	1.57	1.42	24.6
拉萨	西藏	16.2	-0.9	8.4	1.01	0.88	12.5
阿克苏	新疆	24.2	-7.7	10.6	1.13	0.99	18.0
阿勒泰	新疆	22.0	-15.4	5.0	0.92	0.84	13.4
哈密	新疆	26.3	-10.0	10.1	1.12	0.99	18.5
和田	新疆	25.7	-4.1	12.9	1.22	1.08	20.0
喀什	新疆	25.4	-5.0	11.9	1.18	1.04	19.1
若羌	新疆	27.9	-7.2	12.0	1.19	1.06	20.2
塔城	新疆	23.3	-10.0	7.7	1.02	0.90	15.3
吐鲁番	新疆	32.3	-6.4	15.0	1.34	1.21	24.1
乌鲁木齐	新疆	23.9	-12.4	7.4	1.01	0.90	15.7
焉耆	新疆	23.4	-11.0	8.9	1.06	0.94	16.8
伊宁	新疆	23.4	-8.3	9.4	1.08	0.95	16.8
昆明	云南	20.3	8.9	15.6	1.30	1.13	18.7
腾冲	云南	19.9	8.5	15.4	1.29	1.12	18.5
蒙自	云南	23.2	12.7	18.8	1.46	1.29	21.9
丽江	云南	18.7	6.2	12.8	1.18	1.02	16.1
景洪	云南	26.3	17.2	22.7	1.66	1.51	25.6
海口	海南	28.9	18.4	24.6	1.77	1.65	27.9
三亚	海南	29.1	22.0	26.2	1.85	1.74	28.8
西沙	海南	29.3	23.6	27.0	1.89	1.79	29.3

3. 确定温度调整系数

路面结构的温度调整系数，应根据式（2-21）~式（2-35）计算。

$$K_{T_i}=A_hA_E\hat{k}_{Ti}^{1+B_h+B_E} \tag{2-21}$$

式中　k_{Ti}——温度调整系数；下标 $i=1$ 对应沥青混合料层疲劳开裂分析，$i=2$ 对应无机结合料稳定层疲劳开裂分析，$i=3$ 对应路基顶面竖向压应变分析；

$\hat{k}_{Ti}$——基准路面结构温度调整系数，按所在地查表2-34取用；

A_h，B_h，A_E，B_E——与面层、基层厚度和模量有关的函数，按式（2-22）~式（2-33）计算；

沥青混合料层疲劳开裂：

$$A_E=0.76\lambda_E^{0.09} \tag{2-22}$$

$$A_h=1.14\lambda_h^{0.17} \tag{2-23}$$

$$B_E=0.14\ln(\lambda_E/20) \tag{2-24}$$

$$B_h=0.23\ln(\lambda_h/0.45) \tag{2-25}$$

无机结合料稳定层疲劳开裂：

$$A_E=0.10\lambda_E+0.89 \tag{2-26}$$

$$A_h=0.73\lambda_h+0.67 \tag{2-27}$$

$$B_E=0.15\ln(\lambda_E/1.14) \tag{2-28}$$

$$B_h=0.44\ln(\lambda_h/0.45) \tag{2-29}$$

路基顶面竖向压应变：

$$A_E=0.006\lambda_E+0.89 \tag{2-30}$$

$$A_h=0.67\lambda_h+0.70 \tag{2-31}$$

$$B_E=0.12\ln(\lambda_E/20) \tag{2-32}$$

$$B_h=0.38\ln(\lambda_h/0.45) \tag{2-33}$$

λ_E——面层与基层当量模量之比，按式（2-34）计算：

$$\lambda_E=\frac{E_a^*}{E_b^*} \tag{2-34}$$

λ_h——面层与基层当量厚度之比，按式（2-35）计算。

$$\lambda_h=\frac{h_a^*}{h_b^*} \tag{2-35}$$

二、等效温度

沥青混合料层永久变形量验算时，应根据所在地区的气温条件，选用相应的等效温度。沥青混合料层的等效温度应按式（2-36）计算。

$$T_{pef}=T_\xi+0.016h_a \tag{2-36}$$

式中　T_{pef}——沥青混合料层等效温度（℃）；

h_a——沥青混合料层厚度（mm）；

T_ξ——基准等效温度，按所在地查表2-34取用。

任务六　路面结构验算

一、一般规定

1）路面结构力学指标计算应采用双圆均布垂直荷载作用下的弹性层状连续体系理论。

2）路面结构组合应先初拟方案，并按规范进行路面结构验算，再结合工程经验和经济分析选定路面结构方案。对于二级及二级以下公路，当交通荷载等级为中等、轻水平时，可依据所在地区经验结构合理选择路面设计方案。

二、设计指标

路面结构验算应根据路面结构组合，参照表 2-35 选择设计指标。

表 2-35　不同结构组合路面的设计指标

<table>
<tr><th>基层类型</th><th>底基层类型</th><th>设计指标②</th></tr>
<tr><td rowspan="2">无机结合料稳定类</td><td>粒料类</td><td rowspan="2">无机结合料稳定层层底拉应力、沥青混合料层永久变形量</td></tr>
<tr><td>无机结合料稳定类</td></tr>
<tr><td rowspan="2">沥青结合料类</td><td>粒料类</td><td>沥青混合料层层底拉应变、沥青混合料层永久变形量、路基顶面竖向压应变</td></tr>
<tr><td>无机结合料稳定类</td><td>沥青混合料层永久变形量、无机结合料稳定层层底拉应力</td></tr>
<tr><td rowspan="2">粒料类①</td><td>粒料类</td><td>沥青混合料层层底拉应变、沥青混合料层永久变形量、路基顶面竖向压应变</td></tr>
<tr><td>无机结合料稳定类</td><td>沥青混合料层层底拉应变、沥青混合料层永久变形量、无机结合料稳定层层底拉应力</td></tr>
<tr><td>水泥混凝土③</td><td>—</td><td>沥青混合料层永久变形量</td></tr>
</table>

① 季节性冻土地区应增加沥青面层低温开裂验算和防冻厚度验算。

② 在沥青混合料层与无机结合料稳定层间设置粒料层时，应验算沥青混合料层疲劳开裂寿命。

③ 水泥混凝土基层应按现行《公路水泥混凝土路面设计规范》（JTG D40）设计。

路面结构验算时，各设计指标应选用表 2-36 规定的竖向位置处的力学响应，并应按图 2-7 所示计算点位置，选取 *A*、*B*、*C* 和 *D* 四点位置计算的最大力学响应量。

表 2-36　各设计指标对应的力学响应及其竖向位置

设计指标	力学响应	竖向位置
沥青混合料层层底拉应变	沿行车方向的水平拉应变	沥青混合料层层底
无机结合料稳定层层底拉应力	沿行车方向的水平拉应力	无机结合料稳定层层底
沥青混合料层永久变形量	竖向压应力	沥青混合料层各分层顶面
路基顶面竖向压应变	竖向压应变	路基顶面

三、交通、材料和环境参数

在路面结构验算中，对当量设计轴载累计作用次数的计算、路面材料模量的取值以及对环境参数的选用有具体的规定。

1）各设计指标对应的当量设计轴载累计作用次数，应根据交通参数调查分析结果和设

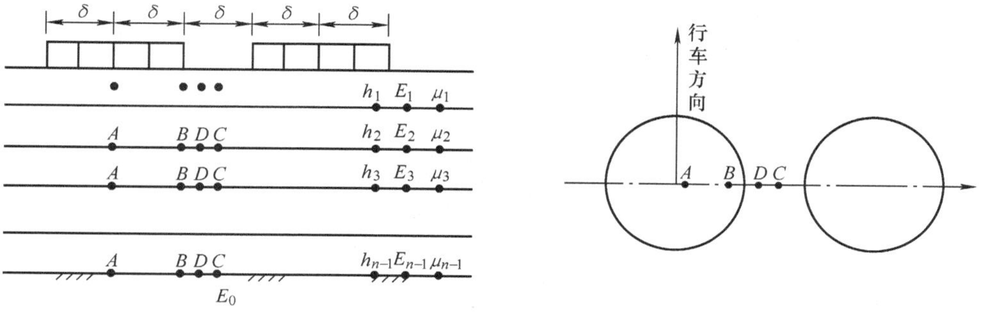

图 2-7　力学响应计算点位置图示

计使用年限，按本项目任务二计算确定。

2）路面结构验算的结构层模量取值应符合下列规定：

① 沥青面层采用 20℃、10Hz 条件下的动态压缩模量，沥青类基层采用 20℃、5Hz 条件下的动态压缩模量。

② 无机结合料稳定层采用经调整系数修正后的弹性模量。

③ 粒料层采用经湿度调整的回弹模量，路基采用平衡湿度状态下并考虑干湿与冻融循环作用后的顶面当量回弹模量。

3）沥青混合料层疲劳开裂寿命、无机结合料稳定层疲劳开裂寿命和路基顶面竖向压应变验算时，应根据所在地区的气温条件、路面结构类型和结构层厚度，确定温度调整系数。沥青混合料层永久变形量验算时，应根据所在地区的气温条件，选用相应的等效温度。

四、路面结构验算流程

路面结构验算应按图 2-8 所示的流程进行，包括下列主要内容：

1）调查分析交通参数，确定交通荷载等级。

2）根据路基土类、地下水位高度确定路基干湿类型和湿度状况，按规范要求，并结合现行《公路路基设计规范》（JTG D30）的有关规定确定路基顶面回弹模量及必要的路基改善措施。

3）根据设计要求，收集所在地区的常用路面结构组合和材料性质要求，分析影响路面结构设计的其他因素，初拟路面结构组合与厚度方案，选取设计指标。

4）按规范规定，确定各结构层模量等设计参数，并按规范规定检验粒料的 CBR 值，无机结合料稳定类材料的无侧限抗压强度，沥青低温性能要求，沥青混合料的低温破坏应变、动稳定度、贯入强度和水稳定性等。

5）收集工程所在地区气温资料，确定各设计指标对应的温度调整系数或等效温度。

6）采用多层弹性体系理论程序计算各设计指标的力学响应量。

7）按规定进行路面结构验算，验算结果应符合规范规定，不符合时，调整路面结构方案重新验算，直至符合为止。

8）对通过结构验算的路面结构进行技术经济分析，选定路面结构方案。

9）计算设计路面结构的验收弯沉值。设计路面结构的路基顶面验收弯沉值和路表验收弯沉值的确定，应符合规范有关规定。

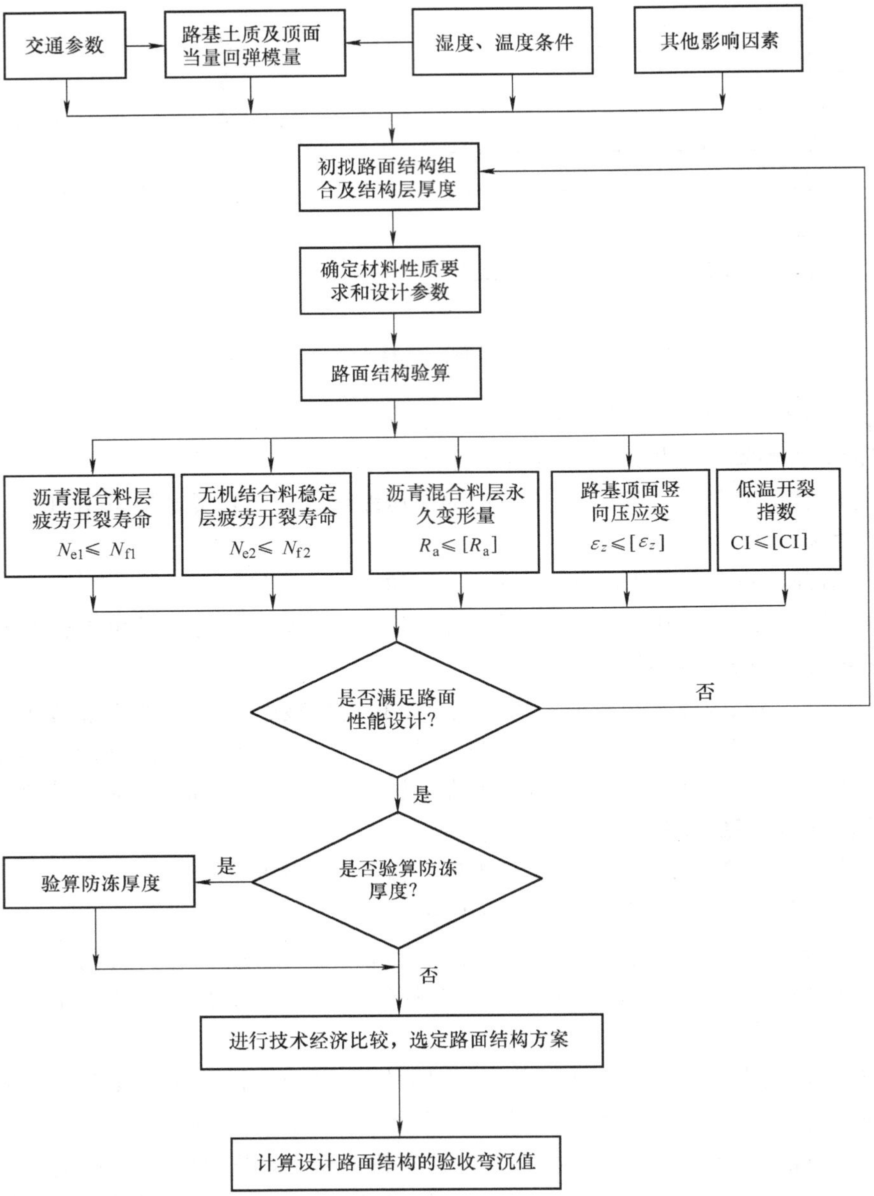

图 2-8 路面结构验算流程图

五、路面结构验算方法

路面结构验算包括沥青混合料层疲劳开裂、无机结合料稳定层疲劳开裂、沥青混合料层永久变形量、路基顶面竖向压应变、沥青面层低温开裂指数、防冻厚度、设计路面结构的验收弯沉值等验算。

（一）沥青混合料层疲劳开裂验算

1. 计算沥青混合料层的疲劳开裂寿命

沥青混合料层的疲劳开裂寿命应根据路面结构分析得到的沥青混合料层层底拉应变，按式（2-37）计算。

$$N_{f1} = 6.32 \times 10^{15.96-0.29\beta} k_a k_b k_{T1}^{-1} \left(\frac{1}{\varepsilon_a}\right)^{3.97} \left(\frac{1}{E_a}\right)^{1.58} (VFA)^{2.72} \tag{2-37}$$

式中　N_{f1}——沥青混合料层疲劳开裂寿命（轴次）；

β——目标可靠指标，根据公路等级按表 2-1 的取值；

k_a——季节性冻土地区调整系数，按表 2-37 采用内插法确定；

k_b——疲劳加载模式系数，按式（2-38）计算：

$$k_b = \left[\frac{1 + 0.3E_a^{0.43}(VFA)^{-0.85}e^{0.024h_a-5.41}}{1 + e^{0.024h_a-5.41}}\right]^{3.33} \tag{2-38}$$

E_a——沥青混合料 20℃时的动态压缩模量（MPa）；

VFA——沥青混合料的沥青饱和度（%），根据混合料设计结果或按现行《公路沥青路面施工技术规范》（JTG F40）的有关规定确定；

h_a——沥青混合料层厚度（mm）；

k_{T1}——温度调整系数，按本项目任务五确定；

ε_a——沥青混合料层层底拉应力（10^{-6}）；根据弹性层状体系理论，按规范的规定选取计算点，按式（2-39）计算：

$$\varepsilon_a = p\overline{\varepsilon_a} \tag{2-39}$$

$$\overline{\varepsilon_a} = f\left(\frac{h_1}{\delta}, \frac{h_2}{\delta}, \cdots, \frac{h_{n-1}}{\delta}; \frac{E_2}{E_1}, \frac{E_3}{E_2}, \cdots, \frac{E_0}{E_{n-1}}\right)$$

$\overline{\varepsilon_a}$——理论拉应变系数；

p，δ——标准轴载的轮胎接地压强（MPa）和当量圆半径（mm）；

E_0——路基顶面回弹模量（MPa）；

$h_1 h_2$，…，h_{n-1}——各结构层厚度（mm）；

E_1，E_2，…，E_{n-1}——各结构层模量（MPa）。

表 2-37　季节性冻土地区调整系数 k_a

冻区	重冻区	中冻区	轻冻区	其他地区
冻结指数 F/(℃·d)	≥2000	2000～800	800～50	≤50
k_a	0.60～0.70	0.70～0.80	0.80～1.00	1.00

2. 验算沥青混合料层的疲劳开裂

应大于设计使用年限内设计车道的当量设计轴载累计作用次数。否则，应调整路面结构方案，重新验算，直到满足要求。

（二）无机结合料稳定层疲劳开裂验算

1. 计算无机结合料稳定层的疲劳开裂寿命

应根据路面结构分析得到的各无机结合料稳定层层底拉应力，按式（2-40）计算。

$$N_{f2} = k_a k_{T2}^{-1} 10^{a-b\frac{\sigma_t}{R_s}+k_c-0.57\beta} \tag{2-40}$$

式中　N_{f2}——无机结合料稳定层的疲劳开裂寿命（轴次）；

k_a——季节性冻土地区调整系数，按表 2-37 确定；

k_{T2}——温度调整系数，根据本项目任务五确定；

R_s——无机结合料稳定类材料的弯拉强度（MPa）；

a，b——疲劳试验回归参数，按表2-38确定；

k_c——现场综合修正系数，按式（2-41）确定；

$$k_c = c_1 e^{c_2(h_a + h_b)} + c_3 \tag{2-41}$$

c_1，c_2，c_3——参数，按表2-39取值；

h_a，h_b——分别为沥青混合料层和计算点以上无机结合料稳定层厚度；

β——目标可靠指标，根据公路等级按表2-1取值；

σ_t——无机结合料稳定层的层底拉应力（MPa），根据弹性层状体系理论，按规范规定选取计算点，按式（2-42）计算：

$$\sigma_t = p\,\overline{\sigma_t} \tag{2-42}$$

$$\overline{\sigma_t} = f\left(\frac{h_1}{\delta}, \frac{h_2}{\delta}, \cdots, \frac{h_{n-1}}{\delta}; \frac{E_2}{E_1}, \frac{E_3}{E_2}, \cdots, \frac{E_0}{E_{n-1}}\right)$$

$\overline{\sigma_t}$——理论拉应力系数；

其他符号意义同式（2-39）。

表2-38 无机结合料稳定层疲劳破坏模型参数

材料类型	a	b
无机结合料稳定粒料	13.24	12.52
无机结合料稳定土	12.18	12.79

表2-39 现场综合修正系数 k_c 相关参数

材料类型	新建路面结构层或改建工程既有路面结构层		改建工程加铺层	
	无机结合料稳定粒料	无机结合料稳定土	无机结合料稳定粒料	无机结合料稳定土
c_1	14.0	35.0	18.5	21.0
c_2	-0.0076	-0.0156	-0.01	-0.0125
c_3	-1.47	-0.83	-1.32	-0.82

2. *验算无机结合料稳定层疲劳开裂*

无机结合料稳定层的疲劳开裂寿命应大于设计使用年限内设计车道的当量设计轴载累计作用次数。否则，应调整路面结构组合或层厚，重新验算，直到满足要求。

（三）沥青混合料层永久变形量验算

1. *沥青混合料分层*

沥青混合料层永久变形量验算时，首先应按下列要求对各沥青混合料层进行分层，分别计算各分层的永久变形量：

1）表面层，采用10~20mm为一分层。

2）第二层沥青混合料层，每一分层厚度应不大于25mm。

3）第三层沥青混合料层，每一分层厚度应不大于100mm。

4）第四层及其以下沥青混合料层，作为一个分层。

2. *计算沥青混合料层永久变形量*

根据标准条件下的车辙试验，得到各层沥青混合料的车辙试验永久变形量，按式（2-43）计算各分层的永久变形量和沥青混合料层总的永久变形量。

$$R_a = \sum_{i=1}^{n} R_{ai} \tag{2-43}$$

$$R_{ai} = 2.31 \times 10^{-8} k_{Ri} T_{pef}^{2.93} p_i^{1.80} N_{e3}^{0.48} (h_i/h_0) R_{0i}$$

式中　R_a——沥青混合料层永久变形量（mm）；

R_{ai}——第 i 分层永久变形量（mm）；

n——分层数；

T_{pef}——沥青混合料层永久变形等效温度（℃），按本项目任务五确定；

N_{e3}——设计使用年限内或通车至首次针对车辙维修的期限内，设计车道上当量设计轴载累计作用次数，按本项目任务二计算；

h_i——第 i 分层厚度（mm）；

h_0——车辙试验试件的厚度（mm）；

R_{0i}——第 i 分层沥青混合料在试验温度为60℃，压强为0.7MPa，加载次数为2520次时，车辙试验永久变形量（mm）；

k_{Ri}——综合修正系数，按式（2-44）~式(2-46）计算；

$$k_{Ri} = (d_1 + d_2 \cdot z_i) \cdot 0.9731^{z_i} \tag{2-44}$$

$$d_1 = -1.35 \times 10^{-4} h_a^2 + 8.18 \times 10^{-2} h_a - 14.50 \tag{2-45}$$

$$d_2 = 8.78 \times 10^{-7} h_a^2 - 1.50 \times 10^{-3} h_a + 0.90 \tag{2-46}$$

z_i——沥青混合料层第 i 分层深度（mm），第一分层取为15mm，其他分层为路表距分层中点的深度；

h_a——沥青混合料层厚度（mm），h_a 大于200mm时，取200mm；

p_i——沥青混合料层第 i 分层顶面竖向压应力（MPa），根据弹性层状体系理论，按规范的规定选取计算点，按式（2-47）计算：

$$p_i = p\,\overline{p_i} \tag{2-47}$$

$$\overline{p_i} = f\left(\frac{h_1}{\delta}, \frac{h_2}{\delta}, \cdots, \frac{h_{n-1}}{\delta}; \frac{E_2}{E_1}, \frac{E_3}{E_2}, \cdots, \frac{E_0}{E_{n-1}}\right)$$

$\overline{p_i}$——理论压应力系数。

其他符号意义同式（2-39）。

3. 验算沥青混合料永久变形量

验算所得的沥青混合料层永久变形量应满足表2-3的容许永久变形量要求。否则，应调整沥青混合料设计，直至满足要求。

另外，满足沥青混合料层容许永久变形量要求的沥青混合料，尚应满足《公路沥青路面设计规范》（JTG D50）中标准车辙试验的动稳定度要求，其永久变形量 R_0 对应的稳定度可用作沥青混合料的质量要求和施工控制指标。标准车辙试验温度为60℃，压强为0.7MPa，试件厚度为50mm，加载次数为2520次时沥青混合料的动稳定度DS，可根据永久变形量按式（2-48）计算。

$$DS = 9365 R_0^{-1.48} \tag{2-48}$$

式中　DS——沥青混合料动稳定度（次/mm）。

（四）路基顶面竖向压应变验算

1. 计算路基顶面的容许竖向压应变

路基顶面的容许竖向压应变应按式（2-49）计算确定。

$$[\varepsilon_z] = 1.25 \times 10^{4-0.1\beta}(k_{T3}N_{e4})^{-0.21} \tag{2-49}$$

式中 $[\varepsilon_z]$——路基顶面容许竖向压应变（10^{-6}）；

β——目标可靠指标，根据公路等级，按表 2-1 取值；

N_{e4}——设计使用年限内设计车道上的当量设计轴载累计作用次数，按本项目任务二计算；

k_{T3}——温度调整系数，按本项目任务五确定。

2. 验算路基顶面竖向压应变

按规范的规定选取计算点，根据弹性层状体系理论，按式（2-50）计算路基顶面竖向压应变。路基顶面竖向压应变应小于容许压应变值。否则，调整路面结构方案，重新验算，直至满足要求。

$$\varepsilon_z = p\,\overline{\varepsilon_z} \tag{2-50}$$

$$\overline{\varepsilon_z} = f\left(\frac{h_1}{\delta},\frac{h_2}{\delta},\cdots,\frac{h_{n-1}}{\delta};\frac{E_2}{E_1},\frac{E_3}{E_2},\cdots,\frac{E_0}{E_{n-1}}\right)$$

式中 $\overline{\varepsilon_z}$——理论竖向压应变系数；

其他符号意义同式（2-39）。

（五）沥青面层低温开裂指数验算

1. 计算低温开裂指数

季节性冻土地区沥青面层，应按式（2-51）验算其低温开裂指数 CI。

$$\mathrm{CI} = 1.95 \times 10^{-3}S_t \lg b - 0.075(T + 0.07h_a)\lg S_t + 0.15 \tag{2-51}$$

式中 CI——沥青面层低温开裂指数；

T——路面低温设计温度（℃），为连续 10 年年最低气温平均值；

S_t——在路面低温设计温度加 10℃ 试验温度条件下，表面层沥青弯曲梁流变试验加载 180s 时蠕变劲度（MPa）；

h_a——沥青结合料类材料层厚度（mm）；

b——路基类型参数，砂 $b=5$，粉质黏土 $b=3$，黏土 $b=2$。

2. 验算低温开裂指数

沥青面层的低温开裂指数值，应满足表 2-4 的要求。否则，应改变所选用的沥青材料，直至满足要求。

（六）防冻厚度验算

1. 计算多年最大冻深

季节性冻土地区路基为中湿或潮湿状态时，应按式（2-52）计算公路多年最大冻深。

$$Z_{max} = abcZ_d \tag{2-52}$$

式中 Z_{max}——公路多年最大冻深（mm）；

Z_d——大地多年最大冻深（mm），根据调查资料确定；

a——大地冻深范围内路基、路面各层材料热物性系数，按表 2-40 确定；

b——路基湿度系数，按表 2-41 确定；

c——路基断面形式系数，根据表 2-42 按内插法确定。

表 2-40　路基、路面材料热物性系数 *a*

路基材料	黏质土	粉质土	粉土质砂	细粒土质砂、黏土质砂	含细粒土质砾（砂）
热物性系数	1.05	1.10	1.20	1.30	1.35
路基材料	水泥混凝土	沥青结合料类	级配碎石	二灰或水泥稳定粒料	二灰土或水泥土
热物性系数	1.40	1.35	1.45	1.40	51.35

表 2-41　路基湿度系数 *b*

干湿类型	干燥	中湿	潮湿
湿度系数	1.0	0.95	0.90

表 2-42　路基断面形式系数 *c*

填挖形式和高（深）度	路基填土高度					路基挖方深度			
	零填	<2m	2~4m	4~6m	>6m	<2m	2~4m	4~6m	>6m
断面形式系数	1.0	1.02	1.05	1.08	1.10	0.98	0.95	0.92	0.90

2. 验算路面的防冻厚度

根据公路多年最大冻深，按表 2-43 的规定验算路面的防冻厚度。路面结构厚度小于表 2-43 规定的最小防冻厚度时，应增设防冻层，使其满足最小防冻厚度的要求。

表 2-43　沥青路面结构最小防冻厚度（单位：mm）

路基土质	基层、底基层材料类型	对应于以下公路多年最大冻深 Z_{max}（mm）和路基干湿类型的最小防冻厚度							
		中湿				潮湿			
		500~1000	1000~1500	1500~2000	>2000	500~1000	1000~1500	1500~2000	>2000
黏性土、细亚砂土	粒料类	400~450	450~500	500~600	600~700	450~550	550~600	600~700	700~800
	水泥或石灰稳定类、水泥混凝土	350~400	400~450	450~550	550~650	400~500	500~550	550~650	650~750
	水泥粉煤灰或石灰粉煤灰稳定类、沥青结合料类	300~350	350~400	400~500	500~550	350~450	450~500	500~550	550~700
粉性土	粒料类	450~500	500~600	600~700	700~750	500~600	600~700	700~800	800~1000
	水泥或石灰稳定类、水泥混凝土	400~450	450~500	500~600	600~700	450~550	550~650	650~700	700~900
	水泥粉煤灰或石灰粉煤灰稳定类、沥青结合料类	300~400	400~450	450~500	500~650	400~500	500~600	600~650	650~800

注：1. 在《公路自然区划标准》（JTJ 003）中，对潮湿系数小于 0.5 的地区，Ⅱ、Ⅲ、Ⅳ等干旱地区的防冻厚度可比表中值减少 15%~20%。
2. 对Ⅱ区砂性土路基防冻厚度应相应减少 5%~10%。
3. 公路多年最大冻深大时，靠近上限取值，反之靠近下限取值。
4. 基层、底基层采用不同材料类型时，按厚度较大的材料类型确定。

（七）设计路面结构的验收弯沉值

1. 路基顶面验收弯沉值

路基顶面验收弯沉值 l_g，应按式（2-53）计算。

$$l_g = \frac{176pr}{E_0} \tag{2-53}$$

式中　l_g——路基顶面验收弯沉值（0.01mm）；

p——落锤式弯沉仪承载板施加荷载（MPa）；

r——落锤式弯沉仪承载板半径（mm）；

E_0——平衡湿度状态下路基顶面回弹模量（MPa）。

2. 路基顶面实测代表弯沉值

采用落锤式弯沉仪进行路基验收，落锤式弯沉仪荷载为50kN，荷载盘半径应为150mm。路基顶面实测代表弯沉值 l_0 应符合式（2-54）的要求。

$$l_0 \leqslant l_g \tag{2-54}$$

式中　l_g——路基顶面验收弯沉值（0.01mm）；

l_0——路段内实测的路基顶面弯沉代表值（0.01mm），以1～3km为一评定路段，按式（2-55）计算：

$$l_0 = (\overline{l_0} + \beta \cdot s)\ K_1 \tag{2-55}$$

$\overline{l_0}$——路段内实测路基顶面弯沉平均值（0.01mm）；

s——路段内实测路基顶面弯沉标准差（0.01mm）；

β——目标可靠指标，根据公路等级按表2-1取值；

K_1——路基顶面弯沉湿度影响系数，根据当地经验确定。

3. 路表验收弯沉值

路表验收弯沉值 l_a，应根据设计路面结构，采用弹性层状体系理论按式（2-56）计算。路面结构层参数应与路面结构验算时相同。路基顶面回弹模量应采用平衡湿度状态下路基顶面回弹模量乘以模量调整系数。

$$l_a = p\,\overline{l_a} \tag{2-56}$$

$$\overline{l_a} = f\left(\frac{h_1}{\delta}, \frac{h_2}{\delta}, \cdots, \frac{h_{n-1}}{\delta}; \frac{E_2}{E_1}, \frac{E_3}{E_2}, \cdots, \frac{k_l E_0}{E_{n-1}}\right)$$

式中　$\overline{l_a}$——理论弯沉系数；

k_l——路基顶面回弹模量调整系数，无机结合料稳定类基层沥青路面和水泥混凝土基层沥青路面，取0.5；粒料类基层沥青路面和沥青结合料类基层沥青路面，当采用无机结合料稳定底基层时，取0.5，否则取1.0；

E_0——平衡湿度状态下路基顶面回弹模量（MPa）。

其他符号意义同式（2-39）。

4. 路表实测弯沉值

路面交（竣）工时应对路表弯沉值进行检测。落锤式弯沉仪中心点弯沉代表值应符合式（2-57）要求：

$$l_0 \leqslant l_a \tag{2-57}$$

式中　l_a——路表验收弯沉值（0.01mm）；

l_0——路段内实测路表弯沉代表值（0.01mm），以 1 ~ 3km 为一评定路段，按式（2-58）计算：

$$l_0 = (\overline{l_0} + \beta \cdot s) K_1 K_3 \tag{2-58}$$

$\overline{l_0}$——路段内实测路表弯沉平均值（0.01mm）；

s——路段内实测路表弯沉标准差（0.01mm）；

β——目标可靠指标，根据公路等级按表 2-1 取值；

K_1——路表弯沉湿度影响系数，根据实测弯沉值通过反算得到路基模量值，再对路基模量值进行修正得到结构模量值，然后得出测试状态下弯沉湿度修正系数 K_1，或者根据当地经验确定；

K_3——路表弯沉温度影响系数，按式（2-59）确定。

$$K_3 = e^{[9 \times 10^{-6}(\ln E_0 - 1) h_a + 4 \times 10^{-3}](20 - T)} \tag{2-59}$$

T——弯沉测定时沥青结合料类材料层中点实测或预估温度（℃）；

h_a——沥青结合料类材料层厚度（mm）；

E_0——平衡湿度状态下路基顶面回弹模量（MPa）。

项目训练

1. 沥青路面常见的破坏现象有哪些？各自产生的原因有哪些？
2. 沥青路面设计指标有哪些？说明各设计指标的意义？
3. 沥青路面结构类型有哪些？
4. 沥青路面结构类型的选择应符合哪些规定？
5. 试述沥青路面对各结构层要求。
6. 沥青路面结构组合设计时，各结构层应选用哪些材料较合适？
7. 何为功能层？试阐述各种功能层的作用及设置场合。
8. 路面结构验算时各路面结构层模量如何取值？
9. 试阐述各设计指标对应的力学响应及其竖向位置。
10. 简述新建路面结构验算步骤。
11. 试述不同结构组合路面的设计指标。
12. 现有一条一级公路，在季节性冰冻地区（冻深为 1m）的潮湿路基上修筑路面，今拟定如图 2-9 所示的结构，分析其合理性，并说明理由。

沥青贯入式	8cm
水泥土	30cm
二灰稳定碎石	20cm
石灰土	20cm
土基	

图 2-9　路面结构图

13. 甲乙两种路面结构如图 2-10 所示，甲种是在某重冰冻地区使用，地下水位深 80cm，经多年使用路面仍保持良好状态；而乙种在某中冰冻地区使用，地下水位深大于 2m，通车数月后，面层出现大量较宽网裂，继而出现坎坷不平，最后全部松散，试分析原因。

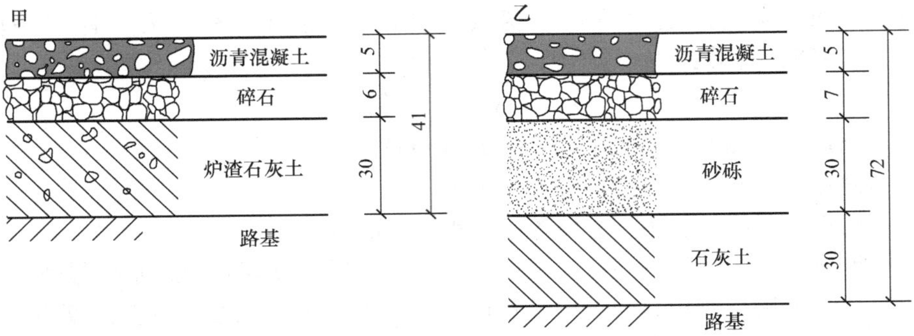

图 2-10　路面结构组合设计比较示例尺寸单位（cm）

项目三　水泥混凝土路面设计

学习目标

1. 知道水泥混凝土路面的基本特性、破损模式、设计理论、设计内容、设计参数。
2. 会进行水泥混凝土路面结构层组合设计。
3. 会进行纵横向接缝设计与普通混凝土面层配筋设计。
4. 会进行混凝土板应力分析与板厚设计。
5. 能读懂水泥混凝土路面结构设计图，并能正确绘制水泥混凝土路面结构图。

重　点

1. 水泥混凝土路面结构层组合设计与接缝设计。
2. 混凝土板应力分析与板厚设计。
3. 读懂水泥混凝土路面结构图。

难　点

绘制水泥混凝土路面结构图。

以水泥混凝土作面层（配筋或不配筋）的路面，称为水泥混凝土路面，亦称刚性路面（俗称白色路面）。它包括普通混凝土路面（又称素混凝土路面）、钢筋混凝土路面、连续配筋混凝土路面、钢纤维混凝土路面、复合式路面、碾压混凝土路面、水泥混凝土预制块路面等。

水泥混凝土路面设计方案，应根据公路的使用任务、性质和要求，结合当地气候、水文、土质、材料、施工技术、实践经验以及环境保护要求等，通过技术经济分析确定。

本项目主要介绍普通水泥混凝土路面的设计。

任务一　水泥混凝土路面基本认知

一、水泥混凝土路面的基本特性

（一）水泥混凝土路面的力学特性

水泥混凝土属脆性材料，抗弯拉强度比抗压强度低得多，因此决定水泥混凝土板尺寸的强度指标是抗弯拉强度。混凝土面层在车轮荷载作用下当弯拉应力超过混凝土的极限弯拉强度时，混凝土板便产生断裂破坏。而且在车轮荷载的重复作用下，虽然荷载应力低于混凝土极限抗弯拉强度，混凝土面层仍会出现疲劳破坏。除了车辆荷载的作用，混凝土板还要受到温度翘曲应力的作用，产生温度翘曲应力的原因主要是面层板顶面和底面的温差，面层板的平面尺寸越大，翘曲应力也将越大，这种温度疲劳应力也是导致混凝土板破坏的原因之一。另外，在荷载作用下，土基和基层的变形情况对混凝土板的影响很大，不均匀的基础变形会使混凝土板与基层脱空，在车轮荷载作用下板产生过大的弯拉应力而遭破坏。因此，为使路面能够经受车轮荷载的多次重复作用，抵抗温度翘曲应力反复作用，并对地基变形有较强的适应能力，混凝土面层应有足够的弯拉强度和厚度。

混凝土路面在经受车轮荷载的同时，还经受大气温度周期性变化的影响。因此，混凝土路面板的疲劳破坏不仅与荷载重复次数有关，而且与温度周期性变化产生的温度翘曲应力重复作用有关。因此，我国现行的《公路水泥混凝土路面设计规范》（JTG D40—2011）规定，水泥混凝土路面结构设计应以面层板在设计基准期内，在行车荷载和温度梯度综合作用下，不产生的疲劳断裂作为设计标准；并以最重轴载和最大温度梯度综合作用下，不产生极限断裂作为验算标准。

（二）水泥混凝土路面的优点

水泥混凝土路面与其他类型路面相比，水泥混凝土路面具有以下优点：

1）强度高。混凝土路面具有较高的抗折、抗压强度和抗磨耗的力学强度，能经受较重的车轮荷载和车轮重复作用引起的路面磨耗。

2）稳定性好。混凝土路面的物理-力学性能受自然因素作用的影响较小，特别是气候温度的影响，它不像沥青路面到了夏季会发软、强度降低，有时甚至引起车辙，在冬季会发脆，过了若干年又会产生“老化”现象而破坏。水泥混凝土路面突出的优点是它的强度能随着时间的增长而提高，又没有像砂石路面的“衰退”现象，对各种油类侵蚀的抵抗力也较强；同样遇到水的侵入其强度变化也比沥青混凝土小。

3）耐久性好。混凝土路面经久耐用，一般使用20～40年，而且它能通行包括履带式车辆等在内的各种运输工具。

4）抗滑性能好。水泥混凝土路面由于表面粗糙度好，能保持车辆有较高的安全行驶速度，特别在下雨时虽然路面潮湿，仍能保持较高的摩擦系数，使车辆不滑行，从而提高车辆行驶的稳定性。

5）有利于夜间行车。水泥混凝土路面色泽鲜明，反光能力强，对夜间行车有利。

（三）水泥混凝土路面的缺点

水泥混凝土路面也存在着以下缺点：

1）水泥和水的需要量大，这给水泥不足和缺水地区带来较大的困难。

2）接缝多。一般混凝土路面要设置许多接缝，这些接缝有纵缝、横缝，这样就增加了施工和养护的复杂性，而且容易引起行车的跳动，影响行车的舒适性，由于车轮不断冲击接缝，会造成边角容易损坏。

3）铺筑后不能立即开放交通。水泥混凝土路面铺筑后，一般需经2～3个星期的保湿养护达到要求强度后，才能开放交通。不像沥青混凝土路面铺筑后能立即开放交通。

4）在白天较强阳光照射下路面反光很强，使汽车驾驶员感觉不舒服。

5）修复困难。水泥混凝土面层损坏后，开挖很困难，修补工作量也大，且影响交通。

二、水泥混凝土路面常见的破损模式

水泥混凝土路面由于混凝土板的刚度和脆性大，又需设置接缝，在行车荷载和自然环境因素的不断作用下，路面使用性能变差，以致出现破损，其破损模式常不同于柔性路面，大体分为接缝破损和混凝土板损坏两个方面。

（一）接缝破损

1. 挤碎

在接缝（主要是胀缝）附近数十厘米范围内的板因受挤压而碎裂。胀缝内的滑动传力杆排列不正或不能正常滑动，或施工时胀缝内局部有混凝土搭连，或胀缝内落入坚硬的杂物等，使路面板的伸胀受到阻碍，在接缝处边缘部分产生较高的挤压应力而剪裂成碎块，如图3-1所示。

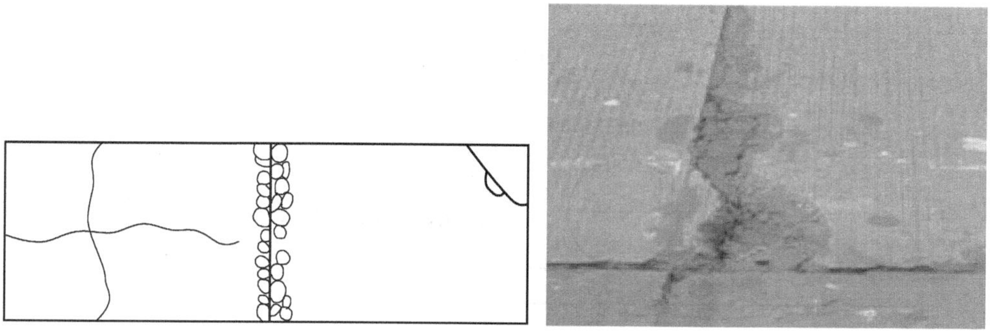

图3-1　挤碎

2. 拱起

混凝土路面板在热膨胀受阻时，接缝两侧的板突然向上拱起。这主要是板收缩时接缝缝隙张开，填缝料失效，硬物嵌满缝隙，致使板受热膨胀时产生较大的热压应力，从而出现这种纵向屈曲失稳现象。采用膨胀性较大的石料（如硅质岩石等）作粗集料，容易引起板块拱起，如图3-2所示。

图3-2　拱起

3. 错台

接缝或裂缝两侧路面板端部出现的竖向相对位移。横缝处传荷能力不足，车轮经过时相邻板端部会出现挠度差，使沿缝隙型下渗的水带着基层被冲蚀的碎屑向后方板下运动，把该板抬起。胀缝下部填缝板与上部缝槽未能对齐，或胀缝两侧混凝土壁面不垂直，使缝旁两极在伸胀挤压过程中，会上下错动而形成错台。当交通量或地基承载力在横向各块板之间不一致时，纵缝处也会产生错台现象，如图3-3所示。错台的出现，降低了行车的平稳性和舒适性。

4. 唧泥

车辆行经接缝或裂缝时，由缝内喷溅出稀泥浆的现象，称为唧泥。在轮载的频繁作用下，基层（地基）产生塑性变形累积而同混凝土板脱离接触，水分沿缝隙下渗而积聚在脱空的间隙内，又在轮载作用下积水变成有压水，并同基层内浸湿的细料混搅成泥浆，再沿缝隙喷溅出来，唧泥会使路面板边缘和角隅部分逐步失去支承，而导致断裂，见图3-4。

（二）混凝土板本身的破坏

水泥混凝土面板本身的破坏主要是断裂和裂缝。路面板内的应力超过混凝土强度，会出现横向、纵向、斜向或板角的拉断和折断裂缝。严重时，裂缝交叉而使路面板破裂成碎块

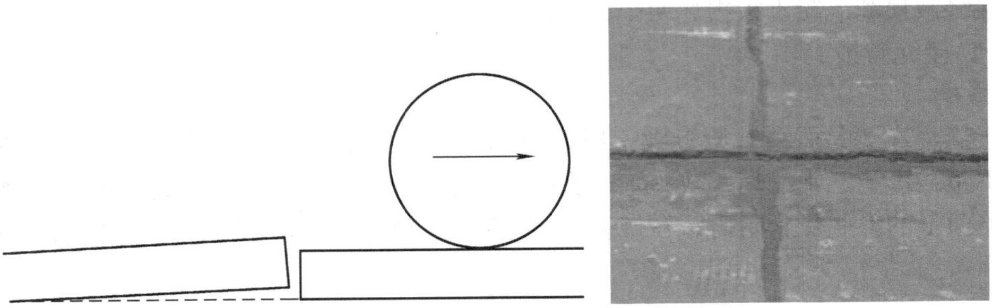

图 3-3 错台

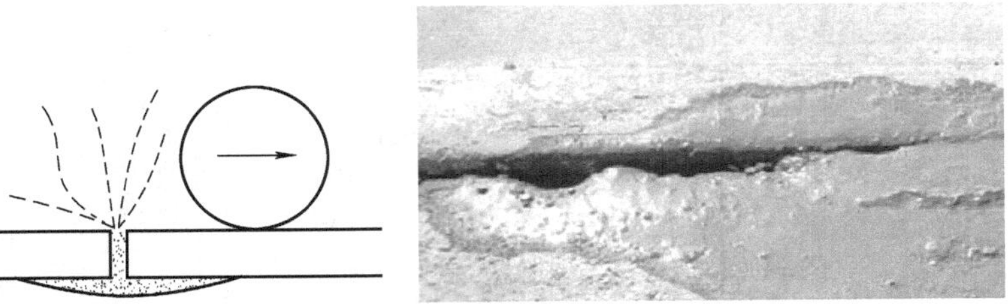

图 3-4 唧泥

（称破碎板），如图 3-5 所示。其原因是多方面的，如：板太薄或轮载过重和作用次数过多，板的平面尺寸太大（使温度应力过大），地基过量下沉或不均匀下沉使板底脱空失去支承，施工养护期间收缩应力过大或混凝土强度不足等，断裂的出现，破坏了板的结构整体性，使板丧失应有的承载能力。因而，断裂可视为混凝土路面结构破坏的临界状态。

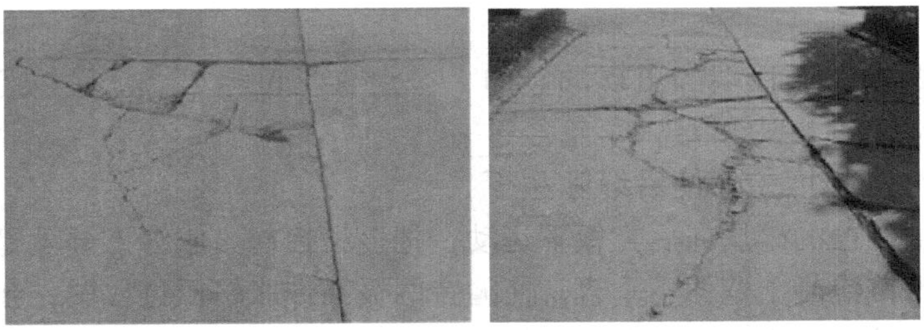

图 3-5 断裂

三、水泥混凝土路面的设计理论

水泥混凝土路面板具有较高的力学强度，在车轮荷载作用下变形小，在力学分析时常将其视为弹性板，面层板底面以下部分（包括基层、底基层、垫层和路基）（弹性地基单层板模型）、基层底面以下部分或者旧面层底面以下部分（包括底基层、垫层和路基，或基层、底基层、垫层和路基）（弹性地基双层板模型）按弹性地基处理，因此水泥混凝土路面在力学模式上可视为弹性地基上的弹性板，简称弹性地基板。混凝土板应力分析计算板厚时，按弹性地基板理论求解板底地基当量回弹模量。

水泥混凝土面板的刚度远大于基（垫）层和路基的刚度。在荷载作用下，它具有良好的扩散荷载的能力，所产生的弯曲变形远小于其厚度，因此，一般采用小挠度弹性薄板理论进行分析。

（一）小挠度弹性薄板理论

在弹性力学里，两个平行面和垂直于这两个平行面所围成的柱面或棱柱面简称板。如果板的厚度 h 远小于中面的最小边尺寸 b（例如 $b/8 \sim b/5$），这种板称薄板。平分厚度 h 的平面称为板的中面。当薄板弯曲时，中面所弯成的曲面称为薄板的弹性曲面，而中面内各点在竖向的（即垂直于中面方向的）位移称为挠度。水泥混凝土板属于等厚体小挠度弹性薄板，力学参数为弹性模量和泊松比。也就是说虽然板很薄，但仍然具有相当的弯曲刚度，因而其挠度远小于厚度。

研究弹性小挠度薄板在垂直于中面的荷载（板顶为局部范围内的轮载，板底为地基反力）的作用下的弯曲时，通常采用下述三项基本假设：

1）垂直于中面方向的应变极其微小，可以忽略不计。在中面的任一根法线上，薄板全厚度范围内的所有点都具有相同的位移。

2）垂直于中面的法线，在弯曲变形前后均保持为直线并垂直于中面，因而无横向剪切应变。

3）中面上各点无平行于中面的位移。

对于弹性地基薄板，板与地基的联系又采用了如下假设：

1）在板与地基的两接触面之间无摩阻力（可以自由滑动），即接触面上的剪应力视为零。

2）在荷载作用下，板同地基的接触保持完全连续，板的挠度即为地基顶面的挠度。

（二）弹性地基模型

由于对弹性地基采用的模型不同，得出不同的弹性地基板理论解，目前采用的主要有两种弹性地基模型（图 3-6），即地基反应模量表征的文克勒地基模型和以弹性模量与泊松比表征的弹性半空间地基模型。

1. 文克勒（Winkler）地基模型

文克勒（Winkler）地基模型如图 3-6a 所示，它假设地基如同由许多紧密排列且互不关联的线性弹簧所组成，地基顶面任一点的挠度仅同作用于该点的压力成正比，而与其他点上的压力无关。此压力同挠度的比例系数 K，称作地基反应模量。这一假说首先由捷克工程师文克勒（E. Winkler）提出，故称文克勒地基。

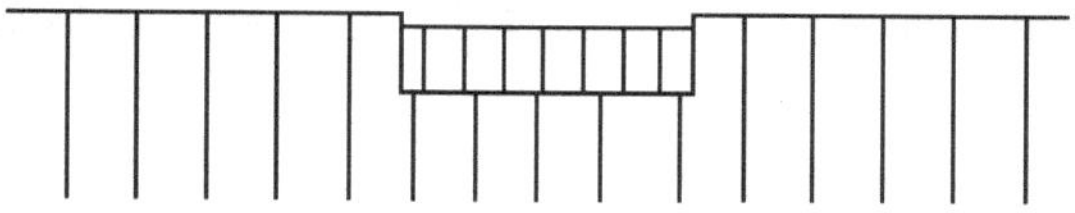

a)

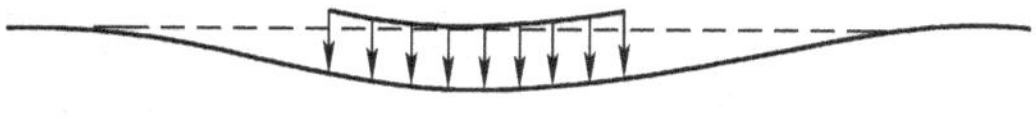

b)

图 3-6　地基模型

a）文克勒（Winkler）地基模型　b）弹性半空间地基模型

2. 弹性半空间地基模型

弹性半空间地基模型如图 3-6b 所示，它假设地基为一各向同性的均质半无限连续介质。地基在荷载作用范围内及影响所及的以外部分均产生变形，其顶面上任一点的挠度不仅同该点的压力，也同其他各点的压力有关，这种地基模型有时也称作弹性半无限或弹性固体地基模型，采用弹性模量和泊松比来表征其弹性性质。

弹性半空间地基假设要比文克勒地基假设更符合地基实际的工作情况。但在荷载作用于板边、板中或板角隅处，对有限尺寸的矩形板，运用弹性半无限地基板理论计算相应位置的挠度和弯矩时，在数学上遇到困难。因此，在实际计算中常用采用近似的数值计算方法——有限元法。

根据我国的生产实践和科研成果，我国现行规范采用弹性地基板理论，而地基模型则采用了以弹性模量和泊松比表征的弹性半空间地基模型。弹性地基板在承受局部荷载作用时的挠度和应力分析，我国现行规范采用有限元法计算荷载应力和温度应力。

四、水泥混凝土路面的设计内容

水泥混凝土路面设计，应根据公路的功能和等级，结合当地气候、水文、地质、材料、建设和养护条件、工程实践经验及环境保护等，通过充分分析和论证，选择经济、合理、可行的路面结构。该结构应按规定的安全等级和目标可靠度要求，在设计基准期内承受预期的交通荷载作用，适应所处的自然环境，满足预定的使用性能要求。路面设计内容主要包括结构组合设计、结构层厚度设计、材料组成设计、接缝构造设计、钢筋配置设计、设计方案的技术经济论证等。

（一）结构组合设计

按使用要求和当地条件，选择行车道和路肩的结构层类型和层次以及各结构层的组成材料类型和厚度，并选择和布设路面表面和内部排水设施，组合成初步拟定的路面结构。

（二）结构层厚度设计

通过力学计算和损坏预估分析，对初拟路面结构进行验证和修正，使之满足预定的使用性能要求，由此确定各结构层和路面结构所需的设计厚度。

（三）材料组成设计

依据各结构层的功能要求和力学性质要求，选择合适的组成材料，进行混合料组成设计和性质测试。

（四）接缝构造设计

确定面层板块的平面尺寸，选择和布设接缝的类型和位置，设计接缝的构造（传荷装置和填封）。

（五）钢筋配置设计

确定特殊部位、钢筋混凝土面层或连续配筋混凝土面层的配筋量和钢筋布置。

（六）设计方案的技术经济论证

对高等级、极重和特重交通荷载或有特定使用要求的公路混凝土路面提出的各备选设计方案，进行寿命周期费用分析，依据资金筹措情况、目标可靠度要求以及其他非经济因素，选择费用-效果最佳方案。

此外，还需进行路面表面特性设计，提供满足抗滑、耐磨或低噪声要求的路面表面的措施。

五、水泥混凝土路面的设计参数

（一）路面结构可靠度

路面结构可靠度可定义为："在规定的时间内，在规定的条件下，路面结构使用性能满足预定水平要求的概率，即路面结构在规定的时间内和规定条件下完成预定功能的概率。"路面的功能是为行车提供一个平整、坚实、抗滑的道路结构，但目前的路面结构设计并不意味能够满足路面所有的功能要求，而只是通过对几项设计指标的控制，来避免路面在使用期内出现某种或某几种损坏。因而，混凝土路面结构可靠度也可定义为：在规定的设计基准期内，在规定的交通和环境条件下，行车荷载疲劳应力和温度梯度疲劳应力的总和不超过混凝土弯拉强度的概率，或者最重轴载应力和最大温度翘曲应力的总和不超过混凝土弯拉强度的概率。

设计基准期指路面设计取用的使用时间，即计算路面结构可靠度时，考虑各项基本度量与时间关系所取用的基准时间。需要指出的是，设计基准期不是指路面结构的使用寿命，而是指计算路面结构可靠度时，考虑各项基本度量与时间关系所取用的基准时间。在这个时间段内关于路面结构可靠性的分析是有效的。虽然它与路面的寿命有一定的联系，但这并不是说一旦路面的使用年限超过路面的设计基准期路面就全部报废，而是指超过设计基准期后路面结构的可靠度会下降。

（二）目标可靠度

路面结构的目标可靠度是在满足高等级公路行驶安全和舒适性要求的前提下，考虑道路初期费用、养护费用和用户费用对目标可靠度的影响后综合确定的，是所设计路面结构应具有的可靠度水平，是作为设计依据的可靠度，即要求设计结构物达到的可靠度。它的选取是一个工程经济问题：目标可靠度定得较高，则所设计的路面结构较厚，初期修建费用较高，但使用期间的养护费用和车辆运行费用较低；目标可靠度定得较低，初期修建费用可降低，但养护费用和车辆运行费用需提高。通常采用“校准法”确定目标可靠度，就是对按现行规范设计方法所设计的路面进行隐含可靠度分析，参照隐含可靠度制定目标可靠度，则所设计的路面结构接纳了以往的工程设计和使用经验，包含了与原有设计方法相同的可接受性和经济合理性。

我国水泥混凝土路面按可靠度方法进行设计，各级公路水泥混凝土路面结构的设计安全等级及相应的设计基准期、目标可靠度、目标可靠指标应符合表 3-1 的规定。二级及二级以下公路路面结构破坏可能产生很严重后果时，可提高一级安全等级。

表 3-1　可靠度设计标准

公路等级	高速公路	一级公路	二级公路	三级公路	四级公路
安全等级	一级	一级	二级	三级	三级
设计基准期/年	30	30	20	15	10
目标可靠度（%）	95	90	85	80	70
目标可靠指标	1.64	1.28	1.04	0.84	0.52

安全等级是根据路面结构的重要性和破坏可能产生后果的严重程度而划分的设计等级。

可靠度指标是度量路面结构可靠度的一种数量指标。要求设计结构物具有的可靠度指标称作目标可靠指标。

（三）变异水平等级

各安全等级路面的材料性能和结构尺寸参数的变异水平可分为低、中和高三级，应按公路等级以及所采用的施工技术和所能达到的施工质量控制和管理水平，通过调研确定变异水平等级和相应的变异系数。由滑模机械化施工，并严格按规范和操作规程等进行施工质量控制和管理的工程，可选用低变异水平等级；由滑模机械化施工，但施工质量和管理水平较弱的工程，或者采用小型机具施工，而施工质量控制严格和管理规范的工程，可选用中低变异水平等级；采用小型机具施工，施工质量控制和管理水平较弱的工程，可选用高变异水平等级。高速公路、一级公路的变异水平等级宜为低级，二级公路的变异水平等级应不大于中级。确有困难可按表3-2规定的主要设计参数变异系数范围选择相应的变异系数。

表3-2 变异系数 C_v 的变化范围

变异水平等级	低	中	高
水泥混凝土弯拉强度、弯拉弹性模量	$0.05 \leqslant C_v \leqslant 0.10$	$0.10 < C_v \leqslant 0.15$	$0.15 < C_v \leqslant 0.20$
基层顶面当量回弹模量	$0.15 \leqslant C_v \leqslant 0.25$	$0.25 < C_v \leqslant 0.35$	$0.35 < C_v \leqslant 0.55$
水泥混凝土面层厚度	$0.02 \leqslant C_v \leqslant 0.04$	$0.04 < C_v \leqslant 0.06$	$0.06 < C_v \leqslant 0.08$

（四）疲劳极限状态平衡方程式

1）水泥混凝土路面结构设计应以面层板在设计基准期内，在行车荷载和温度梯度综合作用下，不产生的疲劳断裂作为设计标准；并以最重轴载和最大温度梯度综合作用下，不产生极限断裂作为验算标准。其极限状态设计表达式可分别采用式（3-1）和式（3-2）。

$$\gamma_r(\sigma_{pr} + \sigma_{tr}) \leqslant f_r \tag{3-1}$$

$$\gamma_r(\sigma_{p,max} + \sigma_{t,max}) \leqslant f_r \tag{3-2}$$

式中 γ_r——可靠度系数，为保证所设计的结构具有规定的可靠度，而在极限状态设计表达式中采用的单一综合系数，依据所选目标可靠度、变异水平等级及变异系数通过计算确定，设计时，可依据各设计参数变异系数值在各变异水平等级变化范围内的情况按表3-3选择；

σ_{pr}——面层板在临界荷位处产生的行车荷载疲劳应力（MPa），计算方法见任务五；

σ_{tr}——面层板在临界荷位处产生的温度梯度疲劳应力（MPa），计算方法见任务五；

$\sigma_{p,max}$——最重的轴载在临界荷位处产生的最大荷载应力（MPa），计算方法见任务五；

$\sigma_{t,max}$——所在地区最大温度梯度在临界荷位处产生的最大温度翘曲应力（MPa），计算方法见任务五；

f_r——水泥混凝土弯拉强度标准值（MPa），现行的《公路水泥混凝土路面设计规范》（JTG D40—2011）中，水泥混凝土的设计强度应采用28d龄期的弯拉强度。各交通等级要求的水泥混凝土弯拉强度标准值不得低于表3-4的规定。

2）贫混凝土或碾压混凝土基层应以设计基准期内行车荷载不产生疲劳断裂作为设计标准。其极限状态设计表达式可采用式（3-3）。

$$\gamma_r\sigma_{bpr} \leqslant f_{br} \tag{3-3}$$

式中 σ_{bpr}——基层内产生的行车荷载疲劳应力（MPa），计算方法见任务五；

f_{br}——基层材料的弯拉强度标准值（MPa）。

表3-3 可靠度系数

变异水平等级	目标可靠度			
	95	90	85	80~70
低	1.20~1.33	1.09~1.16	1.04~1.08	—
中	1.33~1.50	1.16~1.23	1.08~1.13	1.04~1.07
高	—	1.23~1.33	1.13~1.18	1.07~1.11

注：变异系数接近表3-2下限时，可靠度系数取低值；接近上限时，取高值。

表 3-4　混凝土弯拉强度标准值

交通荷载等级	极重、特重、重	中等	轻
水泥混凝土的弯拉强度标准值/MPa	≥5.0	4.5	4.0
钢纤维混凝土的弯拉强度标准值/MPa	≥6.0	5.5	5.0

任务二　轴载换算及交通等级确定

一、设计轴载

水泥混凝土路面按疲劳断裂设计标准进行结构分析时，以 100kN 的单轴-双轮组荷载作为设计轴载，对极重交通荷载等级的混凝土路面，宜选用货车中占主要份额特重车型的轴载作为设计轴载，所谓占主要份额特重车型是指具有代表性的，并对累计轴次贡献较大的车型。

二、轴载换算

轴载换算公式是以等效疲劳断裂损坏原则导出的。各级轴载的作用次数 N_i，可按式（3-4）换算为标准轴载的作用次数 N_s。

$$N_s = \sum_{i=1}^{n} N_i \left(\frac{P_i}{P_s}\right)^{16} \tag{3-4}$$

式中　N_s——设计轴载的作用次数；

N_i——i 级轴载的作用次数；

P_i——第 i 级轴载重（kN），联轴按每一根轴载单独计；

P_s——设计轴载重（kN）；

n——各种轴型的轴载级位数。

三、设计车道设计轴载累计作用次数 N_e 计算

（一）交通调查与分析

利用当地交通量观测站的观测和统计资料，或者通过实地设立站点进行交通量观测和统计，获取所设计公路的初期年平均日交通量（双向）及其车辆类型组成数据，剔除 2 轴 4 轮及以下的客、货运车辆交通量，得到包括大型客车交通量在内的初期年平均日货车交通量（双向）。

2 轴 6 轮及以上车辆交通量的方向分配系数应根据实际调查确定，如确有困难在 0.5 ~ 0.6 范围内选用。依据设计公路的车道数，按表 3-5 可确定 2 轴 6 轮及以上车辆交通量的车道分配系数。

表 3-5　2 轴 6 轮及以上车辆交通量车道分配系数

单向车道数		1	2	3	≥4
车道分配系数	高速公路	—	0.70 ~ 0.85	0.45 ~ 0.60	0.40 ~ 0.50
	其他等级公路①	1.0	0.50 ~ 0.75	0.50 ~ 0.75	—

① 交通受非机动车和行人影响较严重的取低限，反之取高限。

公路使用初期年平均日货车交通量（双向）乘以方向分配系数和车道分配系数，即为设计车道的年平均日货车交通量（ADTT）。

设计基准期内货车交通量的年平均增长率可依据公路等级、功能及所在地区的经济和交通运输发展情况，通过调查分析预估设计基准期内的货车交通量增长趋势确定，一般变动于2%～6%范围内。

（二）轴载调查与分析

通过实地设立站点进行各类车辆的轴型调查和轴重测定，或者利用该地区或相似类型公路已有称重站的车型、轴型和轴重测定统计资料，获取设计公路的车辆类型、轴型和轴重组成数据，以及最重轴载和货车中占主要份额特重车型轴载，分析计算设计车道使用初期的设计轴载日作用次数。分析方法有轴载当量换算系数法和车辆当量轴载换算系数法两种。

1. 轴载当量换算系数法

各类车辆按轴型称重和统计时，可采用以轴型为基础的轴载当量换算系数法计算分析设计车道使用初期的设计轴载日作用次数。随机统计3000辆2轴6轮及以上车辆中单轴、双联轴和三联轴等不同轴型出现的单轴次数，并分别称取其单轴轴重。可按单轴轴重级位统计整理后得到轴载谱，并按式（3-5）计算确定不同轴重级位的设计轴载当量换算系数。

$$k_{p,i} = \left(\frac{P_i}{P_s}\right)^{16} \tag{3-5}$$

式中 $k_{p,i}$——不同单轴轴重级位 i 的设计轴载当量换算系数；

P_i——单轴级位 i 的轴重（kN）；

P_s——设计轴载的轴重（kN）。

依据单轴轴载谱和相应的设计轴载当量换算系数，可按式（3-6）计算得到设计车道使用初期的设计轴载日作用次数。

$$N_s = \text{ADTT}\frac{n}{3000}\sum_i (k_{p,i} \times p_i) \tag{3-6}$$

式中 N_s——设计车道的设计轴载日作用次数［轴次/（车道·日）］；

ADTT——设计车道的年平均日货车交通量［辆/（车道·日）］；

n——随机调查3000辆2轴6轮及以上车辆中出现的单轴总轴数；

p_i——单轴轴重级位 i 的频率（%）。

2. 车辆当量轴载换算系数法

以车辆类型为基础进行各种轴型的轴载称重和统计时，可采用车辆当量轴载换算系数法计算分析设计车道使用初期的设计轴载日作用次数。

将2轴6轮及以上车辆分为整车、半挂和多挂3大类，每类车再按轴数细分，分别按车型称重后得到单轴轴载谱。可由式（3-5）和式（3-7）计算得到各类车辆的设计轴载当量换算系数。

$$k_{p,k} = \sum_i k_{p,i}p_i \tag{3-7}$$

式中 $k_{p,k}$——k 类车辆的设计轴载当量换算系数；

p_i——k 类车辆单轴轴重级位 i 的频率（%）。

依据调查所得的车辆类型组成数据，可按式（3-8）计算确定设计车道使用初期的设计轴载日作用次数。

$$N_s = \text{ADTT}\sum_k (k_{p,k} \times p_k) \tag{3-8}$$

式中　p_k——k 类车辆的组成比例（%）。

（三）设计车道设计轴载累计作用次数

设计基准期内水泥混凝土路面设计车道临界荷位处所承受的设计轴载累计作用次数 N_e，可以按式（3-9）确定。

$$N_e = \frac{365N_s[(1+g_r)^t - 1]}{g_r}\eta \tag{3-9}$$

式中　N_e——设计基准期内设计车道所承受的设计轴载累计次数（次轴/车道）；

t——设计基准期（年）；

g_r——基准期内货车交通量的年平均增长率（%）；

η——临界荷位处的车辆轮迹横向分布系数，按表 3-6 选用。

表 3-6　车辆轮迹横向分布系数

公路等级		纵缝边缘处
高速公路、一级公路、收费站		0.17～0.22
二级及二级以下公路	行车道宽 >7m	0.34～0.39
	行车道宽 ≤7m	0.54～0.62

注：车道、行车道较宽或者交通量较大时，取高值；反之，取低值。

四、交通荷载等级确定

水泥混凝土路面所承受的轴载作用，按设计基准期内设计车道临界荷位处所承受的设计轴载累计作用次数分为 5 级，等级范围见表 3-7。

表 3-7　交通荷载等级

交通荷载等级	极重	特重	重	中等	轻
设计基准期内设计车道承受设计轴载（100kN）累计作用次数 N_e（10^4）	$>1\times10^6$	1×10^6～2000	100～2000	3～100	<3

任务三　水泥混凝土路面结构组合设计

水泥混凝土路面由混凝土面层、基层（底基层）、垫层、路肩结构和排水设施等组成，如图 3-7 所示。图 3-7 中，左半侧为未设路面内部排水设施和采用沥青路肩的路面结构，右半侧为设置路面内部排水设施和采用水泥混凝土路肩的路面结构。

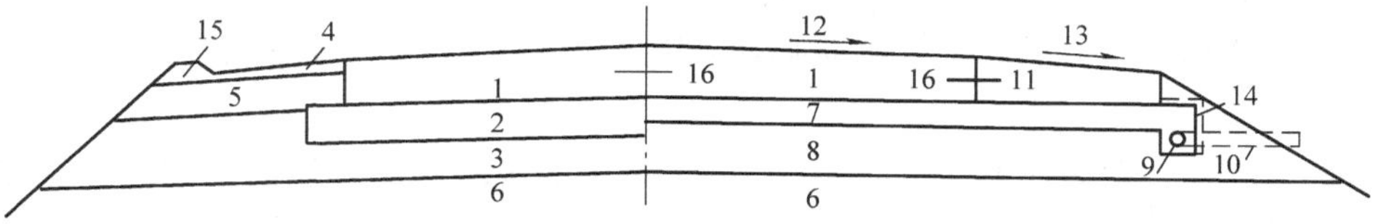

图 3-7　水泥混凝土路面的构造

1—混凝土面层　2—基层　3—垫层　4—沥青路肩　5—路肩基层　6—土基　7—排水基层　8—不透水垫层（或设反滤层）　9—集水管　10—排水管　11—混凝土路肩　12—路面横坡　13—路肩横坡　14—反滤织物　15—拦水带　16—拉杆

一、组合原则和要求

路面结构是由多个层次组成的复合结构，各个结构层由不同类型和性质的材料组成。结构设计首先要选择层次、各层的类型和材料性质要求以及各层的厚度，组合成预期能满足使用性能要求的路面结构。选择和组合时应遵循以下规定：

1）应依据公路等级、交通荷载、路基条件、当地温度和湿度状况以及使用性能要求，选择及组合与之相应的水泥混凝土路面结构。

2）路面结构组合设计应使各个结构层的力学特性及其组成材料性质满足相应的功能要求。

3）应充分考虑各相邻结构层的相互作用、层间结合条件和要求，以及结构组合的协调与平衡。

4）应充分考虑地表水的渗入和冲刷作用。采取封堵和疏排措施，减少地表水的渗入，防止渗入水积滞在路面结构内。基层应选用抗冲刷能力强的材料。

二、结构组合设计

水泥混凝土路面结构组合设计应当将路基和路面各结构层看作一个整体综合考虑。

（一）路基

路基是路面结构的基础，没有坚固、密实、稳定的路基，就没有优质的路面。理论分析表明，通过路面结构传到路床顶面的荷载应力很小，一般不超过0.05MPa，因而，对路基承载能力的要求并不高。但路基出现不均匀变形时，混凝土面层与下卧层之间会出现局部脱空，面层应力会由此增加而导致面层板的断裂。因此，混凝土路面下的路基必须稳定、密实、均质，对路面结构提供均匀的支承。为控制路基的不均匀变形，通常需在地基、填料、压实、排水等方面采取相应的措施。

路面结构对路基所能提供的支承条件或水平，应有基本的要求。此要求采用路床顶的综合回弹模量值来表征。现行《公路水泥混凝土路面设计规范》（JTG D40—2011）规定，路床顶面的综合回弹模量值，轻交通荷载等级时不得低于40MPa，中等或重交通荷载等级时不得低于60MPa，特重或极重交通荷载等级时不得低于80MPa。如不满足上述要求时，应选用粗粒土或低剂量无机结合料稳定土作路床或上路床填料。当路基工作区底面接近或低于地下水位时，可采取更换填料、设置排水渗沟等措施。

为确保对路面结构提供均匀的支承，路基填料应满足以下要求：①高液限黏土及含有机质细粒土，不能用作高速公路和一级公路的路床填料或二级和二级以下公路和上路床填料；②高液限粉土及塑性指数大于16或膨胀率大于3%的低液限黏土，不应用做高速公路和一级公路的上路床填料；③因条件限制而必须采用上述土做填料时，应掺加石灰或水泥等结合料改善。

加强路基排水，改善路基干湿状态。季节性冰冻地区的中湿类、潮湿类和过湿类路基，当冰冻线深度达到路基的易冻胀土层时，在易冻胀土层上应设置防冻垫层或用不易冻胀土置换冰冻线深度范围内的易冻胀土；水文地质条件不良的土质路堑，应采取地下排水措施。

对路堤下的软弱地基进行加固处治后，其工后沉降应符合现行《公路路基设计规范》（JTG D30）的规定，并宜在路床顶部铺筑粒料层。

石质挖方或填石路床顶面应铺设整平层。整平层可采用碎石、低剂量水泥稳定粒料等材料，其厚度视路床顶面平整程度而定，最小厚度不小于100mm。

（二）混凝土路面垫层

垫层主要设置在温度和湿度状况不良的路段上，以改善路面结构的使用性能。遇有以下情况时，应在基层或底基层下设置垫层：

1）季节性冰冻地区，路面结构总厚度小于最小防冻厚度要求（见表3-8）时，应设置防冻垫层补足，保证路面结构厚度符合要求。设置防冻垫层可以使路面结构免除或减轻冻胀和翻浆病害。最小防冻厚度随当地的最大冻深深度和路基土质而定。

2）对于水文地质不良的土质路基，路床土的湿度较大时，为防止地下水对路面结构的侵蚀，应设置排水垫层。

垫层应具有一定的强度和良好的水稳性，在冰冻地区尚需具有较好的抗冻性（隔温性能）。防冻垫层和排水垫层宜采用碎石、砂砾等颗粒材料，在供应条件许可时，防冻垫层还可采用煤渣、矿渣等隔温性材料。防冻垫层所采用的粒料（砂或砂砾）中，小于0.075mm的细粒含量不宜大于5%；排水垫层的粒料级配应同时满足渗水和反滤的要求。

垫层的宽度应与路基同宽，厚度不得小于150mm。

表3-8　混凝土路面最小防冻厚度

路基干湿类型	路基土质	当地最大冻深深度/m			
		0.50～1.00	1.00～1.50	1.50～2.00	>2.00
中湿路基	易冻胀土	0.30～0.50	0.40～0.60	0.50～0.70	0.60～0.95
	很易冻胀土	0.40～0.60	0.50～0.70	0.60～0.85	0.70～1.10
潮湿路基	易冻胀土	0.40～0.60	0.50～0.70	0.60～0.90	0.75～1.20
	很易冻胀土	0.45～0.70	0.55～0.80	0.70～1.00	0.80～1.30

注：1. 易冻胀土——细粒土质砾（MG、GC）、除极细粉土质砂外的细粒土质砂（SM、SC）、塑性指数小于12的黏质土（CL、CH）。

2. 很易冻胀土——粉质土（ML、MH）、极细粉土质砂（SM）、塑性指数在12～22之间的黏质土（CL）。

3. 冻深小或填方路段，或基、垫层采用隔温性能良好的材料，可采用低值；冻深大或挖方及地下水位高的路段，或基、垫层采用隔温性能稍差的材料，应采用高值。

4. 冻深小于0.50m的地区，可不考虑结构层防冻厚度。

（三）混凝土路面基层和底基层

对水泥混凝土面层下基层的首要要求是抗冲刷能力。不耐冲刷的基层表面，在渗入水和荷载的共同作用下，会产生冲刷、唧泥、板底脱空和错台等病害，导致路面不平整，并加速和加剧面层板的断裂。

提高基层的刚度，有利于改善接缝的传荷能力。然而，其作用只能在基层未受冲刷前提下才能得到保证，同时，其效果不如在接缝内设置传力杆。此外，提高基层刚度虽然可以增加路面结构的弯曲刚度，降低面层板的荷载应力，但也会增加面层板的温度翘曲变形（增加板底脱空区范围）和翘曲应力，对路面结构产生不利影响，并不一定能减薄面层厚度。

因此，基层和底基层应具有足够的抗冲刷能力、适当的刚度，才可以确保混凝土路面良好的使用特性并延长路面的使用寿命。

基层和底基层可以按组成材料分为无机结合料类（包括贫混凝土、碾压混凝土、水泥稳定碎石、开级配水泥稳定碎石和石灰粉煤类稳定碎石等）、沥青结合料类（包括沥青混凝土、沥青稳定碎石和开级配沥青稳定碎石等）和粒料类（包括级配碎石、级配砾石、未筛分碎石等）三大类型。基层和底基层材料可依据交通荷载等级、结构层组合要求和材料供应条件，分别参照表3-9、表3-10选用。

在基层和底基层结构组合和选用材料时，还应注意以下几点：

1）承受极重、特重或重交通荷载的路面，基层下应设置底基层；承受中等或轻交通荷载时，可不设底基层。当基层采用无机结合料稳定类材料，且上路床由细粒土组成时，应在基层下设置粒料类底基层。

2）基层采用无机结合料稳定类材料时，底基层宜选用小于0.075mm颗粒含量少于7%的粒料类材料。

3）贫混凝土或碾压混凝土基层上应铺设沥青混凝土夹层，层厚不宜小于40mm。无机结合料稳定碎石基层上应设置封层，封层可采用单层沥青表面处治或适宜的膜层材料等。当采用单层沥青表面处治时，层厚不宜小于6mm。

4）多雨地区，路基由低透水性细粒土组成的高速公路和一级公路或者承受极重或特重交通荷载的二级公路，宜设置由开级配沥青稳定碎石或开级配水泥稳定碎石组成的排水基层。排水基层下应设置由密级配粒料或水泥稳定碎石组成的不透水底基层。底基层顶面宜铺设沥青类封层或防水土工织物。

表3-9　各交通荷载等级的基层材料类型

交通等级	基层材料类型
极重、特重	贫混凝土、碾压混凝土
	沥青混凝土
重	密级配沥青稳定碎石
	水泥稳定碎石
中等、轻	级配碎石
	水泥稳定碎石、石灰粉煤灰稳定碎石

表3-10　各交通荷载等级的底基层材料类型

交通等级	底基层材料类型
极重、特重、重	级配碎石、水泥稳定碎石、石灰粉煤灰稳定碎石
中等、轻	未筛分碎石、级配砾石、或不设

同时，在结构组合设计时，在材料组成的设计上，应注意以下几点：

1）贫混凝土集料公称最大粒径不宜大于31.5mm，水泥用量在不掺粉煤灰时不得少于170kg/m^3，28d弯拉强度标准值宜控制在2.0～2.5MPa范围内。碾压混凝土集料公称最大粒径不得大于26.5mm。

2）水泥稳定粒料、级配碎石或砾石的集料公称最大粒径宜为26.5mm或31.5mm。小于0.075mm的细粒含量不得大于5%，小于4.75mm的颗粒含量不宜大于50%，液限应小于28%，塑性指数应小于5。承受极重、特重和重交通时，水泥剂量宜为4%～6%；中等或轻交通时，水泥剂量宜为4%。

3）石灰粉煤灰稳定粒料的集料公称最大粒径宜为26.5mm。小于0.075mm的细粒含量不得大于7%；小于4.75mm的颗粒含量不宜大于50%。石灰与粉煤灰的配比宜为1:2～1:4；粒料与石灰粉煤灰的配比宜为85:15～80:20。

4）沥青混凝土基层宜采用集料公称最大粒径为 19.0mm 或 26.5mm 的混合料，沥青稳定碎石基层宜采用集料公称最大粒径为 26.5mm 或 31.5mm 的混合料，沥青混凝土夹层宜采用集料公称最大粒径为 9.5mm 或 13.2mm 的混合料。各种沥青混合料的沥青用量宜适当增大。

5）开级配水泥稳定碎石的集料公称最大粒径宜为 26.5mm 或 31.5mm。小于 0.075mm 的细粒含量不得大于 2%；小于 2.36mm 的颗粒含量不宜大于 5%；小于 4.75mm 的颗粒含量不宜大于 10%。水泥剂量宜为 9.5% ~11%。

6）开级配沥青稳定碎石的集料公称最大粒径宜为 19.0mm 或 26.5mm。小于 0.075mm 的细粒含量不得大于 2%；小于 0.6mm 的颗粒含量不宜大于 5%；小于 2.36mm 的颗粒含量不宜大于 15%；小于 4.75mm 的颗粒含量不宜大于 20%。沥青标号应选用 50A 或 70A，沥青用量宜为 2.5% ~3.5%。

各种基层和底基层的结构层适宜压实厚度，应按所选集料的公称最大粒径和压实效果的要求而定，一般适宜压实厚度参见表 3-11。增加基层或底基层的厚度，对于降低面层的应力或者减薄面层的厚度，影响不大。因而，混凝土面层下的基层或底基层不必很厚。按设计轴载和路床的强弱程度选定基层或底基层的厚度，如果设计层厚度超出相应材料的适宜压实厚度范围时，宜分层铺设和压实。对厚度的设定还应注意以下几点：

1）贫混凝土或碾压混凝土基层的计算厚度应满足式（3-3）的要求。基层设计厚度应依据计算厚度按 10mm 向上取整。

2）开级配沥青稳定碎石或水泥稳定碎石排水基层的计算厚度应满足排除表面水设计渗入量的需要。排水基层的设计厚度宜依据计算厚度按 10mm 向上取整后再增加 20mm。

表 3-11　各种材料基层和底基层的结构层适宜施工层厚

材料种类		适宜施工层厚/mm
贫混凝土、碾压混凝土		120 ~ 200
无机结合料稳定粒料		150 ~ 200
沥青混凝土	集料公称最大粒径 9.5mm	25 ~ 40
	集料公称最大粒径 13.2mm	35 ~ 65
	集料公称最大粒径 16mm	40 ~ 70
	集料公称最大粒径 19mm	50 ~ 75
沥青稳定碎石	集料公称最大粒径 19mm	50 ~ 75
	集料公称最大粒径 26.5mm	75 ~ 100
多孔隙水泥稳定碎石		100 ~ 150
级配碎石、未筛分碎石、级配砾石或碎砾石		100 ~ 200

硬路肩采用混凝土面层时，基层的结构与厚度应与行车道相同。基层的宽度应比混凝土面层每侧至少宽出 300mm（小型机具施工时）或 650mm（滑模式摊铺机施工时）。

碾压混凝土基层应设置与混凝土面层相对应的接缝。贫混凝土基层弯拉强度大于 1.5MPa 时，应设置与混凝土面层相对应的横向缩缝；一次摊铺宽度大于 7.5m 时，应设置纵向缩缝。

（四）混凝土面层板

水泥混凝土面层应具有足够的强度和耐久性，表面应抗滑、耐磨、平整。面层宜采用设接缝的普通水泥混凝土。若面层板的平面尺寸较大或形状不规则，路面结构下埋有地下设施，位于高填方、软土地基、填挖交界段等有可能产生不均匀沉降的路基段时，应采用接缝设置传力杆的钢筋混凝土面层。其他面层类型可根据适用条件按表 3-12 选用。

表 3-12　其他面层类型选择

面层类型		适用条件
连续配筋混凝土面层		高速公路
复合式面层	密级配沥青混合料上面层	极重、特重交通荷载的高速公路
	连续配筋混凝土下面层 设传力杆普通混凝土下面层	
碾压混凝土面层		二级及二级以下公路
钢纤维混凝土面层		高程受限制路段、混凝土加铺层
混凝土预制块面层		二级及二级以下公路桥头引道沉降未稳定段、服务区停车场

选用面层类型后，对面层材料的组成设计上，应注意以下几点：

1）水泥混凝土集料公称最大粒径不应大于 26.5mm。砂的细度模数不宜小于 2.5；高速公路面层的用砂，其硅质砂或石英砂的含量不宜低于 25%。水泥含量不得少于 300kg/m^3（非冰冻地区）或 320kg/m^3（冰冻地区）。冰冻地区的混凝土中必须掺加引气剂。

2）厚度大于 300mm 的普通混凝土面层可分上下两层连续铺筑。上层厚度应不小于总厚度的 1/3，宜采用高强、耐磨的混凝土材料，集料公称最大粒径不宜大于 19mm。

3）钢纤维混凝土集料公称最大粒径宜为钢纤维长度的 1/2～2/3，并不宜大于 16mm。钢纤维的抗拉强度标准值不宜小于 600 级（600～1000MPa）。水泥用量不得少于 360kg/m^3（非冰冻地区）或 380kg/m^3（冰冻地区）。

4）碾压混凝土面层混凝土的集料公称最大粒径不宜大于 19.0mm，水泥用量不得少于 280kg/m^3（非冰冻地区）或 310kg/m^3（冰冻地区）。

5）混凝土预制块的抗压强度不宜低于 50MPa（非冰冻地区）或 60MPa（冰冻地区）。砂垫层宜选用细度模数为 2.3～3.0 的天然砂，4.75mm 筛孔的累计筛余量不应大于 5%，含泥量不应大于 5%。

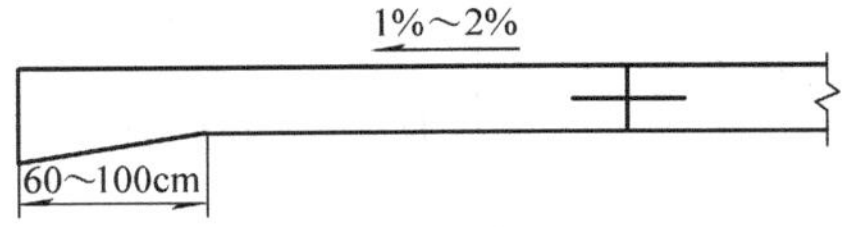

图 3-8　混凝土路面横断面示意图

根据理论分析，轮载作用于板中部时，板所产生的最大应力约为轮载作用于板边部时的 2/3。因此，面层板的横断面应采用中间薄两边厚的型式（图 3-8）。但厚边式路面对土基和基层的施工带来不便；而且在厚度变化转折处易出现板的折裂。因此，目前国内外常采用等厚式断面。普通水泥混凝土、钢筋混凝土、碾压混凝土或连续配筋混凝土面层的计算厚度，可依据交通荷载等级、公路等级和变异水平等级，按式（3-1）和式（3-2）确定。各种混凝土面层的设计厚度应依据计算厚度加 6mm 磨耗层后，按 10mm 向上取整。表 3-13 可供路面结构组合设计及初拟面层厚度时参考。

表 3-13　水泥混凝土面层厚度的参考范围

交通荷载等级	极重	特重				重			
公路等级	—	高速	一级		二级	高速	一级		二级
变异水平等级	低	低	中	低	中	低	中	低	中
面层厚度/mm	≥320	320～280	300～260	280～240			270～230	260～220	

交通荷载等级	中等				轻	
公路等级	二级		三、四级		三、四级	
变异水平等级	高	中	高	中	高	中
面层厚度/mm	250～220	240～210		230～200	220～190	210～180

注：1. 所建议的各级面层厚度参考范围内，设计轴载作用次数多、变异系数大、最大温度梯度大或者基、垫层厚度或模量值低时，取高值。

2. 高速公路的施工水平只能达到中等变异水平等级时，可参照低变异水平等级的厚度范围的高限或者高于此高限选用。

钢纤维混凝土面层的厚度按钢纤维掺量确定，钢纤维体积率宜为 0.6% ～1.0% 时，面层厚度宜为普通混凝土面层厚度的 0.65～0.75 倍。特重或重交通时，其最小厚度为 180mm；中等或轻交通时，其最小厚度为 160mm。复合式路面的沥青混凝土上面层的厚度不宜小于 40mm。水泥混凝土下面层的计算厚度，应满足式（3-1）和式（3-2）的要求。水泥混凝土下面层与沥青混凝土上面层之间应设置黏层。

为提高路面的行车安全性，路面表面必须采用拉毛、拉槽、压槽或刻槽等方法筑做表面构造，在交工验收时构造深度应满足表 3-14 的要求。

表 3-14　各级公路水泥混凝土面层的表面构造深度（mm）要求

公路等级	高速公路、一级公路	二、三、四级公路
一般路段	0.70～1.10	0.50～0.90
特殊路段	0.80～1.20	0.60～1.00

注：1. 特殊路段——对于高速公路和一级公路系指立交、平交或变速车道等处，对于其他等级公路系指急弯、陡坡、交叉口或集镇附近。

2. 年降雨量 600mm 以下的地区，表列数值可适当降低。

（五）路肩

路肩铺面结构应具有一定的承载能力，其结构层组合和材料选用应与行车道路面相协调，不应使渗入的路表水积滞在行车道路面结构内。

行车道混凝土面层宜宽出外侧车道边缘线 0.6m。行车道混凝土面层加宽后，可以减少车辆轮载作用于面层板边缘的概率，从而降低荷载应力，提高面层的疲劳寿命。

高速公路和一级公路以及承受极重、特重和重交通荷载等级的公路，路肩铺面应采用与行车道路面相同的结构层组合和组成材料类型。其他等级公路，路肩铺面的基层和底基层应采用与行车道路面结构相同的材料类型和厚度。

路肩面层可选用水泥混凝土或沥青类材料。路肩面层选用沥青类材料时，中等交通荷载以上等级公路，应采用热拌沥青混合料；低等级公路和轻交通荷载等级公路，可采用沥青表面处治。路肩基层为粒料类材料时，细料（小于 0.075mm）含量不应超过 6%。

路肩混凝土面层与行车道面层应设置拉杆相连，二者的横向缩缝应连贯。行车道面层为连续配筋混凝土时，路肩混凝土面层的横向缩缝间距应为4.5m。

（六）路面排水

一般情况下，通过水泥混凝土面层接缝、裂缝和外侧边缘下渗的水往往会通过路面槽式结构下渗到基层或底基层内，这些水常积滞在路槽内，从而侵蚀基层、底基层和路基，造成唧泥和错台的出现。为迅速排除渗入路槽内的水分，路面排水应考虑以下几点：

1）行车道路面横坡坡度宜为1%～2%，路肩表面的横向坡度宜为2%～3%。

2）行车道路面结构设置排水基层或垫层时，应在排水基层或垫层外侧边缘设置纵向集水沟和带孔集水管，并间隔50～100m设置横向排水管。

3）排水基层的纵向边缘集水沟，当路肩采用沥青面层时，可设在路肩内侧边缘内；当路肩采用水泥混凝土面层时，可设在路肩下或路肩外侧边缘内。排水垫层的纵向边缘集水沟设在路床边缘。

任务四 接缝设计与面层配筋设计

一、接缝设计

（一）接缝设置原因及类型

混凝土面层是由一定厚度的混凝土板所组成，它具有热胀冷缩的性质。由于一年四季气温的变化，混凝土板会产生不同程度的膨胀和收缩。而在一昼夜中，白天气温升高，混凝土板顶面温度较底面为高，这种温度坡差会形成板的中部隆起的趋势；夜间气温降低，板顶面温度较底面为低，会使板的周边和角隅发生翘起的趋势（图3-9a）。这些变形会受到板与基础之间的摩阻力和黏结力，以及板的自重、车轮荷载等的约束，致使板内产生过大的应力，造成板的断裂（图3-9b）或拱胀等破坏。板体温度均匀下降引起收缩，也会将两块板体拉开（图3-9c）形成裂缝，从而失去荷载传递作用。为避免这些缺陷，混凝土路面不得不在纵横两个方向设置许多接缝，把整个路面分割成许多板块，如图3-10所示 。

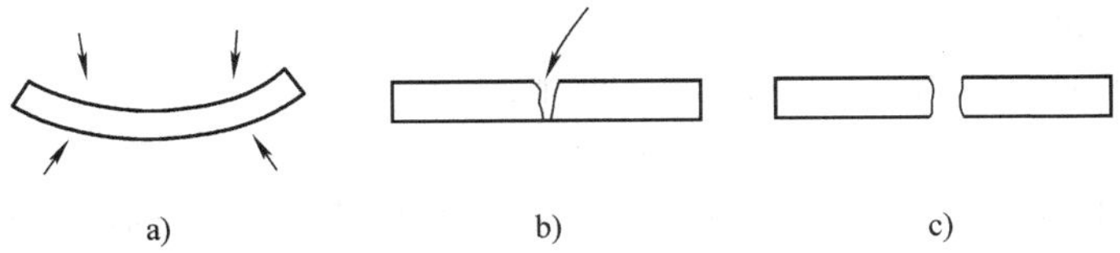

图3-9 混凝土的变形与破坏

a）温度坡差引起的变形 b）温度坡差引起的断裂 c）温度均匀下降引起的开裂

接缝可减小混凝土板因变形受到约束而产生的内应力，并满足施工的需要。但接缝是路面结构的薄弱部位，又会影响行车平稳，而且很容易产生唧泥、错台等损坏现象。因此，接缝设置的位置和构造应能实现以下三方面的要求：

1）控制温度伸缩应力和翘曲应力所引起的开裂出现的位置。

2）能提供一定的荷载传递能力。

3）防止路表水下渗和坚硬杂物贯入缝隙内。

接缝按照与行车方向之间的关系，可分为横向接缝和纵向接缝。

（二）接缝设计一般规定

普通混凝土、钢筋混凝土、碾压混凝土或钢纤维混凝土面层板一般采用由横向和纵向接缝划分的矩形板块。其纵向和横向接缝应垂直相交，纵缝两侧的横缝不得相互错位，如图3-10所示。

纵向接缝是指平行于混凝土路面行车方向的那些接缝。纵向接缝的间距为板宽，通常按车道宽度确定。但带有路缘带的高速公路和一级公路，板宽可按车道和路缘带的宽度确定。纵缝间距宜在3.0～4.5m范围内选用。纵缝间距由于板块过宽易产生纵向断裂．特别是在旧路加宽或半填半挖的路段上，最大间距一般不超过4.5m。

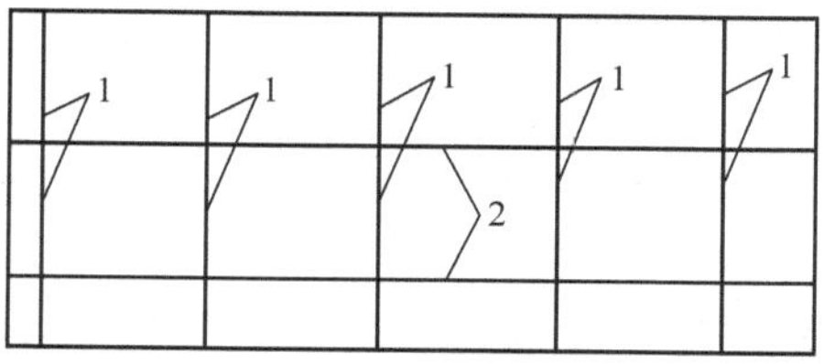

图3-10　水泥混凝土板的分块与接缝
1—横向接缝　2—纵向接缝

横向接缝是垂直于行车方向的接缝，横向接缝的间距（即板长）应按面层类型和厚度选定：普通水泥混凝土面层宜为4～6m，面层板的长宽比不宜超过1.35，平面面积不宜大于25m^2；碾压混凝土或钢纤维混凝土面层宜为6～10m；钢筋混凝土面层宜为6～15m，面层板的长宽比不宜超过2.5，平面面积不宜大于45m^2。

（三）纵缝的构造与布置

纵向接缝的布设应视路面总宽度、行车道及硬路肩以及施工铺筑宽度而定。纵缝主要有纵向施工缝和纵向缩缝两种。

1. 纵向施工缝

当一次铺筑宽度小于路面宽度时，应设置纵向施工缝。纵向施工缝应采用设拉杆平缝形式。缝壁应涂沥青，上部应锯切槽口，深度为30～40mm，宽度为3～8mm，槽内应灌塞填缝料，以免渗水和落入硬屑。为防止板块出现位移，而使接缝张开和板块上下错动，应在接缝处板厚中央设置拉杆，并与缝壁垂直，其构造如图3-11所示。

2. 纵向缩缝

当一次铺筑宽度大于4.5m时，应增设纵向缩缝。纵向缩缝应采用设拉杆假缝形式，并宜在板厚中央设置拉杆。缝槽深度要适中。如过浅，混凝土截面的强度削弱得不够，从而不能保证以后的断裂发生在接缝位置；如过深，不规则断裂面积过少，接缝的传荷能力就会降低。锯切的槽口深度应大于施工缝的槽口深度。采用粒料基层时，槽口深度应为板厚的1/3；采用半刚性基层时，槽口深度为板厚的2/5。槽宽根据施工条件，宜尽可能窄些，通常为3～8mm。其构造如图3-12所示。

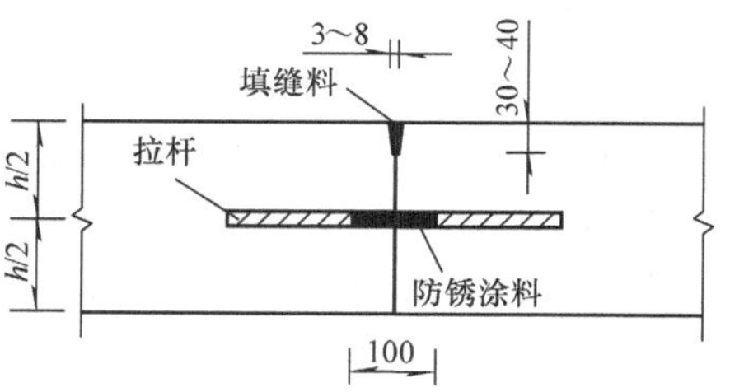

图3-11　纵向施工缝（尺寸单位：mm）

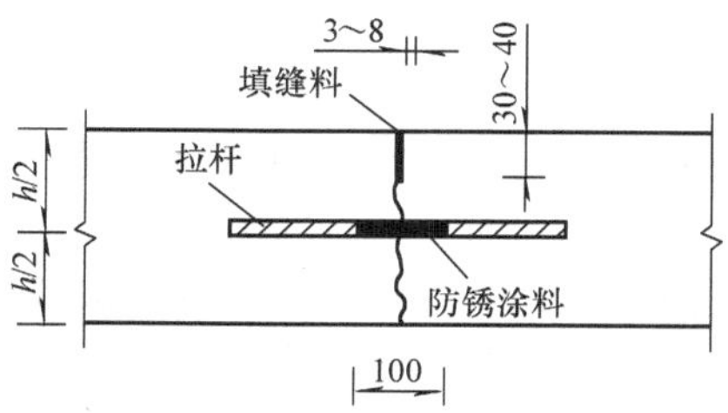

图3-12　纵向缩缝（尺寸单位：mm）

碾压混凝土面层一次摊铺宽度大于7.5m时，应设置纵向缩缝，缩缝构造如图3-12所示；钢纤维混凝土面层在摊铺宽度小于7.5m时，可不设纵向缩缝。

行车道路面与混凝土硬路肩之间的纵向接缝必须设置拉杆。

纵缝应与路线中线平行。在路面等宽的路段内或路面变宽路段的等宽部分，纵缝的间距和形式应保持一致。路面变宽段的加宽部分与等宽部分之间，应以纵向施工缝隔开。加宽板在变宽段起终点处的宽度不应小于1m。

拉杆应采用螺纹钢筋，锚固在混凝土内，避免板块横向位移并保证接缝的传荷能力。拉杆设在板厚中央，并应对拉杆中部100mm范围内进行防锈处理。拉杆的直径、长度和间距，可参照表3-15选用。施工布设时，拉杆间距应按横向接缝的实际位置予以调整，最外侧的拉杆距横向接缝的距离不得小于100mm。

表3-15 拉杆直径、长度和间距 （单位：mm）

面层厚度/mm	到自由边或未设拉杆纵缝的距离/m					
	3.00	3.50	3.75	4.50	6.00	7.50
200～250	14×700×900	14×700×800	14×700×700	14×700×600	14×700×500	14×700×400
≥260	16×800×800	16×800×700	16×800×600	16×800×500	16×800×400	16×800×300

注：拉杆尺寸表示方法为直径×长度×间距。

（四）横缝的构造与布置

横向接缝有三种类型：缩缝、胀缝和施工缝。缩缝保证板因温度和湿度的降低而收缩时沿该薄弱断面缩裂，从而避免产生不规则的裂缝。胀缝保证板在温度升高时能部分伸张，从而避免产生路面板在热天的拱胀和折断破坏，同时胀缝也能起到缩缝的作用。混凝土路面每天完工以及因雨天或其他原因需中断浇筑时，应设置施工缝。横向接缝有设传力杆与不设传力杆两种形式，设置传力杆可以保证混凝土板之间有效地传递荷载，防止形成错台，如图3-13所示。

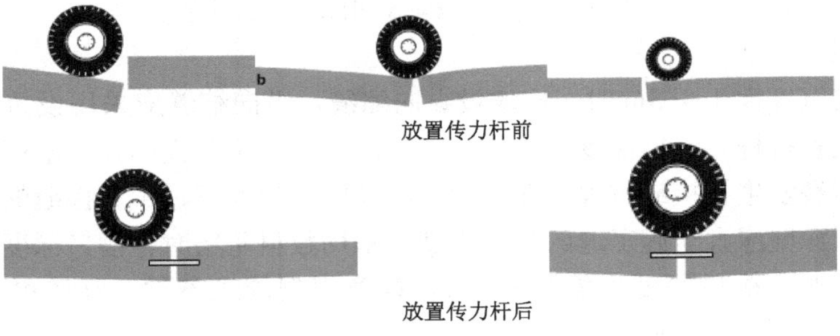

图3-13 横向接缝传力杆设与不设的两种路面状况

1. 横向缩缝

普通水泥混凝土面层的横向缩缝一般等间距布置，通常都垂直于路中线，相邻横向缩缝间距一般为4～6m（即板长），在昼夜气温变化较大的地区，或地基水文情况不良路段，应取低限值，反之取高限值。横缝与纵缝一般做成垂直正交，使混凝土板具有90°的角隅，纵缝两旁的横缝一般成一条直线。为改善行驶质量，也可采用变间距缩缝，并倾斜于路中线布置，缩缝倾斜的斜率一般采用1∶6，缩缝间距可按4.8m→5.7m→3.6m或3.0m→4.2m→3.9m→2.7m或5.1m→6.9m→6.6m→4.8m等方案变化。

横向缩缝一般采用假缝形式，即只在板的上部设缝隙，而板在收缩和翘曲时会使缝槽下的混凝土自行断裂，由于断裂表面凹凸不平、互相嵌锁，使这类接缝具有一定的传荷能力。横向缩缝包括设传力杆假缝型和不设传力杆假缝型，极重、特重和重交通公路的横向缩缝，中等和轻交通荷载公路邻近胀缝或自由端部的3条横向缩缝，收费广场的横向缩缝，应采用设传力杆假缝形式，其构造如图3-14a所示。其他情况可采用不设传力杆假缝形式，其构造如图3-14b所示。传力杆的设置不妨碍相邻混凝土板的自由伸缩，钢筋表面应作防锈处理。

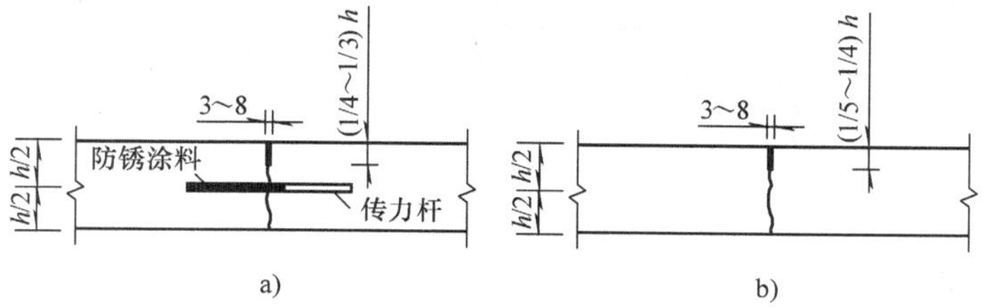

图3-14　横向缩缝构造（尺寸单位：mm）
a）设传力杆假缝型　b）不设传力杆假缝型

横向缩缝顶部应锯切槽口，设置传力杆时槽口深度宜为面层厚度的1/4～1/3，不设置传力杆时槽口深度宜为面层厚度的1/5～1/4。槽口宽度应根据施工条件、填缝料性能等因素而定，宽度宜为3～8mm，槽内应填塞填缝料。二级及二级以下公路的槽口可一次锯切成型。高速和一级公路槽口宜二次锯切成型，在第一次锯切缝的上部宜增设宽7～10 mm的浅槽口，槽口下部应设置背衬垫条，上部应用填缝料灌填，其构造如图3-15所示。

2. 胀缝

胀缝是混凝土路面的薄弱环节，它不仅给施工带来不便，同时也常出现唧泥、错台、挤碎、拱胀等病害。因此，我国路面设计规范规定胀缝应尽量少设或不设，但在邻近桥梁或其他固定构造物处，或者与其他道路相交处，均应设置横向胀缝。设置胀缝的条数，视膨胀量大小而定。

胀缝处混凝土板完全断开，因而也称之为真缝，胀缝必须上下贯穿，缝壁竖直，缝隙宽20～25mm。如施工气温较高，或胀缝间距较短，应采用低限；反之用高限。缝隙上部3～4cm深度内浇灌填缝料，下部则设置富有弹性的嵌缝板，它可由油浸或沥青浸制的软木板制成。胀缝的构造如图3-16所示。

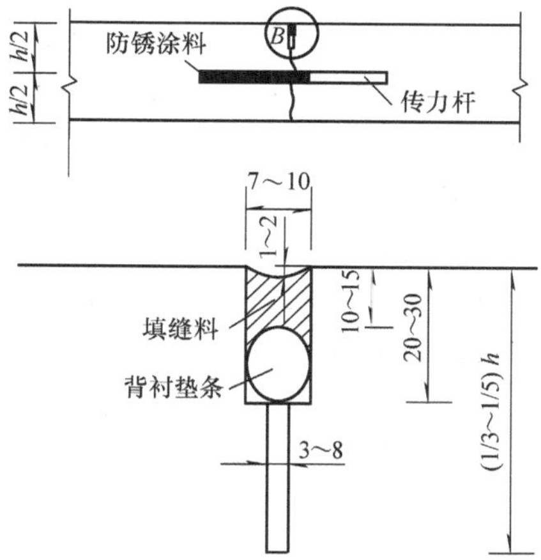

图3-15　二次锯切槽口构造
（尺寸单位：mm）

对于交通繁重的道路，为保证混凝土板之间能有效地传递荷载，防止形成错台，应在胀缝处板厚中央设置传力杆。杆的半段固定在混凝土内，另半段涂以沥青、套上长为8～10cm的铁皮或塑料套筒，套子应能罩住传力杆5cm以上，并在筒底与杆端之间留出宽为3～4cm的空隙，并用泡沫塑料或纱头等弹性材料填充，以利板膨胀时的自由伸缩（见图3-16）。传力杆加套端一半以上的长度，表面涂敷沥青膜（厚0.1mm），外面再套0.4cm厚的聚乙烯膜，以防止传力杆与混凝土黏结而无法自由滑动。

在同一条胀缝上的传力杆，设有套筒的活动端最好在缝的两边交错布置。

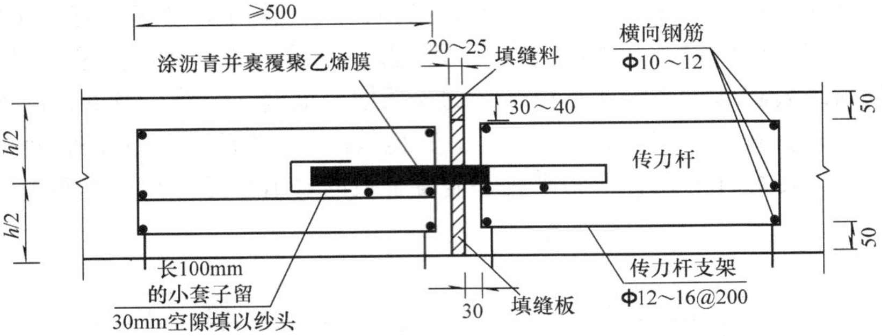

图 3-16 胀缝构造（尺寸单位：mm）

3. 横向施工缝

每日施工结束或因临时原因中断施工时，必须设置横向施工缝，其位置应尽可能选在缩缝或胀缝处。设在缩缝处的施工缝，应采用传力杆的平缝形式，其构造如图 3-17 所示；设在胀缝处的施工缝，其构造与胀缝相同，如图 3-16 所示。

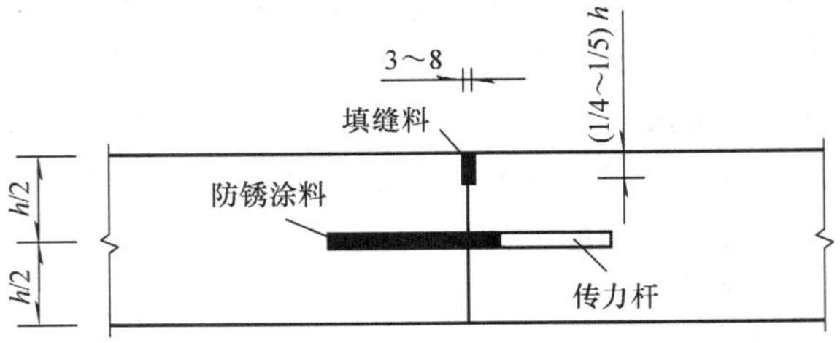

图 3-17 横向施工缝构造（尺寸单位：mm）

传力杆应采用光面钢筋，设在板厚中央。其设置目的是当行车荷载作用于一块板边时，传力杆可以将部分荷载传到另一块板上，从而减轻板体内产生的应力，减少破坏并保证路面的平整度。横向缩缝传力杆的尺寸、间距和要求与胀缝相同，可按表 3-16 选用。最外侧传力杆距纵向接缝或自由边的距离宜为 150～250mm。传力杆一般全部锚固在混凝土内，以使缩缝下部凹凸面的传荷作用有所保证；但为便于板的翘曲，有时也将传力杆半段涂以沥青，称为滑动传力杆，而这种缝称为翘曲缝。采用变间距缩缝时，传力杆仍与路中线平行，使车辆的两侧车轮不会同时驶经横缝，以达到减轻颠簸的作用。

表 3-16 传力杆尺寸和间距 （单位：mm）

面层厚度	传力杆直径	传力杆最小长度	传力杆最大间距
220	28	400	300
240	30	400	300
260	32	450	300
280	32～34	450	300
≥300	34～36	500	300

（五）交叉口接缝布设

两条道路正交时，各条道路宜保持本身纵缝的连贯，而相交路段内各条道路的横缝位置应按相对道路的纵缝间距作相应变动，保证两条道路的纵横缝垂直相交，互不错位。两条道路斜交时，主要道路宜保持纵缝的连贯，而相交路段内的横缝位置应按次要道路的纵缝间距作相应变动，保证与次要道路的纵缝相连接。交叉口接缝设置，应与交通流方向相适应，并易于排水，整齐美观，方便施工。混凝土板板角不宜小于90°，当出现锐角时，应尽量放在非主要行车部位；按缝边长不宜小于1m；在次要道路弯道加宽段起终点断面处的横向接缝，应采用胀缝形式。膨胀量大时，应在直线段连续布置2~3条胀缝。如图3-18所示。

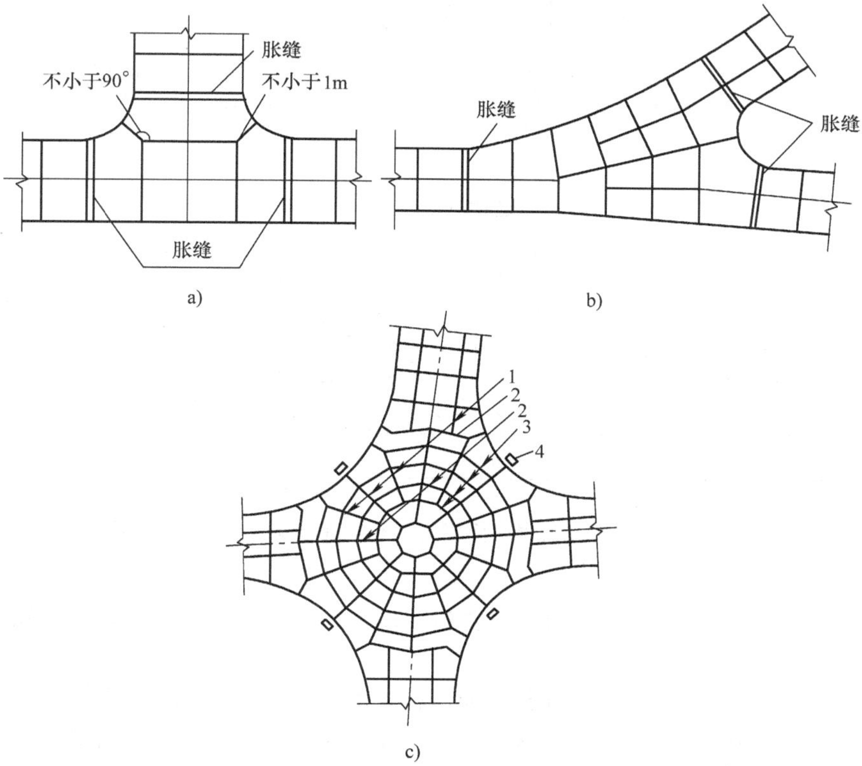

图3-18　交叉口接缝布置

a) T形交叉口接缝布设　b) Y形交叉口接缝布设　c) 四路斜交叉口接缝布设

1—纵缝（企口式）　2—胀缝　3—缩缝　4—进水口

（六）端部处理

1. 混凝土路面与固定构造物相接

混凝土路面与桥涵、通道及隧道等固定构造物相衔接的胀缝无法设置传力杆时，可在毗邻构造物的板端部内配置双层钢筋网；或在长度约为6~10倍板厚的范围内逐渐将板厚增加20%，如图3-19所示。

2. 混凝土路面与沥青路面相接

混凝土路面同沥青路面相连接，由于沥青路面难以抵御混凝土面层的膨胀推力，易于出现沥青面层的推移拥起，而形成接头处的不平整，引起跳车。因此，需采取相应技术措施加以处理。

混凝土路面与沥青路面相接时，其间应设置不小于3m的过渡段。过渡段的路面采用两种路面呈阶梯状叠合布置，其下面铺设的变厚度混凝土过渡板的厚度不得小于200mm，如图3-20所示。过渡板顶面应设横向拉槽，沥青层与过渡板之间应黏结良好。过渡板与混凝土面层相接处的接缝内宜设置直径25mm、长700mm、间距400mm的拉杆。混凝土面层毗邻该接缝的1~2条横向接缝应采用胀缝形式。

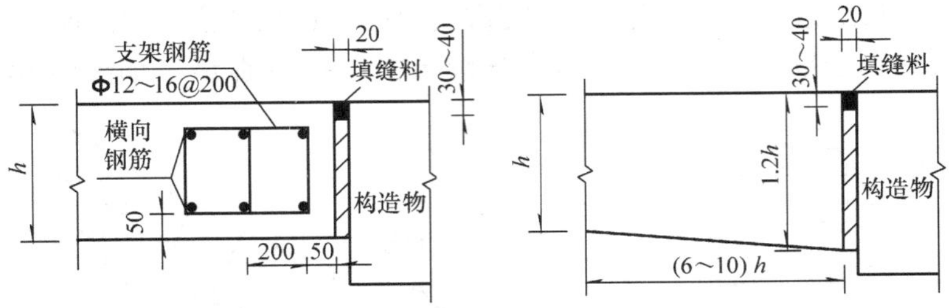

图 3-19 邻近构造物胀缝构造（尺寸单位：mm）

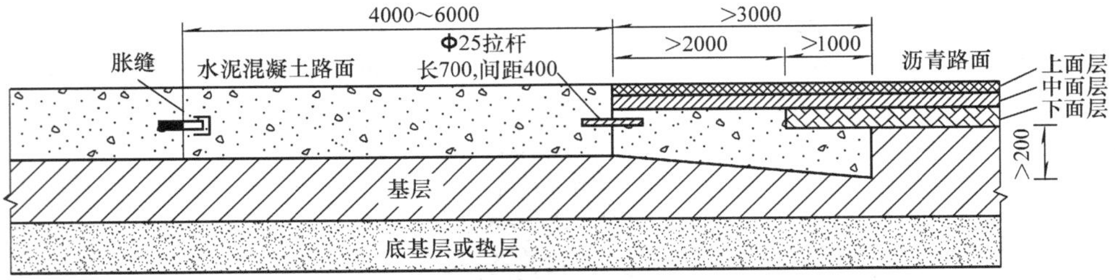

图 3-20 混凝土路与沥青路面相接段的构造布置（尺寸单位：mm）

3. 混凝土路面与桥梁相接

混凝土路面与桥梁相接的技术措施主要包括设置钢筋混凝土搭板、渐变板和在适当位置设置胀缝。

桥头设有搭板时，应在搭板与混凝土面层板之间设置长 6 ~ 10m 的钢筋混凝土面层过渡板。钢筋混凝土面层板与搭板间的横缝采用设拉杆平缝形式，与混凝土面层间的横缝采用设传力杆胀缝形式。膨胀量大时，应连续设置 2 ~ 3 条设传力杆胀缝。当桥梁为斜交时，钢筋混凝土板的锐角部分应采用钢筋网补强。

桥头未设搭板时，宜在混凝土面层与桥台之间设置长 10 ~ 15m 的钢筋混凝土面层板；或设置由混凝土预制块面层或沥青面层铺筑的过渡段，其长度不小于 8m。

斜交桥梁尚应设置钢筋混凝土渐变板。渐变板的块数，当桥梁斜角大于 70°时设一块，45° ~ 70°时设两块，小于 45°至少设三块（图 3-21）。渐变板的短边最小为 5m，长边最大为 10m。搭板和渐变板的配筋量需经计算确定，角隅部分另加钢筋网补强。

（七）填缝材料

胀缝接缝板应选用能适应混凝土板膨胀收缩、施工时不易变形、复原率高和耐久性好的材料。高速公路和一级公路宜选用泡沫橡胶板、沥青纤维板；其他等级公路也可选用木材类或纤维类板。

填缝料应选用与混凝土接缝槽壁黏结力强、回弹性好、适应混凝土板收缩、不溶于水、不渗水、高温时不流淌、低温时不脆裂、耐老化、有一定抵抗砂石嵌入的能力、便于施工操作的材料。高速公路、一级公路宜选用硅硐类、聚氨酯类填缝料；二级及二级以下公路可选用聚氨酯类、橡胶沥青类或改性沥青类填缝料。

二、普通混凝土面层配筋设计

（一）边缘钢筋设计

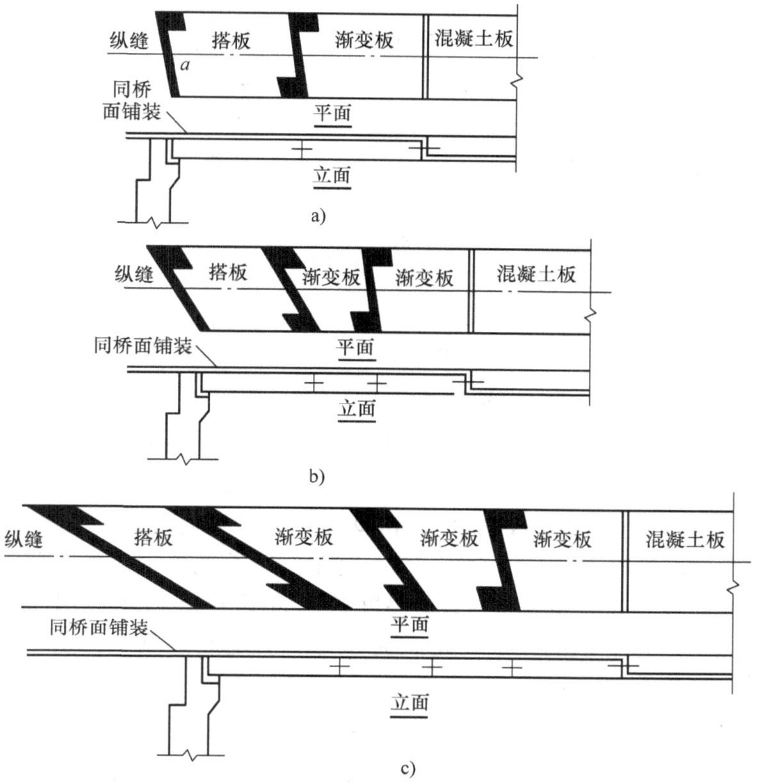

图 3-21　混凝土路面斜交桥梁相接构造图

a）桥梁斜角大于 70°时　b）桥梁斜角为 45°～70°时　c）桥梁斜角小于 45°时

普通混凝土面层基础薄弱的自由边缘、接缝为未设传力杆的平缝、主线与匝道相接处或与其他类型路面相接处，可在面层边缘的下部配置钢筋。可选用 2 根直径为 12～16mm 的螺纹钢筋，置于面层底面之上 1/4 厚度处并不小于 50mm，间距为 100mm，钢筋两端向上弯起，如图 3-22 所示。

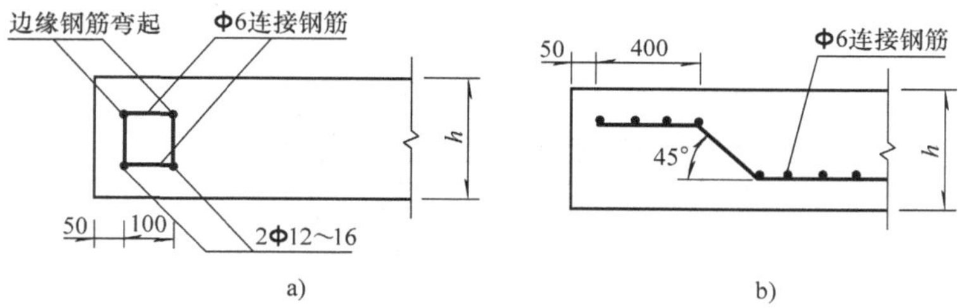

图 3-22　边缘钢筋布置（尺寸单位：mm）

a）横向剖面　b）纵向剖面

（二）角隅钢筋设计

承受极重、特重或重交通的水泥混凝土面层的胀缝、施工缝和自由边的角隅以及承受极重交通的水泥混凝土面层缩缝的角隅，宜配置角隅钢筋。可选用 2 根直径为 12～16mm 的螺纹钢筋，置于面层上部，距顶面不小于 50mm，距边缘为 100mm，如图 3-23 所示。

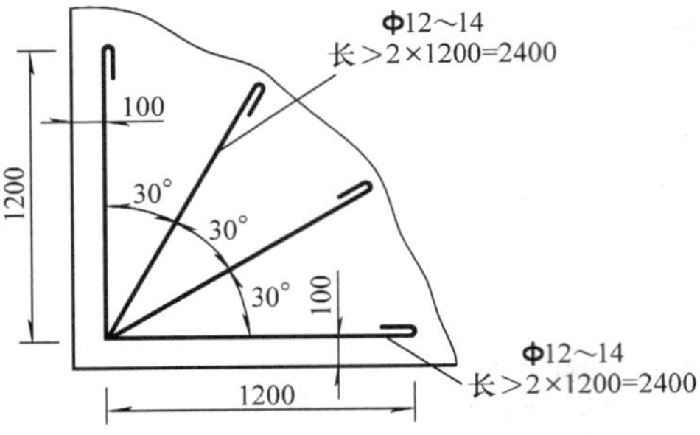

图 3-23　角隅钢筋布置（尺寸单位：mm）

（三）构造物横向穿越时面层配筋设计

混凝土面层下有箱形构造物横向穿越，其顶面至混凝土面层底面的间距小于 800mm 时，在构造物顶宽及两侧各 $1.5H+1.5m$ 且不小于 4m 的范围内，混凝土面层内应布设双层钢筋网，上下层钢筋网应分别设置在距面层顶面和底面 1/4～1/3 厚度处，如图 3-24 所示。构造物顶面至面层底面的距离在 800～1600mm 时，应在上述长度范围内的混凝土面层中布设单层钢筋网。钢筋网应设在距顶面 1/4～1/3 厚度处，如图 3-25 所示。钢筋直径宜为 12mm，纵向钢筋间距宜为 100mm，横向钢筋间距宜为 200mm。配筋混凝土面层与相邻混凝土面层之间应设置设传力杆的缩缝。

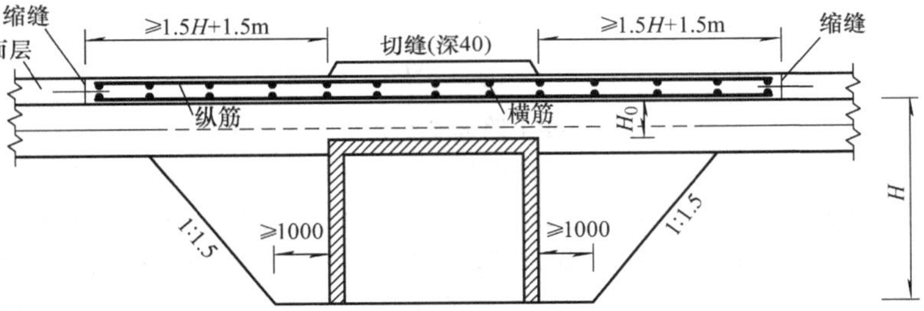

图 3-24　箱形构造物横穿公路处的面层配筋（$H_0<800$mm）（尺寸单位：mm）

H—面层底面到构造物底面的距离　H_0—面层底面到构造物顶面的距离

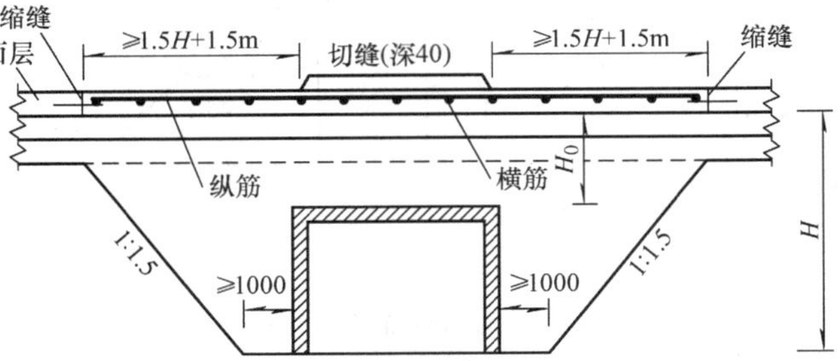

图 3-25　箱形构造物横穿公路处的面层配筋（$H_0=800\sim1600$mm）（尺寸单位：mm）

H—面层底面到构造物底面的距离　H_0—面层底面到构造物顶面的距离

混凝土面层下有圆形管状构造物横向穿越，其顶面至面层底面的距离小于 1200mm 时，在构造物两侧各 $1.5H+1.5m$，且不小于 4m 的范围内，混凝土面层内应布设单层钢筋网，钢筋网应设在距面层顶面 1/4 ~ 1/3 厚度处，如图 3-26 所示。钢筋尺寸和间距及传力杆接缝设置与图 3-24、图 3-25 相同。

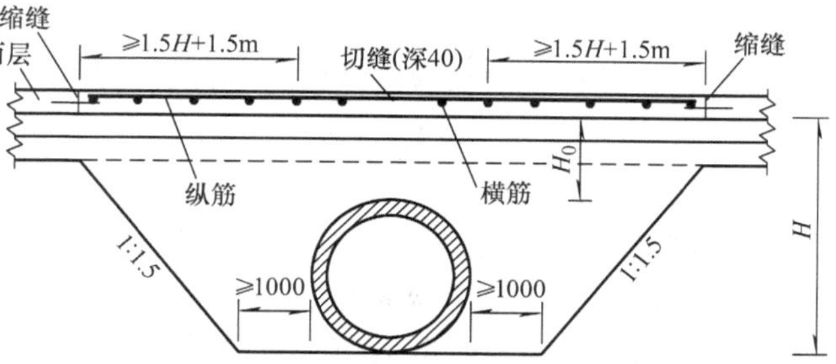

图 3-26　圆形管状构造物横穿公路处的面层配筋（H_0 < 1200mm）（尺寸单位：mm）

H—面层底面到构造物底面的距离　H_0—面层底面到构造物顶面的距离

任务五　普通水泥混凝土路面板厚设计

一、力学模型

水泥混凝土路面结构分析应采用弹性地基板理论。采用弹性地基板理论，应把结构层体系分为地基和板两部分。碾压混凝土、贫混凝土基层的刚度接近于混凝土面层，与下卧层的底基层和路床的刚度相差较大；无机结合料稳定碎石基层和沥青结合料类基层的刚度，也比底基层和路床的刚度大很多，如果将这四种基层与下卧层和路基组合成弹性地基，会使地基综合模量和面层板的应力分析结果出现较大的偏差。为此，将这四种基层与面层组合在一起，按分离式双层板进行结构分析，路面结构的剩余部分，即粒料类基层及各类底基层和垫层，与路基一起组合成层状弹性地基，按层状体系理论综合成当量的均质体系，以地基综合模量进行表征。鉴于上述原因，按基层和面层类型和组合的不同，路面结构分析可分别采用下述力学模型：

1）弹性地基单层板模型。该模型适用于粒料基层上混凝土面层，旧沥青路面加铺混凝土面层；面层板底面以下部分按弹性地基处理。

2）弹性地基双层板模型。该模型适用于无机结合料类基层或沥青类基层上混凝土面层，旧混凝土路面上加铺分离式混凝土面层；面层和基层或者新旧面层作为双层板，基层底面以下或者旧面层底面以下部分按弹性地基处理。

3）复合板模型。该模型适用于两层不同性能材料组成的面层或基层复合板。旧混凝土路面上加铺结合式混凝土面层，两层不同性能材料组成的层间黏结的面层，作为弹性地基上的单层板或者弹性地基上双层板的上层板；无机结合料类基层或沥青类基层与无机结合料类底基层组成的基层，作为弹性地基上双层板的下层板。

临界荷位是指板内产生最大荷载和温度梯度综合疲劳损坏时设计轴载的作用位置。现行规范中选取水泥混凝土板的纵缝边缘中部作为产生最大荷载和温度梯度综合疲劳损坏的临界荷位，如图 3-27 所示。基层板的临界荷位与面层板相同。

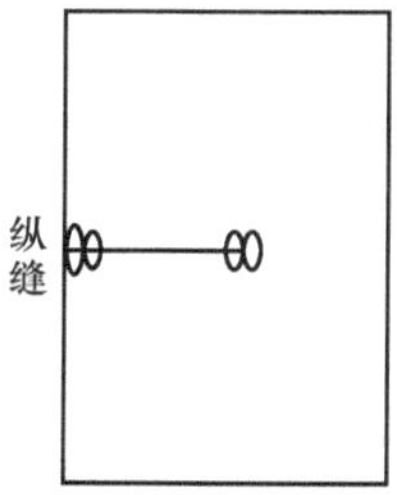

图 3-27　临界荷位

二、弹性地基单层板应力分析

（一）弹性地基单层板荷载应力

1. 荷载疲劳应力计算

设计轴载在面层板临界荷位处产生的荷载疲劳应力应按式（3-10）确定。

$$\sigma_{pr} = k_r k_f k_c \sigma_{ps} \tag{3-10}$$

式中 σ_{pr}——设计轴载在面层板临界荷位处产生的荷载疲劳应力（MPa）；

σ_{ps}——设计轴载在四边自由板临界荷位处产生的荷载应力（MPa）；

k_r——考虑接缝传荷能力的应力折减系数，采用混凝土路肩时，$k_r = 0.87 \sim 0.92$（路肩面层与路面面层等厚时取低值，减薄时取高值）；采用柔性路肩或土路肩时，$k_r = 1.0$；

k_c——考虑计算理论与实际差异以及动载等因素影响的综合系数，按公路等级查表3-17确定。

表 3-17 综合系数 k_c

公路等级	高速公路	一级公路	二级公路	三、四级公路
k_c	1.15	1.10	1.05	1.00

k_f——考虑设计基准期内荷载应力累计疲劳作用的疲劳应力系数，按式（3-11）计算确定：

$$k_f = N_e^{\lambda} \tag{3-11}$$

式中 N_e——设计基准期内标准轴载累计作用次数；

λ——材料疲劳指数，普通混凝土、钢筋混凝土、连续配筋混凝土，$\lambda = 0.057$；碾压混凝土和贫混凝土，$\lambda = 0.065$；钢纤维混凝土，λ 按式（3-12）计算确定。

$$\lambda = 0.053 - 0.017\rho_f \frac{l_f}{d_f} \tag{3-12}$$

式中 ρ_f——钢纤维的体积率（%）；

l_f——钢纤维的长度（mm）；

d_f——钢纤维的直径（mm）。

2. 荷载应力计算

设计轴载在四边自由板临界荷位处产生的荷载应力应按式（3-13）计算。

$$\sigma_{ps} = 1.47 \times 10^{-3} r^{0.70} h_c^{-2} P_s^{0.94} \tag{3-13}$$

$$r = 1.21(D_c/E_t)^{1/3} \tag{3-14}$$

$$D_c = \frac{E_c h_c^3}{12(1 - v_c^2)} \tag{3-15}$$

式中 P_s——设计轴载的单轴重（kN）；

r——混凝土面层板的相对刚度半径（m），按式（3-14）计算；

D_c——混凝土面层板的截面弯曲刚度（MN · m），按式（3-15）计算；

h_c——混凝土面层板的厚度（m）；

v_c——混凝土面层板的泊松比，一般可取为 0.15 ~ 0.18；

E_c——混凝土面板的弯拉弹性模量（MPa），可查表 3-18 中的经验参考值；

E_t——板底地基当量回弹模量（MPa）。

表 3-18　水泥混凝土强度和弹性模量经验参考值

弯拉强度/MPa	1.5	2.0	2.5	3.0	3.5	4.0	4.5	5.0	5.5
弯拉弹性模量/GPa	15	18	21	23	25	27	29	31	33

3. 板底地基当量回弹模量计算

1）新建公路的板底地基当量回弹模量 E_t 应按式（3-16）计算。

$$E_t = E_0\left(\frac{E_X}{E_0}\right)^{\alpha} \tag{3-16}$$

$$\alpha = 0.86 + 0.26\ln h_X \tag{3-17}$$

$$E_X = \sum_{i=1}^{n}(h_i^2 E_i) / \sum_{i=1}^{n} h_i^2 \tag{3-18}$$

$$h_X = \sum_{i=1}^{n} h_i \tag{3-19}$$

式中　E_0——路床顶综合回弹模量（MPa），见表 3-19 和表 3-20，按土类由表 3-19 查取回弹模量经验参考值，并按路床顶距地下水位的距离由表 3-20 查取路基的湿度调整系数，二者相乘后得到；

α——与粒料层总厚度 h_X 有关的回归系数，按式（3-17）计算；

E_X——粒料层的当量回弹模量（MPa），按式（3-18）计算；

h_X——粒料层的总厚度（m），按式（3-19）计算；

n——粒料层的层数；

E_i——第 i 结构层的回弹模量（MPa），见表 3-21；

h_i——第 i 结构层的厚度（m）。

表 3-19　路基回弹模量经验参考值

土　组	取值范围/MPa	代表值/MPa
级配良好砾（GW）	240～290	250
级配不良砾（GP）	170～240	190
含细粒土砾（GF）	120～240	180
粉土质砾（GM）	160～270	220
黏土质砾（GC）	120～190	150
级配良好砂（SW）	120～190	150
级配不良砂（SP）	100～160	130
含细粒土砂（SF）	80～160	120
粉土质砂（SM）	120～190	150
黏土质砂（SC）	80～120	100
低液限粉土（ML）	70～110	90
低液限黏土（CL）	50～100	70
高液限粉土（MH）	30～70	50
高液限黏土（CH）	20～50	30

注：1. 对于砾和砂，D_{60}（通过率为 60% 时的颗粒粒径）大时，模量取高值；D_{60} 小时，模量取低值。

2. 对于其他含细粒的土组，小于 0.075mm 颗粒含量大和塑性指数高时，模量取低值；反之，模量取高值。

2）在旧沥青混凝土路面上铺筑水泥混凝土面层时，原沥青混凝土路面顶面的地基综合当量回弹模量 E_t 可根据落锤式弯沉仪（荷载 50kN、承载板半径 150mm）的中心点弯沉的测定结果应按式（3-20），或根据贝克曼梁（后轴重 100kN 的车辆）的弯沉测定结果，按式（3-21）计算确定。

$$E_t = 18621/w_0 \tag{3-20}$$

$$E_t = 13739w_0^{-1.04} \tag{3-21}$$

$$w_0 = \bar{w} + 1.04s_w \tag{3-22}$$

式中 w_0——路段代表弯沉值，0.01mm，按式（3-22）计算；

$\bar{w}$——路段弯沉平均值，0.01mm；

s_w——路段弯沉的标准差，0.01mm。

表 3-20 路基回弹模量湿度调整系数

土组	路床顶距地下水位的距离/m					
	1.0	1.5	2.0	2.5	3.0	4.0
细粒质砾（GF） 土质砾（GM、GC）	0.81～0.88	0.86～1.00	0.91～1.00	0.96～1.00	—	—
细粒质砂（SF） 土质砂（SM、SC）	0.80～0.86	0.83～0.97	0.87～1.00	0.90～1.00	0.94～1.00	—
低液限粉土（ML）	0.71～0.74	0.75～0.81	0.78～0.89	0.82～0.97	0.86～1.00	0.94～1.00
低液限黏土（CL）	0.70～0.73	0.72～0.80	0.74～0.88	0.75～0.95	0.77～1.00	0.81～1.00
高液限粉土（MH）、 高液限黏土（CH）	0.70～0.71	0.71～0.75	0.72～0.78	0.73～0.82	0.73～0.86	0.74～0.94

注：1. 小于 0.075mm 颗粒含量大和塑性指数高时，调整系数取低值；反之，调整系数取高值。

2. 当表中调整系数最大值为 1.00 时，调整系数取高值。

表 3-21 粒料类基层和底基层材料回弹模量经验参考值 （单位：MPa）

材料类型	取值范围	代表值
级配碎石（基层）	200～400	300
级配碎石（底基层）	180～250	220
未筛分碎石	180～220	200
级配砾石（基层）	150～300	250
级配砾石（底基层）	150～220	190
天然砂砾	105～135	120

4. *最大荷载应力计算*

最重轴载在面层板临界荷位处产生的最大荷载应力，应按式（3-23）计算。

$$\sigma_{p,max} = k_r k_c \sigma_{pm} \tag{3-23}$$

式中 $\sigma_{p,max}$——最重轴载 P_m 在面层板临界荷位处产生的最大荷载应力（MPa）；

σ_{pm}——最重轴载 P_m 在四边自由板临界荷位处产生的最大荷载应力（MPa），按式（3-13）计算，式中的设计轴载 P_s 改为最重轴载 P_m（以单轴计）（kN）。

（二）弹性地基单层板温度应力

1. *温度疲劳应力计算*

在面层板临界荷位处产生的温度疲劳应力应按式（3-24）计算。

$$\sigma_{tr}=k_t\sigma_{t,max} \tag{3-24}$$

式中　σ_{tr}——面层板临界荷位处所产生的温度疲劳应力（MPa）；

$\sigma_{t,max}$——最大温度梯度时面层板产生的最大温度应力（MPa）；

k_t——考虑温度应力累计疲劳作用的温度疲劳应力系数。

2. 最大温度应力计算

最大温度梯度时面层板产生的最大温度应力 $\sigma_{t,max}$ 应按式（3-25）计算。

$$\sigma_{t,max}=\frac{\alpha_c E_c h_c T_g}{2}B_L \tag{3-25}$$

式中　α_c——混凝土的线膨胀系数（℃/m），根据粗集料的岩性按表3-22取用；

T_g——公路所在地50年一遇的最大温度梯度，查表3-23取用；

B_L——综合温度翘曲应力和内应力作用的温度应力系数。

表3-22　水泥混凝土的线膨胀系数经验参考值

粗集料类型	石英岩	砂岩	砾石	花岗岩	玄武岩	石灰岩
水泥混凝土线膨胀系数/（10^{-6}/℃）	12	12	11	10	9	7

表3-23　最大温度梯度标准值

公路自然区划	Ⅱ、Ⅴ	Ⅲ	Ⅳ、Ⅵ	Ⅶ
最大温度梯度/（℃/m）	83～88	90～95	86～92	93～98

注：海拔高时，取高值；湿度大时，取低值。

3. 温度应力系数计算

综合温度翘曲应力和内应力的温度应力系数 B_L 应按式（3-26）计算。

$$B_L=1.77e^{-4.48h_c}C_L-0.131(1-C_L) \tag{3-26}$$

$$C_L=1-\frac{\sinh t\cos t+\cosh t\sin t}{\cos t\sin t+\sinh t\cosh t} \tag{3-27}$$

$$t=\frac{L}{3r} \tag{3-28}$$

式中　C_L——混凝土面层板的温度翘曲应力系数，按式（3-27）计算；

L——面层板的横缝间距，即板长（m）；

r——面层板的相对刚度半径（m）。

4. 温度疲劳应力系数计算

温度疲劳应力系数 k_t 应按式（3-29）计算。

$$k_t=\frac{f_r}{\sigma_{t,max}}\left[a_t\left(\frac{\sigma_{t,max}}{f_r}\right)^{b_t}-c_t\right] \tag{3-29}$$

式中　a_t、b_t、c_t——回归系数，按所在地区的公路自然区划查表3-24确定。

三、弹性地基双层板应力分析

（一）弹性地基双层板荷载应力

1. 面层板或上面层板荷载疲劳应力计算

面层板或上面层板的荷载疲劳应力应按式（3-10）确定。其中，荷载疲劳应力系数 k_f、应力折减系数 k_r 和综合系数 k_c 的确定方法，与单层板的相同；设计轴载 P_s 在上层板临界荷位处产生的荷载应力 σ_{ps}应按式（3-30）确定。

表 3-24 回归系数 a_t、b_t 和 c_t

系数	公路自然区划					
	Ⅱ	Ⅲ	Ⅳ	Ⅴ	Ⅵ	Ⅶ
a_t	0.828	0.855	0.841	0.871	0.837	0.834
b_t	1.323	1.355	1.323	1.287	1.382	1.270
c_t	0.041	0.041	0.058	0.071	0.038	0.052

$$\sigma_{ps}=\frac{1.45\times10^{-3}}{1+D_b/D_c}r_g^{0.65}h_c^{-2}P_s^{0.94} \tag{3-30}$$

$$D_b=\frac{E_bh_b^3}{12(1-v_b^2)} \tag{3-31}$$

$$r_g=1.21[(D_c+D_b)/E_t]^{1/3} \tag{3-32}$$

式中 D_b——下层板的截面弯曲刚度（MN·m），按式（3-31）计算；

h_b——下层板的厚度（m）；

E_b——下层板的弯拉弹性模量（MPa），下层板为水泥混凝土查表 3-18；下层板为无机结合料类，应采用考虑结构层收缩开裂后的有效模量查表 3-25；下层板为沥青结合料类，查表 3-26；

v_b——下层板的泊松比；

r_g——双层板的总相对刚度半径（m），按式（3-32）计算；

h_c——上层板的厚度（m）；

D_c——上层板的截面弯曲刚度（MN·m），按式（3-15）计算。

2. *基层板或下面层板荷载疲劳应力计算*

贫混凝土或碾压混凝土基层板或者下面层板的荷载疲劳应力，应按式（3-33）计算。其中，荷载疲劳应力系数 k_f 和综合系数 k_c 的确定方法与单层板的确定方法相同；设计轴载 P_s 在下层板临界荷位处产生的荷载应力应按式（3-34）确定。

$$\sigma_{bpr}=k_fk_c\sigma_{bps} \tag{3-33}$$

$$\sigma_{bps}=\frac{1.41\times10^{-3}}{1+D_c/D_b}r_g^{0.68}h_b^{-2}P_s^{0.94} \tag{3-34}$$

式中 σ_{bpr}——下面层板的荷载疲劳应力（MPa）；

σ_{bps}——设计轴载 P_s 在下面层板临界荷位处产生的荷载应力（MPa）。

表 3-25 无机结合料基层和底基层材料弹性模量经验参考值 （单位：MPa）

材料类型	7d 浸水抗压强度	试件模量	收缩开裂后模量	疲劳破坏后模量
水泥稳定类	3.0～6.0	3000～14000	2000～2500	300～500
	1.5～3.0	2000～10000	1000～2000	200～400
石灰、粉煤灰稳定类	≥0.8	3000～14000	2000～2500	300～500
	0.5～0.8	2000～10000	1000～2000	200～400
石灰稳定类	≥0.8	2000～4000	800～2000	100～300
	0.5～0.8	1000～2000	400～1000	50～200
开级配水泥稳定碎石（CTPB）	≥4.0	1300～1700		—

表 3-26　沥青结合料类基层材料动态模量经验参考值

材料类型	条　件	取值范围（MPa）
沥青混凝土（AC－10）	20℃，10Hz，90A、110A，空隙率 7%，沥青用量 6%	4700～5600
沥青混凝土（AC－16）		4500～5400
沥青混凝土（AC－25）		4000～5000
密级配沥青碎石（ATB－25）		3500～4200
开级配沥青稳定碎石（ATPB）	20℃，沥青用量 2.5%～3.5%	600～800

3. 最大荷载应力计算

最重荷载在上层板临界荷位处产生的最大荷载应力应按式（3-23）计算。其中，应力折减系数 k_r 和综合系数 k_c 的确定方法，与单层板的相同；最重轴载 P_m 在四边自由板临界荷位处产生的最大荷载应力应按式（3-30）计算，式中的设计轴载 P_s 改为最重轴载 P_m（以单轴计）。

（二）弹性地基双层板温度应力

1. 上层板的温度疲劳应力、最大温度翘曲应力和温度应力系数计算

上层板的温度疲劳应力 σ_{tr}、最大温度翘曲应力 $\sigma_{t,max}$、综合温度翘曲应力和内应力作用的温度应力系数 B_L 的计算式与单层板相同，应分别按式（3-24）、式（3-25）、式（3-26）计算，式（3-26）中的温度翘曲应力系数 C_L 应按式（3-35）计算。下层板的温度疲劳应力不需计算分析。

2. 上层板的温度翘曲应力系数 C_L 计算

上层板的温度翘曲应力系数 C_L 应按式（3-35）计算。

$$C_L = 1 - \left(\frac{1}{1+\xi}\right)\frac{\sinh t\cos t + \cosh t\sin t}{\cos t\sin t + \sinh t\cosh t} \tag{3-35}$$

$$t = \frac{L}{3r_g} \tag{3-36}$$

$$\xi = -\frac{(k_n r_g^4 - D_c)\ r_\beta^3}{(k_n r_\beta^4 - D_c)\ r_g^3} \tag{3-37}$$

$$r_\beta = \left(\frac{D_c D_b}{(D_c + D_b)\ k_n}\right)^{\frac{1}{4}} \tag{3-38}$$

$$k_n = \frac{1}{2}\left(\frac{h_c}{E_c} + \frac{h_b}{E_b}\right)^{-1} \tag{3-39}$$

式中　ξ——与双层板结构有关的参数，按式（3-37）计算；

r_β——层间接触状况参数，按式（3-38）计算；

k_n——面层与基层之间竖向接触刚度，上下层之间不设沥青混凝土夹层或隔离层时按式（3-39）计算，设沥青混凝土夹层或隔离层时，k_n 取 3000MPa/m。

四、混凝土板厚度计算流程

混凝土板厚度计算流程如图 3-28 所示。具体步骤如下：

1）按规范要求进行行车道路面结构的组合设计，初拟路面结构，包括路床、垫层、基层和面层的材料类型和厚度，并按表 3-13 所列的水泥混凝土面层厚度建议范围，依据交通

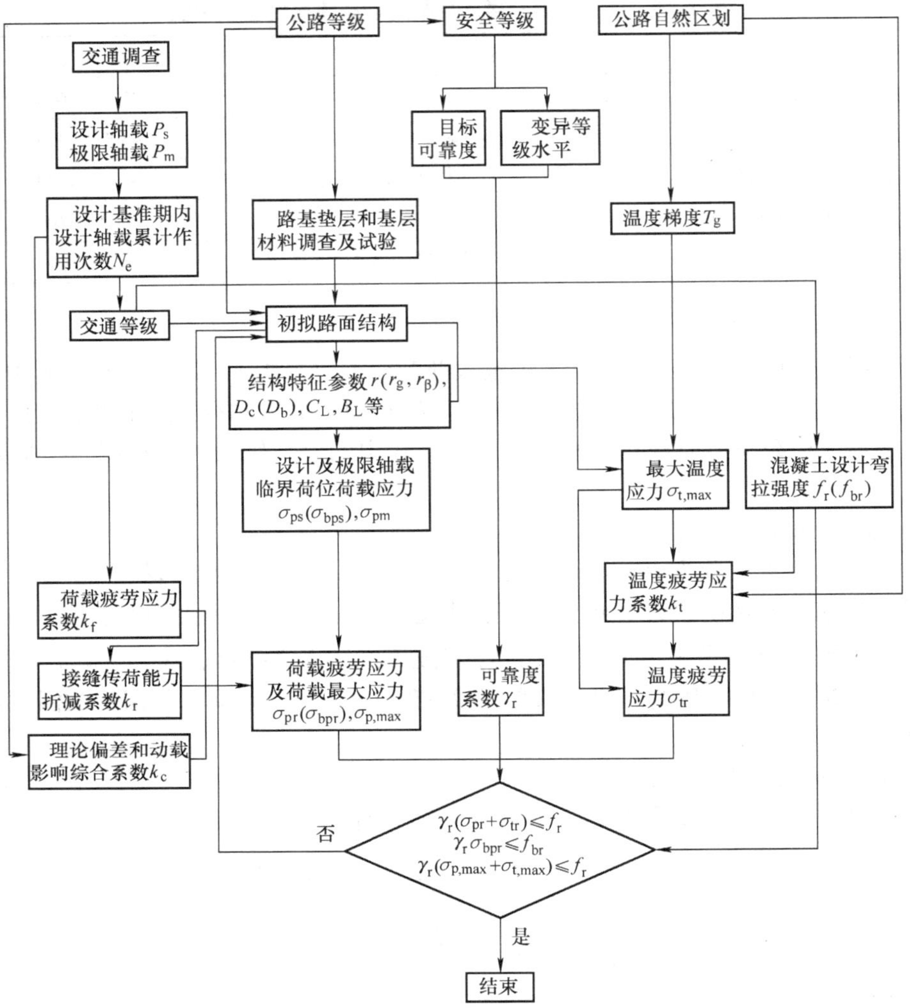

图 3-28 混凝土板厚度计算流程图

等级、公路等级和所选变异水平等级初选混凝土板厚度。

2）按照初拟路面结构的组合情况，选择相应的结构分析模型。

3）参照图 3-28 所示的混凝土路面板厚度计算流程，分别计算混凝土面层板（单层板或双层板的面层板）的最重轴载产生的最大荷载应力、设计轴载产生的荷载疲劳应力、最大温度梯度产生的最大温度应力及温度疲劳应力。

4）当荷载疲劳应力与温度疲劳应力之和与可靠度系数的乘积，小于且接近于混凝土弯拉强度标准值，同时，最大荷载应力与最大温度应力之和与可靠度系数的乘积，小于混凝土弯拉强度标准值，即满足式（3-1）和式（3-2）时，初选厚度可作为混凝土板的计算厚度。

5）贫混凝土或碾压混凝土基层或者双层板的下面层板，需计算其荷载疲劳应力，并检算荷载疲劳应力与可靠度系数的乘积是否小于其材料的弯拉强度标准值，即应满足式（3-3）。

6）若不能同时满足式（3-1）、式（3-2）及式（3-3），则应改选混凝土面层板厚度或

（和）调整基层类型或（和）厚度，重新计算，直到同时满足式（3-1）、式（3-2）及式（3-3）。

7）计算厚度加6mm磨损厚度后，应按10mm向上取整，作为混凝土面层的设计厚度。

任务六　水泥混凝土面板厚度设计案例

一、粒料基层上混凝土面板厚度设计案例

公路自然区划Ⅱ区拟新建一条二级公路，路面宽7m，路基为低液限黏土，路床顶距地下水位平均1.2m，当地的粗集料以花岗岩为主。拟采用普通混凝土路面。经交通调查得知，设计轴载 $P_s=100\text{kN}$，最重轴载 $P_m=150\text{kN}$，设计车道使用初期设计轴载的日作用次数为100次，交通量年平均增长率为5%。

（一）交通分析

由表3-1，二级公路的设计基准期为20年，安全等级为二级。由表3-6，临界荷位处的车辆轮迹横向分布系数取0.62。按式（3-9）计算得到设计基准期内设计车道设计轴载累计作用次数：

$$N_e=\frac{365N_s[(1+g_r)^t-1]}{g_r}\eta=\frac{100[(1+0.05)^{20}-1]\times365}{0.05}\times0.62=74.8\times10^4\text{ 次}$$

由表3-7可知，属中等交通荷载等级。

（二）初拟路面结构

由表3-2，施工质量变异水平选择中级。根据二级公路、中等交通荷载等级和中级变异水平，查表3-13，初拟普通混凝土面层厚度为0.23m，基层选用级配碎石，厚0.20m。普通混凝土板的平面尺寸4.5m×3.5m，纵缝为设拉杆平缝，横缝为不设传力杆的假缝，路肩面层与行车道面层等厚并设拉杆相连。

（三）路面材料参数确定

按表3-4，取普通混凝土面层的弯拉强度标准值为4.5MPa，查表3-18，相应弯拉弹性模量与泊松比为29GPa、0.15。查表3-22，粗集料为花岗岩的混凝土线膨胀系数 $\alpha_c=10\times10^{-6}/℃$。

查表3-19，取低液限黏土路基回弹模量80MPa。查表3-20，取距地下水位1.2m时的湿度调整系数为0.75，由此得到路床顶综合回弹模量为80×0.75=60MPa。查表3-21，取级配碎石基层回弹模量为300MPa。按式（3-16）～式（3-19）计算板底地基当量回弹模量如下：

$$E_X=\sum_{i=1}^{n}(h_i^2E_i)/\sum_{i=1}^{n}h_i^2=\frac{h_1^2E_1}{h_1^2}=300\text{MPa}$$

$$h_X=\sum_{i=1}^{n}h_i=h_1=0.20\text{m}$$

$$\alpha=0.86+0.26\ln h_x=0.26\times\ln(0.20)+0.86=0.442$$

$$E_t=E_0\left(\frac{E_X}{E_0}\right)^{\alpha}=\left(\frac{300}{60}\right)^{0.442}\times60=122.2\text{MPa}$$

板底地基当量回弹模量 E_t 取为120MPa。

普通混凝土面层的弯曲刚度 D_c 按式（3-15）计算，相对刚度半径 r 按式（3-14）计算。

$$D_c=\frac{E_c h_c^3}{12\ (1-v_c^2)}=\frac{29000\times 0.23^3}{12\ (1-0.15^2)}=30.1\text{MN}\cdot\text{m}$$

$$r=1.21\ (D_c/E_t)^{1/3}=1.21\times\left(\frac{30.1}{120}\right)^{1/3}=0.763\text{m}$$

（四）荷载应力

按式（3-13）计算设计轴载和最重荷载在临界荷位处产生的荷载应力：

$$\sigma_{ps}=1.47\times 10^{-3}r^{0.70}h_c^{-2}P_s^{0.94}=1.47\times 10^{-3}\times 0.763^{0.70}\times 0.23^{-2}\times 100^{0.94}=1.744\text{MPa}$$

$$\sigma_{pm}=1.47\times 10^{-3}r^{0.70}h_c^{-2}P_m^{0.94}=1.47\times 10^{-3}\times 0.763^{0.70}\times 0.23^{-2}\times 150^{0.94}=2.554\text{MPa}$$

按式（3-10）计算荷载疲劳应力，按式（3-23）计算最大荷载应力：

$$\sigma_{pr}=k_r k_f k_c \sigma_{ps}=0.87\times 2.162\times 1.05\times 1.744=3.44\text{MPa}$$

$$\sigma_{p,max}=k_r k_c \sigma_{pm}=0.87\times 1.05\times 2.554=2.33\text{MPa}$$

其中，考虑接缝传荷能力的应力折减系数 $k_r=0.87$；综合系数 $k_c=1.05$（查表3-17）；疲劳应力系数 $k_f=N_e^{\lambda}=\ (74.8\times 10^4)^{0.057}=2.162$［按式（3-11）］。

（五）温度应力

由表3-23，最大温度梯度取88℃/m。按式（3-26）～式（3-28）计算综合温度翘曲应力和内应力的温度应力系数 B_L。

$$t=\frac{L}{3r}=\frac{4.5}{3\times 0.763}=1.97$$

$$C_L=1-\frac{\sinh(1.97)\ \cos(1.97)\ +\cosh(1.97)\ \sin(1.97)}{\cos(1.97)\ \sin(1.97)\ +\sinh(1.97)\ \cosh(1.97)}=1-0.162=0.838$$

$B_L=1.77e^{-4.48h_c}C_L-0.131\ (1-C_L)\ =1.77e^{-4.48\times 0.23}\times 0.838-0.131\times(1-0.838)=$ 0.508

按式（3-25）计算最大温度应力：

$$\sigma_{t,max}=\frac{\alpha_c E_c h_c T_g}{2}B_L=\frac{10^{-5}\times 29000\times 0.23\times 88}{2}\times 0.508=1.49\text{MPa}$$

温度疲劳应力系数按式（3-29）计算。

$$k_t=\frac{f_r}{\sigma_{t,max}}\left[a_t\left(\frac{\sigma_{t,max}}{f_r}\right)^{b_t}-c_t\right]=\frac{4.5}{1.49}\left[0.828\times\left(\frac{1.49}{4.5}\right)^{1.323}-0.041\right]=0.46$$

其中，a_t、b_t、c_t 查表3-24确定。

再由式（3-24）计算温度疲劳应力：

$$\sigma_{tr}=k_t\sigma_{t,max}=0.46\times 1.49=0.69\text{MPa}$$

（六）结构极限状态校核

查表3-1及表3-3，二级公路、中等变异水平条件下的可靠度系数取1.13。

按式（3-1）和式（3-2）校核路面结构极限状态是否满足要求。

$$\gamma_r\ (\sigma_{pr}+\sigma_{tr})\ =1.13\times\ (3.44+0.69)\ =4.67>f_r=4.5\text{MPa}$$

$$\gamma_r\ (\sigma_{p,max}+\sigma_{t,max})\ =1.13\times\ (2.33+1.49)\ =4.32\leqslant f_r=4.5\text{MPa}$$

显然，初拟的路面结构不能满足要求。将混凝土面层厚度增至0.24m。重复以上计算，

得到荷载疲劳应力 $\sigma_{pr}=3.26\text{MPa}$，最大荷载应力 $\sigma_{p,max}=2.21\text{MPa}$，最大温度应力 $\sigma_{t,max}=1.47\text{MPa}$，温度疲劳应力 $\sigma_{tr}=0.67\text{MPa}$，然后再进行结构极限状态验算。

$$\gamma_r\ (\sigma_{pr}+\sigma_{tr})\ =1.13\times\ (3.26+0.67)\ =4.46\leqslant f_r=4.5\text{MPa}$$

$$\gamma_r\ (\sigma_{p,max}+\sigma_{t,max})\ =1.13\times\ (2.21+1.47)\ =4.16\leqslant f_r=4.5\text{MPa}$$

满足结构极限状态要求，所选的普通混凝土面层计算厚度 0.24m 可以承受设计基准期内设计轴载荷载和温度梯度的综合疲劳作用，以及最重轴载在最大温度梯度时的一次极限作用。取设计厚度为 0.25m。

二、水泥稳定粒料基层上混凝土面板厚度设计案例

公路自然区划Ⅳ区新建一条一级公路，路基土为低液限粉土，路床顶距地下水位 1.5m，当地粗集料以砾石为主。拟采用普通混凝土面层，基层采用水泥稳定砂砾。经交通调查分析得知，设计轴载为 $P_s=100\text{kN}$，最重轴载 $P_m=180\text{kN}$，设计车道使用初期设计轴载日作用次数为 3200 次，交通量年平均增长率为 5%。

（一）交通分析

由表 3-1，一级公路的设计基准期为 30 年，安全等级为一级。由表 3-6，临界荷位处的车辆轮迹横向分布系数取 0.22。按式（3-9）计算得到设计基准期内设计车道设计轴载累计作用次数：

$$N_e=\frac{365N_s\ [\ (1+g_r)^t-1]}{g_r}\eta=\frac{3200\ [\ (1+0.05)^{30}-1]\ \times365}{0.05}\times0.22=1707\times10^4\text{ 次}$$

由表 3-7 可知，属重交通荷载等级。

（二）初拟路面结构

施工变异水平取低等级。根据一级公路、重交通荷载等级和低变异水平等级，查表 3-13，初拟普通混凝土面层厚度为 0.26m，水泥稳定砂砾基层厚 0.20m，底基层级配砾石，厚 0.18m。单向路幅宽度为 2×3.75m（行车道）+2.75m（硬路肩），行车道水泥混凝土板平面尺寸取 5.0m×3.75m，纵缝为设拉杆平缝，横缝为设传力杆的假缝。硬路肩面层采用与行车道面层等厚的混凝土，并设拉杆与行车道相连。

（三）路面材料参数确定

按表 3-4 和表 3-18，取普通混凝土面层的弯拉强度标准值为 5.0MPa，相应的弯拉弹性模量与泊松比为 31GPa、0.15。查表 3-22，粗集料为砾石的混凝土线膨胀系数 $\alpha_c=11\times10^{-6}/℃$。

查表 3-19，取低液限粉土路基的回弹模量为 100MPa。查表 3-20，取距地下水位 1.5m 时的湿度调整系数为 0.80，由此，路床顶综合回弹模量取为 100×0.80=80MPa。查表3-25，水泥稳定砂砾基层的弹性模量取 2000 MPa，泊松比取 0.20；查表 3-21，级配砾石底基层回弹模量取 250MPa，泊松比取 0.35。

按式（3-16）~式（3-19）计算板底地基综合回弹模量如下：

$$E_X=\sum_{i=1}^{n}(h_i^2E_i)/\sum_{i=1}^{n}h_i^2=\frac{h_1^2E_1}{h_1^2}=250\text{MPa}$$

$$h_X=\sum_{i=1}^{n}h_i=h_1=0.18\text{m}$$

$$\alpha=0.86+0.26\ln h_x=0.26\times\ln\ (0.18)\ +0.86=0.414$$

$$E_t = E_0\left(\frac{E_X}{E_0}\right)^{\alpha} = \left(\frac{250}{80}\right)^{0.414} \times 80 = 128.2\text{MPa}$$

板底地基当量回弹模量 E_t 取为 125MPa。

普通混凝土面层的弯曲刚度 D_c 按式（3-15）计算，半刚性基层板的弯曲刚度按式（3-31）计算，路面结构总相对刚度半径 r_g 按式（3-32）计算。

$$D_c = \frac{E_c h_c^3}{12\ (1-v_c^2)} = \frac{31000 \times 0.26^3}{12\ (1-0.15^2)} = 46.4\text{MN} \cdot \text{m}$$

$$D_b = \frac{E_b h_b^3}{12\ (1-v_b^2)} = \frac{2000 \times 0.20^3}{12 \times\ (1-0.20^2)} = 1.39\text{MN} \cdot \text{m}$$

$$r_g = 1.21[(D_c + D_b)/E_t]^{1/3} = 1.21 \times \left(\frac{46.4+1.39}{125}\right)^{1/3} = 0.878\text{m}$$

（四）荷载应力

按式（3-30），设计轴载和最重轴载在临界荷位处产生的荷载应力为：

$$\sigma_{ps} = \frac{1.45 \times 10^{-3}}{1 + D_b/D_c} r_g^{0.65} h_c^{-2} P_s^{0.94} = \frac{1.45 \times 10^{-3}}{1 + \dfrac{1.39}{46.4}} \times 0.878^{0.65} \times 0.26^{-2} \times 100^{0.94} = 1.452\text{MPa}$$

$$\sigma_{pm} = \frac{1.45 \times 10^{-3}}{1 + D_b/D_c} r_g^{0.65} h_c^{-2} P_m^{0.94} = \frac{1.45 \times 10^{-3}}{1 + \dfrac{1.39}{46.4}} \times 0.878^{0.65} \times 0.26^{-2} \times 180^{0.94} = 2.522\text{MPa}$$

按式（3-10）计算面层荷载疲劳应力，按式（3-23）计算面层最大荷载应力：

$$\sigma_{pr} = k_r k_f k_c \sigma_{ps} = 0.87 \times 2.584 \times 1.10 \times 1.452 = 3.59\text{MPa}$$

$$\sigma_{p,max} = k_r k_c \sigma_{pm} = 0.87 \times 1.10 \times 2.522 = 2.41\text{MPa}$$

其中，考虑接缝传荷能力的应力折减系数 $k_r = 0.87$；综合系数 $k_c = 1.10$（查表 3-17）；疲劳应力系数 $k_f = N_e^{\lambda} = (1707 \times 10^4)^{0.057} = 2.584$ [按式（3-11）]。

（五）温度应力

由表 3-23，最大温度梯度取 92℃/m。按式（3-35）~式（3-39）及式（3-26）计算综合温度翘曲应力和内应力的温度应力系数 B_L。

$$k_n = \frac{1}{2}\left(\frac{h_c}{E_c} + \frac{h_b}{E_b}\right)^{-1} = \frac{1}{2}\left(\frac{0.26}{31000} + \frac{0.20}{2000}\right)^{-1} = 4613\text{MPa/m}$$

$$r_\beta = \left(\frac{D_c D_b}{(D_c + D_b)\ k_n}\right)^{\frac{1}{4}} = \left[\frac{46.4 \times 1.39}{(46.4+1.39)\ \times 4613}\right]^{1/4} = 0.131\text{m}$$

$$\xi = -\frac{(k_n r_g^4 - D_c)\ r_\beta^3}{(k_n r_\beta^4 - D_c)\ r_g^3} = -\frac{(4613 \times 0.878^4 - 46.4)\ \times 0.131^3}{(4613 \times 0.131^4 - 46.4)\ \times 0.878^3} = 0.199$$

$$t = \frac{L}{3r_g} = \frac{5.0}{3 \times 0.878} = 1.90$$

$$C_L = 1 - \left(\frac{1}{1+\xi}\right)\frac{\sinh\ (1.90)\ \cos\ (1.90)\ + \cosh\ (1.90)\ \sin\ (1.90)}{\cos\ (1.90)\ \sin\ (1.90)\ + \sinh\ (1.90)\ \cosh\ (1.90)} = 1 - \frac{0.2000}{1+0.199} = 0.833$$

$$B_L = 1.77e^{-4.48h_c} C_L - 0.131\ (1 - C_L)\ = 1.77e^{-4.48 \times 0.26} \times 0.833 - 0.131 \times (1 - 0.833) = 0.438$$

按式（3-25）计算面层最大温度应力：

$$\sigma_{t,max}=\frac{\alpha_c E_c h_c T_g}{2}B_L=\frac{11\times10^{-6}\times31000\times0.26\times92}{2}\times0.438=1.79\text{MPa}$$

温度疲劳应力系数按式（3-29）计算。

$$k_t=\frac{f_r}{\sigma_{t,max}}\left[a_t\left(\frac{\sigma_{t,max}}{f_r}\right)^{b_t}-c_t\right]=\frac{5.0}{1.79}\left[0.841\times\left(\frac{1.79}{5.0}\right)^{1.323}-0.058\right]=0.442$$

其中，a_t、b_t、c_t 查表 3-24 确定。

再由式（3-24）计算温度疲劳应力：

$$\sigma_{tr}=k_t\sigma_{t,max}=0.442\times1.79=0.79\text{MPa}$$

（六）结构极限状态校核

查表 3-1 及表 3-3，一级公路、一级安全等级，低变异水平条件下，可靠度系数 $\gamma_r=1.13$。按式（3-1）和式（3-2）校核路面结构极限状态是否满足要求。

$$\gamma_r（\sigma_{pr}+\sigma_{tr}）=1.13\times（3.59+0.79）=4.99\leqslant f_r=5.0\text{MPa}$$

$$\gamma_r（\sigma_{p,max}+\sigma_{t,max}）=1.13\times（2.41+1.79）=4.79\leqslant f_r=5.0\text{MPa}$$

拟定的由计算厚度 0.26m 的普通混凝土面层和厚度 0.18m 的水泥稳定砂砾基层组成的路面结构满足要求，可以承受设计基准期内荷载应力和温度应力的综合疲劳作用，以及最重轴载在最大温度梯度时的一次作用。取混凝土面层设计厚度为 0.27m。

三、碾压混凝土基层上混凝土面板厚度设计案例

公路自然区划Ⅲ区新建一条高速公路，单向三车道，行车道宽 11.75m。路基土为黄土（低液限粉土），路床顶距地下水位 2.0m，当地粗集料主要为花岗岩。拟采用碾压混凝土做基层。经交通调查分析得知，设计轴载为 $P_s=100\text{kN}$，最重轴载 $P_m=250\text{kN}$，设计车道使用初期设计轴载日作用次数为 42000 次，交通量年平均增长率为 5%。

（一）交通分析

由表 3-1，高速公路的设计基准期为 30 年，安全等级为一级。由表 3-6，临界荷位处的车辆轮迹横向分布系数取 0.22。按式（3-9）计算得到设计基准期内设计车道设计轴载累计作用次数：

$$N_e=\frac{365N_s\left[(1+g_r)^t-1\right]}{g_r}\eta=\frac{42000\times\left[(1+0.07)^{30}-1\right]\times365}{0.07}\times0.22=3.186\times10^8\text{次}$$

由表 3-7 可知，属特重交通荷载等级。

（二）初拟路面结构

由表 3-1，相应于安全等级一级的变异水平等级宜为低级。根据高速公路、特重交通荷载等级和低变异水平等级，查表 3-13，初拟普通混凝土面层厚度为 0.30m，碾压混凝土基层厚 0.18m，面层与基层之间设置 40mm 厚的沥青混凝土夹层，底基层选用级配碎石，厚 0.20m。水泥混凝土上面层板的平面尺寸：长为 5.0m，宽从中央分隔带至路肩依次为 4m、4m、3.75m。纵缝为设拉杆平缝，横缝为设传力杆的假缝。硬路肩宽 3.5m，采用与行车道面层等厚的混凝土，并设拉杆与行车道板相连。

（三）路面材料参数确定

按表 3-4 和表 3-18，取普通混凝土面层的弯拉强度标准值为 5.0MPa，相应的弯拉弹性模量与泊松比为 31GPa、0.15；碾压混凝土弯拉强度标准值为 4.0MPa，相应的弯拉弹性模量与泊松比为 27GPa、0.15。查表 3-22，粗集料为花岗岩的混凝土线膨胀系数 $\alpha_c=10\times$

$10^{-6}/℃$。

查表3-19，取低液限粉土路基的回弹模量为95MPa。查表3-20，取距地下水位2.0m时的湿度调整系数为0.85，由此，路床顶综合回弹模量取为 $95\times0.85\approx80$MPa。查表3-21，级配碎石底基层回弹模量取250MPa，泊松比取0.35。

按式（3-16）~式（3-19）计算板底地基综合回弹模量如下：

$$E_X=\sum_{i=1}^{n}(h_i^2E_i)/\sum_{i=1}^{n}h_i^2=\frac{h_1^2E_1}{h_1^2}=250\text{MPa}$$

$$h_X=\sum_{i=1}^{n}h_i=h_1=0.20\text{m}$$

$$\alpha=0.86+0.26\ln h_X=0.26\times\ln(0.20)+0.86=0.442$$

$$E_t=E_0\left(\frac{E_X}{E_0}\right)^{\alpha}=\left(\frac{250}{80}\right)^{0.442}\times80=132.4\text{MPa}$$

板底地基当量回弹模量 E_t 取为130MPa。

普通混凝土面层的弯曲刚度 D_c 按式(3-15)计算，半刚性基层板的弯曲刚度按式(3-31)计算，路面结构总相对刚度半径 r_g 按式(3-32)计算。

$$D_c=\frac{E_ch_c^3}{12(1-v_c^2)}=\frac{31000\times0.30^3}{12(1-0.15^2)}=71.4\text{MN}\cdot\text{m}$$

$$D_b=\frac{E_bh_b^3}{12(1-v_b^2)}=\frac{27000\times0.18^3}{12\times(1-0.15^2)}=13.4\text{MN}\cdot\text{m}$$

$$r_g=1.21[(D_c+D_b)/E_t]^{1/3}=1.21\times\left(\frac{71.4+13.4}{130}\right)^{1/3}=1.049\text{m}$$

（四）荷载应力

按式(3-30)，设计轴载和最重轴载在上面层板临界荷位处产生的荷载应力为：

$$\sigma_{ps}=\frac{1.45\times10^{-3}}{1+D_b/D_c}r_g^{0.65}h_c^{-2}P_s^{0.94}=\frac{1.45\times10^{-3}}{1+\dfrac{13.4}{71.4}}\times1.049^{0.65}\times0.30^{-2}\times100^{0.94}=1.062\text{MPa}$$

$$\sigma_{pm}=\frac{1.45\times10^{-3}}{1+D_b/D_c}r_g^{0.65}h_c^{-2}P_m^{0.94}=\frac{1.45\times10^{-3}}{1+\dfrac{13.4}{71.4}}\times1.049^{0.65}\times0.30^{-2}\times250^{0.94}=2.512\text{MPa}$$

按式(3-34)，设计轴载在碾压混凝土基层板临界荷位处产生的荷载应力为：

$$\sigma_{bps}=\frac{1.41\times10^{-3}}{1+D_c/D_b}r_g^{0.68}h_b^{-2}P_s^{0.94}=\frac{1.41\times10^{-3}}{1+\dfrac{71.4}{13.4}}\times1.049^{0.68}\times0.18^{-2}\times100^{0.94}=0.539\text{MPa}$$

按式(3-10)计算面层荷载疲劳应力：

$$\sigma_{pr}=k_rk_fk_c\sigma_{ps}=0.87\times3.053\times1.15\times1.062=3.24\text{MPa}$$

按式(3-23)计算面层最大荷载应力：

$$\sigma_{p,max}=k_rk_c\sigma_{pm}=0.87\times1.15\times2.512=2.51\text{MPa}$$

按式(3-33)计算基层荷载疲劳应力：

$$\sigma_{bpr}=k_fk_c\sigma_{bps}=3.570\times1.15\times0.539=2.21\text{MPa}$$

其中，考虑接缝传荷能力的应力折减系数 $k_r=0.87$；综合系数 $k_c=1.15$(查表3-17)；

面层疲劳应力系数 $k_f = N_e^{\lambda} = (3.186\times10^8)^{0.057} = 3.053$[按式(3-11)];

基层疲劳应力系数 $k_f = N_e^{\lambda} = (3.186\times10^8)^{0.065} = 3.570$[按式(3-11)]。

(五)温度应力

由表3-23，最大温度梯度取90℃/m。按规定面层与基层之间(设沥青混凝土夹层)的竖向接触刚度 k_n 取3000MPa/m。按式(3-35)~式(3-38)及式(3-26)计算综合温度翘曲应力和内应力的温度应力系数 B_L。

$$r_\beta = \left(\frac{D_c D_b}{(D_c + D_b)k_n}\right)^{\frac{1}{4}} = \left[\frac{71.4\times13.4}{(71.4+13.4)\times3000}\right]^{1/4} = 0.248\text{m}$$

$$\xi = -\frac{(k_n r_g^4 - D_c)r_\beta^3}{(k_n r_\beta^4 - D_c)r_g^3} = -\frac{(3000\times1.049^4 - 71.4)\times0.248^3}{(3000\times0.248^4 - 71.4)\times1.049^3} = 0.784$$

$$t = \frac{L}{3r_g} = \frac{5.0}{3\times1.049} = 1.59$$

$$C_L = 1 - \left(\frac{1}{1+\xi}\right)\frac{\sinh(1.59)\cos(1.59) + \cosh(1.59)\sin(1.59)}{\cos(1.59)\sin(1.59) + \sinh(1.59)\cosh(1.59)} = 1 - \frac{0.419}{1+0.784} = 0.765$$

$B_L = 1.77e^{-4.48h_c}C_L - 0.131(1 - C_L) = 1.77e^{-4.48\times0.30}\times0.765 - 0.131\times(1-0.765) = 0.322$

按式(3-25)计算面层最大温度应力:

$$\sigma_{t,\max} = \frac{\alpha_c E_c h_c T_g}{2}B_L = \frac{10\times10^{-6}\times31000\times0.30\times90}{2}\times0.322 = 1.35\text{MPa}$$

温度疲劳应力系数按式(3-29)计算。

$$k_t = \frac{f_r}{\sigma_{t,\max}}\left[a_t\left(\frac{\sigma_{t,\max}}{f_r}\right)^{b_t} - c_t\right] = \frac{5.0}{1.35}\left[0.855\times\left(\frac{1.35}{5.0}\right)^{1.355} - 0.041\right] = 0.385$$

其中，a_t、b_t、c_t 查表3-24确定。

再由式(3-24)计算温度疲劳应力:

$$\sigma_{tr} = k_t\sigma_{t,\max} = 0.385\times1.35 = 0.52\text{MPa}$$

(六)结构极限状态校核

查表3-1及表3-3，高速公路、一级安全等级，低变异水平条件下，可靠度系数 $\gamma_r = 1.30$。按式(3-1)、式(3-2)和式(3-3)校核路面结构极限状态是否满足要求。

$$\gamma_r(\sigma_{pr} + \sigma_{tr}) = 1.30\times(3.24+0.52) = 4.89 \leqslant f_r = 5.0\text{MPa}$$

$$\gamma_r(\sigma_{p,\max} + \sigma_{t,\max}) = 1.30\times(2.51+1.35) = 5.02 \approx 5.0 \leqslant f_r = 5.0\text{MPa}$$

$$\gamma_r\sigma_{bpr} = 1.30\times2.21 = 2.87 \leqslant f_{br} = 4.0\text{MPa}$$

所拟路面结构满足车辆荷载和温度梯度的综合疲劳作用，最重轴载在最大温度梯度时的一次作用产生结构应力与混凝土弯曲刚度相当。取混凝土面层设计厚度为0.31m，碾压混凝土基层设计厚度为0.18m，沥青混凝土夹层设计厚度0.04m，级配碎石底基层厚度为0.20m。

项目训练

1. 比较沥青路面和水泥混凝土路面各自的优缺点。

2. 水泥混凝土路面常见的破坏现象有哪些？各自产生的原因有哪些？

3. 简述水泥混凝土路面的设计依据。

4. 简述水泥混凝土路面板厚计算流程。

5. 水泥混凝土路面的设计内容包括哪些？

6. 水泥混凝土路面各层次的功能有什么区别？设计中分别应注意什么问题？

7. 水泥混凝土路面为何在纵、横两个方向设置许多接缝？如何设置？

8. 拉杆与传力杆有何不同？

9. 对混凝土路面填缝料有哪些要求？

10. 公路自然区划Ⅱ区拟新建一条二级公路，路面宽9m，路基为低液限黏土，路床顶距地下水位平均1.5m，当地的粗集料以砂岩为主。拟采用普通混凝土路面，粒料基层。经交通调查得知，设计轴载$P_s=100kN$，最重轴载$P_m=150kN$，设计车道使用初期设计轴载的日作用次数为200次，交通量年平均增长率为5%。试设计该路面厚度。

11. 甲乙两地之间计划修建一条四车道的一级公路，路基宽24.5m，行车道宽15m，中间设隔离带。拟采用水泥混凝土路面，该路段处于Ⅲ_1区，为低液限粉土，路床顶距地下水位平均2.0m，当地粗集料以花岗岩为主，沿途有大量碎石集料，并有石灰供给。经交通调查得知，设计轴载$P_s=100kN$，最重轴载$P_m=200kN$，设计车道使用初期设计轴载的日作用次数为1200次，交通量年平均增长率为6%。试设计该路面厚度。

项目四　路面施工准备

学习目标

1. 能安排路面施工前的准备工作。
2. 会恢复公路中线及高程放样。
3. 会路面边桩计算及放样。

重　点

1. 技术准备的程序及相关内容。
2. 路面工程施工放样。

难　点

路面中线、边桩、高程的测量放样。

路面施工准备工作是保证路面施工顺利进行的前提条件，包括路面施工的前期准备工作和路面工程测量放样。前期准备工作主要为组织准备、物资准备、技术准备和现场准备，这些事务往往繁杂琐碎，需要做大量细致的工作，对后续工作影响很大。路面工程的测量放样一般是建立在前期路基施工基础之上，与路基工程进场时测量放样的程序也差不多。随着路基的完成，公路的线形初现，有一定的填土高度，水准点与导线点的位置为方便施工以及便于放样会有一定的调整，路面工程测量放样的精度要求比路基工程高。按照施工合同管理规定，路面施工单位完成施工准备工作后，应填写开工报告，经监理工程师审核达到合同规定的要求并报业主批准后，方可正式开工。

任务一　路面施工的前期准备工作

一、组织准备

路面工程开工前的组织准备工作的主要内容是建立路面施工组织机构、建立路面施工班组、编制路面施工管理规划、确定路面施工目标。

（一）建立施工组织机构

施工组织机构是指为完成施工任务而成立的负责现场施工与管理工作的项目经理部（项目部），包括职能部门及生产、环保、安全、质量等基层操作体系。

施工企业取得施工任务后，首先应组建好工程项目部，确定工程项目领导班子与工程项目经理，项目部在项目经理领导下开展工作。为了充分发挥项目部在项目管理中的主导作用，应贯彻“少而精”的原则合理设置机构，做到规章制度完备、岗位职责具体、目标任务明确、各项措施到位、运行功能齐全。

结合工程项目的规模、复杂程度和专业特点，根据工程项目管理组织机构设置原则，选用适当的组织机构形式，组建目的性明确、精干高效、技术配备精良、设备先进齐全、生产快速高效的施工组织管理机构，建立工程项目分工责任制，完善工程质量分级管理体系，明确各自的责任、权限和义务等。

项目部一般由生产系统与职能部门组成。生产系统是直接从事生产的组织机构（如施工队、施工班组），要由有实际生产经验及组织管理才能的人员领导，通常由管理生产工作的项目副经理负责。职能部门是直接保证生产系统完成施工任务所需的一系列管理工作的机构，它按工程施工计划及项目部领导的意图和指示进行工作，必须有明确的责任、权限和分工，同时要有密切的协作。根据工程规模的实际需要，可以设置计划、生产、材料、统计、安全、质检等机构，负责办理各项业务的具体工作。

项目部应在遵守企业规章制度的前提下，根据项目管理的需要，制定施工过程中必要的组织与技术管理规章制度。

（二）建立路面施工班组

施工班组是直接参与施工的基层生产组织，一般不设专职脱产管理人员，而是根据需要由班组人员分工兼任记工、领料、保管、质量检查、安全检查等工作。班组的人数及工作性质，应根据工程需要及管理需要在施工组织设计中确定。

施工班组的建立有两种形式，一是按工艺专业化原则建立，如木工班、钢筋班、混凝土班、浇筑班等；另一是按施工专业化原则建立，如路面基层班、路面面层班等。

施工班（组）的合理组织和劳动力合理安排，是保证施工连续性、紧凑性、协调性和经济性的前提。

（三）编制路面施工管理规划

路面施工管理规划是对项目施工管理的组织、内容、方法、步骤、重点工作进行预测和决策，是具体安排的纲领性文件。

路面施工管理规划的内容主要有：①进行工程项目分解，形成施工对象分解体系，以便确定阶段性控制目标，从局部到整体地进行施工活动和进行施工管理；②建立路面施工管理工作体系，绘制路面施工管理工作体系图和路面施工管理工作信息流程图；③编制施工管理规划，确定管理要点，形成文件，以利于执行。

（四）确定路面施工目标

路面施工目标有阶段性目标和最终目标。路面施工目标有质量目标、安全目标、工期目标、成本目标等。在劳动组织准备阶段确定路面施工目标，是为了保证工程项目在施工阶段进行全过程的控制。

根据确定的路面施工目标，结合路面工程施工进度计划、工期计划安排以及劳动力的调配情况，合理地组织安排施工环节和施工过程，严格劳动纪律，严把工程质量关，实施奖惩制度，最大限度地创造最佳效益。

（五）案例：×××高速公路路面施工组织机构框图

1. 工程概况

×××高速公路路线全长160.682km。该合同段路线起点桩号为K48+000，终点桩号为K72+924.991，全长24.925km。

该项目所经区域属中亚热带向北亚热带过渡的季风湿润气候，光热充足，雨量充沛，无霜期长，严寒期短。年平均气温 16 ~ 17℃，极端高温 41℃，极端低温 -5℃。年降雨量 1400 ~ 2000mm。雨季集中于 4 ~ 9 月，四季有大风。沿线地表水系发达，地下水丰富。

路面主要工程：基层为 5% 水泥稳定碎石，面层为沥青混凝土，设置沥青透层、沥青封层。

该项目合同工期控制在 12 个月之内，考虑到冬季低温、春季多雨的影响，施工期相对比较紧张，必须突出重点，加强控制，争取主动，保证在合同期内完成施工任务。

2. 施工总目标

质量目标：确保优质工程，争创精品工程。

安全目标：无重大安全事故，安全生产指标达到国标。

工期目标：合同规定工期内完成该合同段全部工程任务。

3. 施工组织机构

施工单位积累了丰富的路面施工经验，对于各种问题都能提前预见并采取相应的措施。项目部下设办公室、工程合约部、质检部、财务部、机料安全部、中心试验室等相关部室。施工现场设一个路面施工处（负责基层施工和沥青混凝土面层施工）和一个附属工程施工处。路面施工组织机构框图如图 4-1 所示。

施工组织机构布设：项目部设置在交通方便的某互通立交（路线桩号为 K64 +500）附近。水泥稳定碎石基层拌和场和沥青混合料拌和场均设在主线 K64 +200 左侧，附属工程施工队伍沿线合理设置，均租用民房。

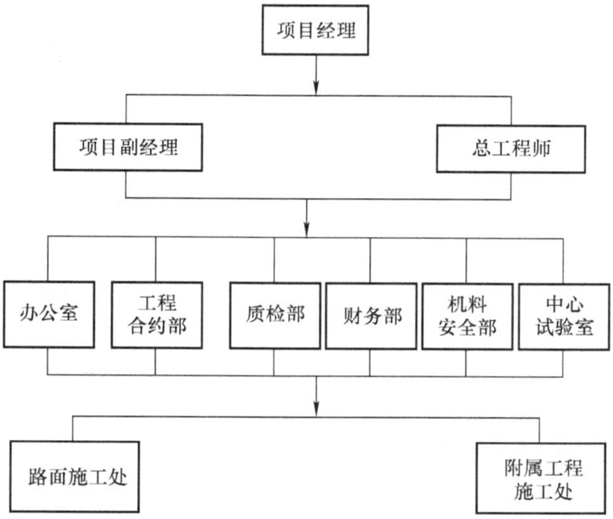

图 4-1　路面施工组织机构图

二、物资准备

路面施工要消耗大量的人力、材料和机具，正式开工前应进行所需材料的购买、采集、加工、调运和储备等工作，同时要检修或购置及安装一些路面施工机械、机具，做好施工人员的生活、后勤保障准备工作。材料和施工机械、机具的准备工作是路面施工组织计划的重要组成部分。

（一）施工用水、用电准备

施工用水主要有工程施工生产用水、生活用水与特殊用水。在沿线河流上取水时，要取样化验，检查水质是否符合工程或生活上使用的要求。路线附近可利用的水源要与就近掘井取水作经济比较确定。在有自来水设施的地区施工，饮用水使用自来水，工程及其他用水如无合适天然水源可利用时，也可使用自来水，但要与供水单位订立供水协议。

施工和生活用电最好利用当地电源，要了解供电单位能否满足工地用电的要求，并与供电单位订立供电及安装输电线路和设施的协议。当供电单位经常定期停电、供电量满足不了施工需要或根本就没有可利用的电源时，应自备电源。

（二）材料准备

当地采购或开采加工的材料（如砂、石等），必须对其产地、品质、数量、运输和价格做详细的调查分析。需要临时开采加工的材料，要了解可否发包给当地生产供应部门，并与自行组织生产做经济比较。特别要注意在设计文件提供的材料产地以外，可否找到材料品质符合要求、运距更近的产地。

自采材料和外运材料，经检验和选择，按需要的规格和数量运到现场，堆放位置应根据实施性施工组织计划进行合理安排。

路面工程材料运输，可利用当地已有的运输力量，必须了解当地可利用的运输工具的类型、数量、运输能力和运价。如果当地运输力量不能满足要求或经比较不经济时，可自行组织运输。

（三）施工机械、机具准备

应按照施工合同规定，配备足够的施工机械、设备及器具，并保证均处于良好的技术状态及满足施工的需要，并应有相匹配的维修措施。

根据路面实施性施工组织计划，一次或分批配齐足够的施工机械和相关工具。有些不常使用的机械设备可以采用租赁方式，施工单位只要向租赁者按合同规定定期交付一定的租赁费便可取得设备的使用权，从而可以减少或根本就不需要购买那些不常使用的设备。在租赁设备调查中，首先要了解出租设备的型号、功能、数量等能否满足施工时的要求，同时还要将租赁与自购作经济比较，以便择优选用。如选择租赁设备，要签订租赁合同。机械设备的放置，应考虑到施工的要求。

（四）安全防护准备

应严格执行《公路工程施工安全技术规程》的规定要求，加强安全生产管理，落实安全生产责任，提高作业人员的安全意识，准备好各种安全防护设施和劳动防护用品，正确使用安全防护用品。

项目部办公区、员工生活区、施工现场、拌和场地等，应先确定危险源，并制订相应的防范措施及应急预案。项目部所有员工和施工人员（包括合同工、农民工）及在建工程均应选择合适的保险种类进行投保。安全防护措施应是施工组织设计的重要组成部分，同时，这些措施必须有效、落实、可靠。

三、技术准备

路面施工前的技术准备工作包括设计文件熟悉和核对、补充资料调查、实施性施工组织设计和施工预算编制、路面施工测量放样、原材料试验与混合料配合比设计、路面施工技术交底等。对于高速公路和一级公路或采用新技术、新工艺及新材料的其他等级公路的路面施工，除做好上述准备工作外，还应在路面大规模施工前铺筑试验路段，为路面正式施工提供技术依据。

（一）设计文件熟悉和核对

设计文件是工程施工最重要的依据之一，施工前要组织技术人员领会设计文件的意图，熟悉设计文件中的各项技术指标，认真分析技术经济的合理性和施工的可行性。对设计文件中有疑问、错误或设计不妥之处，应及时与建设单位（业主）、设计单位和监理工程师联系，共同进行调查分析，选择合理的解决方案。

对路面工程设计文件和路面设计图纸进行现场核对的主要内容是：

1）各项路面施工计划的布置和安排是否符合路面施工技术规范的要求。

2）路面工程设计图纸、技术资料是否齐全，有无错误和相互矛盾之处。

3）路面工程设计文件所依据的水文、气象、地质、岩土等资料是否准确、可靠、齐全。

4）掌握整个工程设计内容和技术条件，弄清设计规模、各分项工程的结构特点和形式。

5）设计文件中路面结构是否合理，质量要求和集料级配范围是否合理。

6）核对路线中线、主要控制点、转角点、水准点、三角点、基线等是否准确无误。

7）路面施工方法、料场分布、运输工具、道路条件等是否符合工程现场实际情况。

现场核对时，如发现设计有错误或不合理之处，应提出修改意见报上级主管部门审批，待核准批复后进行现场测量、修改设计、补充图纸等工作。

（二）补充资料调查

进行现场补充资料的调查，是为优化和修改设计、编制实施性施工组织计划、因地制宜地布置施工场地等收集资料。调查的内容主要有：①工程所在地的地形、地质、水文、气候等自然条件；②路面自采加工材料料场分布情况、储量、供应量与运距等情况；③路面地方性生产材料供应情况；④施工期间可供利用的房屋数量；⑤当地劳动力资源、工业生产加工能力、运输条件和运输工具，施工场地的水源、水质、电源、通信，以及生活物质供应状况，当地民俗风情、生活习惯等。

（三）实施性施工组织设计和施工预算编制

编制路面实施性施工组织设计和施工预算，是路面施工前非常重要的技术准备工作。施工单位应根据设计文件中的施工组织计划和建设单位（业主）在承包合同中的具体要求，结合工程项目路面的特点、施工具体条件、路面工程量、施工难易程度以及路面施工设备、人员、材料供应情况和路面工期要求，编制具体、切实可行的实施性组织设计，并报监理工程师和业主批准。

（四）路面施工测量放样

路面开工前应做好施工测量放样工作，内容包括导线、中线、水准点复测，检查与补测纵横断面，校对和增加水准点，各结构层宽度、厚度、高程分别放样等。

（五）原材料试验与混合料配合比设计

对于拟选择的自采加工材料料场、地方性生产材料供应料场和外购材料，按照有关规定选取代表性的试样，进行原材料各项技术性能指标试验，在此基础上进行路面混合料配合比设计试验，确定混合料的施工配合比。

原材料试验和混合料配合比设计结束后，应及时向监理工程师提交报告，经监理工程师审核批准后方可采购和使用。

（六）路面施工技术交底

技术交底即把设计对施工的要求、施工方案及措施转达给施工人员，这是落实技术责任制的前提。进行技术交底的目的是保证严格按照路面施工图、实施性施工组织设计、施工操作规程、安全生产规程、工程施工及验收规范和其他技术规范进行施工。

采用新技术、新结构、新材料、新工艺等的路面工程，应先由项目总工程师向施工队技术员交底，施工队向作业班组技术员交底，然后作业班组技术员向具体操作人员进行交底。一般路面工程由施工队的单位工程技术负责人向班组长和工人交底。

路面施工技术交底内容包括：

1）路面设计图纸交底：主要是设计图纸上必须特别注意的问题，如尺寸、轴线、高程、预留孔和预埋件的位置、规格和数量等。

2）原材料交底：使用材料的品种、规格、质量、配合比和质量要求。

3）路面施工工艺交底：采用的施工方法、操作工艺和其他工种的配合等。

4）路面施工规范、技术标准交底：采用的施工规范、质量评定标准和有关要求。

5）技术措施交底：保证质量、安全生产、降低成本、文明施工和工程产品保护等技术措施要求。

6）样板交底：凡采用新技术、新工艺、新材料的工程和技术复杂的工程，应在正式施工前，做出样板或实际样品，经有关多方核查研究同意后，方可正式施工。

7）路面设计变更情况交底。

四、施工现场准备

（一）临时设施

在路面工程正式开工前充分建造好相应的临时设施，如工棚、仓库、供水、供电、通信设施等。

1. 加工场地

工地临时加工场地组织是确定建筑面积和结构形式。加工场（站、厂）的建筑面积，通常参照有关资料或根据施工单位的经验确定，也可按有关公式计算。

大型沥青混凝土或水泥混凝土搅拌设备的场地面积（图4-2和图4-3），根据设备说明书的要求确定。必要时应对拌和场的场地和进出场道路、堆料场地等进行“硬化”处理。对细集料的堆放场地应搭设防雨棚，防止细集料受到污染。这些建筑场地的结构形式应根据当地条件和使用期限而定。使用年限短的采用简易结构，如油毡或草屋面的竹木结构；使用年限较长的则可采用瓦屋面的砖木结构或活动房屋等。

图4-2　沥青混凝土拌和楼

图4-3　水泥混凝土搅拌站

2. 临时仓库

工地临时仓库分为转运仓库、中心仓库和现场仓库等。临时仓库组织是确定材料储备量和仓库面积、选择仓库位置和进行仓库设计等。

建筑材料的储备量既要保证工程连续施工的需要，也要避免材料积压而增大仓库面积。供应不易保证、运输条件差、受季节影响大的材料可增大储存量。常用材料的储备量宜通过运输组织确定。对于不经常使用和储备期长的材料，可按年度需用量的某一百分比储备。一般的仓库面积可按有关公式计算，特殊材料如爆炸品、易燃或易腐蚀品的仓库面积，按有关安全要求确定。仓库除满足总面积要求外，还要正确地确定仓库的平面尺寸，即仓库的长度和宽度。仓库的长度应满足装卸要求，宽度要考虑材料的存放方式、使用方便和仓库的结构形式。

3. 行政、生活用临时房屋

行政、生活用临时房屋临时房屋的建筑面积取决于工地的人数，包括施工人员和家属人数。在编制施工组织设计时，应尽量利用工地附近的现有建筑物，或提前修建能利用的永久房屋，如道班房、加油站等，不足部分修建临时建筑。临时建筑应按节约、适用、装拆方便的原则设计，其结构形式按当地气候、材料来源和工期长短确定，通常有帐篷、活动房屋和就地取材的简易工棚等(图4-4)。

图4-4　某高速公路项目经理部驻地

4. 临时供水、供电、供热

工地临时供水、供电、供热应解决以下问题：确定用量、选择供应来源、设计管线网络等。如供应来源由工地自行解决，还需要确定相应的设备。确定用量时，应考虑施工生产、生活和特殊用途(如消防、抗洪)的需用量。选择供应来源时，首先考虑当地已有的水源、电源，若当地没有或供应量不足时，才需自行设计解决。

（二）土基检查

不论是路堤、路堑还是原有路面，铺筑路面结构层之前，必须进行检查验收，其压实度、弯沉值、高程、平整度等技术指标达到规定的要求后，才可进行路面施工(图4-5)。如发现路基土过干、表层松散，则应适当洒水、碾压；如路基土过湿，发生“弹簧”现象，应采取挖开晾晒、换土、掺石灰或水泥等措施进行处理。

a)

b)

图4-5　路基检查验收

a）弯沉检测　b）压实度检测

（三）施工现场交通管制

为了确保路面施工安全和有序施工，对施工现场范围内的公路两端和必经的交叉路口、部分设施设备等设置施工标志，进行施工现场交通管制，对于附近人群应进行施工安全宣传

（图 4-6、图 4-7）。

图 4-6　施工现场交通管制道路

图 4-7　施工安全标志

任务二　路面施工测量放样

路面施工测量放样是在路基施工完成后，放出各结构层施工的中线和边线，并把每层施工的松铺挂线（或摊铺机导引绳挂线）高度和压实厚度相应的挂线高程位置放样出来。

在路面施工前，应根据路线导线点或控制点恢复中线，钉设中心桩和边线桩。一般直线段桩距为 15 ~20m，曲线段为 10 ~15m，并在两侧路肩边缘外 0.3 ~0.5m 处设置指示桩。此外，还应测量原有路基顶面的断面高程，在两侧的指示桩上标记路面基层（底基层或垫层）的顶面高程位置线。

在路面施工中要充分考虑路面层次的特点，做到“层层放样，层层抄平”，即每施工一层都要进行放线和高程测量，从垫层、底基层、基层、直至面层。

一、路面中线放样

（一）低精度公路中线放样

对于二、三、四级公路，其中线放样可采用传统的方法，使用经纬仪、钢尺（或皮尺）等仪器工具（图 4-8）。其施工放样的基本步骤是：

1）恢复交点和转点。根据原设计资料，对路线各交点和转点逐一查找或恢复。

2）直线段中桩放样。根据交点、转点用经纬仪、钢尺或皮尺按规定桩距钉设中线桩。

3）曲线段中桩放样。首先根据设计的曲线要素放样各曲线主点桩，然后按切线支距法、偏角法或弦线支距法等详细放样曲线上各桩。

图 4-8　低精度中线放样

（二）高精度公路中线放样

高速公路和一级公路中线放样应采用自由测站法放线，以恢复主要控制桩。

自由测站法放线的基本思路：原设计单位在路线附近设置了一系列控制点，这些控制点的连线称为“自由导线”，并利用全站仪测定其导线边长、角度等，当各项观测误差和闭合差都符合相应的限差规定时进行平差计算，直至求出这些控制点的坐标。中线放样时以“自由导线”为基础，再根据中线点的角度、距离或坐标确定中桩位置。

“自由测站法”中线施工放样示意图见图4-9。全站仪架在“自由导线”点 C_i 上，棱镜架在相邻的“自由导线”点 C_{i-1} 或 C_{i+1} 上，然后指挥拟定中线桩上的点 M 或点 K 的棱镜移动，直至满足桩点定位要求，最后用木桩标点。其放线方法有角度距离法放线和坐标法放线两种。

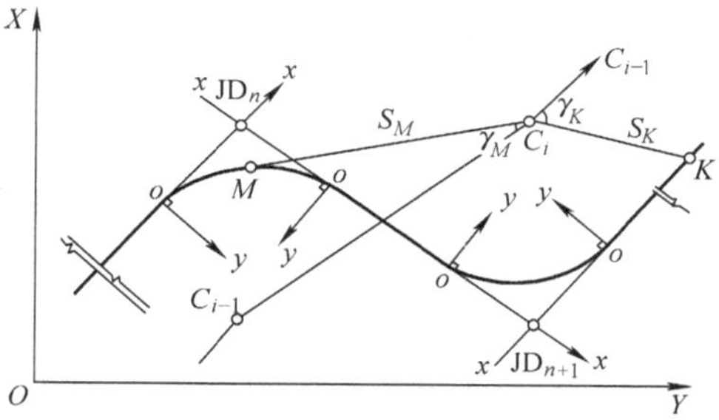

图4-9　全站仪或GPS自由测站法施工放样中线

1. 角度距离法放线

角度距离法放线确定图中 M 点时，是将全站仪置于 C_i 点，利用计算好的夹角 γ_M 和距离 S_M 确定 M 点位。角度距离法放样的关键是计算 M 点位的夹角 γ_M 和距离 S_M。其放样步骤为：

（1）将全站仪架设在“自由导线”点上，瞄准后导线或前导线点，然后读数归零。

（2）按照有关公式计算待放桩点与安置仪器点（连线）和后导线或前导线点与置仪点（连线）之间的夹角 γ，以及待放桩点与置仪点之间的距离 S。

（3）转动全站仪照准部使水平角的读数等于 γ 并使距离等于 S，指挥持棱镜人员挪动棱镜正好在该点位置即为待放桩点。

2. 坐标法放线

全站仪坐标法进行中线放样测量时，控制导线点和待测点的坐标应已知，且通视条件良好。坐标法放样的步骤如下：

（1）架设全站仪于“自由导线”点 C_i 上，后视 C_{i+1} 点。

（2）从路线“导线坐标表”中查取置仪点 C_i 的坐标（X_i，Y_i，Z_i）和后视点 C_{i+1} 的坐标（X_{i+1}，Y_{i+1}，Z_{i+1}），输入全站仪；并将测站数据（仪器高、后视方位角等）输入。

（3）从路线“逐桩坐标表”中查取待放桩点 K 的坐标，并输入全站仪。

（4）松开水平制动，转动照准部使水平角为 $0°00'00''$。

（5）在 C_i 到 K 的方向上置反射棱镜并测距，直到面板显示的距离值为0.000m时为止。

在第（3）步输入 K 点的坐标后，仪器在计算夹角的同时，也计算出 C_i 到 K 点的距离 S 并自动存储起来。测距时将量测到的距离 d 自动与 S 进行比较，面板显示其差值 $\Delta S=d-S$，当 $\Delta S>0$ 时，应向 C_i 方向移动反射棱镜 ΔS；当 $\Delta S<0$ 时，应远离 C_i 方向移动反射棱镜 ΔS；当 $\Delta S=0$ 时，即为 K 点的准确位置。

（6）在中桩位置定出后，随即测出该桩的地面或路基顶面高程（Z坐标）。

重复上述（3）~（6）步，测设其他中桩位置（图4-10）。也可以事先根据坐标计算好距离和方位角到现场进行放样，先在控制点上架好仪器，对好后视，就可以根据前视点的方位角和距离放出前视点。

二、路面边桩放样

（一）路面各结构层边桩坐标计算

由于路面各结构层中桩的坐标值相等而边桩坐标值则由于各结构层的宽度不同而不同，

所以在路面边桩放样前，对各结构层的边桩坐标值要分别进行计算，先要根据“路面横断面结构图”计算出各结构层中桩至边桩的宽度，即底基层中桩至边桩的宽度、基层中桩至边桩的宽度、路面层中桩至边桩的宽度。

图 4-10　全站仪放样

（二）案例

由图 4-11 可知，路面层半幅路宽 OA 为 12.75m。则基层半幅路宽 OB 为 $12.75+0.16\times1.5=12.99$m，下基层半幅路宽 OC 为 $12.75+0.36\times1.5=13.29$m。结构层中桩至边桩的宽度确定之后，即可根据宽度来计算各结构层边桩坐标。一般是根据曲线要素表，先根据已知特征点的坐标，计算出中桩的坐标，再根据该断面所处的曲线情况和宽度，来计算边桩的坐标，计算结果应经过校核无误后，方可使用。为了方便施工，应根据计算的中桩、左右边桩坐标值，编制成“逐桩坐标表”，以方便放样。

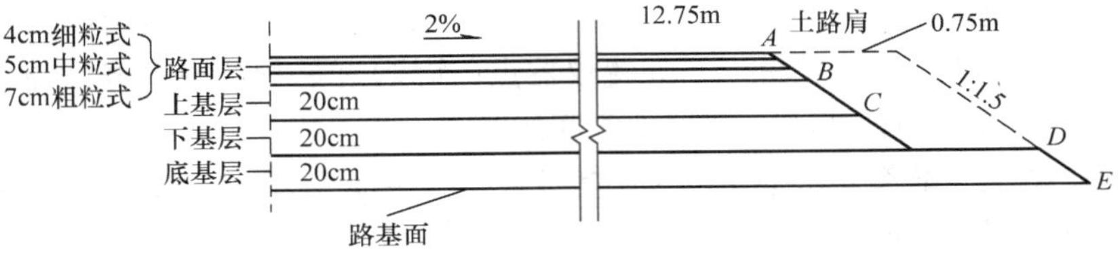

图 4-11　边桩长度计算示意图

（三）路面边桩放样步骤

传统的路面边桩放样方法使用经纬仪、钢尺等仪器工具。其施工放样的基本步骤是：

1）根据道路中心线的放样结果，用经纬仪等找出横断面方向（中心线垂直方向）。

2）用钢尺沿中心线垂直方向分别水平量取半个路面结构层宽度（$B/2$，以 m 表示），即为路面结构层边缘位置（可钉设边线桩或撒石灰线）。

3）在两侧路面结构层边缘外 0.3～0.5m 处设置指示桩。

重复上述 1）～3）步，测设其他边桩和指示桩位置。

测量时，钢尺要保持水平，不得将尺紧贴地面量取，也不得使用皮尺。测量的精度：对高速公路、一级公路，准确至 0.005m；对于其他等级公路，准确至 0.01m。另外，底基层所放桩位常采用钢钉（端部系上彩色包装绳便于识别）、竹桩（或木桩）标志；基层、面层由于其表面坚硬，在放样进行中，可先用钢钉标出其位（天气好时亦可用粉笔标出其位），然后在施工铺筑前用钢钎（用钢筋做）标志。对于设有中央分隔带的，在放样时可一并放出分隔带边桩，也可在放出中桩、边桩后，在中边桩连线上用皮尺（基层、面层应用钢卷尺）量距法加设分隔带边桩，满足施工需要。

路面边线放样亦可使用全站仪按角度距离法或坐标法进行。

三、路面结构层厚度（高程）**放样**

路面结构层铺筑施工时，其厚度控制分为松铺厚度控制和压实厚度（设计厚度）控制两项。对于预先埋设路缘石或安装模板铺筑施工的路段，可在路缘石上或模板上用明显标记标出路面结构层边缘的松铺厚度和设计高度；对于无路缘石的路段，可在两侧指示桩上用明显标记标出路面结构层边缘的松铺厚度（或松铺挂线）和设计高度；对于用摊铺机摊铺的结构层，路面结构层的松铺厚度由摊铺机导引绳挂线标示。

采用培槽法（培路肩）施工时，路面结构层厚度施工放样的基本步骤是：

1）根据道路设计高程的纵断面位置和设计高程，以及施工结构层设计的宽度、厚度、横坡度，计算各待放样桩号处施工结构层边缘的设计高程。

2）根据试验确定的结构层松铺系数和设计厚度计算松铺厚度（或松铺层边缘的高程）。

3）将水准仪（精密水准仪）或全站仪架设在路面平顺处调平，以路线附近的水准点高程作为基准。

4）以仪器高和结构层边缘的设计标高（或松铺层边缘的高程）反算测定位置的塔尺读数。

5）将塔尺竖立在路缘石或模板或边缘指示桩的测定位置处，水准仪（精密水准仪）或全站仪前视塔尺，上下移动塔尺，当水准仪的读数与反算的塔尺读数一致时，在塔尺的底面位置画标记线，即为结构层边缘的顶面位置（或松铺层边缘的顶面位置）。

6）连续测定全部测点，并与水准点闭合。

采用挖槽法（挖路槽）施工时，可在结构层两侧的边缘桩或指示桩处挖一个小坑，在小坑中钉桩，使桩顶高程符合路槽底的边缘高程，以指导路槽的开挖。

项目训练

1.【背景材料】某路桥公司中标承建某市一条长30km的道路路面工程。该工程质量要求高、工期紧、中标价较低，且工程位于丘陵地带，地形较复杂，沿线居民众多。为了保质保量的按合同要求完成任务，解决好以上矛盾，承包商认为最重要的是搞好项目总体施工组织设计的编制并能切实有效的执行。为此项目经理部拟出了编制总体施工组织设计的编制方法与步骤和具体施工组织设计基本内容要点如下：

（1）分析设计资料，选择施工方案和施工方法；（2）施工方法与相应的技术组织措施；（3）计算人工、材料、机具需要量，制定供应计划；（4）施工进度计划；（5）编制工地运输计划；（6）质量、安全保证体系；（7）计算技术经济指标；（8）冬、雨期及农忙时节的施工安排；（9）编制依据；（10）工程概况（包括明确工期、质量、安全目标及技术规范和检验标准等）；（11）各种资源需要量及其供应；（12）编制工程施工总体进度计划；（13）拟定有效的施工方案，选择适当的施工机具和施工方法；（14）设计临时工程，编制供水、供电（供热）计划；（15）确定劳力、材料、机械物资的需用量及组织和供应途径；（16）绘制施工平面布置图；（17）质量、工期、安全、环保及文明施工的保证措施；（18）编写说明书；（19）施工现场的平面布置；（20）反映所采用施工方案合理性的技术经济指标（如分项工程生产率和施工周期表；工程管理曲线；分项工程进度率计划等）。

[问题]：

（1）哪些是任何施工组织设计都必须具有的基本内容（只需写出上述要点的编号即可）。

（2）在施工组织设计的基本内容中主要用于指导施工过程进行的内容有哪些?

（3）施工方案包括的内容有哪些?

（4）建立路面施工组织机构与路面施工班组有哪些要求?

（5）路面施工的前期工作包括哪些内容?

（6）路面施工前的技术准备工作包括哪些?

（7）路面施工技术交底内容包括哪些?

2. 【背景材料】某施工企业为公路工程施工总承包一级企业，注册资金为 1.2 亿。该公司拟投标承包一公路工程项目，该某公路工程按高速公路标准设计，设计行车时速 100km，填土路基、填隙碎石底基层、水泥稳定碎石基层、沥青混凝土面层，双向四车道。该公路工程拟投资 35 亿。

[问题]：

(1) 对于此公路工程项目，可能要用到的主要施工机械有哪些？

(2) 选择机械设备的原则和方法是什么？

(3) 路基完成后需要进行检测，土方路基检查项目有哪些？

(4) 叙述角度距离法和坐标法放线的操作步骤。

(5) 简述路面边桩放样步骤。

(6) 简述培槽法（培路肩）施工时，路面结构层厚度施工放样的基本步骤。

3. 【背景材料】某高速公路项目经理部为加强施工管理，做到文明施工，安全有序，在门口设立了公示牌。公示牌的内容包括工程概况牌、安全生产文明施工牌、安全纪律牌。在工程概况牌上标明了工程规模、性质、用途。施工中按照施工组织的设计采用了硬质围挡，设置了生活区、办公区、临时设施区和生产区。

[问题]：

(1) 除此以外，现场公示牌还应设立哪些标牌？

(2) 工程概况牌的内容全面吗？如不全面，请补充。

项目五　垫层、基层（底基层）施工技术

学习目标

1. 会描述填隙碎石、泥结碎石、级配碎（砾）石的施工流程和施工技术要点。
2. 能完成填隙碎石、泥结碎石、级配碎（砾）石路面的施工，并能控制质量。
3. 会描述无机结合料稳定材料结构层的施工流程和施工技术要点。
4. 能完成无机结合料稳定材料结构层的施工。
5. 能对无机结合料稳定材料结构层的施工质量进行控制。
6. 能编制无机结合料稳定材料结构层的施工方案。

重　点

1. 无机结合料稳定材料结构层的施工流程和施工技术要点。
2. 编制无机结合料稳定材料结构层的施工方案。

难　点

1. 无机结合料稳定材料结构层的施工质量控制。
2. 编制无机结合料稳定材料结构层的施工方案。

常用的路面基层材料按力学性质可划分为半刚性类、柔性类和刚性类。半刚性类（无机结合料稳定材料）包括水泥稳定材料、石灰工业废渣材料（石灰粉煤灰、石灰钢渣等）、石灰稳定材料及综合稳定材料（水泥粉煤灰、水泥石灰稳定材料等）；柔性类可分为有机结合料稳定材料（沥青碎石、沥青贯入等）和无黏结粒料材料（级配碎石、级配砾石、填隙碎石、泥结碎石、泥灰结碎石、填隙碎石等）；刚性类包括贫混凝土、水泥混凝土以及连续配筋水泥混凝土。

常用的垫层材料，一般采用松散的颗粒材料如碎石、砂砾、粗砂、煤渣、矿渣等。

在此重点讲述无机结合料稳定材料和粒料材料结构层的施工工艺。

任务一　填隙碎石施工

一、一般规定

1）填隙碎石可用于各等级公路的底基层和三、四级公路的基层。

2）用单一粒径的粗碎石和石屑组成的填隙碎石可用于干法施工，也可用于湿法施工。干法施工的填隙碎石特别适宜干旱缺水地区。

3）填隙碎石的一层压实厚度，可取碎石最大粒径的1.5～2.0倍。

4）缺乏石屑时，可以添加细砾砂或粗砂等细集料，但其技术性能不如石屑。

5）填隙碎石施工时，应遵守下列规定：

① 细集料应干燥。

② 应采用振动轮每米宽质量不小于1.8t的振动压路机进行碾压。填隙料应填满粗碎石层内部的全部孔隙。碾压后，表面粗碎石间的孔隙应填满，但不得使填隙料覆盖粗集料而自成一层，表面应看得见粗碎石，其棱角可外露3～5mm。碾压后基层的固体体积率应不小于85%，底基层的固体体积率应不小于83%。

③ 填隙碎石基层未洒透层沥青或未铺封层时，禁止开放交通，其上面必须要有面层。

二、材料要求及原材料检测

1）填隙碎石用做基层时，碎石的最大粒径不应超过53mm；用做底基层时，碎石的最大粒径不应超过63mm。

2）粗碎石可以用具有一定强度的各种岩石或漂石轧制（宜用石灰岩），但漂石的粒径应为粗碎石最大粒径的3倍以上；也可以用稳定的矿渣轧制，矿渣的干密度和质量应比较均匀，且其干密度不小于960kg/m³。材料中的扁平、长条和软弱颗粒的含量不应超过15%。

3）填隙碎石用骨料颗粒组成应符合表5-1的规定。

表5-1　填隙碎石、粗碎石的颗粒组成

编号	通过质量百分率（%）／标称尺寸/mm	筛孔尺寸/mm							
		63	53	37.5	31.5	26.5	19	16	9.5
1	30～60	100	25～60		0～15		0～5		
2	25～50		100		25～50	0～15		0～5	
3	20～40			100	35～70		0～15		0～5

4）采用表5-1中的1号粗集料时，填隙料（宜用轧制石灰岩碎石的石屑）的公称最大粒径可为9.5mm。2、3号骨料的填隙料宜具有表5-2的颗粒组成。

表5-2　填隙料的颗粒组成

筛孔尺寸/mm	9.5	4.75	2.36	0.6	0.075	塑性指数
通过质量百分率（%）	100	85～100	50～70	30～50	0～10	<6

5）粗碎石的压碎值应符合下列规定：

①　用做基层不大于26%。

②　用做底基层不大于30%。

6）凡是饮用水（含牲畜饮用水）均可用于施工。

7）对原材料的检查与要求。施工过程中，可参照表5-3的所列检查项目与频度对各种原材料进行抽样试验，质量应符合现行施工技术规范规定的技术要求，每个检查项目的平行试验次数或一次试验的试样数必须按相关试验规程的规定进行，并以平均值评价是否合格。

三、施工工艺流程

填隙碎石结构层施工的方法为层铺法施工，又可分为干法施工和湿法施工两种方案。其施工工艺流程宜按图5-1的顺序进行。

表 5-3　原材料检查项目与频度

材料	检查项目	检查频度		试验方法或试验规程	试验规程规定的平行试验次数或一次试验的试样数
		高速、一级公路	其他公路		
粗细集料	含水率	必要时	必要时	T0305 烘干法、T0306 酒精燃烧法	每天使用前 2 个样品
	颗粒组成	随时	随时	T0302、T0303 筛分法等	每天使用前 2 个样品，使用过程中每 2000m³2 个样品
	压碎值	必要时	必要时	T0316	每天使用前 2 个样品，砂砾使用过程中每 2000 m³2 个样品，碎石种类变化重做 2 个样品
	针片状颗粒含量	随时	随时	T0311 规准仪法	2～3 个样品

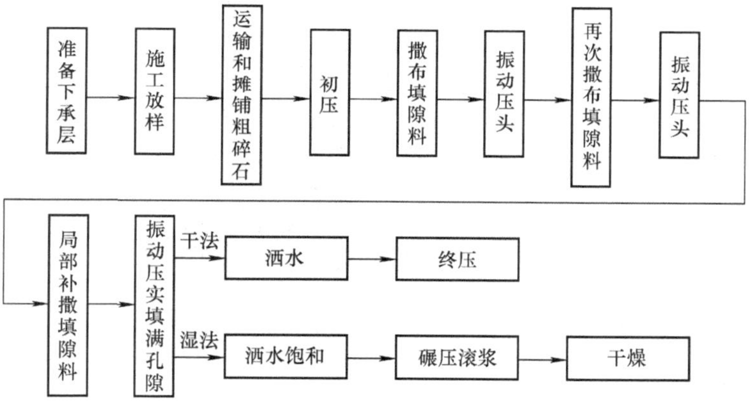

图 5-1　填隙碎石施工工艺流程图

四、施工技术要点

（一）准备下承层

不论填隙碎石下是底基层、垫层或土基，都要求平整坚实、无松散或软弱地点，具有规定的路拱，平整度和压实度要符合要求。

（二）施工放样

在下承层上恢复中线，直线段每 15～20m 设一桩，平曲线段每 10～15m 设一桩，并在两侧路肩外设指示桩。同时要进行水平测量，在两侧指示桩上标出基层（底基层）边缘的设计高程。

（三）备料

根据各路段基层或底基层的宽度、厚度及松铺系数，计算各段需要的粗碎石数量，根据运料车辆的车厢体积，计算每车料的堆放距离。填隙料的用量约为粗碎石质量的 30%～40%。

（四）运输和摊铺粗碎石

1）碎石装车时，应控制每车料的数量基本相等。

2）在同一料场供料的路段内，由远到近将粗碎石按“备料”中所计算的距离卸置于下承层上。卸料距离应严格掌握，避免有的路段料不够或料过多。

3）料堆每隔一定距离应留一缺口。

4）用平地机或其他合适的机具将粗碎石均匀地摊铺在预定的宽度上，表面应力求平整，并有规定的路拱。应同时摊铺路肩用料。

5）检查松铺材料层的厚度是否符合预计要求，必要时，应进行减料或补料工作。这里松铺厚度是指用各种不同方法摊铺任何一种混合料时，其密实度经常显著小于碾压后达到的规定密实度，这种未经压实的材料层厚度称为松铺厚度。

（五）撒铺填隙料和碾压

1. 干法施工

1）初压。用8t两轮压路机碾压3～4遍，使粗碎石稳定就位。在直线和不设超高的平曲线段上，碾压从两侧路肩开始，逐渐错轮向路中心进行；在设超高的平曲线段上，碾压从内侧路肩开始，逐渐错轮向外侧路肩进行。错轮时，每次重叠1/3轮宽。在第一遍碾压后，应再次找平。初压终了时，表面应平整，并具有要求的路拱和纵坡。

2）撒铺填隙料。用石屑撒布机或类似的设备将干填隙料均匀地撒铺在已压稳的粗碎石层上，松铺厚度约2.5～3.0cm。必要时，用人工或机械扫匀。图5-2为机耕道公路项目15cm填隙碎石基层。

图5-2 机耕道公路项目15cm填隙碎石基层

3）碾压。用振动压路机慢速碾压，将全部填隙料振入粗碎石间的孔隙中。如没有振动压路机，可用重型振动板。碾压方法同第1）项，但路面两侧应多压2～3遍。

4）再次撒布填隙料。用石屑撒布机或类似的设备将干填隙料再次撒铺在粗碎石层上，松铺厚度约2.0～2.5cm。用人工或机械扫匀。

5）再次碾压。用振动压路机按第3）项进行碾压。在碾压过程中，对局部填隙料不足之处，人工进行找补，局部多余的填隙料应扫除。

6）整修。再次碾压后，如表面仍有未填满的孔隙，则应补撒填隙料，并用振动压路机继续碾压，直到全部孔隙被填满为止。同时，应将局部多余的填隙料铲除或扫除。填隙料不应在粗碎石表面自成一层。表面必须能看得见粗碎石。如填隙碎石层上为薄沥青面层，应使粗碎石的棱角外露3～5mm。

7）分层铺筑。当需分层铺筑时，应将已压成的填隙碎石层表面粗碎石外露约5～10mm，然后在上摊铺第二层粗碎石，并按第1）～6）项要求施工。

8）终压。填隙碎石表面孔隙全部填满后，用12～15t三轮压路机再碾压1～2遍。在碾压过程中，不应有任何蠕动现象。在碾压之前，宜在表面先洒少量水，洒水量宜为3kg/m^{2}以上。

2. 湿法施工

1）开始工序与干法施工中第1）～6）项要求相同。

2）粗碎石层表面孔隙全部填满后，立即用洒水车洒水，直到饱和，但应注意避免多余水浸泡下承层。

3）用12～15t三轮压路机跟在洒水车后进行碾压。在碾压过程中，将湿填隙料继续扫入所出现的孔隙中。需要时，再添加新的填隙料。洒水和碾压应一直进行到填隙料和水形成粉砂浆为止。粉砂浆应填塞全部孔隙，并在压路机轮前形成微波纹状。

4）干燥。碾压完成的路段应让水分蒸发一段时间。结构层变干后，表面多余的细料以及细料覆盖层都应扫除干净。

5）当需分层铺筑时，应待结构层变干后，将已压成的填隙碎石层表面的填隙料扫除一些，使表面粗碎石外露5～10mm，然后在上摊铺第二层粗碎石，并按第1）～4）项要求施工。

根据实施性施工组织计划，一次或分批配齐足够的施工机械和工具。机械设备的放置，应考虑到施工的要求。

五、施工过程质量控制

填隙碎石结构层施工过程中，必须随时对工程质量进行检查、评定，质量检查的内容、频度、允许偏差参照表5-4的要求。

表5-4　填隙碎石结构层施工过程中工程质量的控制标准

项目	检查频度及单点检验评价方法	质量要求或允许偏差		试验方法
		高速、一级公路	其他公路	
颗粒组成	每2000m² 1次	在规定范围内		T0302、T0303筛分法
含水量	据观察，随时	在规定范围内		T0801烘干法、T0803酒精燃烧法等
压实度	每一作业段或不超过2000m² 检查6次以上	基层固体体积率不小于85%，底基层固体体积率不小于83%		T0304网篮法或T0308容量瓶法
承载比	每3000m² 1次，根据观察随时增加试验	不小于规定要求		室内承载比试验
弯沉值检验	每一评定段（不超过1km）每车道40～50个测点	97.7%概率的上波动界限不大于计算得到的容许值	95%概率的上波动界限不大于计算得到的容许值	T0951贝克曼梁弯沉仪法

六、施工质量标准

填隙碎石结构层工程完工后，施工单位、工程监理单位和建设单位应按相同的工程项目划分进行工程质量的监控和管理。

按照《公路工程质量检验评定标准》（JTG F80/1）的规定，填隙碎石结构层工程质量检验要求如下。

（一）基本要求

1）粗粒料应为质坚、无杂质的轧制石料或分解稳定的轧制矿渣，填缝料为5mm以下的轧制细料或粗砂。

2）应用振动压路机碾压，使填缝料填满粗粒料空隙。

（二）质量检验评定标准

填隙碎石结构层在交工验收阶段必须对铺筑质量进行检查、评定，质量检查的内容、频度、允许偏差参照表5-5的要求。

表5-5　填隙碎石（矿渣）基层和底基层实测项目

项次	检查项目		规定值或允许偏差				检查方法和频率	权值
			基　层		底　基　层			
			高速公路一级公路	其他公路	高速公路一级公路	其他公路		
1	固体体积率（%）	代表值	—	85	85	83	灌砂法：每200m每车道2处	3
		极值	—	82	82	80		
2	弯沉值/0.01mm		符合设计要求		符合设计要求		按评定标准附录1检查	2
3	平整度/mm		—	12	12	15	3m直尺：每200m测2处×10尺	2
4	纵断高程/mm		—	+5，-15	+5，-15	+5，-20	水准仪：每200m测4个断面	1
5	宽度/mm		符合设计要求		符合设计要求		尺量：每200m测4处	1
6	厚度/mm	代表值	—	-10	-10	-12	按附录H检查，每200m每车道1点	2
		合格值	—	-20	-25	-30		
7	横坡（%）		—	±0.5	±0.3	±0.5	水准仪：每200m测4个断面	1

注：表中附录是指《公路工程质量检验评定标准》（JTGF80/1）的附录。

（三）外观鉴定

表面平整密实，边线整齐，无松散现象。不符合要求时，每处减1~2分。

任务二　泥结碎石施工

一、一般规定

1）泥结碎石可用于各等级公路的底基层和三、四级公路的基层，也可作为四级公路的面层。

2）泥结碎石可用灌浆法施工，也可用拌和法施工。

二、材料要求及原材料检测

（一）石料

可采用各类型的较坚硬的岩石、圆石或矿渣轧制成碎石或天然碎石，其形状应尽量采用接近立方体并有棱角的为宜，其扁平细长颗粒不宜超过20%，且不得含其他杂物。泥结碎石材料规格见表5-6。

表 5-6　泥结碎石材料规格

编号	通过下列筛孔（mm）的质量百分比（%）						层位
	75	50	40	20	10	5	
1	100		0 ~ 15	0 ~ 5			下层或基层
2		100		0 ~ 15	0 ~ 5		
3			100	0 ~ 15	0 ~ 5		上层或面层
4				85 ~ 100		0 ~ 5	
5					85 ~ 100	0 ~ 5	嵌缝

（二）黏土

黏土的塑性指数在 18 ~ 27 之间为宜，且不得含腐殖质和其他杂质。黏土用量不宜超过石料干重的 20%。

对原材料的检查与频度同填隙碎石。

三、施工工艺流程

泥结碎石施工工艺流程宜按图 5-3 的顺序进行。

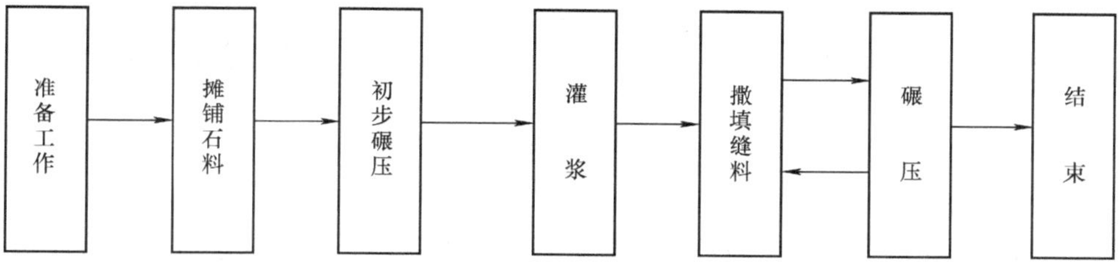

图 5-3　泥结碎石施工工艺流程图

四、施工技术要点

（一）灌浆法施工

1. 准备工作

准备工作包括放样、布置料堆、整理路槽和拌制泥浆。泥浆中水∶土 = 0.8∶1 ~ 1∶1（体积比）。过稀或拌制不均匀，都将影响到结构层的强度和稳定性。

2. 摊铺石料

应按松铺厚度一次摊足，松铺系数为 1.2 ~ 1.3 左右。图 5-4 为待压实的泥结碎石。

图 5-4　待压实的泥结碎石

3. 初步碾压

使碎石颗粒初步压实，但仍需保留有一定数量的空隙，以便泥浆能灌进去。初压以选用三轮压路机或振动压路机为宜，碾压至碎石无松动情况为佳。

4. 灌浆

在初压稳定的碎石层上，灌注泥浆。泥浆应灌注均匀且数量应以灌满碎石间的空隙为准。泥浆的表面与碎石齐平，但碎石的棱角仍应露出泥浆之上。必要时，可用竹扫帚将泥浆扫匀。灌浆时务必使泥浆灌到碎石层底部。灌浆后 1 ~2h，当泥浆下注，孔隙中空气溢出后，在未干的碎石层表面上均匀撒布嵌缝料，以填塞碎石层表面的空隙。

5. 碾压

待表面已干而内部泥浆尚处于半湿状态时，用三轮压路机或振动压路机碾压，并随时将嵌缝料扫匀，直到碾压到无明显轮迹及在碾轮下材料完全稳定为止。在碾压过程中，每碾压 1 ~2 遍后紧跟着撒布薄层石屑并扫匀随后再碾压，以便碎石缝隙内的泥浆流到表面与所撒石屑黏结成整体。泥结碎石压实如图 5-5 所示。

图 5-5 泥结碎石压实

（二）拌和法施工

将土直接均匀撒铺在摊铺平整的碎石层上，用平地机、多铧犁或多齿耙均匀拌和，然后用三轮压路机或振动压路机进行碾压，碾压方法与灌浆法相同。但在碾压过程中，需要及时补充洒水，碾压 4 ~6 遍后，撒铺嵌缝料，然后继续碾压，直至无明显轮迹及碾轮下材料完全稳定为止，如图 5-6 所示。

图 5-6 拌和法施工

五、施工过程质量控制

泥结碎石结构层在铺筑过程必须随时对铺筑质量进行检查、评定，质量检查的内容、频度可参照表 5-4，满足设计要求即可。

六、施工质量标准

等级较低，现行评定标准没有相应内容，满足设计要求即可。

任务三　级配碎石施工

一、一般规定

1）级配碎石可用于各级公路的基层和底基层及用作较薄沥青面层与半刚性基层之间的中间层，也可用于四级公路的面层。

2）用于二级及二级以上公路基层和底基层的级配碎石，应由预先筛分的几组不同粒径的碎石及石屑级配组成；其他等级公路上，级配碎石可采用未筛分碎石和石屑组配。

3）作中间层或二级以上公路的基层时，应采用集中厂拌法拌制混合料，并用摊铺机摊铺混合料。

4）级配碎石施工中缺乏石屑时，可以添加细砂砾或粗砂，也可以用颗粒组成合适的含细集料较多的砂砾与未筛分碎石组配成级配碎砾石。

5）级配碎石施工应遵循以下基本规定：

① 颗粒级配应符合规定。

② 配料必须准确。

③ 塑性指数应符合规定。

④ 混合料必须拌和均匀，没有粗细颗粒离析现象。

⑤ 在最佳含水率时进行碾压，当采用重型击实标准设计时，基层压实度应大于98%，底基层压实度应大于96%。CBR强度标准应满足表5-7的要求。

表5-7　级配碎石材料的CBR强度标准

结构层	公路等级	极重、特重交通	重交通	中、轻交通
基层	高速公路和一级公路	≥200	≥180	≥160
	二级及二级以下公路	≥160	≥140	≥120
底基层	高速公路和一级公路	≥120	≥100	≥80
	二级及二级以下公路	≥100	≥80	≥60

6）级配碎石应使用12t以上的三轮压路机进行碾压，每层的压实度厚度不应超过15～18cm。用重型振动压路机和轮胎压路机碾压时，每层的压实厚度可达20cm。

7）级配集料（含未筛分碎石）底基层不宜做成槽式，宜做成满铺式，以利排除进入路面结构层的水。否则两侧要设置纵向盲沟。

8）对未筛分碎石，一定要在较潮湿情况下才能往上铺撒石屑，否则一旦开始拌和，石屑就会落到底部。

9）级配碎石基层未洒透层沥青或未铺封层时，禁止开放交通，以保护表层不受破坏。

二、材料要求及原材料检测

1）用作级配碎石的粗集料应符合表5-8的规定，应采用具有一定级配的硬质石料，粗集料不应含有黏土块、有机物等。

2）级配碎石用作基层时，高速公路和一级公路公称最大粒径应不大于26.5mm，二级及二级以下公路公称最大粒径应不大于31.5mm；用作底基层时，公称最大粒径应不大于37.5mm。

表 5-8 粗集料技术要求

指　标	层位	高速公路和一级公路		二级及二级以下	试验方法
		极重、特重交通	重、中、轻交通		
压碎值（%）	基层	≤22	≤26	≤30	T0316
	底基层	≤26	≤26	≤35	
针片状颗粒含量（%）	基层	≤18	≤18	≤20	T0312
	底基层	≤20	≤20	≤20	
0.075mm 以下粉尘含量（%）	基层	≤1.2	≤2	—	T0310
	底基层	—	—	—	
软石含量（%）	基层	≤3	≤5	—	T0320
	底基层	—	—	—	

3）细集料可以使用一般碎石场的细筛余料，或专门轧制的细碎石集料。亦可用天然砂砾或粗砂作为细集料，但其颗粒尺寸应满足工程需要，且级配稳定，必要时应筛除其中的超尺寸颗粒。

4）细集料的塑性指数应不大于 12。不满足要求时，可加石灰、无塑性的砂或石屑掺配处理。

5）级配碎石应符合下列规定：

①液限宜不大于 28%。

②在潮湿多雨地区塑性指数宜小于 6，其他地区宜小于 9。

6）级配碎石用于二级及二级以上公路基层和底基层，应由不少于 4 种规格的材料掺配而成。

7）级配碎石的级配范围宜符合下列规定：

①用于高速公路和一级公路基层时，级配宜符合表 5-9 中级配 G－A－4 或 G－A－5 的规定。

②用于高速公路和一级公路底基层时，级配宜符合表 5-9 中级配 G－A－3 或 G－A－4 的规定。

③用于二级及二级以下公路的基层、底基层时，级配可符合表 5-9 中级配 G－A－1 或 G－A－2 的规定。

表 5-9 级配碎（砾）石推荐级配范围（%）

筛孔尺寸/mm	G－A－1	G－A－2	G－A－3	G－A－4	G－A－5
37.5	100	—	—	—	—
31.5	90～100	100	100	—	—
26.5	80～93	90～100	90～95	100	100
19	64～81	70～86	72～84	79～88	95～100
16	57～75	62～79	65～79	70～82	82～89
13.2	50～69	54～72	57～72	61～76	70～79
9.5	40～60	42～62	47～62	49～64	53～63

（续）

筛孔尺寸/mm	G－A－1	G－A－2	G－A－3	G－A－4	G－A－5
4.75	25～45	25～45	30～40	30～40	30～40
2.36	16～31	16～31	19～28	19～28	19～28
1.18	11～22	11～22	12～20	12～20	12～20
0.6	7～15	7～15	8～14	8～14	8～14
0.3	—	—	5～10	5～10	5～10
0.15	—	—	3～7	3～7	3～7
0.075①	2～5	2～5	2～5	2～5	2～5

① 对无塑性的混合料，小于0.075mm的颗粒含量宜接近高限。

8）二级及二级以下公路底基层采用未筛分碎石时，宜采用表5-10中推荐的级配范围。

表5-10　未筛分碎石推荐级配范围（%）

筛孔尺寸/mm	G－B－1	G－B－2	筛孔尺寸（mm）	G－B－1	G－B－2
53	100	—	4.75	10～30	17～45
37.5	85～100	100	2.36	8～25	11～35
31.5	69～88	83～100	0.6	6～18	6～21
19.0	40～65	54～84	0.075	0～10	0～10
9.5	19～43	29～59			

9）对原材料的检查与要求。施工过程中，可参照表5-11所列的检查项目与频度对各种原材料进行抽样试验，质量应符合现行施工技术规范规定的技术要求，每个检查项目的平行试验次数或一次试验的试样数必须按相关试验规程的规定进行，并以平均值评价是否合格。

表5-11　原材料检查项目与频度

材料	检查项目	目的	检查频度	试验方法
粗集料	含水率	确定原始含水率	每天使用前测2样品	T0801/T0803
	级配	确定级配是否符合要求，确定材料配合比	每档碎石使用前测2个样品，使用过程中每2000m^{3}测2个样品	T0303
	液限、塑限①	求塑性指数，审定是否符合规定	每种材料使用前测2个样品，使用过程中每2000m^{3}测2个样品	T0118/T0119
	毛体积相对密度、吸水率	评定粒料质量，计算固体体积率	使用前测2个样品，砾石使用过程中每2000m^{3}测2个样品，碎石种类变化重做2个样品	T0304/T0308
	压碎值	评定石料的抗压碎能力是否符合要求		T0316
	粉尘含量	评定石料质量		T0310
	针片状颗粒含量	评定石料质量		T0312
	软石含量	评定石料质量		T0320

（续）

材料	检查项目	目的	检查频度	试验方法
细集料	含水率	确定原始含水率	每天使用前测 2 样品	T0801/T0803
	级配	确定级配是否符合要求，确定材料配合比	每档材料使用前测 2 个样品，使用过程中每 2000m³ 测 2 个样品	T0327
	液限、塑限①	求塑性指数，审定是否符合规定	每种细集料使用前测 2 个样品，使用过程中每 2000m³ 测 2 个样品	T0118/T0119
	毛体积相对密度、吸水率	评定粒料质量，计算固体体积率	使用前测 2 个样品，砾石使用过程中每 2000m³ 测 2 个样品，碎石种类变化重做 2 个样品	T0328/T0352
	有机质和硫酸盐含量	确定是否适宜于用石灰或水泥稳定	有怀疑时做此试验	T0336/T0341

① 级配砾石或级配碎石中 0.6mm 以下的细土进行此项试验。

三、施工工艺流程

级配碎石结构层施工的方法分为路拌法施工和厂拌法施工。用作二级及二级以上公路的基层和底基层宜采用厂拌法施工（集中厂拌摊铺机摊铺）；用作二级以下公路的基层和底基层推荐采用厂拌法施工，在条件受限时，也可用路拌法施工（人工路拌推土机摊铺平地机整平）。

级配碎石路拌法施工的工艺流程通常按图 5-7 的顺序进行。

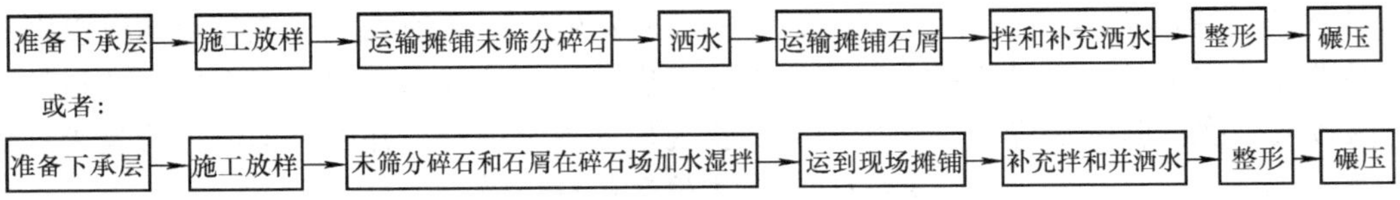

图 5-7　级配碎石路拌法施工工艺流程图

级配碎石厂拌法施工的工艺流程通常按图 5-8 的顺序进行。

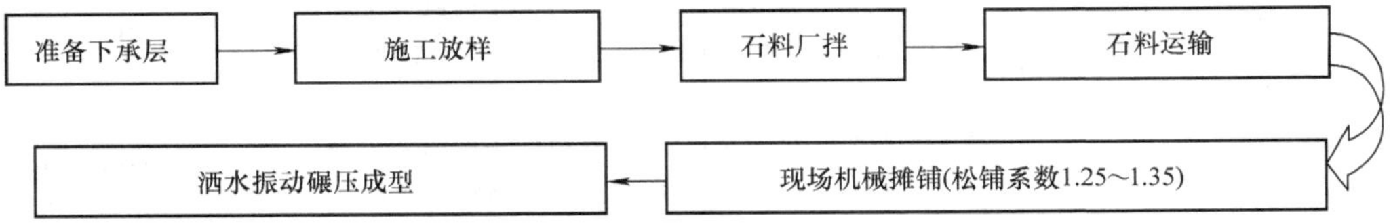

图 5-8　级配碎石厂拌法施工工艺流程图

四、施工技术要点

（一）路拌法施工

1. 准备下承层

1）下承层不宜做成槽式断面。

2）下承层表面应平整、坚实，具有规定的路拱。下承层的平整度和压实度应符合检查验收规定要求。

2. 施工放样

1）在下承层上恢复中线，直线段每15~20m设一桩，平曲线段每10~15m设一桩，并在两侧路肩边缘外设指示桩。

2）在两侧指示桩上标出基层（底基层）边缘的设计高程。

3. 备料

1）计算材料用量。

① 按照级配碎石规定的级配组成计算不同粒级碎石和石屑的配合比。

② 根据各路段基层或底基层的宽度、厚度及规定的压实干密度，并按确定的配合比分别计算各段需要的未筛分碎石和石屑的数量或不同粒级碎石和石屑的数量，并计算每车料的堆放距离。

2）未筛分碎石的含水率较最佳含水率宜大1%左右。

3）未筛分碎石和石屑可按预定比例在料场混合，同时洒水加湿，使混合料的含水率超过最佳含水率约1%。

4. 运输和摊铺集料

1）集料装车时，应控制每车料的数量基本相等。

2）在同一料场供料的路段内，宜由远到近卸置集料。卸料距离应严格控制，避免料不够或过多。未筛分碎石和石屑分别运送时，应先运送碎石。料堆每隔一定距离应留一缺口。

3）集料在下承层上的堆置时间不应过长。运送集料较摊铺集料工序宜只提前数天。

4）通过试验确定集料的松铺系数和松铺厚度。人工摊铺时，其松铺系数约为1.40~1.50；平地机摊铺时，约为1.25~1.35。

5）用平地机或其他合适的机具将料均匀地摊铺在预定的宽度上，表面应力求平整，并具有规定的路拱。应同时摊铺路肩用料。

6）检查松铺材料层厚度，必要时应进行减料或补料工作。

7）未筛分碎石摊铺平整后，在较潮湿的情况下，将石屑计算堆放距离丈量好并卸下石屑，用平地机并辅以人工将石屑均匀摊铺在碎石层上。

8）采用不同粒级的碎石和石屑时，应将大碎石铺于下层，中碎石铺于中层，小碎石铺于上层。洒水使碎石湿润后，再摊铺石屑。

5. 拌和与整形

1）对于二级及二级以上公路，应采用专用稳定土拌和机拌和级配碎石。对于二级以下公路，在无稳定土拌和机的情况下，可采用平地机或多铧犁与缺口圆盘耙相配合进行拌和。其要点是：

① 用稳定土拌和机时，应拌和两遍以上，拌和深度应直到级配碎石层底。在进行最后一遍拌和之前，必要时先用多铧犁紧贴底面翻拌一遍。

② 用平地机进行拌和时，宜翻拌5~6遍，使石屑均匀分布于碎石料中。平地机拌和的作业长度，每段宜为300~500m。平地机刀片的安装角度宜符合表5-12和图5-9的要求。

③ 用缺口圆盘耙与多铧犁相配合拌和时，用多铧犁在前翻拌，圆盘耙紧跟后面拌和，即采用边翻边耙的方法，共4~6遍。应注意随时检查调整翻耙的深度。应特别注意：用多铧犁翻拌时，第一遍由路中心开始，将混合料向中间翻，且机械应慢速前进。第二遍从两边开始，将混合料向外翻。

④ 拌和结束时，混合料应色泽一致，没有灰条、灰团和花面，以及无明显粗细集料离析现象。

2）使用在料场已拌和均匀的级配碎石混合料时，摊铺后如有离析现象，应用平地机进行补充拌和。

表 5-12　平地机刀片安装角度（°）

拌和条件	平面角 α	倾角 β	切角 γ
干拌	30～50	45	3
湿拌	30～40	45	2

3）用平地机将拌和均匀的混合料按规定的路拱进行整平和整形，在直线段，平地机由两侧向路中心刮平；在平曲线段，平地机由内侧向外侧刮平。必要时，再返回刮一遍，并注意消除粗细集料离析现象。

4）用拖拉机、平地机或轮胎压路机在已初平的路段上快速碾压一遍，以暴露潜在的不平整。

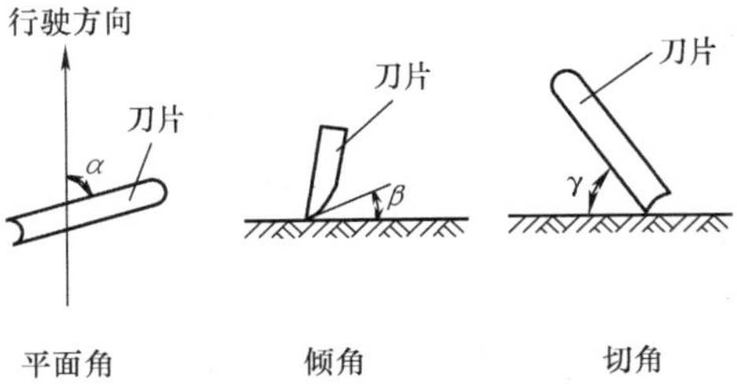

图 5-9　平地机刀片安装示意图

5）再用平地机进行整平和整形。

6. 碾压

1）整形后，当混合料的含水率等于或略大于最佳含水率时，立即用 12t 三轮压路机、振动压路机或轮胎压路机进行碾压。直线和不设超高的平曲线段，由两侧路肩开始向路中心碾压；在设超高的平曲线段，由内侧向外侧路肩进行碾压。碾压时，后轮应重叠 1/2 轮宽；后轮必须超过两段的接缝处。后轮压完路面全宽时，即为一遍。碾压一直进行到要求的密实度为止。一般需压 6～8 遍，应使表面无明显轮迹。压路机的碾压速度，头两遍以 1.5～1.7km/h 为宜，以后用 2.0～2.5km/h。路面的两侧应多压 2～3 遍。

2）严禁压路机在已完成的或正在碾压的路段上掉头或急刹动。

3）凡含土的级配碎石层，都应进行滚浆碾压，一直压到碎石层中无多余细土泛到表面为止。滚到表面的浆（或事后变干的薄土层）应清除干净。

4）在碾压结束前，应用平地机终平一次，纵坡、路拱和超高应符合设计要求。终平时，应将局部高出部分刮除并扫出路外；对局部低洼之处，不再找补。

7. 接缝的处理

1）横缝的处理要点。两作业段的衔接处，应搭接拌和。第一段拌和后，留 5～8m 不进行碾压，第二段施工时，前段留下未压部分与第二段一起拌和整平后进行碾压。

2）纵缝的处理要点。首先应避免纵向接缝。在必须分两幅铺筑时，纵缝应搭接拌和。前一幅全宽碾压密实后，在后一幅拌和时，应将相邻的前幅边部约 30cm 搭接拌和，整平后一起碾压密实。

（二）厂拌法施工

级配碎石混合料中心站采用强制式拌和机、卧式双转轴浆叶式拌和机、普通水泥混凝土拌和机等多种机械进行集中拌和。在正式拌和前，必须先调试所用厂拌设备。

1. 混合料拌和

1）对用于高速公路和一级公路的基层和中间层，宜采用不同粒级的单一尺寸碎石和石屑，按预定配合比在拌和机内拌制混合料，使混合料的颗粒组成和含水率都能达到规定的要求。

2）不同粒级的碎石和石屑等细集料应隔离分别堆放。细集料应有覆盖，防止雨淋。

3）在采用未筛分碎石和石屑时，如未筛分碎石或石屑的颗粒组成发生明显变化，应重新调试设备。

2. 混合料摊铺与整形

1）将级配碎石用于高速公路和一级公路时，应用沥青混凝土摊铺机或其他碎石摊铺机摊铺混合料，摊铺机后面应设专人消除粗细料离析现象。

2）对用于二级和二级以下公路时，如没有摊铺机，也可用自动平地机（或摊铺箱）摊铺混合料。但应注意：

① 根据摊铺层的厚度和要求达到的压实干密度，计算每车混合料的摊铺面积；

② 将混合料均匀地卸在路幅中央，路幅宽时，也可卸成两行；

③ 用平地机将混合料按松铺厚度摊铺均匀；

④ 设一个3人的小组跟在平地机后面，及时消除粗细集料离析现象。对于粗集料“窝”和粗集料“带”，应添加细集料，并拌和均匀；对细集料“窝”，应添加粗集料，并拌和均匀。

3）用平地机摊铺混合料后的整形与级配碎石路拌法施工要求相同。

3. 碾压

采用振动压路机或三轮压路机进行碾压，其碾压方法与级配碎石路拌法施工要求相同。

4. 接缝的处理

1）横向接缝处理要点。

① 用摊铺机摊铺混合料时，靠近摊铺机当天未压实的混合料，可与第二天摊铺的混合料一起碾压，但应特别注意对其含水量的检查控制，必要时应人工补充洒水，使其含水率达到规定的要求；

② 用平地机摊铺时，每天的工作缝与级配碎石路拌法施工要求相同。

2）纵向接缝处理要点。应避免纵向接缝。如一台摊铺机摊铺宽度不够时，宜采用两台一前一后相隔约5～8m同步向前摊铺。如仅有一台时，可先在一条摊铺带上摊铺一定长度后，再开到另一条摊铺带上摊铺，然后一起进行碾压。在不能避免纵向接缝的情况下，纵缝必须垂直相接，不应斜接，其处理要点是：

① 在前一幅摊铺时，在靠后一幅的一侧应用方木或钢模板作支撑，其高度与级配碎石层的压实厚度相同，并在摊铺后一幅之前，将方木或钢模板除去；

② 如在摊铺前一幅时未用方木或钢模板支撑，靠边缘的30cm左右难于压实，且形成一个斜坡，则在摊铺后一幅时，应先将未完全压实部分和不符合路拱要求部分挖松并补充洒水，待后一幅混合料摊铺后再一起进行整平和碾压。

五、施工过程质量控制

级配碎石结构层在铺筑过程中必须随时对铺筑质量进行检查、评定，质量检查的内容、频度、允许偏差参照表5-13的要求。

表 5-13 级配碎石结构层施工过程中工程质量的控制标准

<table>
<tr><th rowspan="2">项目</th><th rowspan="2">检查频度及单点检验评价方法</th><th colspan="2">质量要求或允许偏差</th><th rowspan="2">试验方法</th></tr>
<tr><th>高速、一级公路</th><th>其他公路</th></tr>
<tr><td>级配</td><td>每 2000m² 1 次</td><td colspan="2">在规定范围内</td><td>T0302、T0303 筛分法</td></tr>
<tr><td>含水率</td><td>据观察，随时</td><td colspan="2">在规定范围内</td><td>T0801 烘干法、T0803 酒精燃烧法等</td></tr>
<tr><td>压实度</td><td>每一作业段或不超过 2000m² 检查 6 次以上</td><td colspan="2">底基层 96%，基层 98%，中间层 100%</td><td>T0304 网篮法或 T0308 容量瓶法</td></tr>
<tr><td>拌和均匀性</td><td>随时观察</td><td colspan="2">无粗细集料离析现象</td><td>表层观察、挖坑观察</td></tr>
<tr><td>承载比</td><td>每 3000m² 1 次，根据观察随时增加试验</td><td colspan="2">不小于规定要求</td><td>室内承载比试验</td></tr>
<tr><td>弯沉值检验</td><td>每一评定段（不超过 1km）每车道 40～50 个测点</td><td>97.7% 概率的上波动界限不大于计算得到的容许值</td><td>95% 概率的上波动界限不大于计算得到的容许值</td><td>T0951 贝克曼梁弯沉仪法</td></tr>
</table>

六、施工质量标准

级配碎石结构层工程完工后，施工单位、工程监理单位和建设单位应按相同的工程项目划分进行工程质量的监控和管理。

按照《公路工程质量检验评定标准》（JTG F80/1）的规定，级配碎石结构层工程质量检验要求如下。

（一）基本要求

1）应选用质地坚韧、无杂质的碎石、砂砾、石屑或砂，级配应符合要求。

2）配料必须准确，塑性指数必须符合规定。

3）混合料应拌和均匀，无明显离析现象。

4）碾压应遵循先轻后重的原则，洒水碾压至要求的密实度。

（二）质量检验评定标准

级配碎石结构层交工验收阶段质量检验评定的实测项目、检查频度、质量要求或允许偏差等见表 5-14。

（三）外观鉴定

表面平整密实，边线整齐，无松散。不符合要求时，每处减 1～2 分。

表 5-14 级配碎（砾）石基层和底基层实测项目

<table>
<tr><th rowspan="3">项次</th><th rowspan="3" colspan="2">检查项目</th><th colspan="4">规定值或允许偏差</th><th rowspan="3">检查方法和频率</th><th rowspan="3">权值</th></tr>
<tr><th colspan="2">基 层</th><th colspan="2">底 基 层</th></tr>
<tr><th>高速公路
一级公路</th><th>其他
公路</th><th>高速公路
一级公路</th><th>其他
公路</th></tr>
<tr><td rowspan="2">1Δ</td><td rowspan="2">压实度（%）</td><td>代表值</td><td>98</td><td>98</td><td>96</td><td>96</td><td rowspan="2">按规范附录 B 检查，每 200m 每车道 2 处</td><td rowspan="2">3</td></tr>
<tr><td>极值</td><td>94</td><td>94</td><td>92</td><td>92</td></tr>
<tr><td>2</td><td colspan="2">弯沉值/0.01mm</td><td colspan="2">符合设计要求</td><td colspan="2">符合设计要求</td><td>按附录 I 检查</td><td>2</td></tr>
<tr><td>3</td><td colspan="2">平整度/mm</td><td>8</td><td>12</td><td>12</td><td>15</td><td>3m 直尺：每 200m 测 2 处×10 尺</td><td>2</td></tr>
<tr><td>4</td><td colspan="2">纵断高程/mm</td><td>+5，−10</td><td>+5，−15</td><td>+5，−15</td><td>+5，−20</td><td>水准仪：每 200m 测 4 个断面</td><td>1</td></tr>
<tr><td>5</td><td colspan="2">宽度/mm</td><td colspan="2">符合设计要求</td><td colspan="2">符合设计要求</td><td>尺量：每 200m 测 4 处</td><td>1</td></tr>
<tr><td rowspan="2">6Δ</td><td rowspan="2">厚度/mm</td><td>代表值</td><td>−8</td><td>−10</td><td>−10</td><td>−12</td><td rowspan="2">按规范附录 H 检查，每 200m 每车道 1 点</td><td rowspan="2">2</td></tr>
<tr><td>合格值</td><td>−15</td><td>−20</td><td>−25</td><td>−30</td></tr>
<tr><td>7</td><td colspan="2">横坡（%）</td><td>±0.3</td><td>±0.5</td><td>±0.3</td><td>±0.5</td><td>水准仪：每 200m 测 4 个断面</td><td>1</td></tr>
</table>

注：本表中附录是指《公路工程质量检验评定标准》（JTG F80/1）的附录。

任务四　级配砾石施工

一、一般规定

1）级配砾石、级配碎砾石以及符合级配、塑性指数在 6 或 9 以下的天然砂砾，适用于轻交通的二级和二级以下公路的基层以及各级公路的底基层，级配砾石也可用于四级公路的面层。

2）可在天然砂砾中掺加部分碎石或轧碎砾石，以提高材料的强度和稳定性。

3）级配砾石施工应遵循以下基本规定：

① 颗粒级配应符合规定。

② 配料必须准确。

③ 塑性指数应符合规定。

④ 混合料必须拌和均匀，没有粗细颗粒离析现象。

⑤ 在最佳含水率时进行碾压，当采用重型击实标准设计时，基层压实度应大于 98%，CBR 值不应小于 80%；底基层压实度应大于 96%，CBR 值对于轻交通的公路不应小于 40%，对于中等交通的公路不应小于 60%。

4）级配砾石应使用 12t 以上的三轮压路机进行碾压，每层的压实厚度不应超过 15～18cm。用重型振动压路机和轮胎压路机碾压时，每层的压实厚度可达 20cm。

5）级配砾石基层未洒透层沥青或未铺封层时，禁止开放交通，以保护表层不受破坏。

二、材料要求及原材料检测

1）用作级配砾石的粗集料应采用具有一定级配的硬质石料，且不应含有黏土块、有机物等。

2）级配砾石用作基层时，高速公路和一级公路公称最大粒径应不大于 26.5mm，二级及二级以下公路公称最大粒径应不大于 31.5mm；用作底基层时，公称最大粒径应不大于 37.5mm。

3）细集料可以使用一般碎石场的细筛余料，或专门轧制的细碎石集料。亦可用天然砂砾或粗砂作为细集料，但其颗粒尺寸应满足工程需要，且级配稳定，必要时应筛除其中的超尺寸颗粒。

4）细集料的塑性指数应不大于 12。不满足要求时，可加石灰、无塑性的砂或石屑掺配处理。

5）级配砾石的级配范围宜符合表 5-9 的规定。

6）对于二级及二级以下公路底基层采用未筛分砾石时，宜采用表 5-10 中推荐的级配范围。

7）级配砾石应符合下列规定：

① 液限宜不大于 28%。

② 在潮湿多雨地区塑性指数宜小于 6，其他地区宜小于 9。

8）砾石颗粒中细长及扁平颗粒的含量不应超过 20%。级配砾石或天然砂砾基层、底基层的集料压碎值应符合表 5-15 的要求。

9）施工过程中，对原材料的检查与要求见表 5-11。

表 5-15 级配砾石或天然砂砾基层、底基层的集料压碎值

层位 \ 公路等级	高速、一级公路	二级公路	三、四级公路
基层	—	—	≤35%
底基层	≤30%	≤35%	≤40%

三、施工工艺流程

级配砾石施工的工艺流程如图 5-10 所示。

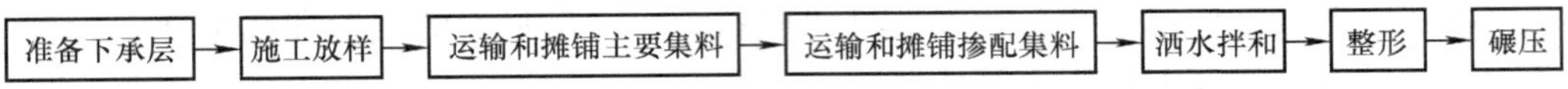

图 5-10 级配砾石施工工艺流程图

四、施工技术要点

1. 准备下承层和施工放样

有关要求与级配碎石路拌法施工相同。

2. 计算材料用量

根据各路段基层或底基层的宽度、厚度及预定的干密度，计算各段需要的集料数量。如级配砾石系用两种集料合成时，分别计算两种集料的数量；根据料场集料的含水率以及所用运料车辆的吨位，计算每车材料的堆放距离。

3. 运输和摊铺集料

1）集料装车时，每车料的数量应基本相等。

2）同一料场供料的路段内，由远到近将料按上述计算的距离卸置于下承层上。严格控制卸料距离，避免料不够或过多。采用两种集料时，应先将主要集料运到路上，待主要集料摊铺后，再运另一种集料并摊铺。如两种集料的最大粒径相差很多，则要特别注意应在粗集料潮湿状态下摊铺细集料。料堆每隔一定距离应留一缺口。

3）集料在下承层上的堆置时间不宜过长。运送集料较摊铺集料工序只宜提前数天。

4）通过试验确定松铺系数，并确定松铺厚度。人工摊铺时，其松铺系数约为 1.40 ~ 1.50，平地机摊铺时，约为 1.25 ~ 1.35。

5）用平地机或其他合适的机具将料均匀摊铺在预定的宽度上，表面应力求平整并有规定路拱，应同时摊铺路肩用料。

6）检查松铺层厚度。

4. 拌和及整形

1）用平地机拌和时，每一作业段长度宜为 300 ~ 500m。

① 拌和时，平地机刀片安装的角度与级配碎石路拌法施工的要求相同。一般需拌和 5 ~ 6 遍。拌和过程中，用洒水车洒足所需的水分。

② 使用符合级配要求的天然砂砾时，如摊铺后有粗细颗粒离析现象，应用平地机进行补充拌和。

③ 用平地机将拌和均匀的混合料按规定的路拱进行整平和整形。

④ 用拖拉机、平地机或轮胎压路机在已初平的路段上快速碾压一遍，以暴露潜在的不平整，并再用平地机进行整平和整形。

2）用拖拉机牵引四铧犁或五铧犁进行拌和时，每一作业段长度宜为 100 ~ 150m。第一

遍由路中心开始，将料向中间翻，同时机械慢速前进。第二遍则应从两边开始，将料向外翻。拌和过程中，用洒水车满足所需水分。拌和遍数以双数为宜，一般需拌6遍，且无离析现象。然后用平地机或其他机具按规定路拱整平和整形。整形过程中，严禁任何车辆通行。

碾压、横缝处理、纵缝处理等与级配碎石路拌法施工所述的要求相同。

五、施工过程质量控制

级配砾石结构层在铺筑过程中必须随时对铺筑质量进行检查、评定，质量检查的内容、频度、允许偏差参照表5-13的要求。

六、施工质量标准

级配砾石结构层工程完工后，施工单位、工程监理单位和建设单位应按相同的工程项目划分进行工程质量的监控和管理。

按照《公路工程质量检验评定标准》（JTG F80/1）的规定，级配砾石结构层工程质量检验要求同级配碎石要求。

任务五　水泥稳定材料施工

一、一般规定

1）水泥稳定集料类材料适用于各级公路的基层和底基层，水泥稳定细粒土用于各级公路的底基层以及三、四级公路的基层。

2）水泥稳定材料的水泥剂量应以水泥质量占全部干燥被稳定材料质量的百分率表示。

3）水泥稳定类材料结构层混合料的配合比设计按无侧限抗压强度试验方法确定。

4）水泥稳定类材料的压实度、7d龄期无侧限抗压强度代表值应符合表5-16规定范围的要求，且不宜超过高限。

5）水泥稳定集料的水泥剂量一般为3%~5.5%。水泥稳定中粒土和粗粒土的水泥剂量不宜超过6%。水泥稳定类材料强度要求较高时，宜采取控制原材料技术指标和优化级配设计等措施，不宜单纯通过增加水泥剂量来提高材料强度。但在只能使用水泥稳定细粒土做基层或水泥稳定集料的强度要求明显大于规定时，水泥剂量不受此限制。

表5-16　水泥稳定材料的压实度及7d无侧限抗压强度

<table>
<tr><th rowspan="2">结构层</th><th rowspan="2" colspan="2">公路等级</th><th colspan="2">极重、特重交通</th><th colspan="2">重交通</th><th colspan="2">中、轻交通</th></tr>
<tr><th>压实度（%）</th><th>抗压强度/MPa</th><th>压实度（%）</th><th>抗压强度/MPa</th><th>压实度（%）</th><th>抗压强度/MPa</th></tr>
<tr><td></td><td colspan="2">高速公路和一级公路</td><td>≥98</td><td>5.0~7.0</td><td>≥98</td><td>4.0~6.0</td><td>≥98</td><td>3.0~5.0</td></tr>
<tr><td rowspan="2">基层</td><td rowspan="2">二级及二级以下公路</td><td>稳定中、粗粒材料</td><td>≥97</td><td rowspan="2">4.0~6.0</td><td>≥97</td><td rowspan="2">3.0~5.0</td><td>≥97</td><td rowspan="2">2.0~4.0</td></tr>
<tr><td>稳定细粒材料</td><td>≥95</td><td>≥95</td><td>≥95</td></tr>
<tr><td rowspan="4">底基层</td><td rowspan="2">高速公路和一级公路</td><td>稳定中、粗粒材料</td><td>≥97</td><td rowspan="2">3.0~5.0</td><td>≥97</td><td rowspan="2">2.5~4.5</td><td>≥97</td><td rowspan="2">2.0~4.0</td></tr>
<tr><td>稳定细粒材料</td><td>≥95</td><td>≥95</td><td>≥95</td></tr>
<tr><td rowspan="2">二级及二级以下公路</td><td>稳定中、粗粒材料</td><td>≥95</td><td rowspan="2">2.5~4.5</td><td>≥95</td><td rowspan="2">2.0~4.0</td><td>≥95</td><td rowspan="2">1.0~3.0</td></tr>
<tr><td>稳定细粒材料</td><td>≥93</td><td>≥93</td><td>≥93</td></tr>
</table>

注：1. 公路等级高或交通荷载等级高或结构安全性要求高时，推荐取上限强度标准。

2. 表中强度标准指的是7d龄期无侧限抗压强度的代表值。

6）水泥稳定类结构层宜在春末和气温较高季节组织施工。施工期的日最低气温应在5℃以上，在有冰冻的地区，应在第一次重冰冻（-3～-5℃）到来之前半个月到一个月完成。

7）在雨季施工水泥稳定类结构层，特别是水泥土结构层时，应特别注意气候变化，切勿使水泥和混合料遭受雨淋。降雨时应停止施工，但已经摊铺的水泥混合料应尽快碾压密实。路拌法施工时，应采取措施排除下承层表面的水，切勿使运到路上的集料过于潮湿。

8）水泥稳定类结构层施工时，应遵循以下基本规定：

① 土块尽可能粉碎，土块最大尺寸不应大于15mm。

② 配料应准确。

③ 路拌法施工时水泥应摊铺均匀。

④ 洒水、拌和应均匀。

⑤ 应严格控制基层厚度和高程，路拱横坡与面层一致。

⑥ 应在混合料处于最佳含水率或略大于最佳含水率（气候炎热干燥时，基层混合料可大于最佳含水率1%～2%）时进行碾压，直至达到要求的压实度。

9）水泥稳定类混合料碾压时，压实机械与压实厚度应遵循以下规定：

① 水泥稳定类结构层应采用12t以上的压路机进行碾压。

② 采用12～15t三轮压路机碾压时，每层的压实厚度不应超过15cm。

③ 用18～20t三轮压路机和振动压路机碾压时，每层的压实厚度不应超过20cm。

④ 对于水泥稳定中粒土和粗粒土，采用能量大的振动压路机碾压时，或对于水泥稳定细粒土，采用振动羊足碾与三轮压路机配合碾压时，每层的压实厚度可以根据试验适当增加。

⑤ 压实厚度超过上述规定时，应分层铺筑，每层的最小压实厚度为10cm，下层宜稍厚。

⑥ 对于稳定细粒土，以及用摊铺机摊铺的混合料，都应采用先轻型、后重型压路机碾压。

二、材料要求及原材料检测

（一）水泥

水泥稳定类结构层使用的水泥应符合国家技术标准的要求。普通硅酸盐水泥、矿渣硅酸盐水泥和火山灰质硅酸盐水泥都可用于稳定集料和土。应选用初凝时间大于3h、终凝时间大于6h且小于10h水泥，不应使用快硬水泥、早强水泥以及已受潮变质的水泥。宜采用32.5级或42.5级的水泥。

（二）粗细集料

1. 粗集料

对粗集料应满足如下要求：

1）用作被稳定材料的粗集料宜采用各种硬质岩石或砾石加工成的碎石，也可直接采用天然砾石。粗集料应符合表5-17的规定。

2）基层、底基层的粗集料规格要求应符合表5-18的规定。

表 5-17　粗集料技术要求

指　　标	层位	高速公路和一级公路		二级及二级以下	试验方法
		极重、特重交通	重、中、轻交通		
压碎值（%）	基层	≤22①	≤26	≤35	T0316
	底基层	≤30	≤30	≤40	
针片状颗粒含量（%）	基层	≤18	≤22	—	T0312
	底基层	—	—	—	
0.075mm 以下粉尘含量（%）	基层	≤1.2	≤2	—	T0310
	底基层	—	—	—	
软石含量（%）	基层	≤3	≤5	—	T0320
	底基层	—	—	—	

① 对花岗岩石料，压碎值可放宽至 25%。

表 5-18　粗集料规格要求

规格名称	工程粒径/mm	通过下列筛孔（mm）的质量百分率（%）									公称粒径/mm
		53	37.5	31.5	26.5	19.0	13.2	9.5	4.75	2.36	
G1	20~40	100	90~100	—	—	0~10	0~5	—	—	—	19~37.5
G2	20~30	—	100	90~100	—	0~10	0~5	—	—	—	19~31.5
G3	20~25	—	—	100	90~100	0~10	0~5	—	—	—	19~26.5
G4	15~25	—	—	100	90~100	—	0~10	0~5	—	—	13.2~26.5
G5	15~20	—	—	—	100	90~100	0~10	0~5	—	—	13.2~19
G6	10~30	—	100	90~100	—	—	—	0~10	0~5	—	9.5~31.5
G7	10~25	—	—	100	90~100	—	—	0~10	0~5	—	9.5~26.5
G8	10~20	—	—	—	100	90~100	—	0~10	0~5	—	9.5~19
G9	10~15	—	—	—	—	100	90~100	0~10	0~5	—	9.5~13.2
G10	5~15	—	—	—	—	100	90~100	40~70	0~10	0~5	4.75~13.2
G11	5~10	—	—	—	—	—	100	90~100	0~10	0~5	4.75~9.5

3）高速公路和一级公路极重、特重交通荷载等级基层的 4.75mm 以上粗集料应采用单一粒径的规格料。

4）作为高速公路、一级公路底基层和二级及二级以下公路基层、底基层被稳定材料的天然砾石材料宜满足表 5-17 的要求，并应级配稳定、塑性指数不大于 9。

5）应选择适当的碎石加工工艺，用于破碎的原石粒径应为破碎后碎石公称最大粒径的 3 倍以上。高速公路基层用碎石，应采用反击破碎的加工工艺。

2. 细集料

对细集料应满足如下要求：

1）细集料应洁净、干燥、无风化、无杂质，并有适当的颗粒级配。

2）高速公路和一级公路用细集料技术要求应符合表 5-19 的规定。

3）细集料规格要求应符合表 5-20 的规定。

表 5-19 细集料技术要求

项目	水泥稳定	试验方法
颗粒分析	满足级配要求	T0302/0303/0327
塑性指数①	≤17	T0118
有机质含量（%）	<2	T0313/0336
硫酸盐含量（%）	≤0.25	T0341

① 应测定0.075mm以下材料的塑性指数。

表 5-20 细集料规格要求

规格名称	工程粒径/mm	通过下列筛孔（mm）的质量百分率（%）								公称粒径/mm
		9.5	4.75	2.36	1.18	0.6	0.3	0.15	0.075	
XG1	0~5	100	90~100	0~15	0~5	—	—	—	—	2.36~4.75
XG2	0~3	—	100	90~100	—	—	—	—	0~15	0~2.36
XG3	0~5	100	90~100	—	—	—	—	—	0~20	0~4.75

4）对0~3mm和0~5mm的细集料应分别严格控制大于2.36mm和4.75mm的颗粒含量。对3~5mm的细集料应严格控制小于2.36mm的颗粒含量。

5）高速公路和一级公路，细集料中小于0.075mm的颗粒含量应不大于15%；二级公路及二级公路以下公路，细集料中小于0.075mm的颗粒含量应不大于20%。

3. 材料分档与掺配

材料分档与掺配应满足如下要求：

1）材料分档应符合表5-21的规定。

表 5-21 材料分档要求

层位	高速公路和一级公路		二级及二级以下公路
	极重、特重交通	重、中、轻交通	
基层	≥5	≥4	≥3或4①
底基层	≥4	≥3或4①	≥3

① 对一般工程可选择不少于3档备料，对极重、特重交通荷载等级且强度要求较高时，为了保证级配的稳定，宜选择不少于4档备料。

2）公称最大粒径为19mm、26.5mm和31.5mm的无机结合料稳定碎石或砾石的备料规格宜符合表5-22的规定。

表 5-22 不同粒径混合料的备料规格

公称最大粒径/mm	类 型	一档	二档	三档	四档	五档	六档
19	三档备料	XG3	G11	G8	—	—	—
	四档备料Ⅰ	XG2	XG1	G11	G8	—	—
	四档备料Ⅱ	XG3	G11	G9	G5	—	—
	四档备料Ⅲ①	XG3（1）	XG3（2）	G11	G8	—	—
	五档备料Ⅰ	XG2	XG1	G11	G9	G5	—
	五档备料Ⅱ①	XG3（1）	XG3（2）	G11	G9	G5	—

（续）

公称最大粒径/mm	类 型	一档	二档	三档	四档	五档	六档
26.5	四档备料	XG3	G11	G8	G3	—	—
	五档备料Ⅰ	XG3	G11	G9	G5	G3	—
	五档备料Ⅱ	XG2	XG1	G11	G8	G3	—
	五档备料Ⅲ①	XG3（1）	XG3（2）	G11	G8	G3	—
	六档备料Ⅰ	XG2	XG1	G11	G9	G5	G3
	六档备料Ⅱ①	XG3（1）	XG3（2）	G11	G9	G5	G3
31.5	四档备料	XG3	G11	G8	G2	—	—
	五档备料Ⅰ	XG3	G11	G9	G5	G2	—
	五档备料Ⅱ	XG3	G11	G9	G4	G2	—
	五档备料Ⅲ①	XG3（1）	XG3（2）	G11	G8	G2	—
	六档备料Ⅰ	XG2	XG1	G11	G9	G5	G2
	六档备料Ⅱ①	XG3（1）	XG3（2）	G11	G9	G5	G2

① 表中 XG3（1）和 XG3（2）为两种不同级配规律的 0～5mm 的细集料。

3）天然材料用于高速公路和一级公路的基层时，应筛分成表5-18中规定的规格，并按表5-22中的备料规格进行掺配。天然材料的规格不满足设计级配的要求时，可掺配一定比例的碎石或轧碎砾石。

4. 粗细集料推荐级配及技术要求

1）被稳定材料的液限应不大于40%，塑性指数应不大于17。

2）被稳定材料中含有一定量的碎石或砾石，且小于0.6mm的颗粒含量在30%以下时，塑性指数可大于17，且土的均匀系数应大于5。其级配可采用表5-23中推荐的级配范围，并应符合下列规定：

① 用于高速公路和一级公路的底基层时，被稳定材料的公称最大粒径应不大于31.5mm，级配宜符合表5-23中C－A－1或C－A－2的规定，被稳定材料中不宜含有黏性土或粉性土。

② 用于二级公路的基层时，级配宜符合表5-23中C－A－1的规定，被稳定材料中不宜含有黏性土或粉性土。

③ 用于二级以下公路的基层时，级配宜符合表5-23中C－A－3的规定，被稳定材料的公称最大粒径应不大于37.5mm。

④ 用于二级及二级以下公路的底基层时，级配宜符合表5-23中C－A－4的规定，被稳定材料的公称最大粒径应不大于37.5mm。

表5-23　水泥稳定材料的推荐级配范围（%）

筛孔尺寸/mm	高速公路和一级公路的底基层或二级公路的基层	高速公路和一级公路的底基层	二级以下公路的基层	二级及二级以下公路的底基层
	C－A－1	C－A－2	C－A－3	C－A－4
37.5	100	100	90～100	—
31.5	90～100	—	—	—
26.5	—	—	66～100	—
19	67～90	—	54～100	—

（续）

筛孔尺寸/mm	高速公路和一级公路的底基层或二级公路的基层	高速公路和一级公路的底基层	二级以下公路的基层	二级及二级以下公路的底基层
	C－A－1	C－A－2	C－A－3	C－A－4
9.5	45～68	—	39～100	—
4.75	29～50	50～100	28～84	50～100
2.36	18～38	—	20～70	—
1.18	—	—	14～57	—
0.6	8～22	17～100	8～47	17～100
0.075	0～7	0～30	0～30	0～50

注：表中水泥稳定材料不包括水泥稳定碎石或砾石。

3）被稳定材料为粒径较均匀的砂时，宜在砂中添加适量塑性指数小于10的黏性土、石灰土或粉煤灰，加入比例应通过击实试验确定。

4）水泥稳定级配碎石或砾石的级配可采用表5-24中推荐的级配范围，并宜符合下列规定：

① 用于高速公路和一级公路时，级配宜符合表5-24中C－B－1、C－B－2的规定。混合料密实时也可采用C－B－3级配。C－B－1级配宜用于基层和底基层，C－B－2级配宜用于基层。

② 用于二级及二级以下公路时，级配宜符合表5-24中C－C－1、C－C－2、C－C－3的规定。C－C－1级配宜用于基层和底基层，C－C－2和C－C－3级配宜用于基层，C－C－3级配宜用于极重、特重交通荷载等级下的基层。

③ 被稳定材料的液限宜不大于28%。

④ 用于高速公路和一级公路时，被稳定材料的塑性指数宜不大于5；用于二级及二级以下公路时，宜不大于7。

表5-24 水泥稳定级配碎石或砾石的推荐级配范围（%）

筛孔尺寸/mm	高速公路和一级公路			二级及二级以下公路		
	C－B－1	C－B－2	C－B－3	C－C－1	C－C－2	C－C－3
37.5	—	—	—	100	—	—
31.5	—	—	100	90～100	100	—
26.5	100	—	—	81～94	90～100	100
19	82～86	100	68～86	67～83	73～87	90～100
16	73～79	88～93	—	61～78	65～82	79～92
13.2	65～72	76～86	—	54～73	58～75	67～83
9.5	53～62	59～72	38～58	45～64	47～66	52～71
4.75	35～45	35～45	22～32	30～50	30～50	30～50
2.36	22～31	22～31	16～28	19～36	19～36	19～36
1.18	13～22	13～22	—	12～26	12～26	12～26
0.6	8～15	8～15	8～15	8～19	8～19	8～19
0.3	5～10	5～10	—	5～14	5～14	5～14
0.15	3～7	3～7	—	3～10	3～10	3～10
0.075	2～5	2～5	03	2～7	2～7	2～7

（三）水

凡是饮用水（含牲畜饮用水）均可用于水泥稳定类结构层施工。

（四）施工过程中对原材料的检查与要求

水泥稳定类结构层施工前以及在施工过程中，原材料或混合料发生变化时，应按现行《公路集料试验规程》（JTG E42）、《公路土工试验规程》（JTG E40）等试验规程检验拟采用材料。用作基层和底基层的水泥、粗细集料、土，应按表5-25所列试验项目和要求检测评定。

表5-25　施工过程中材料质量检查项目与频度

材料	检查项目	目的	检查频度	试验方法
粗集料	含水率	确定原始含水率	每天使用前测2样品	T0801/T0803
	级配	确定级配是否符合要求，确定材料配合比	每档碎石使用前测2个样品，使用过程中每2000m³测2个样品	T0303
	液限、塑限①	求塑性指数，审定是否符合规定	每种材料使用前测2个样品，使用过程中每2000m³测2个样品	T0118/T0119
	毛体积相对密度、吸水率	评定粒料质量，计算固体体积率	使用前测2个样品，砾石使用过程中每2000m³测2个样品，碎石种类变化重做2个样品	T0304/T0308
	压碎值	评定石料的抗压碎能力是否符合要求		T0316
	粉尘含量	评定石料质量		T0310
	针片状颗粒含量	评定石料质量		T0312
	软石含量	评定石料质量		T0320
细集料	含水率	确定原始含水率	每天使用前测2样品	T0801/T0803
	级配	确定级配是否符合要求，确定材料配合比	每档材料使用前测2个样品，使用过程中每2000m³测2个样品	T0327
	液限、塑限①	求塑性指数，审定是否符合规定	每种细集料使用前测2个样品，使用过程中每2000m³测2个样品	T0118/T0119
	毛体积相对密度、吸水率	评定粒料质量，计算固体体积率	使用前测2个样品，砾石使用过程中每2000m³测2个样品，碎石种类变化重做2个样品	T0328/T0352
	有机质和硫酸盐含量	确定是否适宜于用石灰或水泥稳定	有怀疑时做此试验	T0336/T0341
水泥	水泥强度等级和初、终凝时间	确定水泥的质量是否适宜应用	做材料组成设计时测1个样品，料源或强度等级变化时重测	T0505/T0506
土	含水率	确定原始含水率	每天使用前测2样品	T0801/T0803
	液限、塑限	求塑性指数，审定是否符合规定	每种土使用前测2个样品，使用过程中每2000m³测2个样品	T0118/ T0119
	颗粒分析	确定级配是否符合要求，确定材料配合比	每种土使用前测2个样品，使用过程中每2000m³测2个样品	T0115
	有机质和硫酸盐含量	确定土是否适宜于用石灰或水泥稳定	对土有怀疑时做此试验	T0151/T0153

① 级配砾石或级配碎石中0.6mm以下的细土进行此项试验。

三、施工工艺流程

水泥稳定材料结构层通常采用集中厂拌摊铺机摊铺的施工方法，对水泥稳定细粒材料也可采用集中厂拌推土机摊铺平地机整平。在条件受限的特殊情况下，用作三级公路、四级公路底基层的水泥稳定细粒材料结构层也可采用路拌法施工。对于边角部位施工，混合料拌和方式应与主线相同，可采用推土机摊铺、平地机整平的人工方式摊铺，并与主线同步碾压成形。

（一）厂拌法施工工艺流程

厂拌法施工（集中厂拌摊铺机摊铺）的工艺流程通常按图5-11的顺序进行。

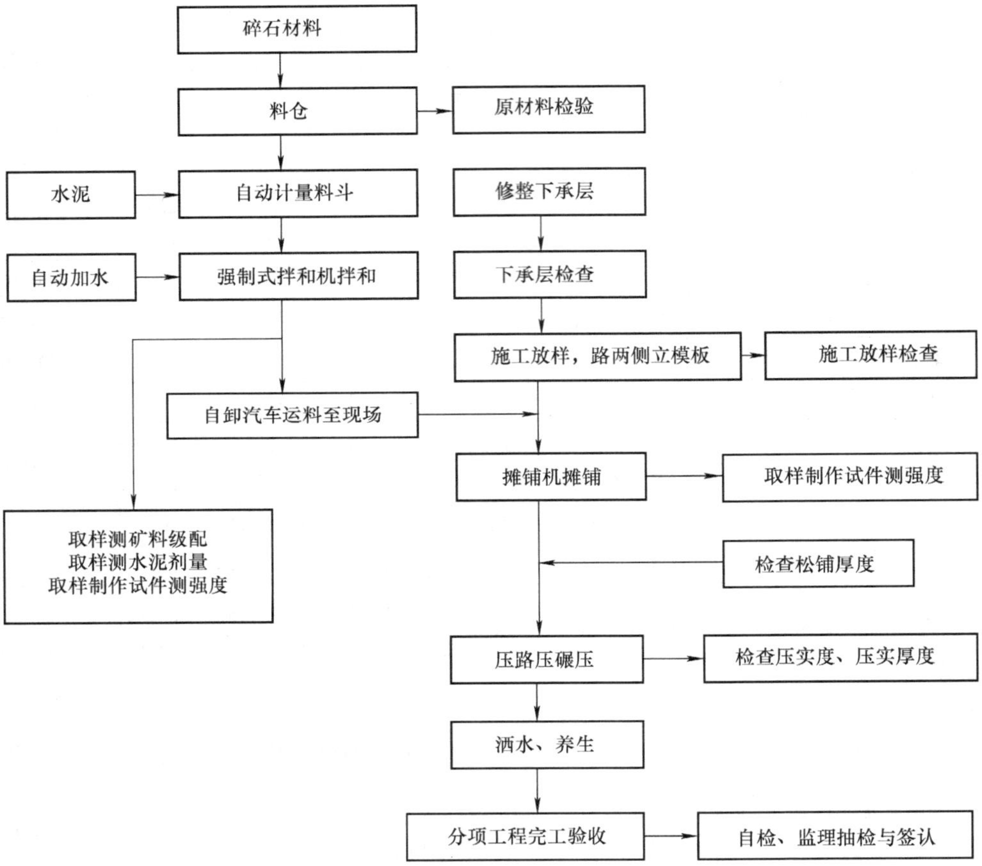

图5-11　厂拌法水泥稳定材料施工工艺流程

（二）路拌法施工工艺流程

路拌法施工的工艺流程通常按图5-12的顺序进行。

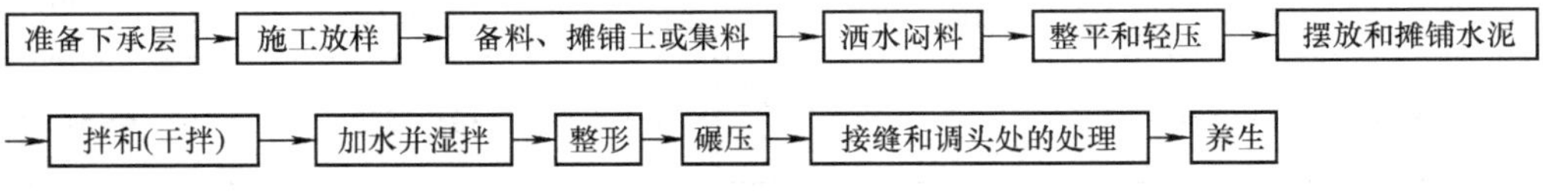

图5-12　路拌法水泥稳定材料施工工艺流程

四、施工技术要点

（一）厂拌法施工

水泥稳定材料应当在中心站（厂）采用专用稳定材料拌和机械拌制，然后再运输到施工现场进行摊铺，以保证混合料的均匀性和水泥稳定材料的施工质量，并可减轻对施工现场的环境污染。

1. 准备下承层

1）下承层表面应平整、坚实，具有规定的路拱。下承层的平整度和压实度应符合检查验收规定要求。

2）下承层为路基时，宜用12～15t三轮压路机或等效的碾压机械碾压3～4遍，并应符合下列规定：

① 在碾压过程中，发现表层松散时，宜适当洒水。

② 发现“弹簧”现象时，宜采用挖开晾晒、换土、掺石灰或水泥等措施处理。

3）下承层为粒料底基层时，应检测弯沉值。不符合设计要求时，应根据具体情况，采取措施，使之达到规定要求。

4）下承层为原路面时，应检查其材料是否符合底基层材料的技术要求；不符合要求时，应翻松原路面并采取必要的处理措施。

5）底基层或原路面上存在低洼和坑洞时，应填补及压实；对搓板和辙槽应刮除；对松散应耙松洒水并重新碾压，达到平整密实。

6）新完成的底基层或路基，应按相关标准的规定验收，验收合格后方可铺筑上层稳定材料层。

7）在槽式断面的路段，宜在两侧路肩上每隔5～10m交错开挖泄水沟。

2. 施工放样

1）在底基层或老路面或土基上恢复中线，直线段每15～20m设一桩，平曲线段每10～15m设一桩，并在两侧路肩边缘外设指示桩。

2）在两侧指示桩上用明显标记标出水泥稳定类结构层边缘的设计高，如图5-13所示。

图5-13　施工放样图示

3. 备料

1）各种不同材料（水泥、土、外掺剂等）及不同规格集料（碎石、砾石、石屑、砂）严禁混杂，应分档隔仓堆放，并有明显的标志。

2）潮湿多雨地区或其他地区多雨季节施工时，应采取措施防止集料遭受雨淋，对原材料（细集料、水泥等）应有覆盖。对高速公路和一级公路，细集料、水泥等严禁露天堆放，应放置于专门搭建的防雨棚内或库房内。

3）土块应予以粉碎，最大尺寸不得超过15mm。

4. 拌和

水泥稳定材料的拌和应采用专用稳定材料拌和设备拌制混合料。水泥稳定材料拌和厂如

图 5-14 所示。拌和厂的设置要求如下：

1）拌和厂应安置在地势相对较高的位置，并做好排水设施。

2）拌和厂场地应平整并具有足够的承载能力。高速公路和一级公路的拌和厂，场地应采用混凝土硬化，混凝土强度等级应不低于 C15，厚度应不小于 200mm。

3）装水泥的料仓应密闭、干燥，同时内部应装有破拱装置。对高速公路，水泥料仓应配备计重装置，不宜通过电动机转速计量水泥的添加量。

图 5-14　水泥稳定材料拌和厂

4）加水量的计量应采用流量计的方式。对高速公路和一级公路，水的流量数值应在中央控制室的控制面板上显示。

5）对稳定中、粗粒材料的拌和生产设备应满足下列要求：

① 对高速公路和一级公路，混合料拌和设备的产量宜大于 500t/h。

② 拌和设备的料仓数目应与规定的备料档数相匹配，宜较规定的备料档数增加 1 个。

③ 各个料仓之间的挡板高度应不小于 1m。

④ 高速公路的基层施工时，每个料斗与料仓下面应安装称量精度达到 ±0.5% 的电子秤。

拌和时应注意以下事项：

1）在正式拌制混合料之前，应先调试所用的设备，使混合料的颗粒组成和含水率都达到配合比设计的规定要求。原集料的颗粒组成发生变化时，应重新调试设备。

2）在稳定中、粗粒材料生产过程中，应按配合比设计确定的材料规格及数量拌和，配料应准确，拌和应均匀。

3）高速公路基层的混合料拌和时，宜采用两次拌和的生产工艺，也可采用间歇式拌和生产工艺，拌和时间应不少于 15s。

4）气温高于 30℃时，水泥进入拌缸温度宜不高于 50℃；高于 50℃时应采取降温措施。气温低于 15℃时，水泥进入拌缸温度应不低于 10℃。

5）在拌的过程中，应实时监测各个料仓的生产计量，对高速公路和一级公路，应每 10min 打印各档料仓的使用量。某档材料的实际掺加量与设计要求值相差超过 10% 时，应立即停机检查原因，正常后方可继续生产。

6）天气炎热或运距较远时，混合料拌和时宜适当增加含水率。对稳定中、粗粒材料，混合料的含水率可高于最佳含水率 0.5～1 个百分点，对稳定细粒材料，含水率可高于最佳含水率 1～2 个百分点，使混合料运到现场摊铺后碾压时的含水率不小于最佳值。在拌和过程中，应根据集料和混合料含水率的大小及时调整加水量。

7）对高速公路和一级公路，应从拌和厂取料，每隔 2h 测定一次含水率，每隔 4h 测定一次结合料的剂量，并做好记录。

某型稳定材料厂拌设备总布置图如图 5-15 所示。

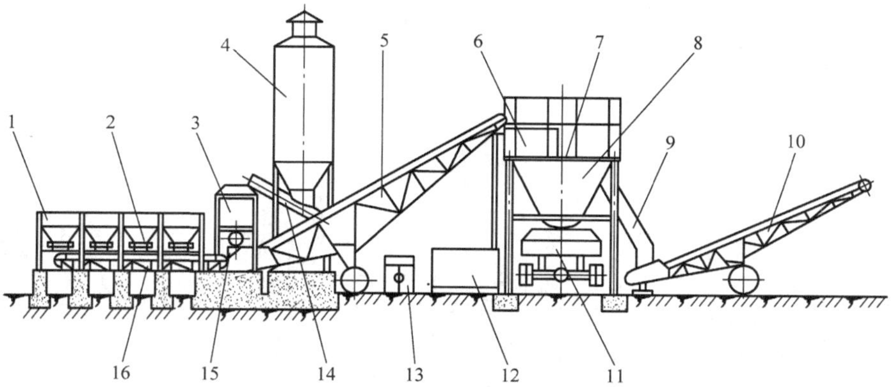

图 5-15　某型稳定材料厂拌设备总布置图

1—配料料斗　2—皮带给料机　3—小粉料仓　4—粉料筒仓　5—斜置集料皮带输送机　6—搅拌机　7—平台　8—混合料储仓　9—溢料管　10—堆料皮带输送机　11—自卸汽车　12—供水系统　13—控制柜　14—螺旋输送机　15—叶轮给料机　16—水平集料皮带输送机

5. 运输

根据工程量的大小和运距的长短，配备足够数量的混合料运输车，运输车装料前应清理干净车厢，不得存有杂物，装好料后，应用篷布将厢体覆盖严密，直到摊铺机前准备卸料时方可打开。对水泥稳定中、粗粒材料，在装料过程中应采取措施减少混合料的离析。对高速公路和一级公路，水泥稳定材料从装车到运输至现场，时间宜不超过 1h，超过 2h 时应将作为废料处置。

6. 摊铺

摊铺机的摊铺能力应与拌和机拌和的生产能力互相匹配。摊铺机如图 5-16、图 5-17 所示。

图 5-16　摊铺机摊铺作业侧面近景

1）混合料的摊铺应保证足够的厚度，碾压成形后每层的摊铺厚度宜不小于 160mm，最大厚度宜不大于 200mm。具有足够的摊铺能力和压实功率时，可增加碾压厚度，具体的摊铺厚度应根据试验结果确定。大厚度的摊铺施工时，应增加相应的拌和能力。

2）下承层施工质量检测合格后，才能摊铺上面结构层。下承层是稳定细粒材料时，宜先将下承层顶面拉毛或采用凸块式压路机碾压，再摊铺上层混合料；下承层是稳定中、粗粒材料时，应先将下承层清理干净，并洒铺水泥净浆，再摊铺上层混合料。

3）水泥稳定材料应采用摊铺功率不低于 120kW 的沥青混凝土摊铺机或稳定材料摊铺机摊铺混合料。二级以下公路没有摊铺机时，可采用摊铺箱摊铺混合料。对无法使用机械摊铺的超宽路段，应采用人工同步摊铺、修整，并同时碾压成形。

4）采用两台摊铺机并排摊铺时，两台摊铺机的型号及磨损程度宜相同。在施工期间，两台摊铺机的前后间距宜不大于 10m，且两个施工段面纵向应有 300～400m 的重叠。若只有一台小型摊铺机工作时，可以在两条线或几个工作道上交替摊铺，但要注意任何一条工作道都不能比邻接的工作道摊铺得太前，要保证相邻工作道上任一地点摊铺混合料间隔时间不超过25min。摊铺均匀后立即碾压。

图5-17 水泥稳定碎石基层两台摊铺机同时摊铺作业

使用摊铺机铺筑水泥稳定材料混合料，必须严格遵守操作技术规范，才能达到较好的平整度，为了得到一个平整的基层顶面，可以采取以下措施：

① 保持整平板前的混合料的高度不变。

② 保持螺旋分料器有80%的时间在工作状态。

③ 减少停机/开动的次数，避免运料卡车碰撞摊铺机。

④ 一次铺筑厚度不超过25cm，分层摊铺时，上层厚度取10cm。

⑤ 工程计划要减少横向接缝。

⑥ 做好横向接缝，立即用3m直尺检验。

⑦ 经常检验控高钢丝和调整传感器。

⑧ 经常用3m直尺检验表面。

⑨ 保持摊铺机在良好工作状态运转。

5）要特别注意避免摊铺时混合料的离析，在摊铺机后面应设专人消除粗细集料离析现象，及时铲除局部粗集料堆积或离析的部位，并用新拌混合料填补。

6）注意事项：

① 摊铺机前宜增设橡胶挡板，橡胶挡板底部距下承层距离宜不大于100mm。

② 对高速公路和一级公路，在摊铺过程中宜设立纵向模板。

7. 碾压

水泥稳定类混合料碾压结束与开始拌和的时间差通常称为“延迟时间”。需要强调的是，水泥稳定类材料的压实效果与延迟时间密切相关，应尽量缩短“延迟时间”。施工时应取混合料的初凝时间与容许延迟时间较短的时间作为施工控制时间，对水泥稳定材料宜在2h之内完成碾压成形。

碾压前应根据路宽、压路机的轮宽和轮距的不同制订碾压方案，应使各部分碾压到的次数尽量相同，路面的两侧应多压2~3遍。混合料摊铺后，应立即在结构层全宽内进行碾压。如图5-18所示。

1）碾压组织应遵循的基本要求：

① 直线和不设超高的平曲线段，由两侧路肩向路中心碾压。

② 设超高的平曲线段，由内侧路肩向外侧路肩进行碾压。

图 5-18　碾压

③ 碾压时，应重叠 1/2 轮宽。后轮必须超过两段的接缝处，后轮压完路面全宽时即为 1 遍。一般需碾压 6 ~ 8 遍。

④ 头 2 遍碾压速度以采用 1.5 ~ 1.7km/h 为宜，以后宜采用 2.0 ~ 2.5km/h。

2）碾压应根据施工情况配备足够的碾压设备，并应符合下列规定：

① 双向四车道高速公路或一级公路的半幅摊铺时，应配备不少于 4 台重型压路机。

② 双向六车道的半幅摊铺时，应配备不少于 5 台重型压路机。

3）碾压过程中应注意的事项：

① 水泥稳定材料结构层施工时，应在混合料处于或略大于最佳含水率的状态下碾压。气候炎热干燥时，碾压时的含水率可比最佳含水率增加 0.5 ~ 1.5 个百分点。

② 碾压应安排专人负责指挥，严禁漏压和产生轮迹。

③ 采用钢轮压路机初压时，宜采用双钢轮压路机稳压 2 ~ 3 遍，再用激振力大于 35t 的重型振动压路机、18 ~ 21t 三轮压路机或 25t 以上的轮胎压路机继续碾压密实，最后采用双钢轮压路机碾压，消除轮迹。

④ 采用胶轮压路机初压时，应采用25t 以上的重胶轮压路机稳压 1 ~ 2 遍，错轮不超过 1/3 的轮迹宽度，再采用重型振动压路机碾压密实，最后采用双钢轮压路机碾压，消除轮迹。

⑤ 对稳定细粒材料，在采用上述碾压工艺时，最后的碾压收面可采用凸块式压路机碾压。

⑥ 碾压过程中，出现软弹等现象时，应及时将该路段混合料挖出，重新换填新料碾压。

⑦ 碾压成形后的表面应平整、无轮迹。

⑧ 碾压过程中，压路机严禁随意停放，应停放在已碾压完成的路段。

8. 接缝处理

1）横缝的处理。混合料摊铺时，应保持连续。对水泥稳定材料，因故中断时间大于 2h 时，应设置横向接缝，并应符合下列规定：

① 人工将末端含水率合适的混合料整齐，紧靠混合料末端放两根方木，方木的高度应与混合料的压实厚度相同，整平紧靠方木的混合料。

② 方木的另一侧用砾石或碎石回填约 3m 长，其高度应高出方木 2 ~ 3cm，并碾压密实。

③ 在重新开始摊铺混合料之前，应将砾石或碎石和方木除去，并将下承层顶面清扫干净。

④ 摊铺机应返回到已压实层的末端，重新开始摊铺混合料。

⑤ 摊铺中断大于 2h 且未按上述方法处理横向接缝时，应将摊铺机附近及其下面未经压实的混合料铲除，并将已碾压密实且高程和平整度符合要求的末端挖成与路中心线垂直并垂

直向下的断面，再摊铺新的混合料。

2）纵缝的处理。摊铺时宜避免纵向接缝，在必须分两幅摊铺时，纵向接缝处应加强碾压。纵缝必须垂直相接，严禁斜接，并应符合下列规定：

① 在前一幅摊铺时，宜在靠中央的一侧用方木或钢模板做支撑，方木或钢模板的高度应与稳定材料层的压实厚度相同。

② 应在铺筑另一幅之前，拆除支撑木（或板）。

9. 养护与交通管制

水泥稳定材料碾压完成并经压实度检查合格后，应及时养护。养护期宜不少于7d，养护期宜延长至上层结构开始施工的前2d。养护可采取薄膜覆盖养护、土工布覆盖养护（图5-19）、洒水养护（图5-20）、铺设湿砂养护、草帘覆盖养护、洒铺乳化沥青养护等方式，宜结合工程实际情况选择适宜的方式。

图5-19　铺盖土工布养护

图5-20　洒水养护

1）洒水养护。洒水养护宜作为水泥稳定材料的基本养护方式，并应符合下列规定：

① 每天洒水次数应视气候而定。高温期施工，宜上、下午各洒水2次。

② 养护期间，稳定材料层表面应始终保持湿润。

2）薄膜覆盖养护。薄膜覆盖养护应符合下列规定：

① 混合料摊铺碾压成形后，可覆盖薄膜，薄膜厚度宜不小于1mm。

② 薄膜之间应搭接完整，避免漏缝，薄膜覆盖后应用砂土等材料呈风格状堆填，局部薄膜破损时，应及时更换。

③ 养护至上层结构层施工前1～2d，方可将薄膜掀开。

④ 对蒸发量较大的地区或养护时间大于15d的工程，在养护过程中应适当补水。

3）土工布养护。土工布养护应符合下列规定：

① 宜采用透水式土工布全断面覆盖，也可铺设防水土工布。

② 铺设过程中应注意缝之间的搭接，不应留有间隙。

③ 铺设土工布后，应注意洒水，每天洒水次数应视气候而定。高温期施工，上、下午宜各洒水一次。

④ 养护至上层结构层施工前1～2d，方可将土工布掀开。

⑤ 在养护过程中应采取有效措施防止土工布破损。

4）铺设湿砂养护。铺设湿砂养护应符合下列规定：

① 砂层厚宜为70～100mm。

② 砂铺匀后，宜立即洒水，并在整个养护期间保持砂的潮湿状态，不得用湿黏性土覆盖。

③ 养护结束后，应将覆盖物清除干净。

5）草帘覆盖养护。草帘覆盖养护应符合下列规定：

① 全断面铺设草帘。

② 草帘铺设后应注意洒水，每天洒水的次数应视气候而定。高温期施工，上、下午宜各洒水一次，每次洒水应将草帘浸湿。

③ 必要时可采用土工布与草帘双层覆盖养护。

6）洒铺乳化沥青方式养护。二级及二级以下公路的无机结合料稳定材料的基层可采用洒铺乳化沥青方式养护，并应符合下列规定：

① 表面干燥时，宜先喷洒少量水，再喷洒沥青乳液。

② 采用稀释沥青时，宜待表面略干时再喷洒沥青。

③ 在用乳液养护前，应将基层清扫干净。

④ 沥青乳液的沥青用量宜采用0.8～1.0kg/m^2，分两次喷洒。

⑤ 第一次喷洒时，宜采用沥青含量约35%的慢裂沥青乳液，第二次宜喷洒浓度较大的沥青乳液。

⑥ 不能避免施工车辆通行时，应在乳液破乳后撒布4.75～9.5mm粒径的小碎石，做成下封层。

养护期间应封闭交通，除洒水车和小型通勤车辆外严禁其他车辆通行。洒水车和小型车辆的行驶速度应小于40km/h。养护7d后，施工需要通行重型货车时，应有专人指挥，按规定的车道行驶，且车速应不大于30km/h。无法安排施工便道而需要车辆通行时，应限定载重车辆的轴载，应不大于13t。

（二）路拌法施工

1. 下承层准备、施工放样

参照厂拌法施工相关内容。

2. 备料

根据实际需要，可以使用原路面或路基上部材料，也可以使用料场的材料。

1）使用原路面或路基上部材料备料时，应符合下列规定：

① 清除干净原路面上或路基表面的石块等杂物。

② 每隔 10 ~ 20m 挖一小洞，使洞底高程与预定的水泥稳定材料层的底面高程相同，并在洞底做一标记，以控制翻松及粉碎的深度。

③ 用犁、松土机或装有强固齿的平地机或推土机将原路面或路基的上部翻松到预定的深度，土块应粉碎并达到要求。

④ 应经常用犁将土向路中心翻松，使预定处治层的边部成一个垂直面，防止处治宽度超过规定。

⑤ 用专用机械粉碎黏性土。当无专用机械时，也可用旋转耕作机、圆盘耙粉碎塑性指数不大的土。

2）使用料场的材料备料时，应符合下列规定：

① 在采集材料之前，应先将树木、草皮、树根和杂土清除干净。

② 筛除土中超尺寸的颗粒。

③ 应在预定的深度范围内采集材料，不应分层采集，不应将不合格的材料与合格的材料一起采集。

④ 对于塑性指数大于 12 的黏性土，可视土质和机械性能确定土是否需要过筛。

3）计算现场拌和时的工程数量：

① 根据各路段水泥稳定材料层的宽度、厚度及预定的干密度，计算各路段需要的干燥材料的数量。

② 根据料场材料的含水率和所用运料车辆的吨位，计算每车料的堆放距离。

③ 根据水泥稳定材料层的厚度和预定的干密度及水泥剂量，计算每一平方米水泥稳定材料需要的水泥用量，并确定水泥摆放的纵横间距。

4）材料的运输要点：

① 在预定堆料的下承层上，应用两轮压路机碾压 1 ~ 2 遍，整平表面，并在其上洒水，使其表面湿润，但不应过分潮湿而造成泥泞。

② 材料装车时，应控制每车料的质量基本相等。

③ 在同一料场供料的路段内，由远到近将料按上述计算距离卸置于下承层表面的中间或两侧。卸料距离应严格掌握，避免有的路段料不够或过多。

④ 料堆每隔一定距离应留一缺口。

⑤ 材料在下承层上的堆置时间不宜过长，材料运送宜比摊铺工序提前 1 ~ 2d。

⑥ 当路肩用料与稳定材料层用料不同时，应先将两侧路肩培好。路肩料层的压实厚度应与稳定材料层的压实厚度相同。在两侧路肩上，宜每隔 5 ~ 10m 应交错开挖临时泄水沟。

3. 摊铺被稳定材料

1）应事先通过试验确定稳定材料的松铺系数。松铺系数是指材料的松铺厚度与达到规定压实度的压实厚度之比值，亦即材料达到规定压实度的干密度与松铺材料干密度的比值。人工摊铺混合料时，其松铺系数可按表 5-26 选用。

表 5-26 混合料松铺系数参考

材料名称	松铺系数	备　注
水泥稳定中、粗粒材料	1.30 ~ 1.35	—
水泥稳定细粒材料	1.53 ~ 1.58	现场人工摊铺土和水泥，机械拌和，人工整平

2）被稳定材料应在摊铺水泥的前一天摊铺。摊铺长度按日进度的需要量控制，满足次日完成掺加水泥、拌和、碾压成形即可。雨季施工，如第二天有雨，不宜提前摊铺材料。

3）应将材料均匀地摊铺在预定的宽度上，表面应力求平整，并有规定的路拱。

4）摊铺材料过程中，应将土块、超尺寸颗粒及其他杂物拣除。如土中有较多土块，应进行粉碎。

5）检验松铺材料层的厚度，应符合预计要求。

4. 洒水闷料

1）如已整平的材料含水率过小时，应在材料层上洒水闷料。洒水应均匀，防止出现局部水分过多或水分不足的现象。

2）严禁洒水车在洒水段内停留和调头。

3）采用高效率的路拌机械时，闷料时宜一次将水洒够。

4）细粒土应经一夜闷料，中粒土和粗粒土，视其中细土含量的多少，可缩短闷料时间。

5）如为综合稳定材料，应先将石灰和土拌和后一起进行闷料。

6）对水泥稳定材料，应在摊铺水泥前闷料。

5. 整平和轻压

对人工摊铺的材料层整平后，用6～8t两轮压路机碾压1～2遍，使其表面平整，并有一定的压实度。

6. 摆放和摊铺水泥

1）按前述方法计算出的每袋水泥的纵横间距，在材料层上做安放标记。

2）应将水泥当日直接送到摊铺路段，卸在做标记的地点，并检查有无遗漏和多余。运水泥的车应有防雨设备。

3）用刮板将水泥均匀摊开，并注意使每袋水泥的摊铺面积相等。水泥摊铺完后，表面应没有空白位置，也没有水泥过分集中的地点。

7. 拌和

1）对二级及二级以上公路，应采用专用稳定土拌和机进行拌和，设专人随时检查拌和深度，并配合拌和设备操作员调整拌和深度。拌和深度应达稳定层底并宜侵入下承层5～10mm，以利上下层粘结。严禁在拌和层底部留有素土夹层。

2）二级以下公路在没有专用拌和设备时，可用农用旋耕机与多铧犁或平地机相配合拌和，拌和时间不可过长。

3）拌和过程结束时，应及时检测含水率，含水率宜略大于最佳值。含水率不足时，宜用喷管式洒水车（普通洒水车不适宜用作路面施工）补充洒水。洒水车不应在正拌和以及当天计划拌和的路段上调头和停留，以防局部水量过大。

4）洒水后，应再次进行拌和，使水分在混合料中分布均匀。拌和机械应紧跟在洒水车后面进行拌和，减少水分流失。

5）在洒水拌和过程中，应配合人工拣出超尺寸颗粒，消除粗细颗粒“窝”以及局部过分潮湿或过分干燥之处。

6）混合料拌和均匀后应色泽一致，没有灰条、灰团和花面，以及无明显粗细集料离析现象，且水分合适和均匀。

8. 整形

1）混合料拌和均匀后，应立即用平地机初步整形。在直线段和不设超高的平曲线段，平地机由两侧向路中心进行刮平；在设超高的平曲线段，平地机由内侧向外侧进行刮平。必要时，再返回刮一遍。

2）用拖拉机、平地机或轮胎压路机立即在初平的路段上快速碾压一遍，以暴露潜在的不平整。

3）整形前，对于局部低洼处，应用齿耙将其表层5cm以上材料耙松，并用新拌的混合料进行找平，再碾压一遍。

4）再用平地机整形一次。应将高处料直接刮出路外，严禁形成薄层贴补现象。

5）反复整形，直至满足技术要求，每次整形都应达到规定的坡度和路拱。

6）当用人工整形时，应用锹和耙先将混合料摊平，用路拱板进行初步整形。用拖拉机初压1~2遍后，根据实测的松铺系数，确定纵横断面的标高，并设置标记和挂线。

7）在整形过程中，严禁任何车辆通行，并保持无明显的粗细集料离析现象。

9. 碾压

碾压的基本要求同厂拌法施工碾压，另需注意以下事项：

1）采用人工摊铺和整形的稳定材料层，宜先用拖拉机或6~8t两轮压路机或轮胎压路机碾压1~2遍，然后再用重型压路机碾压。

2）碾压过程中，水泥稳定材料的表面应始终保持湿润，如水分蒸发过快，应及时补撒少量的水，但严禁洒大水碾压。

3）碾压过程中，如有弹簧、松散、起皮等现象，应及时翻开重新拌和（加适量的水泥）或用其他方法处理，使其达到质量要求。

4）在碾压结束之前，应用平地机终平一次，使纵坡、路拱和超高符合设计要求。终平时，必须将局部高出部分刮除并扫出路外；对于局部低洼之处，不再进行找补，可留待铺筑沥青面层时处理。

5）严禁压路机在已完成的或正在碾压的路段上调头或急刹车，应保证稳定土层表面不受破坏。

10. 接缝和调头处的处理

1）同日施工的两工作段的衔接处，应采用搭接。前一段拌和整形后，留5~8m不进行碾压，后一段施工时，前段留下未压部分，应再加部分水泥重新拌和，并与后一段一起碾压。

2）横缝处理。应做好每天最后一段的施工缝，并应符合下列规定：

① 在已碾压完成的水泥稳定材料层末端，挖一条横贯铺筑层全宽的宽约30cm的槽，直挖到下承层顶面。形成与路的中心线垂直并垂直向下的断面，并放两根与压实厚度等厚、长为全宽一半的方木紧贴其垂直面（图5-21）。

② 用原挖出的材料回填槽内其余部分。

③ 第二天，邻接作业段拌和后，除去方木，

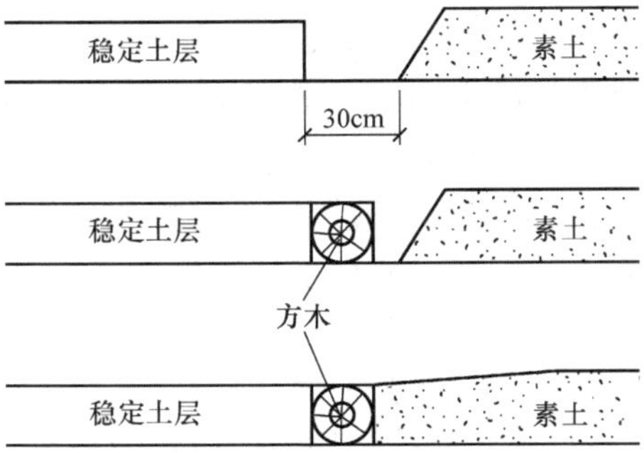

图5-21 横向接缝处理示意图

用混合料回填。

④ 靠近方木未能拌和的一小段，应人工进行补充拌和。

⑤ 整平时，接缝处的水泥稳定材料应较已完成断面高出约5cm，以利形成一个平顺的接缝。

⑥ 新混合料碾压过程中，应将接缝修整平顺。

3）纵缝的处理。水泥稳定材料层的施工应该避免纵向接缝，在必须分两幅施工时，纵缝必须垂直相接，不应斜接，并应符合下列规定：

① 前一幅施工时，在靠中央一侧应用与稳定材料层的压实厚度相同的方木或钢模板做支撑。

② 混合料拌和结束后，靠近支撑木（或板）的一部分，应人工进行补充拌和，然后整形和碾压。

③ 应在铺筑后一幅之前，拆除支撑木（或板）。

④ 后一幅混合料拌和结束后，靠近前一幅的部分，宜人工进行补充拌和，然后进行整形和碾压。

4）施工机械调头处处理。拌和机械或其他机械必须到已压成的水泥稳定材料层上调头，应采取措施保护调头作业段。施工机械调头处应符合下列规定：

① 在准备用于调头的约8～10m长稳定材料层上，先覆盖一张厚塑料布或油毡纸，再铺上约10cm厚的土、砂或砂砾。

② 整平时，宜用平地机将塑料布或油毡纸上大部分材料除去，再人工除去余下的材料，并收起塑料布或油毡纸。

11. 养护与交通管制

同厂拌法施工。

五、施工过程质量控制

水泥稳定材料在施工过程中应对质量进行检查、评定，施工过程中的质量控制应包括外表尺寸检查及内在质量检验两部分。外形尺寸检查参照表5-27的要求，内在质量检验参照表5-28的要求。

表5-27 外形尺寸检查项目、频度和质量标准

工程类别	项目		频度	质量标准	
				高速公路和一级公路	二级及二级以下公路
基层	纵断高程/mm		二级及二级以下公路每20m测1个点；高速公路和一级公路每20m测1个断面，每个断面3～5点	+5～-10	+5～-15
	厚度/mm	均值	每1500～2000m^{2}测6点	≥-8	≥-10
		单个值		≥-10	≥-20
	宽度/mm		每40m测1处	>0	>0
	横坡度（%）		每100m测3处	±0.3	±0.5
	平整度/mm		每200m测2处，每处连续10尺（3m直尺）	≤8	≤12
			连续式平整度仪的标准差（mm）	≤3.0	—

（续）

工程类别	项目		频度	质量标准	
				高速公路和一级公路	二级及二级以下公路
底基层	纵断高程/mm		二级及二级以下公路每20m测1个点；高速公路和一级公路每20m测1个断面，每个断面3~5点	+5~-15	+5~-20
	厚度/mm	均值	每1500~2000m² 测6点	≥-10	≥-12
		单个值		≥-25	≥-30
	宽度/mm		每40m测1处	>0	>0
	横坡度（%）		每100m测3处	±0.3	±0.5
	平整度/mm		每200m测2处，每处连续10尺（3m直尺）	≤12	≤15

表5-28 水泥稳定材料施工过程中工程质量的控制标准

项目		检查频度及单点检验评价方法	质量要求或允许偏差		试验方法
			高速公路一级公路	其他公路	
级配		每2000m² 1次	在规定范围内		T0302、T0303 筛分法
水泥剂量		每2000m² 1次，至少6个样品	不小于设计值1%		T0809EDTA 滴定法 T08010 直读式测钙仪法
含水率		据观察，随时	在规定范围内		T0801 烘干法、T0803 酒精燃烧法等
压实度	稳定细粒土	每一作业段或不超过2000m² 检查6次以上	≥95%	≥93%	T0921 挖坑灌砂法
	稳定中粒土或粗粒土		基层98% 底基层96%	基层97% 底基层95%	
拌和均匀性		随时观察	无灰条、灰团，色泽均匀，无离析现象		表层观察、挖坑观察
无侧限抗压强度		稳定细粒土，每一作业段或每2000m² 6个试件；稳定中粒土和粗粒土，每一作业段或每2000m² 6个或9个试件	符合规定要求		T0805 抗压强度试验

六、施工质量标准

水泥稳定材料结构层工程完工后，施工单位、工程监理单位和建设单位应按相同的工程项目划分进行工程质量的监控和管理。

施工单位应将全线以1~3km作为一个评定路段，按规定频度，随机选取测点，对水泥稳定材料结构层进行全线自检，并应在规定时间内提交全线检测结果及施工总结报告，申请交工验收。

按照《公路工程质量检验评定标准》（JTG F80/1）的规定，水泥稳定材料结构层工程质量检验要求如下。

（一）基本要求

1）土质应符合设计要求，土块应粉碎。

2）粒料应符合设计和施工规范要求，并应根据当地料源选择质坚干净的粒料，矿渣应分解稳定，未分解渣块应予剔除。

3）矿料级配应按设计要求控制准确。

4）水泥用量应按设计要求控制准确。

5）路拌法拌和深度应达到层底。

6）摊铺时要注意消除离析现象。

7）混合料应处于最佳含水率状况下，用重型压路机碾压至要求的压实度。从加水拌和到碾压终了的时间不应超过3~4h，并应不超过水泥的终凝时间。

8）碾压检查合格后应立即覆盖或洒水养护，养护期应符合规范要求。

（二）质量检验评定标准

水泥稳定材料结构层在交工验收阶段必须对铺筑质量进行检查、评定，质量检查的内容、频度、允许偏差参照表5-29、表5-30的要求。

表5-29　水泥土基层和底基层实测项目

项次	检查项目		规定值或允许偏差				检查方法和频率	权值
			基层		底基层			
			高速公路一级公路	其他公路	高速公路一级公路	其他公路		
1Δ	压实度（%）	代表值	—	95	95	93	按规范附录B检查，每200m每车道2处	3
		极值	—	91	91	89		
2	平整度/mm		—	12	12	15	3m直尺：每200m测2处×10尺	2
3	纵断高程/mm		—	+5，-15	+5，-15	+5，-20	水准仪：每200m测4个断面	1
4	宽度/mm		符合设计要求		符合设计要求		尺量：每200m测4处	1
5Δ	厚度/mm	代表值	—	-10	-10	-12	按附录H检查，每200m每车道1点	2
		合格值	—	-20	-25	-30		
6	横坡（%）		—	±0.5	±0.3	±0.5	水准仪：每200m测4个断面	1
7Δ	强度/MPa		符合设计要求		符合设计要求		按评定标准附录G查	3

注：本表中附录是指《公路工程质量检验评定标准》（JTG F80/1）的附录。

表5-30　水泥稳定粒料基层和底基层实测项目

项次	检查项目		规定值或允许偏差				检查方法和频率	权值
			基层		底基层			
			高速公路一级公路	其他公路	高速公路一级公路	其他公路		
1Δ	压实度（%）	代表值	98	97	96	95	按规范附录B检查，每200m每车道2处	3
		极值	94	93	92	91		
2	平整度/mm		8	12	12	15	3m直尺：每200m测2处×10尺	2
3	纵断高程/mm		+5，-10	+5，-15	+5，-15	+5，-20	水准仪：每200m测4个断面	1
4	宽度/mm		符合设计要求		符合设计要求		尺量：每200m测4处	1
5Δ	厚度/mm	代表值	-8	-10	-10	-12	按附录H检查，每200m每车道1点	2
		合格值	-15	-20	-25	-30		
6	横坡（%）		±0.3	±0.5	±0.3	±0.5	水准仪：每200m测4个断面	1
7Δ	强度/MPa		符合设计要求		符合设计要求		按评定标准附录G查	3

注：本表中附录是指《公路工程质量检验评定标准》（JTG F80/1）的附录。

（三）外观鉴定

1）表面平整密实、无坑洼、无明显离析。不符合要求时，每处减1~2分。

2）施工接茬平整、稳定。不符合要求时，每处减1~2分。

任务六　二灰稳定材料施工

一、一般规定

1）石灰粉煤灰稳定集料适用于各级公路的基层和底基层，二灰、二灰土、二灰砂可用于各级公路的底基层以及三、四级公路的基层。冰冻地区、多雨潮湿地区，石灰粉煤灰稳定集料类材料宜用于高速公路、一级公路的下基层或底基层。

2）石灰粉煤灰稳定类结构层混合料的配合比设计按无侧限抗压强度试验方法确定。

3）石灰粉煤灰稳定材料应采用质量配合比计算，以石灰∶粉煤灰∶被稳定材料的质量比表示。石灰粉煤灰稳定材料比例可采用表5-31中的推荐值。

表5-31　石灰粉煤灰稳定材料推荐比例

材料名称	使用层位	结合料间比例	结合料与被稳定材料间的比例
硅铝粉煤灰的石灰粉煤灰类①	基层或底基层	石灰∶粉煤灰=1∶2~1∶9	—
石灰粉煤灰土	基层或底基层	石灰∶粉煤灰=1∶2~1∶4②	石灰粉煤灰∶细粒材料=30∶70③~10∶90
石灰粉煤灰稳定级配碎石或砾石	基层	石灰∶粉煤灰=1∶2~1∶4	石灰粉煤灰∶被稳定材料=20∶80~15∶85④

① CaO含量为2%~6%的硅铝粉煤灰。

② 粉土以1∶2为宜。

③ 采用此比例时，石灰与粉煤灰之比宜为1∶2~1∶3。

④ 石灰粉煤灰与粒料之比为15∶85~20∶80时，在混合料中，粒料形成骨架，石灰粉煤灰起填充孔隙和胶结作用。这种混合料称骨架密实式石灰粉煤灰粒料。

4）石灰粉煤灰稳定材料的压实度、7d龄期无侧限抗压强度代表值应符合表5-32规定范围的要求。

5）石灰粉煤灰稳定材料结构层宜在春末和气温较高季节组织施工。施工期的日最低气温应在5℃以上，在有冰冻的地区应在第一次重冰冻（-3~-5℃）到来之前半个月到一个月完成。

表5-32　石灰粉煤灰稳定材料的压实度及7d无侧限抗压强度

结构层	公路等级		极重、特重交通		重交通		中、轻交通	
			压实度（%）	抗压强度/MPa	压实度（%）	抗压强度/MPa	压实度（%）	抗压强度/MPa
基层	高速公路和一级公路		≥98	≥1.1	≥98	≥1.0	≥98	≥0.9
	二级及二级以下公路	稳定中、粗粒材料	≥97	≥0.9	≥97	≥0.8	≥97	≥0.7
		稳定细粒材料	≥95		≥95		≥95	

（续）

结构层	公路等级		极重、特重交通		重交通		中、轻交通	
			压实度（%）	抗压强度/MPa	压实度（%）	抗压强度/MPa	压实度（%）	抗压强度/MPa
底基层	高速公路和一级公路	稳定中、粗粒材料	≥97	≥0.8	≥97	≥0.7	≥97	≥0.6
		稳定细粒材料	≥95		≥95		≥95	
	二级及二级以下公路	稳定中、粗粒材料	≥95	≥0.7	≥95	≥0.6	≥95	≥0.5
		稳定细粒材料	≥93		≥93		≥93	

注：石灰粉煤灰稳定材料强度不满足表中的要求时，可外加混合料质量1%～2%的水泥。

6）二灰稳定类结构层施工时，应遵循以下基本规定：

① 配料要准确。

② 石灰应摊铺均匀。

③ 洒水、拌和要均匀。

④ 应严格控制基层厚度和高程，其路拱横坡应与面层一致。

⑤ 应在混合料处于最佳含水率或略大于最佳含水率时进行碾压，直至达到要求的压实度。

7）二灰稳定类混合料碾压时，压实机械与压实厚度应遵循以下规定：

① 二灰稳定类结构层应采用12t以上的压路机进行碾压。

② 采用12～15t三轮压路机碾压时，每层的压实厚度不应超过15cm。

③ 用18～20t三轮压路机和振动压路机碾压时，每层的压实厚度不应超过20cm。

④ 对于二灰级配集料，采用能量大的振动压路机碾压时，或对于二灰土，采用振动羊足碾与三轮压路机配合碾压时，每层的压实厚度可以根据试验适当增加。

⑤ 压实厚度超过上述规定时，应分层铺筑，每层的最小压实厚度为10cm，下层宜稍厚。

⑥ 对于稳定细粒土，以及用摊铺机摊铺的混合料，都应采用先轻型、后重型压路机碾压。

二、材料要求及原材料检测

（一）石灰

石灰技术要求应符合表5-33和表5-34的规定。高速公路、一级公路用石灰应不低于Ⅱ级技术要求，二级公路用石灰应不低于Ⅲ级技术要求，二级以下公路宜不低于Ⅲ级技术要求。高速公路、一级公路的基层，宜采用磨细生石灰粉。二级以下公路使用等外石灰时，有效氧化钙含量应在20%以上，且混合料强度应满足要求。

表5-33　生石灰技术要求

指　　标	钙质生石灰			镁质生石灰			试验方法
	Ⅰ	Ⅱ	Ⅲ	Ⅰ	Ⅱ	Ⅲ	
有效氧化钙加氧化镁含量（%）	≥85	≥80	≥70	≥80	≥75	≥65	T0813
未消化残渣含量（%）	≤7	≤11	≤17	≤10	≤14	≤20	T0815
钙镁石灰的分类界限，氧化镁含量（%）	≤5			>5			T0812

表 5-34 消石灰技术要求

<table>
<tr><th colspan="2" rowspan="2">指　　标</th><th colspan="3">钙质消石灰</th><th colspan="3">镁质消石灰</th><th rowspan="2">试验方法</th></tr>
<tr><th>Ⅰ</th><th>Ⅱ</th><th>Ⅲ</th><th>Ⅰ</th><th>Ⅱ</th><th>Ⅲ</th></tr>
<tr><td colspan="2">有效氧化钙加氧化镁含量（%）</td><td>≥65</td><td>≥60</td><td>≥55</td><td>≥60</td><td>≥55</td><td>≥50</td><td>T0813</td></tr>
<tr><td colspan="2">含水率（%）</td><td>≤4</td><td>≤4</td><td>≤4</td><td>≤4</td><td>≤4</td><td>≤4</td><td>T0801</td></tr>
<tr><td rowspan="2">细度</td><td>0.60mm 方孔筛的筛余（%）</td><td>0</td><td>≤1</td><td>≤1</td><td>0</td><td>≤1</td><td>≤1</td><td>T0814</td></tr>
<tr><td>0.15mm 方孔筛的筛余（%）</td><td>≤13</td><td>≤20</td><td>—</td><td>≤13</td><td>≤20</td><td>—</td><td>T0814</td></tr>
<tr><td colspan="2">钙镁石灰的分类界限，氧化镁含量（%）</td><td colspan="3">≤4</td><td colspan="3">>4</td><td>T0812</td></tr>
</table>

（二）粉煤灰

干排或湿排的硅铝粉煤灰和高钙粉煤灰等均可用作基层或底基层的结合料。粉煤灰技术要求应符合表 5-35 的规定。各等级公路的底基层、二级及二级以下公路的基层使用的粉煤灰，通过率指标不满足表 5-35 要求时，应进行混合料强度试验，达到《公路路面基层施工技术细则》（JTG/T F20）相关要求的强度指标时，方可使用。

表 5-35 粉煤灰技术要求

检 测 项 目	技术要求	试验方法
SiO_2、Al_2O_3和 Fe_2O_3的总含量（%）	>70	T0816
烧失量（%）	≤20	T0817
比表面积/(cm^2/g)	>2500	T0820
0.3mm 筛孔通过率（%）	≥90	T0818
0.075mm 筛孔通过率（%）	≥70	T0818
湿粉煤灰含水率（%）	≤35	T0801

（三）粗细集料

对二灰稳定材料的粗、细集料的规格要求及材料分档掺配与水泥稳定材料施工相同。二灰稳定级配碎石或砾石可采用表 5-36 中推荐的级配范围，并应符合下列规定：

表 5-36 二灰稳定级配碎石或砾石的推荐级配范围（%）

<table>
<tr><th rowspan="3">筛孔尺寸/mm</th><th colspan="4">高速公路和一级公路</th><th colspan="4">二级及二级以下公路</th></tr>
<tr><th colspan="2">稳定碎石</th><th colspan="2">稳定砾石</th><th colspan="2">稳定碎石</th><th colspan="2">稳定砾石</th></tr>
<tr><th>LF－A－1S</th><th>LF－A－2S</th><th>LF－A－1L</th><th>LF－A－2L</th><th>LF－B－1S</th><th>LF－B－2S</th><th>LF－B－1L</th><th>LF－B－2L</th></tr>
<tr><td>37.5</td><td>—</td><td>—</td><td>—</td><td>—</td><td>100</td><td>—</td><td>100</td><td>—</td></tr>
<tr><td>31.5</td><td>100</td><td>—</td><td>100</td><td>—</td><td>100～90</td><td>100</td><td>100～90</td><td>100</td></tr>
<tr><td>26.5</td><td>95～91</td><td>100</td><td>96～63</td><td>100</td><td>94～81</td><td>100～90</td><td>95～84</td><td>100～90</td></tr>
<tr><td>19</td><td>85～76</td><td>89～82</td><td>88～81</td><td>91～86</td><td>83～67</td><td>87～73</td><td>87～72</td><td>91～77</td></tr>
<tr><td>16</td><td>80～69</td><td>84～73</td><td>84～75</td><td>87～79</td><td>78～61</td><td>82～65</td><td>83～67</td><td>86～71</td></tr>
<tr><td>13.2</td><td>75～62</td><td>78～65</td><td>79～69</td><td>82～72</td><td>73～54</td><td>75～58</td><td>79～62</td><td>81～65</td></tr>
<tr><td>9.5</td><td>65～51</td><td>67～53</td><td>71～60</td><td>73～62</td><td>64～45</td><td>66～47</td><td>72～54</td><td>74～55</td></tr>
<tr><td>4.75</td><td>45～35</td><td>45～35</td><td>55～45</td><td>55～45</td><td>50～30</td><td>50～30</td><td>60～40</td><td>60～40</td></tr>
</table>

（续）

筛孔尺寸/mm	高速公路和一级公路				二级及二级以下公路			
	稳定碎石		稳定砾石		稳定碎石		稳定砾石	
	LF－A－1S	LF－A－2S	LF－A－1L	LF－A－2L	LF－B－1S	LF－B－2S	LF－B－1L	LF－B－2L
2.36	31～22	31～22	39～27	39～27	36～19	36～19	44～24	44～24
1.18	22～13	22～13	28～16	28～16	26～12	26～12	33～15	33～15
0.6	15～8	15～8	20～10	20～10	19～8	19～8	25～9	25～9
0.3	10～5	10～5	14～6	14～6	—	—	—	—
0.15	7～3	7～3	10～3	10～3	—	—	—	—
0.075	5～2	5～2	7～2	7～2	7～2	7～2	10～2	10～2

（四）水

凡是饮用水（含牲畜饮用水）均可用于二灰稳定材料施工。

（五）施工过程中对原材料的检查与要求

施工过程中，可参照表5-37所列的检查项目与频度对各种原材料进行抽样试验，质量应符合现行施工技术规范规定的技术要求，每个检查项目的平行试验次数或一次试验的试样数必须按相关试验规程的规定进行，并以平均值评价是否合格。

表5-37　施工过程中材料质量检查项目与频度

材料	检查项目	目的	检查频度	试验方法
粗集料	含水率	确定原始含水率	每天使用前测2样品	T0801/T0803
	级配	确定级配是否符合要求，确定材料配合比	每档碎石使用前测2个样品，使用过程中每2000m^3测2个样品	T0303
	液限、塑限①	求塑性指数，审定是否符合规定	每种材料使用前测2个样品，使用过程中每2000m^3测2个样品	T0118/T0119
	毛体积相对密度、吸水率	评定粒料质量，计算固体体积率	使用前测2个样品，砾石使用过程中每2000m^3测2个样品，碎石种类变化重做2个样品	T0304/T0308
	压碎值	评定石料的抗压碎能力是否符合要求		T0316
	粉尘含量	评定石料质量		T0310
	针片状颗粒含量	评定石料质量		T0312
	软石含量	评定石料质量		T0320
细集料	含水率	确定原始含水率	每天使用前测2样品	T0801/T0803
	级配	确定级配是否符合要求，确定材料配合比	每档材料使用前测2个样品，使用过程中每2000m^3测2个样品	T0327
	液限、塑限①	求塑性指数，审定是否符合规定	每种细集料使用前测2个样品，使用过程中每2000m^3测2个样品	T0118/T0119
	毛体积相对密度、吸水率	评定粒料质量，计算固体体积率	使用前测2个样品，砾石使用过程中每2000m^3测2个样品，碎石种类变化重做2个样品	T0328/T0352
	有机质和硫酸盐含量	确定是否适宜于用石灰或水泥稳定	有怀疑时做此试验	T0336/T0341

（续）

材料	检查项目	目的	检查频度	试验方法
石灰	含水率	确定原始含水率	每天使用前测2样品	T0801/T0803
	有效钙、镁含量	确定石灰质量	做材料组成设计和生产使用时分别测2个样品，以后每月测2个样品	T0811/T0812/T0813
	残渣含量	确定石灰质量	做材料组成设计和生产使用时分别测2个样品，以后每月测2个样品	T0815
粉煤灰	含水率	确定原始含水率	每天使用前测2样品	T0801/T0803
	烧失量	确定粉煤灰是否适用	做材料组成设计前测2个样品	T0817
	细度	确定粉煤灰质量	做材料组成设计前测2个样品	T0818
	二氧化硅等氧化物含量	确定粉煤灰质量	每天使用前测2样品	T0816
土	含水率	确定原始含水率	每天使用前测2样品	T0801/T0803
	液限、塑限	求塑性指数，审定是否符合规定	每种土使用前测2个样品，使用过程中每2000m³测2个样品	T0118/ T0119
	颗粒分析	确定级配是否符合要求，确定材料配合比	每种土使用前测2个样品，使用过程中每2000m³测2个样品	T0115
	有机质和硫酸盐含量	确定土是否适宜于用石灰或水泥稳定	对土有怀疑时做此试验	T0151/T0153

注：① 级配砾石或级配碎石中0.6mm以下的细土进行此项试验。

三、施工工艺流程

二灰稳定类结构层施工的方法主要分为路拌法施工和厂拌法施工两种。用作高速公路、一级公路和二级公路基层的二灰稳定集料应采用集中厂拌摊铺机摊铺的施工方法；用作高速公路、一级公路和二级公路底基层的二灰稳定细粒材料宜采用集中厂拌摊铺机摊铺的施工方法，也可采用集中厂拌推土机摊铺平地机整平的施工方法。对于用于三级公路、四级公路基层和底基层的二类稳定材料可以采用集中厂拌摊铺机摊铺的施工方法，也可以人工路拌推土机摊铺平地机整平的施工方法。

（一）路拌法施工

路拌法施工的工艺流程通常按图5-22的顺序进行。

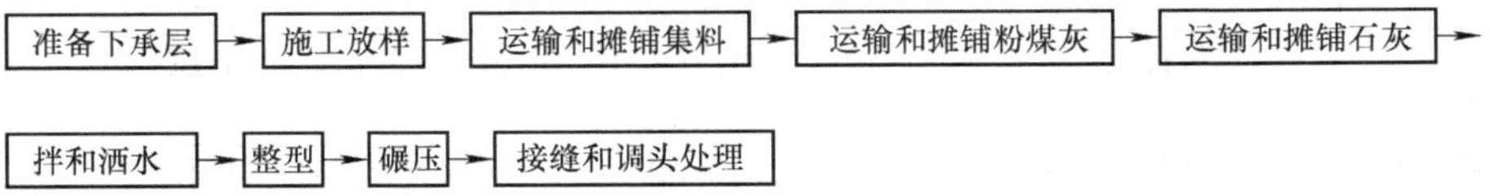

图5-22　二灰稳定材料路拌法施工工艺流程图

（二）厂拌法施工

集中厂拌摊铺机摊铺施工方法的工艺流程按图5-23的顺序进行。

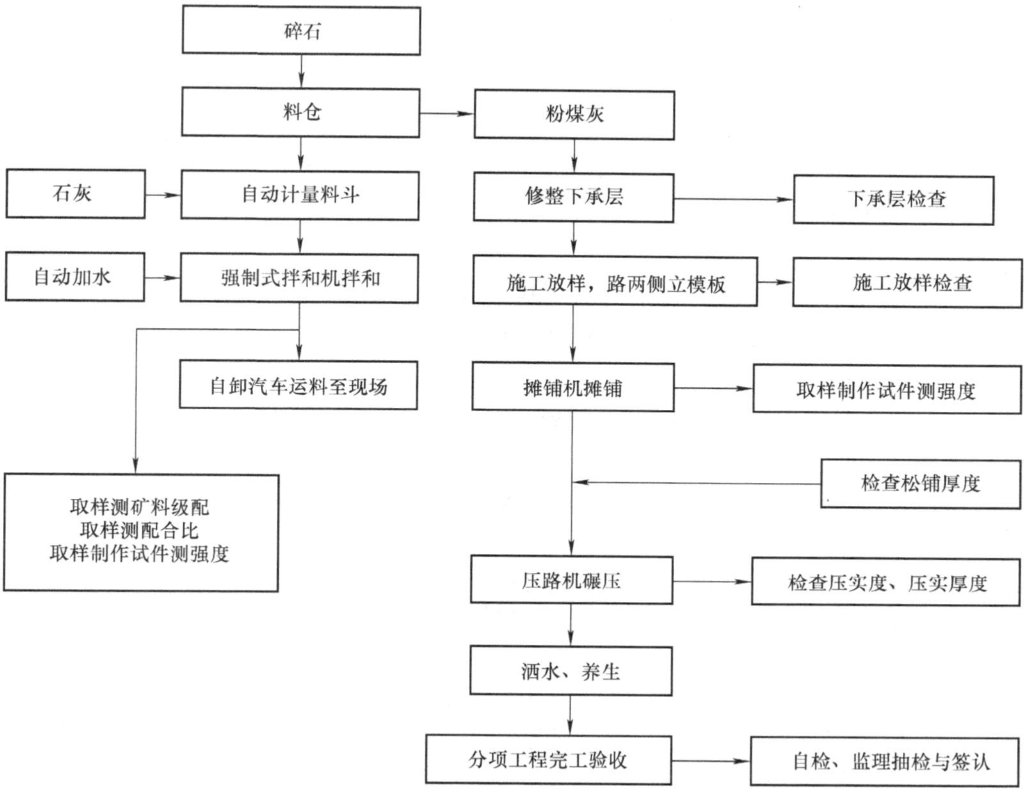

图 5-23　二灰稳定材料厂拌法施工工艺流程图

四、施工技术要点

（一）路拌法施工

1. 准备下承层

与水泥稳定材料结构层施工要求相同。

2. 施工放样

与水泥稳定材料结构层施工要求相同。

3. 备料

除符合水泥稳定材料结构层路拌法施工备料的要求外，还应符合下列要求：

1）当需分层采集材料时，应将不同层位材料混合装车运送到现场。

2）对于塑性指数小于 15 的黏性土，机械拌和时，可视土质和机械性能确定是否需要过筛。人工拌和时，应筛除 15mm 以上的土块。

3）石灰应选择临近水源、地势较高且宽敞的场地集中覆盖封存堆放。

4）生石灰块应在使用前 7 ~ 10d 充分消解。消解后的石灰应保持一定的湿度，不得产生扬尘，也不可过湿成团。

5）消石灰宜过 9.5mm 的筛，并尽快使用。

6）粉煤灰在场地集中堆放时，应覆盖，避免雨淋过分潮湿。如在堆放过程中部分粉煤灰出现结块，使用时应将其打碎。

7）运到现场的粉煤灰应含有足够的水分，防止扬尘。在干燥和多风季节，应使料堆表面保持湿润或者覆盖。

8）计算材料用量。根据各路段二灰稳定类结构层的宽度、厚度及预定的干密度，计算各路段需要的干混合料质量；根据混合料的配合比、材料的含水率以及所用运料车辆的吨位，计算各种材料每车料的堆放距离。按计算的每车石灰的纵横间距，在被稳定材料层上做标记，并画出边线。

9）如路肩用料与二灰稳定类结构层用料不同，应采取培肩措施，先将两侧路肩培好。路肩料层的压实厚度应与稳定材料层的压实厚度相同。

4. 运输和摊铺

1）材料装车时，应控制每车装料量基本相等。

2）采用二灰时，应先将粉煤灰运到现场；采用二灰稳定细粒土或集料时，应先将细粒土或集料运到现场。在同一料场供料的路段内，由远到近按计算的距离卸置材料于下承层上，卸料距离应均匀。

3）料堆每隔一定距离应留一缺口。材料在下承层上的堆置时间不应过长。

4）应通过试验确定各种材料及混合料的松铺系数。人工摊铺混合料时，其松铺系数可按表5-38选用。

表5-38 混合料松铺系数参考

混合料类型	材料名称	松铺系数	备注
石灰粉煤灰稳定材料	细料材料	1.5～1.7	—
	中、粗粒材料	1.3～1.5	—
	石灰煤渣土	1.6～1.8	人工铺筑
	石灰煤渣稳定材料	1.3～1.5	—
		1.2～1.3	用机械拌和及机械整形

5）采用机械路拌时，应采用层铺法，即先摊铺土或集料，再摊铺粉煤灰，最后摊铺石灰。

6）每种材料摊铺均匀后，宜先用两轮压路机碾压1～2遍，然后再运送并摊铺下一种材料。摊铺每层材料时，应力求平整，并具有规定的路拱。集料应较湿润，必要时先洒少量水。

7）粉煤灰或石灰运输后，应用刮板将其均匀摊开，表面应没有空白位置，并应量测粉煤灰或石灰的松铺厚度，校核粉煤灰或石灰的用量。

5. 拌和及洒水

参照水泥稳定材料结构层路拌法施工，另外应注意对二灰稳定中、粗粒材料，应先将石灰和粉煤灰拌和均匀，然后均匀摊铺在集料层上，再一起进行拌和。

6. 整形

1）平地机整形操作要点。混合料拌和均匀后，先用平地机初步整平和整形。在直线段及不设超高的平曲线段，平地机由两侧向路中心进行刮平；在设超高的平曲线段，由内侧向外侧进行刮平。必要时再返回刮一遍。之后用拖拉机、平地机或轮胎压路机快速碾压1～2遍，以暴露潜在的不平整。再用平地机按上述方法进行整形，并用上述机械再碾压1遍。整形过程中应及时消除粗细集料离析现象。对局部低洼处，应用齿耙将其表层5cm以上耙松，并用新拌的二灰级配料找补平整，再用平地机整形一次。

2）人工整形操作要点。人工用锹和耙先将混合料摊平，用路拱板进行初步整形。用拖拉机初压1～2遍后，根据试验确定的松铺系数，确定纵横断面的高程，并钉桩、挂线。利用锹耙按线形整形，再用路拱板校正成形。初步整形后，检查混合料的松铺厚度。

3）每次整形都要按照规定的坡度和路拱进行，并应注意接缝顺适平整。在整形过程中，必须禁止任何车辆通行。

7. 碾压

与水泥稳定材料结构层路拌法施工“碾压”要求相同。

8. 接缝和调头处的处理

与水泥稳定材料结构层施工要求相同。

9. 养护及交通管制

1）二灰稳定类结构层碾压完成后的第2天或第3天开始养护。通常采用洒水养护法，每天洒水次数视天气而定，应始终保持表面潮湿，养护期不宜少于7d。也可采用泡水养护法，养护期应为14d。对于二灰稳定粗、中粒土的基层，也可用沥青乳液和沥青下封层进行养护，养护期一般为7d。

2）在养护期间，除洒水车外，应封闭交通。

3）对于二灰集料基层，养护结束后，宜先让施工车辆慢速通行7～10d，磨去表面的二灰薄层，或用带钢丝刷的机械扫去表面的二灰薄层。然后可用下列两种方式处理：

① 清扫和冲洗干净后再喷洒透层沥青。其后宜撒布4.75～9.5mm的小碎（砾）石，均匀撒布约60%～70%的面积（如喷洒的透层沥青能透入基层，当运料车辆和面层混合料摊铺机在其上行驶不会破坏沥青膜时，可以不撒小碎石、砾石）。

② 在清扫干净的基层上，也可先做下封层，防止基层干缩开裂，同时保护基层免受施工车辆破坏。宜在铺设下封层后的10～30d内开始铺筑沥青面层。

4）二灰稳定材料底基层分层施工时，下层碾压完毕后，可以立即铺筑上一层，不需专门的养护期。也可养护7d后铺筑上一层。

（二）厂拌法施工

二灰稳定材料可以在中心站用多种机械进行集中拌和，也可用路拌机械或人工在现场进行分批集中拌和。

对于高速公路、一级公路，应当在中心站（厂）采用专用稳定材料拌和机械拌制，然后再运输到施工现场进行摊铺的施工方法施工。

中心站集中拌和时，应符合以下要求：

1）土块最大尺寸不应大于15mm；粉煤灰块不应大于12mm，且9.5mm和2.36mm筛孔的通过量应分别大于95%和75%。

2）各种粒级集料应分开堆放。

3）石灰、粉煤灰和细集料都应覆盖，防止雨淋过湿。

4）配料准确，拌和均匀。

5）混合料含水率应略大于最佳含水率，使其运到现场碾压时的含水率能接近最佳值。

二灰稳定材料厂拌法施工技术要求，除以下两点外，其他要求与水泥稳定材料厂拌法施工相同：

1）拌成混合料的二灰稳定碎石宜在当天碾压完成，堆放时间最长不宜超过4d。

2）第一天铺筑的压实层如末端未用方木作支撑处理，在碾压后末端成一斜坡，则在第二天开始摊铺新混合料之前应将末端斜坡挖除，并挖成一横向（与路中线垂直）垂直向下的断面。挖出的混合料加水到最佳含水率拌匀后仍可使用。

五、施工过程质量控制

二灰稳定材料结构层在铺筑过程中必须随时对铺筑质量进行检查、评定，质量检查的内容、频度、允许偏差可参照表5-39的要求。

表5-39 二灰稳定材料结构层施工过程中工程质量的控制标准

<table>
<tr><th colspan="2" rowspan="2">项　目</th><th rowspan="2">检查频度及单点检验评价方法</th><th colspan="2">质量要求或允许偏差</th><th rowspan="2">试验方法</th></tr>
<tr><th>高速、一级公路</th><th>其他公路</th></tr>
<tr><td colspan="2">级配</td><td>每2000m² 1次</td><td colspan="2">在规定范围内</td><td>T0302、T0303 筛分法</td></tr>
<tr><td colspan="2">配合比</td><td>每2000m² 1次</td><td colspan="2">满足设计要求</td><td>重量法或体积法</td></tr>
<tr><td colspan="2">含水率</td><td>据观察，随时</td><td colspan="2">最佳含水率±1%（二灰土为±2%）</td><td>T0801 烘干法、T0803 酒精燃烧法</td></tr>
<tr><td rowspan="2">压实度</td><td>二灰土</td><td rowspan="2">每一作业段或不超过2000m²检查6次以上</td><td>≥95%</td><td>≥93%</td><td rowspan="2">T0921 挖坑灌砂法</td></tr>
<tr><td>其他含粒料的石灰工业废渣</td><td>基层≥98%底基层96%或95%</td><td>基层≥97%，底基层95%或93%</td></tr>
<tr><td colspan="2">拌和均匀性</td><td>随时观察</td><td colspan="2">无灰条、灰团，色泽均匀，无离析现象</td><td>表层观察、挖坑观察</td></tr>
<tr><td colspan="2">无侧限抗压强度</td><td>稳定细粒土，每一作业段或每2000m² 6个试件；稳定中粒土和粗粒土，每一作业段或每2000m² 6个或9个试件</td><td colspan="2">符合规定要求</td><td>T0805 抗压强度试验</td></tr>
</table>

六、施工质量标准

二灰稳定材料结构层工程完工后，施工单位、工程监理单位和建设单位应按相同的工程项目划分进行工程质量的监控和管理。

按照《公路工程质量检验评定标准》（JTG F80/1）的规定，二灰稳定材料结构层工程质量检验评定时的基本要求、质量检验评定标准和外观鉴定等内容分述如下。

（一）基本要求

1）粒料应符合设计和施工规范要求，并应根据当地料源选择质坚干净的粒料。

2）土质应符合设计要求，土块应粉碎。

3）石灰和粉煤灰质量应符合设计要求，石灰须经充分消解才能使用。

4）混合料配合比应准确，不得含有灰团和生石灰块。

5）路拌法拌和深度应达到层底。

6）摊铺时要注意消除离析现象。

7）碾压时应先用轻型压路机稳压，后用重型压路机碾压至要求的压实度。

8）保湿养护，养护期应符合规范要求。

（二）质量检验评定标准

二灰稳定材料结构层交工验收阶段质量检验评定的实测项目、检查频度、质量要求或允许偏差等见表5-40、表5-41。

（三）外观鉴定

1）表面平整密实、无坑洼、无明显离析。不符合要求时，每处减1~2分。

2）施工接茬平整、稳定。不符合要求时，每处减1~2分。

表5-40　石灰、粉煤灰土基层和底基层实测项目

项次	检查项目		规定值或允许偏差				检查方法和频率	权值
			基层		底基层			
			高速公路一级公路	其他公路	高速公路一级公路	其他公路		
1Δ	压实度（%）	代表值	—	95	95	93	按规范附录B检查，每200m每车道2处	3
		极值	—	91	91	89		
2	平整度/mm		—	12	12	15	3m直尺：每200m测2处×10尺	2
3	纵断高程/mm		—	+5，-15	+5，-15	+5，-20	水准仪：每200m测4个断面	1
4	宽度/mm		符合设计要求		符合设计要求		尺量：每200m测4处	1
5Δ	厚度/mm	代表值	—	-10	-10	-12	按附录H检查，每200m每车道1点	2
		合格值	—	-20	-25	-30		
6	横坡（%）		—	±0.5	±0.3	±0.5	水准仪：每200m测4个断面	1
7Δ	强度/MPa		符合设计要求		符合设计要求		按评定标准附录G查	3

注：本表中附录是指《公路工程质量检验评定标准》（JTG F80/1）的附录。

表5-41　石灰粉煤灰稳定粒料基层和底基层实测项目

项次	检查项目		规定值或允许偏差				检查方法和频率	权值
			基层		底基层			
			高速公路一级公路	其他公路	高速公路一级公路	其他公路		
1Δ	压实度（%）	代表值	98	97	96	95	按规范附录B检查，每200m每车道2处	3
		极值	94	93	92	91		
2	平整度/mm		8	12	12	15	3m直尺：每200m测2处×10尺	2
3	纵断高程/mm		+5，-10	+5，-15	+5，-15	+5，-20	水准仪：每200m测4个断面	1
4	宽度/mm		符合设计要求		符合设计要求		尺量：每200m测4处	1
5Δ	厚度/mm	代表值	-8	-10	-10	-12	按附录H检查，每200m每车道1点	2
		合格值	-15	-20	-25	-30		
6	横坡（%）		±0.3	±0.5	±0.3	±0.5	水准仪：每200m测4个断面	1
7Δ	强度/MPa		符合设计要求		符合设计要求		按评定标准附录G查	3

注：本表中附录是指《公路工程质量检验评定标准》（JTG F80/1）的附录。

任务七 石灰稳定材料施工

一、一般规定

1）石灰稳定材料适用于各级公路的底基层，以及二、三、四级公路的基层。在冰冻地区的潮湿路段以及其他地区的过湿路段不宜采用石灰土作基层。

2）石灰稳定材料的石灰剂量应以石灰质量占全部干燥被稳定材料质量的百分率表示。

3）石灰稳定类材料结构层混合料的配合比设计按无侧限抗压强度试验方法确定。

4）石灰稳定类材料的压实度、7d 龄期无侧限抗压强度代表值应符合表 5-42 规定范围的要求。

表 5-42 石灰稳定材料的压实度及 7d 无侧限抗压强度

<table>
<tr><th>结构层</th><th colspan="2">公路等级</th><th>压实度（%）</th><th>抗压强度/MPa</th></tr>
<tr><td rowspan="3">基层</td><td colspan="2">高速公路和一级公路</td><td>—</td><td>—</td></tr>
<tr><td rowspan="2">二级及二级以下公路</td><td>稳定中、粗粒材料</td><td>≥97</td><td rowspan="2">≥0.8①</td></tr>
<tr><td>稳定细粒材料</td><td>≥95</td></tr>
<tr><td rowspan="4">底基层</td><td rowspan="2">高速公路和一级公路</td><td>稳定中、粗粒材料</td><td>≥97</td><td rowspan="2">≥0.8</td></tr>
<tr><td>稳定细粒材料</td><td>≥95</td></tr>
<tr><td rowspan="2">二级及二级以下公路</td><td>稳定中、粗粒材料</td><td>≥95</td><td rowspan="2">0.5～0.7②</td></tr>
<tr><td>稳定细粒材料</td><td>≥93</td></tr>
</table>

注：石灰土强度达不到表中规定的抗压强度标准时，可添加部分水泥，或改用另一种土。塑性指数过小的土，不宜用石灰稳定，宜改用水泥稳定。

① 在低塑性材料（塑性指数小于 7）地区，石灰稳定砾石土和碎石土的 7d 龄期无侧限抗压强度应大于 0.5MPa（100g 平衡锥测液限）。

② 低限用于塑性指数小于 7 的黏性土，且低限值宜仅用于二级以下公路。高限用于塑性指数大于 7 的黏性土。

5）石灰稳定材料结构层宜在春末和气温较高季节组织施工：施工期的日最低气温应在 5℃以上，在有冰冻的地区，应在第一次重冰冻（-5～-3℃）到来之前半个月到一个月完成。石灰稳定材料结构层宜经历半月以上温暖和热的气候养护。多雨地区，应避免在雨季进行石灰土结构层的施工。

6）石灰稳定集料雨季施工时，应采用排除表面水的措施，防止运到路上的集料过分潮湿，并应采取措施保护石灰免遭雨淋。

7）石灰稳定材料结构层施工时，应遵循以下基本规定：

① 细粒土应尽可能粉碎，土块最大尺寸不应大于 15mm。

② 配料要准确。

③ 路拌法施工时，石灰应摊铺均匀。

④ 洒水、拌和要均匀。

⑤ 应严格控制基层厚度和高程，其路拱横坡应与面层一致。

⑥ 应在混合料处于最佳含水率或略小于最佳含水率（1%～2%）时进行碾压，直至达到按重型击实试验确定的要求压实度。

8）石灰稳定材料混合料碾压时，压实机械与压实厚度应遵循以下规定：

① 石灰稳定材料结构层应采用12t以上的压路机进行碾压。

② 采用12～15t三轮压路机碾压时，每层的压实厚度不应超过15cm。

③ 用18～20t三轮压路机和振动压路机碾压时，每层的压实厚度不应超过20cm。

④ 对于石灰稳定集料，采用能量大的振动压路机碾压时，或对于石灰土，采用振动羊足碾与三轮压路机配合碾压时，每层的压实厚度可以根据试验适当增加。

⑤ 压实厚度超过上述规定时，应分层铺筑，每层的最小压实厚度为10cm，下层宜稍厚。

⑥ 对于石灰土，以及用摊铺机摊铺的混合料，都应采用先轻型、后重型压路机碾压。

二、材料要求及原材料检测

（一）石灰

石灰的质量应符合表5-33和表5-34的技术规定。高速公路、一级公路用石灰应不低于Ⅱ级技术要求，二级公路用石灰应不低于Ⅲ级技术要求，二级以下公路宜不低于Ⅲ级技术要求。高速公路、一级公路的基层，宜采用磨细生石灰粉。二级以下公路使用等外石灰时，有效氧化钙含量应在20%以上，且混合料强度应满足要求。

（二）粗细集料

对石灰稳定材料的粗、细集料的规格要求及材料分档掺配与水泥稳定材料施工相同。

（三）水

凡是饮用水（含牲畜饮用水）均可用于石灰稳定材料结构层施工。

（四）施工过程中对原材料的检查与要求

施工过程中，可参照表5-43所列的检查项目与频度对各种原材料进行抽样试验，质量应符合现行施工技术规范规定的技术要求，每个检查项目的平行试验次数或一次试验的试样数必须按相关试验规程的规定进行，并以平均值评价是否合格。

表5-43　施工过程中材料质量的检查项目与频度

材料	检查项目	目的	检查频度	试验方法
粗集料	含水率	确定原始含水率	每天使用前测2样品	T0801/T0803
	级配	确定级配是否符合要求，确定材料配合比	每档碎石使用前测2个样品，使用过程中每2000m³测2个样品	T0303
	液限、塑限①	求塑性指数，审定是否符合规定	每种材料使用前测2个样品，使用过程中每2000m³测2个样品	T0118/T0119
	毛体积相对密度、吸水率	评定粒料质量，计算固体体积率	使用前测2个样品，砾石使用过程中每2000m³测2个样品，碎石种类变化重做2个样品	T0304/T0308
	压碎值	评定石料的抗压碎能力是否符合要求		T0316
	粉尘含量	评定石料质量		T0310
	针片状颗粒含量	评定石料质量		T0312
	软石含量	评定石料质量		T0320

（续）

材料	检查项目	目的	检查频度	试验方法
细集料	含水率	确定原始含水率	每天使用前测 2 样品	T0801/T0803
	级配	确定级配是否符合要求，确定材料配合比	每档材料使用前测 2 个样品，使用过程中每 2000m^3 测 2 个样品	T0327
	液限、塑限①	求塑性指数，审定是否符合规定	每种细集料使用前测 2 个样品，使用过程中每 2000m^3 测 2 个样品	T0118/T0119
	毛体积相对密度、吸水率	评定粒料质量，计算固体体积率	使用前测 2 个样品，砾石使用过程中每 2000m^3 测 2 个样品，碎石种类变化重做 2 个样品	T0328/T0352
	有机质和硫酸盐含量	确定是否适宜于用石灰或水泥稳定	有怀疑时做此试验	T0336/T0341
石灰	含水率	确定原始含水率	每天使用前测 2 样品	T0801/T0803
	有效钙、镁含量	确定石灰质量	做材料组成设计和生产使用时分别测 2 个样品，以后每月测 2 个样品	T0811/T0812/T0813
	残渣含量	确定石灰质量	做材料组成设计和生产使用时分别测 2 个样品，以后每月测 2 个样品	T0815
土	含水率	确定原始含水率	每天使用前测 2 样品	T0801/T0803
	液限、塑限	求塑性指数，审定是否符合规定	每种土使用前测 2 个样品，使用过程中每 2000m^3 测 2 个样品	T0118/T0119
	颗粒分析	确定级配是否符合要求，确定材料配合比	每种土使用前测 2 个样品，使用过程中每 2000m^3 测 2 个样品	T0115
	有机质和硫酸盐含量	确定土是否适宜于用石灰或水泥稳定	对土有怀疑时做此试验	T0151/T0153

① 级配砾石或级配碎石中 0.6mm 以下的细土进行此项试验。

三、施工工艺流程

石灰稳定材料结构层施工的方法主要分为路拌法施工和厂拌法施工两种。用作高速公路、一级公路和二级公路基层的石灰稳定集料应采用集中厂拌摊铺机摊铺的施工方法。用作高速公路、一级公路和二级公路底基层的石灰稳定细粒材料宜采用集中厂拌摊铺机摊铺的施工方法，也可采用集中厂拌推土机摊铺平地机整平的施工方法。对于用于三级公路、四级公路基层和底基层的石灰类稳定材料可以采用集中厂拌摊铺机摊铺的施工方法，也可以采用人工路拌推土机摊铺平地机整平的施工方法。对于二级以下公路的小工程的石灰土施工，有时在条件受限时，也可以采用人工沿路拌和法施工。

厂拌法施工的工艺流程同水泥稳定材料的厂拌法施工，路拌法施工的工艺流程通常按图 5-24 的顺序进行。

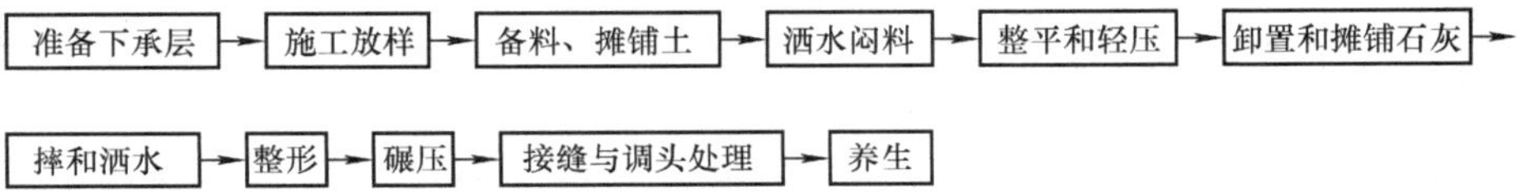

图 5-24 石灰稳定材料路拌法施工工艺流程图

四、施工技术要点

（一）路拌法施工

1. 准备下承层

与水泥稳定材料结构层施工要求相同。

2. 施工放样

与水泥稳定材料结构层施工要求相同。

3. 备料

与二灰稳定材料结构层路拌法施工的要求基本相同。

4. 摊铺材料

应事先通过试验确定混合料的松铺系数。人工摊铺混合料时，其松铺系数可按表5-44选用。其他要求与水泥稳定材料结构层路拌法施工要求相同。

表5-44　人工摊铺混合料松铺系数表

材料名称	松铺系数	备注
石灰土	1.53～1.58	现场人工摊铺土或石灰，机械拌和，人工整平
	1.65～1.70	路外集中拌和，运到现场人工摊铺
石灰土砂砾	1.52～1.56	路外集中拌和，运到现场人工摊铺

5. 洒水闷料

与水泥稳定材料结构层路拌法施工要求相同。

6. 整平和轻压

与水泥稳定材料结构层路拌法施工要求相同。

7. 卸置和摊铺石灰

1）按计算所得的每车石灰的纵横间距，用石灰在土层上做标记，同时画出摊铺石灰的边线。

2）用刮板将石灰均匀摊开，可用机械配合，如图5-25所示。石灰摊铺完成后，表面应没有空白位置。量测石灰的松铺厚度，根据石灰的含水率和松密度，校核石灰用量是否合适。

图5-25　摊铺石灰

8. 拌和与洒水

参照水泥稳定材料结构层路拌法施工，另外对石灰稳定材料，在拌和时应符合下列规定：

1）对石灰稳定碎石或砾石，先将石灰和需添加的黏性土拌和均匀，然后均匀地摊铺在碎石或砾石层上，再一起拌和。

2）对石灰稳定塑性指数大的黏性土时，应采用两次拌和。第一次加70%～100%预定剂量的石灰进行拌和，闷放1～2d，此后补足需用的石灰，再进行第二次拌和。

图5-26为路拌法拌和石灰土。

图5-26 路拌法拌和石灰土

9. 整形和碾压

均与水泥稳定材料结构层路拌法施工要求相同。

10. 接缝和“调头”处的处理

1）同日施工的两工作段的衔接处应采用搭接形式。前一段拌和整形后，留5～8m不进行碾压，后一段施工时，应与前段留下未压部分一起再进行拌和，并与后一段一起碾压。

2）拌和机械或其他机械不宜在已压成的石灰稳定材料结构层上“调头”，如必须“调头”，应采取措施保护“调头”部分，使石灰稳定材料结构层不受破坏。

3）纵缝的处理与水泥稳定材料结构层施工纵缝处理的要求相同。

11. 养护与交通管制

1）石灰稳定材料结构层需要保湿养护，养护期要符合规范要求。

2）在采用石灰稳定材料做基层时，必须采取措施防止表面水透入基层，同时应经历一个月以上的温暖和热的气候养护。作为三、四级公路沥青路面的基层时，还应采取措施加强基层与面层的连接。

3）石灰稳定材料在养护期间应保持一定的湿度，不应过湿或忽干忽湿。养护期不宜少于7d。每次洒水后，应用两轮压路机将表层压实。石灰稳定材料基层碾压结束后1～2d，当其表层较干燥（石灰土的含水率不大于10%，石灰粒料土的含水率为5%～6%）时，可以立即喷洒透层沥青，然后做下封层或铺筑面层，但初期应禁止重型车辆通行。

4）在养护期间未采用覆盖措施的石灰稳定材料层上，除洒水车外，应封闭交通。在采用覆盖措施的石灰稳定材料层上不能封闭交通时，应限制车速不得超过30km/h，禁止重型卡车通行。

5）养护期结束后，在铺筑沥青面层前，应清扫基层并喷洒透层沥青或做下封层。如面层是沥青混凝土，在喷洒透层沥青后，应撒布4.75～9.5mm的小碎（砾）石，小碎（砾）石应均匀撒布约60%的面积。如喷洒的透层沥青能透入基层，其上作业车辆不会破坏沥青膜时，可以不撒小碎（砾）石。在喷洒沥青时，石灰稳定材料层的上层应比较湿润。

6）石灰稳定材料分层施工时，下层石灰稳定材料碾压完成后，可以立即铺筑上一层石灰稳定材料，不需专门的养护期。

（二）厂拌法施工

与水泥稳定材料结构层厂拌法施工要求基本相同，注意事项如下：

1）石灰稳定材料搅拌前，应先筛除集料中不符合要求的颗粒，使集料的级配和最大粒径符合要求。

2）宜用强制式搅拌机进行搅拌，低等级公路也可用挖掘机、推土机及装载机拌和，配合比应准确，搅拌应均匀；含水率宜略大于最佳值；石灰土应过筛（20mm 方孔）。

3）应根据土和石灰的含水率变化、集料的颗粒组成变化，及时调整搅拌用水量。

4）拌成的石灰稳定材料应及时运送到铺筑现场。运输中应采取防止水分蒸发和防扬尘措施。

5）搅拌厂应向现场提供石灰稳定材料配合比，强度标准值及石灰中活性氧化物含量的资料。

（三）人工沿路拌和法施工

对于二级以下公路的小工程可以采用人工沿路拌和法施工石灰土，其主要程序要点如下。

1. 备料

将需稳定的土料按事先计算的数量运到路上分堆堆放，应每隔一定距离留一缺口。再将消石灰按事先计算的数量运到路上并直接卸在土堆上或土堆旁。

2. 拌和

1）筛拌法。将土和石灰混合或交替过 15mm 孔径的筛，筛余土块应随时打碎随时过筛。过筛后，适当加水，拌和到均匀为止。

2）翻拌法。将过筛的土和石灰先干拌 1 ~2 遍，然后加水拌和，应不小于 3 遍，直到均匀为止。

为了使混合料的水分充分渗透均匀，可在当天拌和后堆放闷料，第二天再摊铺使用。

3. 摊铺

将拌好的灰土按松铺厚度在路段上摊铺。

4. 整形与碾压

与水泥稳定材料路拌法施工中的相应工序要求相同。

五、施工过程质量控制

石灰稳定材料结构层在铺筑过程中必须随时对铺筑质量进行检查、评定，质量检查的内容、频度、允许偏差参照表 5-45 的要求。

表 5-45　石灰稳定材料结构层施工过程中工程质量的控制标准

项　目	检查频度及单点检验评价方法	质量要求或允许偏差		试验方法
		高速公路一级公路	其他公路	
级配	每 $2000m^2$ 1 次	在规定范围内		T0302、T0303 筛分法
石灰剂量	每 $2000m^2$ 1 次，至少 6 个样品	不小于设计值 1%		T0809EDTA 滴定法 T08010 直读式测钙仪法
含水率	据观察，随时	在规定范围内		T0801 烘干法、T0803 酒精燃烧法等

（续）

项目		检查频度及单点检验评价方法	质量要求或允许偏差		试验方法
			高速公路一级公路	其他公路	
压实度	稳定细粒土	每一作业段或不超过 $2000m^2$ 检查6次以上	≥95%	≥93%	T0921 挖坑灌砂法
	稳定中粒土或粗粒土		基层98% 底基层96%	基层97% 底基层95%	
拌和均匀性		随时观察	无灰条、灰团，色泽均匀，无离析现象		表层观察、挖坑观察
无侧限抗压强度		稳定细粒土，每一作业段或每 $2000m^2$ 6个试件；稳定中粒土和粗粒土，每一作业段或每 $2000m^2$ 6个或9个试件	符合规定要求		T0805 抗压强度试验

六、施工质量标准

石灰稳定材料结构层工程完工后，施工单位、工程监理单位和建设单位应按相同的工程项目划分进行工程质量的监控和管理。

按照《公路工程质量检验评定标准》（JTG F80/1）的规定，石灰稳定材料结构层工程质量检验评定时的基本要求、质量检验评定标准和外观鉴定等内容分述如下。

（一）基本要求

1）粒料应符合设计和施工规范要求。

2）土质应符合设计要求，土块应粉碎。

3）石灰质量应符合设计要求，块状石灰须经充分消解才能使用。

4）石灰和土的用量应按设计要求控制准确，未消解的生石灰块必须剔除。

5）路拌法拌和深度应达到层底。

6）混合料应处于最佳含水率状况下，应先用轻型压路机稳压，后用重型压路机碾压至要求的压实度。摊铺时要注意消除离析现象。

7）保湿养护，养护期应符合规范要求。

（二）质量检验评定标准

石灰稳定材料结构层交工验收阶段质量检验评定的实测项目、检查频度、质量要求或允许偏差等见表5-46、表5-47。

（三）外观鉴定

1）表面平整密实、无坑洼。不符合要求时，每处减1~2分。

2）施工接茬平整、稳定。不符合要求时，每处减1~2分。

表 5-46　石灰土基层和底基层实测项目与要求

项次	检查项目		规定值或允许偏差				检查方法和频率	权值
			基　层		底 基 层			
			高速公路一级公路	其他公路	高速公路一级公路	其他公路		
1Δ	压实度（%）	代表值	—	95	95	93	按规范附录 B 检查，每 200m 每车道 2 处	3
		极值	—	91	91	89		
2	平整度/mm		—	12	12	15	3m 直尺：每 200m 测 2 处 ×10 尺	2
3	纵断高程/mm		—	+5，−15	+5，−15	+5，−20	水准仪：每 200m 测 4 个断面	1
4	宽度/mm		符合设计要求		符合设计要求		尺量：每 200m 测 4 处	1
5Δ	厚度/mm	代表值	—	−10	−10	−12	按附录 H 检查，每 200m 每车道 1 点	2
		合格值	—	−20	−25	−30		
6	横坡（%）		—	±0.5	±0.3	±0.5	水准仪：每 200m 测 4 个断面	1
7Δ	强度/MPa		符合设计要求		符合设计要求		按评定标准附录 G 查	3

注：本表中附录是指《公路工程质量检验评定标准》（JTG F80/1）的附录。

表 5-47　石灰稳定粒料基层和底基层实测项目

项次	检查项目		规定值或允许偏差				检查方法和频率	权值
			基　层		底 基 层			
			高速公路一级公路	其他公路	高速公路一级公路	其他公路		
1Δ	压实度（%）	代表值	—	97	96	95	按规范附录 B 检查，每 200m 每车道 2 处	3
		极值	—	93	92	91		
2	平整度/mm		—	12	12	15	3m 直尺：每 200m 测 2 处 ×10 尺	2
3	纵断高程/mm		—	+5，−15	+5，−15	+5，−20	水准仪：每 200m 测 4 个断面	1
4	宽度/mm		符合设计要求		符合设计要求		尺量：每 200m 测 4 处	1
5Δ	厚度/mm	代表值	—	−10	−10	−12	按附录 H 检查，每 200m 每车道 1 点	2
		合值	—	−20	−25	−30		
6	横坡（%）		—	±0.5	±0.3	±0.5	水准仪：每 200m 测 4 个断面	1
7Δ	强度/MPa		符合设计要求		符合设计要求		按评定标准附录 G 查	3

注：本表中附录是指《公路工程质量检验评定标准》（JTG F80/1）的附录。

项目训练

1.【背景材料】某山区公路改造工程，全长 18.16km，按山岭重丘区三级公路建设（局部困难路段为四级），桥涵荷载Ⅱ级，时速 30km，路基宽 7.5m，路面行车道宽 6.5m，路面结构层为 12cm 厚填隙碎石底基层和 20cm 厚级配碎石基层，4cm 厚中粒式沥青碎石路面。

[问题]：

1）简述填隙碎石施工工艺流程及施工要点。

2）说明级配碎石路拌法施工流程，并分析每个步骤的施工要点。

3）说明级配碎（砾）石、填隙碎石交工验收阶段的质量检验项目。

2.【背景材料】某乡镇的过境公路，是交通运输生命线，全长12.1km，路宽6～8m，为泥结碎石路，沿线的受益人口10万人，该镇直接受益上万人。

[问题]：

说明泥结碎石的施工流程（灌浆法）。

3.【背景材料】某二级公路路基宽度8.5m（0.75m+7.00m+0.75m），路面结构组成为：30cm填隙碎石底基层、25cm无机结合料基层、22cmC30水泥混凝土面层。先进行填隙碎石底基层施工，主要施工顺序如下：备料—运输粗碎石—摊铺—摊铺填隙料和碾压。

[问题]：

1）填隙碎石底基层在备料这个施工程序前还应该有哪些准备工作？

2）填隙碎石底基层是路面粒料基层施工方法的一种，请列出其他两种路面粒料基层施工方法。

3）填隙料的摊铺和碾压可采用的施工方法有哪几类？它们有什么不同之处？

4）路面底基层施工中常见的质量控制关键点一般有哪些？

4.【背景材料】某一级公路路基为土方路基，路面基层为水泥稳定碎石基层，根据工程实际情况及施工单位人力、设备条件，施工单位采用了中心站集中拌和法施工工艺，其中某一路段具体施工过程如下：

1）施工放样，恢复中线。

2）对水泥稳定碎石基层施工所需的土料、集料、水泥等按要求进行备料。

3）混合料的拌和考虑方便在中心站用厂拌设备进行集中拌和，未采用专用稳定土集中拌和机械。

4）混合料的运输采用的是8t的翻斗车，为防阳光照射和雨淋，备有覆盖苫布。

5）确定松铺系数后，进行混合料的摊铺。

6）进行碾压，用轻型压路机配合重型振动压路机进行碾压。直线和平曲线段，由两侧路肩向路中心碾压，设超高的平曲线段，由外侧路肩向内侧路肩碾压。

7）接缝处理。

[问题]：

1）无机结合料稳定材料基层根据使用材料分为哪几类？水泥土无机结合料可用于高速公路的基层吗？

2）无机结合料稳定材料基层根据施工方法分为哪几种？

3）本项目中心站集中拌和法施工准备工作是否完备？为什么？

4）对水泥稳定碎石基层施工所需的土料、集料、水泥有何具体要求？

5）请指出本项目具体施工过程中存在哪些问题，并进行纠正。

5.【背景材料】某一级公路工程K9+000～K36+000段路面结构形式为：底基层采用填隙碎石、基层采用水泥稳定碎石、面层采用C30水泥混凝土。施工工期安排在某年夏天，日间气温高达36℃，工程任务重、工期紧。路面施工完成后，该项目的施工单位对路面底基层、基层、面层进行了施工质量自检。对填隙碎石底基层检验实测了平整度、纵断高程、宽度、厚度、横坡。检测结果均符合要求。

[问题]：

1）半刚性材料结构层施工中原材料检测需要进行哪些试验项目？该施工单位对填隙碎石的实测项目是否全面？说明理由。

2）水泥稳定碎石厂拌法施工要点有哪些？

3）水泥土路拌法施工，加水湿拌的要点有哪些？

4）为了达到规定的压实标准，水泥稳定材料基层碾压应掌握哪些技术要点？

6.【背景材料】北京附近某高速公路，是国家的重点建设项目，全长199km，为双向六车道高速公路，路面全宽22.5m，沥青混凝土表面层为沥青混凝土。结构为：20cm厚石灰土底基层，18cm厚石灰粉煤灰稳定碎石基层，19cm厚水泥稳定碎石基层以及4cm厚沥青混凝土表面层，5cm厚沥青混凝土中面层，6cm厚沥青混凝土底面层，施工单位施工时，在基层上喷洒了透层油，且不能及时铺筑面层，并还需开放交通。

其主要施工具体做法如下：1）清扫路基表面，并使表面干燥。2）洒布沥青。透层沥青洒布后应不致流淌，透入基层应有一定深度，最好在表面形成油膜。3）遇大风或将下雨时，不喷洒透层油。当气温低于10℃或路面潮湿时禁止喷洒。4）喷洒黏层后，严禁车辆行人通过。5）撒布适量石屑。6）用轮胎压路机稳压，并控制车速。

[问题]：

1）简述石灰土施工工艺及质量控制要点。

2）简述石灰粉煤灰稳定碎石（二灰碎石）施工工艺及质量控制要点。

3）简述厂拌法水泥稳定碎石施工工艺及质量控制要点

4）半刚性材料结构层施工中原材料检测需要进行哪些试验项目？

5）半刚性材料结构层施工对气候温度有哪些要求？

6）水泥稳定材料基层接缝和调头处应该进行怎样的处理？

7）水泥稳定材料、石灰稳定材料、二灰稳定材料结构层施工如何进行养护和交通管制？

8）绘制水泥稳定材料、石灰稳定材料、二灰稳定材料结构层厂拌法施工工艺流程图。

9）绘制水泥稳定材料、石灰稳定材料、二灰稳定材料结构层路拌法施工工艺流程图。

7.【背景材料】某一级公路处于城市郊区、施工期间社会车辆流量较大，基层铺筑完工后需要开放交通。其中A合同段里程桩号为K0+000~K10+500，主线长10.5km，一次建成双向四车道，路基宽24.5m。该路面基层为二灰砂砾，面层为沥青混凝土。施工单位的部分施工工艺如下：

1）二灰砂砾拌和设备，采用双卧轴强制连续式搅拌机，通过调整喂料皮带的转速及冷料仓口开启高度，计量每种原材料用量。拌和用水通过流量传感器控制；

2）拌和料运输全部采用5t自卸汽车以减轻对下层的影响；

3）摊铺采用摊铺机，半幅基层宽11.15m，采取两次摊铺成形；

4）碾压，采用振动压路机，先振压2遍，再静压2遍，至密实；

5）二灰砂砾碾压结束，表面开始泛白即及时进行洒水养护，7d后开放交通。

[问题]：

1）判断施工工艺中第1~第4条是否正确？如不正确，请改正。

2）第5条存在什么问题？说明理由。

8.【背景材料】某一级公路全长66.56km，双向6车道，路幅宽27m，设计车速100km/h，路面底基层为水泥稳定细粒土，根据工程实际情况及施工单位人力、设备条件，施工单位采用路拌法水泥稳定细粒土底基层施工工艺，摊铺水泥日进度1.5km（单向），K5+700~K10+700路段具体施工过程如下：

1）施工放样，恢复中线；根据施工布料需要在下承层上画布料网格。

2）对水泥稳定细粒土基层施工所需的土料、集料、水泥等按要求进行备料。

3）确定松铺系数后，施工单位共用5d时间完成摊铺土任务，每日摊铺2.5km。

4）按规定洒水闷料，整平轻压。

5）按规定摆放水泥，用刮板将水泥均匀摊开。

6）为保证拌和质量，按规定采用了稳定土拌和机进行拌和。为了避免损坏下承层，拌和深度保持在下承层顶面5~10mm。

7）拌和料拌和均匀后，立即用平地机初步整形。为保证整形质量，全路段平地机均由两侧路肩向路中心进行刮平。

8）整形后，当混合料的含水率为最佳含水率（±1%~±2%）时，按规定用轻型压路机配合12t以上的压路机进行碾压。直线和平曲线段，由两侧路肩向路中心碾压，设超高的平曲线段，由外侧路肩向内侧路肩碾压。

[问题]：

1）无机结合料稳定材料根据使用分为哪几类？

2）本项目路拌法水泥稳定细料土底基层施工准备中少了什么重要环节？并简述这一环节的主要工作。

3）请指出本项目具体施工过程中存在哪些问题，并进行纠正。

9.【背景材料】某高速公路，路面为沥青混凝土路面，基层为水泥稳定材料基层，施工单位在基层施工过程中，出现以下情况：

1）由于本工程的路面属高级路面，所以采用水泥稳定细粒土做该路面的基层。

2）在选择水泥时，施工单位选择了终凝时间较短的水泥。

3）该工程采用集中厂拌法施工，在设计水泥剂量时，按配合比试验确定的剂量增加1%的剂量来确定的。

4）其厂拌法施工工艺有：①施工放样。②准备下承层。③混合料拌和。④混合料运输。⑤布置基准线钢丝。⑥混合料摊铺。⑦碾压。⑧自检验收。施工工艺流程按①→②→③→④→⑤→⑥→⑦→⑧的顺序进行。

［问题］：

1）该工程采用水泥稳定细粒土做基层是否正确？为什么？

2）施工单位在选择水泥时是否正确，哪些水泥可做结合料？

3）施工单位的施工工艺流程是否正确？如果不正确，将其改正。

项目六　面层施工技术

学习目标

1. 能说明常用沥青类结构层原材料及其混合料的技术要求。
2. 会描述各类沥青混合料结构层的施工工艺流程和施工技术要点。
3. 能完成各类沥青混合料结构层的施工。
4. 能对各类沥青混合料结构层的施工质量进行检测和控制。
5. 能完成 SMA 配合比设计。
6. 能描述 Superpave 沥青混合料设计体系的特点。
7. 能说明水泥混凝土路面原材料及其混合料的技术要求。
8. 会描述水泥混凝土路面的施工工艺流程和施工技术要点。
9. 能完成水泥混凝土路面的施工。
10. 能对水泥混凝土路面的施工质量进行检测和控制。

重　点

1. 各类沥青混合料结构层和水泥混凝土路面的施工工艺流程和施工技术要点。
2. 各类沥青混合料结构层和水泥混凝土路面的施工质量控制要点。

难　点

1. 各类沥青混合料和水泥混凝土对其原材料和混合料的技术要求。
2. 热拌沥青混合料和水泥混凝土的施工技术要点。

任务一　热拌沥青混合料施工

热拌沥青混合料（HMA）包括沥青混凝土（AC）、密级配沥青稳定碎石（ATB）、半开级配沥青稳定碎石（AM）、开级配排水式沥青稳定碎石基层（ATPB）、沥青玛蹄脂碎石混合料（SMA）、Superpave 沥青混合料、排水式沥青磨耗层（OGFC）等类型。它们的施工工艺大同小异，故对它们的施工技术进行综合阐述，但由于 SMA、Superpave 沥青混合料施工工艺要求较高，且又常用，故将在项目六任务二、任务三中分别讲述。

一、一般规定

1）沥青路面施工必须符合国家环境和生态保护、劳动保护的规定，确保安全。

2）沥青路面施工必须有施工组织设计，并保证合理的施工工期。沥青路面不得在气温低于 10℃（高速公路和一级公路）或 5℃（其他等级公路），以及雨天、路面潮湿的情况下施工。

3）沥青面层宜连续施工，避免与可能污染沥青层的其他工序交叉干扰，以杜绝施工和运输污染。

4）各层沥青混合料的要求：各层沥青混合料应满足所在层位的功能性要求，便于施工，不容易离析；各层应连续施工并结合成为一个整体；当发现混合料结构组合及级配类型的设计不合理时应进行修改、调整，以确保沥青路面的使用性能。

5）沥青面层集料粒径的要求：沥青面层集料的最大粒径宜从上至下逐渐增大，并应与压实层厚度相匹配。对热拌热铺密级配沥青混合料，沥青层一层的压实厚度不宜小于集料公称最大粒径的2.5~3倍，对SMA和OGFC等嵌挤型混合料不宜小于公称最大粒径的2~2.5倍，以减少离析，便于压实。

6）热拌沥青混合料的配合比设计按马歇尔试验方法确定，具体步骤见《道路建筑材料检测与应用》或有关技术规范。

二、材料要求及原材料检测

沥青类结构层的原材料包括沥青、粗集料、细集料、填料、纤维稳定剂等。施工前，选用符合质量标准的原材料是生产出质量优良、符合设计要求的沥青混合料的基础。

（一）应遵循的基本规定

1. 施工前必须检查各种原材料的来源和质量

对经招标程序购进的沥青、集料等重要材料，供货单位必须提交最新检测的正式试验报告。从国外进口的材料应提供该批材料的船运单。对首次使用的集料，应检查生产单位的生产条件、加工机械、覆盖层的清理情况。所有材料都应按有关规定取样检测，经质量认可后方可订货。

2. 材料运至现场后必须取样进行质量检验

各种材料都必须在施工前或施工过程中以“批”为单位进行质量检验，经评定合格后方可使用，不得以供应商提供的检测报告或商检报告代替现场检测。不符合现行的《公路沥青路面施工技术规范》（JTG F40）技术要求的材料不得进场。

对各种矿料是以同一料源、同一次购入并运至生产现场的相同规格材料为一“批”；对沥青是指从同一来源、同一次购入且储入同一沥青罐的同一规格的沥青为一“批”。材料试样的取样数量与频度按现行试验规程的规定进行。

3. 沥青必须按品种、标号分开存放

除长期不使用的沥青可放在自然温度下存储外，沥青在储罐中的贮存温度不宜低于130℃，并不得高于170℃。桶装沥青应直立堆放，加盖苫布。

使用成品改性沥青的工程，应要求供应商提供所使用的改性剂型号、基质沥青的质量检测报告。使用现场改性沥青的工程，应对试生产的改性沥青进行检测，质量不合格的不可使用。

4. 不同料源、品种、规格的集料不得混杂堆放

工程开始前或施工过程中，必须对集料的存放场地、防雨和排水措施进行确认。采取适当的措施防止对集料的污染。

（二）沥青

沥青路面使用的沥青包括道路石油沥青、乳化沥青、液体石油沥青、煤沥青、改性沥青、改性乳化沥青等，其适用范围应符合现行《公路沥青路面施工技术规范》（JTG F40）

的规定。热拌沥青混合料的沥青主要是道路石油沥青和改性沥青。

1. 道路石油沥青

1）道路石油沥青使用广泛，它的标号分为160号、130号、110号、90号、70号、50号、30号，共7个标号，每个标号的道路石油沥青又分为A、B、C三个等级，各个沥青等级的适用范围应符合表6-1的规定。

表6-1　道路石油沥青的适用范围

沥青等级	适用范围
A级沥青	各个等级的公路，适用于任何场合和层次
B级沥青	高速公路、一级公路沥青下面层及以下的层次，二级及二级以下公路的各个层次；用作改性沥青、乳化沥青、改性乳化沥青、稀释沥青的基质沥青
C级沥青	三级及三级以下公路的各个层次

2）道路石油沥青的质量检测指标、技术要求及试验方法见表6-2，应符合表中规定的技术要求。

3）沥青路面采用的沥青标号，宜按照公路等级、气候条件、交通条件、路面类型及在结构层中的层位及受力特点、施工方法等，结合当地的使用经验，经技术论证后确定。

4）道路石油沥青在储运、使用及存放过程中应有良好的防水措施，避免雨水或加热管道蒸气进入沥青中。

2. 改性沥青

改性沥青是指掺加橡胶、树脂、高分子聚合物、天然沥青、磨细的橡胶粉，或者其他材料等外掺剂（改性剂）制成的沥青结合料，从而使沥青或沥青混合料的性能得以改善。

1）改性沥青可单独或复合采用高分子聚合物、天然沥青及其他改性材料制作。

2）各类聚合物改性沥青的质量应符合表6-3的技术要求，当使用表列以外的聚合物及复合改性沥青时，可通过试验研究制订相应的技术要求。

3）制造改性沥青的基质沥青应与改性剂有良好的配伍性，其质量宜符合表6-2中A级或B级道路石油沥青的技术要求。供应商在提供改性沥青的质量报告时应提供基质沥青的质量检验报告或沥青样品。

4）天然沥青可以单独与石油沥青混合使用或与其他改性沥青混融后使用。天然沥青的质量要求宜根据其品种参照相关标准和成功的经验执行。

5）用作改性剂的SBR胶乳中的固体物含量不宜少于45%，使用中严禁长时间暴晒或遭冰冻。

6）改性沥青的剂量以改性剂占改性沥青总量的百分数计算，胶乳改性沥青的剂量应以扣除水以后的固体物含量计算。

7）改性沥青宜在固定式工厂或在现场设厂集中制作，也可在拌和厂现场边制造边使用，改性沥青的加工温度不宜超过180℃。胶乳类改性剂和制成颗粒的改性剂可直接投入拌和缸中生产改性沥青混合料。

8）用溶剂法生产改性沥青母体时，挥发性溶剂回收后的残留量不得超过5%。

9）现场制造的改性沥青宜随配随用，需作短时间保存，或运送到附近的工地时，使用前必须搅拌均匀，在不发生离析的状态下使用。改性沥青制作设备必须设有随机采集样品的

表 6-2 道路石油沥青技术要求

指标	单位	等级	沥青标号																	试验方法[1]
			160 号[4]	130 号[4]	110 号			90 号					70 号[3]					50 号[3]	30 号[4]	
针入度（25℃，5s，100g）	0.1mm		140～200	120～140	100～120			80～100					60～80					40～60	20～40	T0604
适用的气候分区[6]			注[4]	注[4]	2-1	2-2	3-2	1-1	1-2	1-3	2-2	2-3	1-3	1-4	2-2	2-3	2-4	1-4	注[4]	附录 A[6]
针入度指数 PI[2]		A	-1.5～+1.0																	T0604
		B	-1.8～+1.0																	
软化点（R&B）不小于	℃	A	38	40	43			45			44		46		45			49	55	T0606
		B	36	39	42			43			42		44		43			46	53	
		C	35	37	41			42					43					45	50	
60℃动力黏度[2]不小于	Pa·s	A	—	60	120			160			140		180		160			200	260	T0620
10℃延度[2]不小于	cm	A	50	50	40			45	30	20	30	20	20	15	25	20	15	15	10	T0605
		B	30	30	30			30	20	15	20	15	15	10	20	15	10	10	8	
15℃延度不小于	cm	A、B	100															80	50	
		C	80	80	60			50					40					30	20	
蜡含量（蒸馏法）不大于	%	A	2.2																	T0615
		B	3.0																	
		C	4.5																	
闪点 不小于	℃		230					245					260							T0611
溶解度 不小于	%		99.5																	T0607
密度（15℃）	g/cm³		实测记录																	T0603

（续）

指　　标	单位	等级	沥青标号							试验方法[1]
			160 号[4]	130 号[4]	110 号	90 号	70 号[3]	50 号[3]	30 号[4]	
TFOT（或 RTFOT）后[5]										T0610 或 T0609
质量变化　不大于	%		±0.8							
残留针入度比（25℃）不小于	%	A	48	54	55	57	61	63	65	T0604
		B	45	50	52	54	58	60	62	
		C	40	45	48	50	54	58	60	
残留延度（10℃）不小于	cm	A	12	12	10	8	6	4	—	T0605
		B	10	10	8	6	4	2	—	
残留延度（15℃）不小于	cm	C	40	35	30	20	15	10	—	T0605

注：1. 试验方法按照现行《公路工程沥青及沥青混合料试验规程》（JTG E20）规定的方法执行。用于仲裁试验求取针入度指数 PI 时的 5 个温度的针入度关系相关系数不得小于 0.997。

2. 经建设单位同意，沥青的 PI 值、60℃动力黏度、10℃延度可作为选择性指标，也可不作为施工质量检验指标。

3. 70 号沥青可根据需要要求供应商提供针入度范围为 60～70 或 70～80 的沥青，50 号沥青可要求提供针入度范围为 40～50 或 50～60 的沥青。

4. 30 号沥青仅适用于沥青稳定基层。130 号和 160 号沥青除寒冷地区可直接在中低级公路上直接应用外，通常用作乳化沥青、稀释沥青、改性沥青的基质沥青。

5. 老化试验以 TFOT 为准，也可以 RTFOT 代替。

6. 气候分区可参考《公路沥青路面施工技术规范》（JTG F40）附录 A。

取样口，采集的试样宜立即在现场灌模。

10）工厂制作的成品改性沥青到达施工现场后存贮在改性沥青罐中，改性沥青罐中必须加设搅拌设备并进行搅拌，使用前改性沥青必须搅拌均匀。在施工过程中应定期取样检验产品质量，发现离析等质量不符合要求的改性沥青不得使用。

表 6-3　聚合物改性沥青技术要求

指　　标	单位	SBS 类（Ⅰ类）				SBR 类（Ⅱ类）			EVA、PE 类（Ⅲ类）				试验方法
		Ⅰ-A	Ⅰ-B	Ⅰ-C	Ⅰ-D	Ⅱ-A	Ⅱ-B	Ⅱ-C	Ⅲ-A	Ⅲ-B	Ⅲ-C	Ⅲ-D	
针入度 25℃,100g,5s	0.1mm	>100	80 ~ 100	60 ~ 80	40 ~ 60	>100	80 ~ 100	60 ~ 80	>80	60 ~ 80	40 ~ 60	30 ~ 40	T0604
针入度指数 PI，不小于		-1.2	-0.8	-0.4	0	-1.0	-0.8	-0.6	-1.0	-0.8	-0.6	-0.4	T0604
延度 5℃,5cm/min 不小于	cm	50	40	30	20	60	50	40	—				T0605
软化点 $T_{R\&B}$，不小于	℃	45	50	55	60	45	48	50	48	52	56	60	T0606
运动黏度① 135℃，不大于	Pa·s	3											T0625 T0619
闪点，不小于	℃	230				230			230				T0611
溶解度，不小于	%	99				99			—				T0607
弹性恢复　25℃，不小于	%	55	60	65	75	—			—				T0662
黏韧性，不小于	N·m	—				5			—				T0624
韧性，不小于	N·m	—				2.5			—				T0624
贮存稳定性② 离析，48h 软化点差，不大于	℃	2.5				—			无改性剂明显析出、凝聚				T0661
TFOT（或 RTFOT）后残留物													
质量变化，不大于	%	±1.0											T0610 或 T0609
针入度比 25℃，不小于	%	50	55	60	65	50	55	60	50	55	58	60	T0604
延度 5℃，不小于	cm	30	25	20	15	30	20	10	—				T0605

① 表中 135℃运动黏度可采用《公路工程沥青及沥青混合料试验规程》（JTG E20）中的“沥青布氏旋转黏度试验方法（布洛克菲尔德黏度计法）”进行测定。若在不改变改性沥青物理力学性质并符合安全条件的温度下易于泵送和拌和，或经证明适当提高泵送和拌和温度时能保证改性沥青的质量，容易施工，可不要求测定。

② 贮存稳定性指标适用于工厂生产的成品改性沥青。现场制作的改性沥青对贮存稳定性指标可不作要求，但必须在制作后，保持不间断的搅拌或泵送循环，保证使用前没有明显的离析。

（三）粗集料

1）沥青层用粗集料包括碎石、破碎砾石、筛选砾石、钢渣、矿渣等。高速公路和一级公路不得使用筛选砾石和矿渣。粗集料必须由具有生产许可证的采石场生产或施工单位自行加工。

2）粗集料应该洁净、干燥、表面粗糙，其质量检测项目、技术要求及试验方法见表

6-4的规定。当单一规格集料的质量指标达不到有关规定要求，而按照集料配合比计算的质量指标符合要求时，工程上允许使用。对受热易变质的集料，宜采用经拌和机烘干后的集料进行检验。

表 6-4　沥青混合料用粗集料质量技术要求

指　　标		单位	高速公路及一级公路		其他等级公路	试验方法
			表面层	其他层次		
石料压碎值	不大于	%	26	28	30	T0316
洛杉矶磨耗损失	不大于	%	28	30	35	T0317
表观相对密度	不小于	—	2.60	2.50	2.45	T0304
吸水率	不大于	%	2.0	3.0	3.0	T0304
坚固性	不大于	%	12	12	—	T0314
针片状颗粒含量（混合料）	不大于	%	15	18	20	T0312
其中粒径大于9.5mm	不大于	%	12	15	—	T0312
其中粒径小于9.5mm	不大于	%	18	20	—	T0312
水洗法<0.075mm颗粒含量	不大于	%	1	1	1	T0310
软石含量	不大于	%	3	5	5	T0320

注：1. 坚固性试验可根据需要进行。

2. 用于高速公路、一级公路时，多孔玄武岩的视密度可放宽至2.45t/m^3，吸水率可放宽至3%，但必须得到建设单位的批准，且不得用于SMA路面。

3. 对S14即公称粒径3～5mm规格的粗集料，针片状颗粒含量可不予要求，小于0.075mm含量可放宽到3%。

3）粗集料的粒径规格应按表6-5的规定生产和使用。

表 6-5　沥青混合料用粗集料规格

规格	公称粒径/mm	通过下列筛孔的质量百分率（%）												
		106	75	63	53	37.5	31.5	26.5	19.0	13.2	9.5	4.75	2.36	0.6
S1	40～75	100	90～100	—	—	0～15	—	0～5						
S2	40～60		100	90～100	—	0～15	—	0～5						
S3	30～60		100	90～100	—	—	0～15	—	0～5					
S4	25～50			100	90～100	—	—	0～15	—	0～5				
S5	20～40				100	90～100	—	—	0～15	—	0～5			
S6	15～30					100	90～100	—	—	0～15	—	0～5		
S7	10～30					100	90～100	—	—	—	0～15	0～5		
S8	10～25						100	90～100	—	0～15	—	—	0～5	
S9	10～20							100	90～100	—	0～15	0～5		
S10	10～15								100	90～100	0～15	0～5		
S11	5～15								100	90～100	40～70	0～15	0～5	
S12	5～10									100	90～100	0～15	0～5	
S13	3～10									100	90～100	40～70	0～20	0～5
S14	3～5										100	90～100	0～15	0～3

4）采石场在生产过程中必须彻底清除覆盖层及泥土夹层。生产碎石用的原石不得含有土块、杂物，集料成品不得堆放在泥土地上。

5）高速公路、一级公路沥青路面表面层（或磨耗层）粗集料的磨光值应符合表6-6的要求。除SMA、OGFC路面外，允许在硬质粗集料中掺加部分较小粒径的、磨光值达不到要求的粗集料，其最大掺加比例由磨光值试验确定。

6）粗集料与沥青的黏附性应符合表6-6的要求。当使用不符合要求的粗集料时，宜掺加消石灰、水泥或用饱和石灰水处理后使用，必要时可同时在沥青中掺加耐热、耐水、长期性能好的抗剥落剂，也可采用改性沥青的措施，使沥青混合料的水稳定性检验达到要求。掺加外加剂的剂量由沥青混合料的水稳定性检验确定。

7）破碎砾石应采用粒径大于50mm、含泥量不大于1%的砾石轧制，破碎砾石的破碎面应符合表6-7的要求。

8）经过破碎且存放期超过6个月以上的钢渣可作为粗集料使用。除吸水率允许适当放宽外，各项质量指标应符合表6-4的要求。钢渣在使用前应进行活性检验，要求钢渣中的游离氧化钙含量不大于3%，浸水膨胀率不大于2%。

表6-6 粗集料与沥青的黏附性、磨光值的技术要求

雨量气候区	1（潮湿区）	2（湿润区）	3（半干区）	4（干旱区）	试验方法
年降雨量/mm	>1000	1000～500	500～250	<250	附录A
粗集料的磨光值PSV，不小于高速公路、一级公路表面层	42	40	38	36	T0321
粗集料与沥青的黏附性，不小于高速公路、一级公路表面层 高速公路、一级公路的其他层次及其他等级公路的各个层次	5 4	4 4	4 3	3 3	T0616 T0663

注：附录A指《公路沥青路面施工技术规范》(JTG F40)附录A沥青路面使用性能气候分区。

表6-7 粗集料对破碎面的要求

路面部位或混合料类型		具有一定数量破碎面颗粒的含量（%）		试验方法
		1个破碎面	2个或2个以上破碎面	
沥青路面表面层				T0346
高速公路、一级公路	不小于	100	90	
其他等级公路	不小于	80	60	
沥青路面中下面层、基层				
高速公路、一级公路	不小于	90	80	
其他等级公路	不小于	70	50	
SMA混合料	不小于	100	90	
贯入式路面	不小于	80	60	

（四）细集料

1）沥青路面的细集料包括天然砂、机制砂、石屑。细集料必须由具有生产许可证的采石场、采砂场生产。

2）细集料应洁净、干燥、无风化、无杂质，并有适当的颗粒级配，其质量检测项目、技术要求及试验方法见表6-8的规定。

表 6-8　沥青混合料用细集料质量要求

项　　目		单位	高速公路、一级公路	其他等级公路	试验方法
表观相对密度	不小于	t/m³	2.50	2.45	T0328
坚固性（>0.3mm 部分）	不小于	%	12	—	T0340
含泥量（<0.075mm 的含量）	不大于	%	3	5	T0333
砂当量	不小于	%	60	50	T0334
亚甲蓝值	不大于	g/kg	25	—	T0349
棱角性（流动时间）	不小于	s	30	—	T0345

注：坚固性试验可根据需要进行。

3）细集料的洁净程度，天然砂以小于 0.075mm 含量的百分数表示，石屑和机制砂以砂当量（适用于 0～4.75mm）或亚甲蓝值（适用于 0～2.36mm 或 0～0.15mm）表示。

4）天然砂可采用河砂或海砂，通常宜采用粗、中砂，规格应符合表 6-9 的规定。砂的含泥量超过规定时应水洗后使用，海砂中的贝壳类材料必须筛除。热拌密级配沥青混合料中天然砂的用量不宜超过集料总量的 20%，SMA 和 OGFC 混合料不宜使用天然砂。

表 6-9　沥青混合料用天然砂规格

筛孔尺寸/mm	通过各筛孔的质量百分率（%）		
	粗砂	中砂	细砂
9.5	100	100	100
4.75	90～100	90～100	90～100
2.36	65～95	75～90	85～100
1.18	35～65	50～90	75～100
0.6	15～30	30～60	60～84
0.3	5～20	8～30	15～45
0.15	0～10	0～10	0～10
0.075	0～5	0～5	0～5

5）石屑是指采石场破碎石料时通过 4.75mm 或 2.36mm 的筛下部分，其规格应符合表 6-10 的要求。高速公路和一级公路的沥青混合料，宜将 S14（公称粒径 3～5mm）与 S16（公称粒径 0～3mm）组合使用，S15（公称粒径 0～5mm）可在沥青稳定碎石基层或其他等级公路中使用。机制砂宜采用专用的制砂机制造，并选用优质石料生产，其级配应符合 S16 的要求。

表 6-10　沥青混合料用机制砂或石屑规格

规格	公称粒径/mm	水洗法通过各筛孔的质量百分率（%）							
		9.50	4.75	2.36	1.18	0.60	0.30	0.15	0.075
S15	0～5	100	90～100	60～90	40～75	20～55	7～40	2～20	0～10
S16	0～3	—	100	80～100	50～80	25～60	8～45	0～25	0～15

注：当生产石屑采用喷水抑制扬尘工艺时，应特别注意含粉量不得超过表中要求。

（五）填料

1）沥青混合料的矿粉必须采用石灰岩或岩浆岩中的强基性岩石等憎水性石料经磨细得

到，原石料中的泥土杂质应除净。矿粉应干燥、洁净，能自由地从矿粉仓流出，其质量检测项目、技术要求及试验方法见表6-11的规定。

表6-11 沥青混合料用矿粉质量要求

项目		单位	高速公路、一级公路	其他等级公路	试验方法
表观密度	不小于	t/m³	2.50	2.45	T0352
含水量	不大于	%	1	1	T0103
粒度范围<0.6mm <0.15mm <0.075mm		% % %	100 90~100 75~100	100 90~100 70~100	T0351
外观		—	无团粒结块	—	—
亲水系数		—	<1	—	T0353
塑性指数		%	<4	—	T0354
加热安定性		—	实测记录	—	T0355

2）拌和机的粉尘可作为矿粉的一部分回收使用，但每盘用量不得超过填料总量的25%，掺有粉尘填料的塑性指数不得大于4%。

3）粉煤灰作为填料使用时，用量不得超过填料总量的50%，粉煤灰的烧失量应小于12%，与矿粉混合后的塑性指数应小于4%，其余质量要求与矿粉相同。高速公路、一级公路的沥青面层不宜采用粉煤灰做填料。

（六）施工过程中对原材料的检测

沥青混合料在生产过程中，应按照表6-12所列的检查项目与频度对各种原材料进行抽样试验，质量应符合现行施工技术规范规定的技术要求，每个检查项目的平行试验次数或一次试验的试样数必须按相关试验规程的规定进行，并以平均值评价是否合格。

表6-12 施工过程中对原材料的检测

材料	检查项目	检查频度		试验方法或试验规程	试验规程规定的平行试验次数或一次试验的试样数
		高速、一级公路	其他公路		
粗集料	外观（石料品种、含泥量等）	随时	随时	—	—
	针片状颗粒含量	随时	随时	T0312	2~3
	颗粒组成（筛分）	随时	必要时	T0302	2
	压碎值	必要时	必要时	T0316	2
	磨光值	必要时	必要时	T0321	4
	洛杉矶磨耗值	必要时	必要时	T0317	2
	<0.075mm颗粒含量	必要时	必要时	T0303	2
	与沥青的黏附性	必要时	必要时	T0616	同一试样5个集料颗粒
	表观相对密度	必要时	必要时	T0304	2
	坚固性	必要时	必要时	T0314	不同粒级的试样各1
	含水率	必要时	必要时	T0305	2

（续）

材料	检查项目	检查频度		试验方法或试验规程	试验规程规定的平行试验次数或一次试验的试样数
		高速、一级公路	其他公路		
细集料	颗粒组成（筛分）	随时	必要时	T0327	2
	含泥量（<0.075mm 颗粒含量）	必要时	必要时	T0333	2
	砂当量或亚甲蓝值	必要时	必要时	T0334/T0349	2
	表观相对密度	必要时	必要时	T0328	2
	坚固性	必要时	必要时	T0340	不同粒级的试样各 1
	含水率	必要时	必要时	T0332	2
矿粉	外观	随时	随时	—	—
	表观密度	必要时	必要时	T0352	2
	塑性指数	必要时	必要时	T0354	2
	粒度范围（<0.075mm 颗粒含量）	必要时	必要时	T0351	2
	含水率	必要时	必要时	T0103	2
道路石油沥青	针入度	每周 2～3d 1 次	每周 1 次	T0604	3
	软化点	每周 2～3d 1 次	每周 1 次	T0606	2
	延度	每周 2～3d 1 次	每周 1 次	T0605	3
	针入度指数、TFOT（或 RTFOT）	必要时	必要时	T0609/T0610	2
	溶解度	必要时	必要时	T0607	2
	密度	必要时	必要时	T0603	2
	含蜡量	必要时	必要时	T0615	2～3
改性沥青	针入度	每周 1 次	每周 1 次	T0604	3
	软化点	每周 1 次	每周 1 次	T0606	2
	离析试验（对成品改性沥青）	每周 1 次	每周 1 次	T0661	2
	低温延度	必要时	必要时	T0605	3
	弹性恢复	必要时	必要时	T0662	3
	显微镜观察（对现场改性沥青）	随时	随时	—	—
乳化沥青	蒸发残留物含量	每周 2～3d 1 次	每周 1 次	T0651	2
	蒸发残留物针入度	每周 2～3d 1 次	每周 1 次	T0604	2
改性乳化沥青	蒸发残留物含量	每周 2～3d 1 次	每周 1 次	T0651	2
	蒸发残留物针入度	每周 2～3d 1 次	每周 1 次	T0604	3
	蒸发残留物软化点	每周 2～3d 1 次	每周 1 次	T0606	2
	蒸发残留物延度	必要时	必要时	T0605	3

注：为方便后面内容的叙述，将沥青路面常用的原材料的检测项目，在此表中一并列出。

三、施工工艺流程

热拌沥青混合料施工工艺流程如图 6-1 所示。

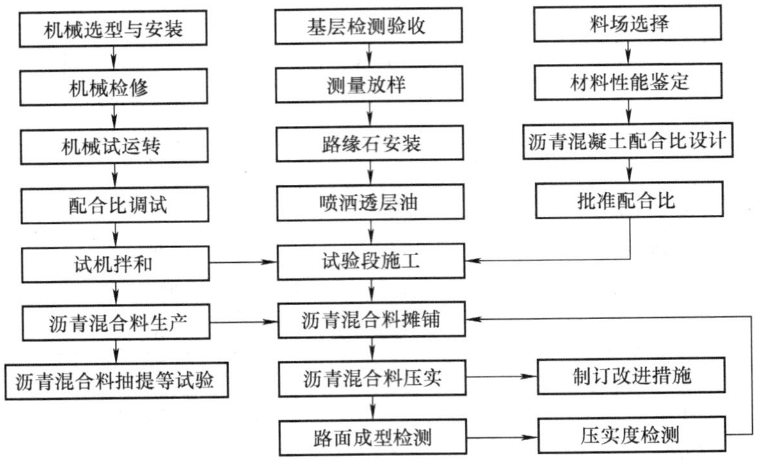

图6-1　沥青路面面层施工工艺流程图

四、施工技术要点

（一）施工准备

热拌沥青混合料结构层施工前的准备工作包括料源的确定及进场材料的质量检验、机械选型与配套、下承层的准备、施工放样、混合料配合比设计、铺筑试验路段等。

1. 料源的确定及进场材料的质量检验

对沥青、石料、砂、石屑和矿粉等原材料，从技术和经济等方面选定材料质量合格的沥青厂家及石料场。对进场的原材料，每批到货均应检查生产厂家所附的试验报告，检查装运数量、装运日期、定货数量等。对每批进场的原材料按表6-12的要求对相应技术指标进行抽样检测，检测合格方可使用。

2. 沥青拌和厂的设置

沥青混合料必须在沥青拌和厂（场、站）采用拌和机械拌制。

1）沥青拌和厂的设置必须符合国家有关环境保护、消防、安全等规定。

2）拌和厂与工地现场距离应充分考虑交通堵塞的可能，确保混合料的温度下降不超过要求，且不致因颠簸造成混合料离析。

3）拌和厂应具有完备的排水设施。各种集料必须分隔贮存，细集料应设防雨顶棚，料场及场内道路应作硬化处理，严禁泥土污染集料。

3. 施工机械的检查

施工前应对沥青混合料拌和楼、摊铺机、压路机等各种施工机械和设备进行调试，对机械设备的配套情况、技术性能、传感器计量精度等进行认真检查、标定，以保证施工期间施工机具的正常运行，并需得到监理工程师的认可。

4. 配合比设计检验

热拌沥青混合料的质量很大程度上取决于其配合比设计，施工前应高度重视沥青混合料的配合比设计工作。热拌沥青混合料的配合比设计宜在对同类公路配合比设计和使用情况调查研究的基础上，充分借鉴成功的经验，选用符合要求的材料，进行配合比设计。沥青混合料的配合比设计应通过目标配合比设计、生产配合比设计及生产配合比验证三个阶段，确定沥青混合料的材料品种及配合比、矿料级配、最佳沥青用量。热拌沥青混合料的配合比设计步骤见《道路建筑材料检测与应用》或有关技术规范。

正式开工前，各种原材料的试验结果，及据此进行的目标配合比设计和生产配合比设计结果，应在规定的期限内向业主及监理工程师提出正式报告，待取得正式认可后，方可使用。

经设计确定的标准配合比在施工过程中不得随意变更。生产过程中应加强跟踪检测，严格控制进场材料的质量。生产过程中如遇材料发生变化并经检测沥青混合料的矿料级配、马歇尔技术指标不符合要求时，应及时调整配合比，使沥青混合料的质量符合要求并保持相对稳定，必要时重新进行配合比设计。

5. 修筑试验路段

正式开工前，应根据计划使用的机械设备和混合料的配合比铺筑试验路段，以确定合适的拌和时间和温度；摊铺温度和速度；压实机械的合理组合，碾压温度、速度及遍数；松铺系数和合适的作业长度，制定施工进度计划等。

6. 施工温度的确定

石油沥青加工及沥青混合料施工温度应根据沥青标号及黏度、气候条件、铺装层的厚度确定。

1）普通沥青混合料的施工温度宜通过在135℃及175℃条件下测定的黏度-温度曲线确定。缺乏黏度-温度曲线数据时，可参照表6-13的范围选择，并根据实际情况确定使用高值或低值。当表中温度不符合实际情况时，容许作适当调整。

表6-13　热拌沥青混合料的施工温度　（单位:℃）

施工工序		石油沥青的标号			
		50号	70号	90号	110号
沥青加热温度		160～170	155～165	150～160	145～155
矿料加热温度	间隙强制式拌和机	集料加热温度比沥青温度高10～30			
	连续滚筒式拌和机	矿料加热温度比沥青温度高5～10			
	沥青混合料出料温度	150～170	145～165	140～160	135～155
混合料贮料仓贮存温度		贮料过程中温度降低不超过10			
混合料废弃温度，高于		200	195	190	185
运输到现场温度，不低于		150	145	140	135
混合料摊铺温度，不低于	正常施工	140	135	130	125
	低温施工	160	150	140	135
开始碾压的混合料内部温度，不低于	正常施工	135	130	125	120
	低温施工	150	145	135	130
碾压终了的温度，不低于	钢轮压路机	80	70	65	60
	轮胎压路机	85	80	75	70
	振动压路机	75	70	60	55
开放交通的路表温度，不高于		50	50	50	45

注：1. 沥青混合料的施工温度采用具有金属探测针的插入式数显温度计测量。表面温度可采用表面接触式温度计测定。当采用红外线温度计测量表面温度时，应进行标定。

2. 表中未列入的130号、160号及30号沥青的施工温度由试验确定。

2）聚合物改性沥青混合料的施工温度根据实践经验并参照表6-14选择。通常宜较普通沥青混合料的施工温度提高10%～20%。对采用冷态胶乳直接喷入法制作的改性沥青混合料，集料烘干温度应进一步提高。

7. 下承层的准备

铺筑沥青层前，应检查基层或下卧沥青层的质量，不符合要求的不得铺筑沥青面层。旧沥青路面或下卧层已被污染时，必须清洗或经铣刨（图6-2）处理后方可铺筑沥青混合料。

沥青混合料的下承层可能是基层、底面层或中面层。当下承层上为新喷洒的透层、黏层沥青或新做的下封层，没有被污染时，可直接在其上铺筑沥青混合料；当下承层或其上浇洒的透层、黏层沥青膜已被杂物、泥土等污染时，应将表面的杂物、泥土等清除干净，再次浇洒透层或黏层沥青。

表6-14 聚合物改性沥青混合料的正常施工温度范围 （单位：℃）

工序	聚合物改性沥青品种		
	SBS类	SBR胶乳类	EVA、PE类
沥青加热温度	160～165		
改性沥青现场制作温度	165～170	—	165～170
成品改性沥青加热温度（不大于）	175	—	175
集料加热温度	190～220	200～210	185～195
改性沥青SMA混合料出厂温度	170～185	160～180	165～180
混合料最高温度（废弃温度）	195		
混合料储存温度	拌和出料后降低不超过10		
摊铺温度（不低于）	160		
初压开始温度（不低于）	150		
碾压终了的表面温度（不低于）	90		
开放交通时的路表温度（不高于）	50		

注：当采用表列以外的聚合物或天然沥青改性沥青时，施工温度由试验确定。

8. 施工放样

1）按每5～10m一个断面，每个断面三个点测量下承层的顶面标高，即为下承层的顶面实测标高。

2）将下承层的顶面实测标高与设计标高作比较，当两者标高相差在厚度允许范围内或某些点标高低于设计标高时，以设计标高计算本层的挂线标高，并进行放样；当某些点标高高于设计标高时，按本层厚度放样。

3）挂线后、摊铺前，垂直路中线用拉绳置于两侧的基准线上，量测拉绳与下承层顶面之间的高度，以保证各点都满足设计厚度的要求。

（二）沥青混合料拌制

沥青混合料的拌制是把一定级配的集料与沥青按规定比例在给定温度下拌和均匀而制成混合料，沥青混合料拌制的质量直接关系着沥青混合料的质量。因此，沥青混合料的拌制是沥青路面施工中非常重要的一个环节。

1. 对拌和设备的要求

《公路沥青路面施工技术规范》（JTG F40）规定：沥青混合料必须在拌和厂（场、站）

图 6-2　铣刨旧沥青路面

采用拌和机械拌制。沥青混合料可采用间歇式拌和机（图 6-3、图 6-4）或连续式拌和机拌制（图 6-5）。所谓间歇式，就是指这种分批次计量、搅拌生产的模式，即各种成分是分批次计量，依事先设定顺序投入搅拌器进行强制搅拌，卸出拌和好的成品料后，接着进行下一个循环，形成周而复始的循环作业过程。

高速公路和一级公路的沥青混凝土宜采用间歇式拌和机拌制。连续式拌和机使用的集料必须稳定不变，一个工程从多处进料、料源或质量等不稳定时，不得使用连续式拌和机。

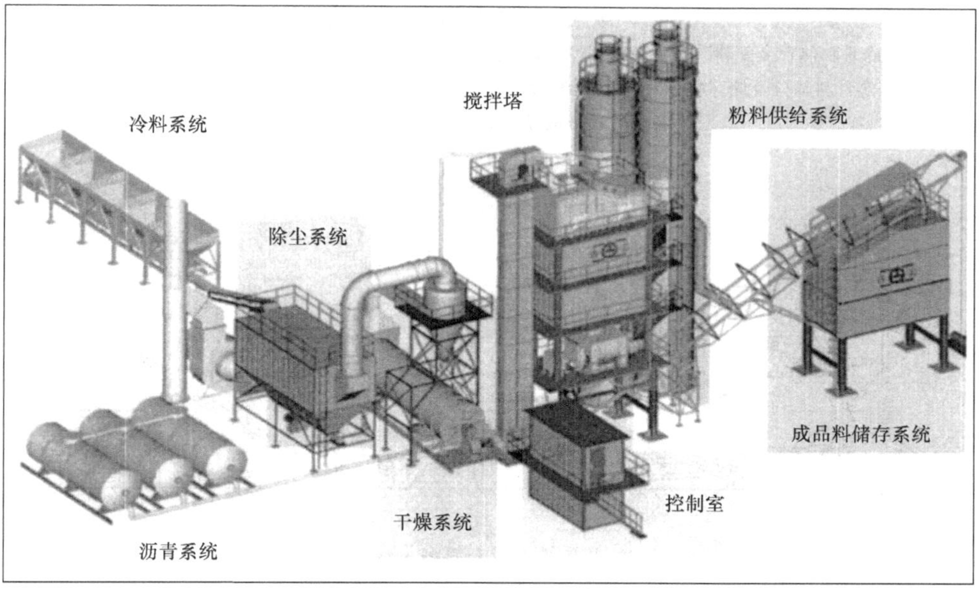

图 6-3　间歇式拌和机

沥青混合料拌和设备的各种传感器必须定期检定，周期不少于每年 1 次。冷料装置需经标定得出集料供料曲线。

间歇式拌和机应符合下列要求：

1）总拌和能力满足施工进度要求。

2）拌和机除尘设备完好，能达到环保要求。

3）冷料仓的数量满足配合比需要，通常不宜少于5~6个。具有添加纤维、消石灰等外掺剂的设备。

4）高速公路和一级公路施工用的间歇式拌和机必须配备计算机和打印机等设备。

5）拌和机的矿粉仓应配备振动装置以防止矿粉起拱。

6）拌和机必须有二级除尘装置。

7）振动筛规格应与矿料规格相匹配，最大筛孔宜略大于混合料的最大粒径，其余筛的设置应考虑混合料的级配稳定，并尽量使热料仓大体均衡，不同级配混合料必须配置不同的筛孔组合。

8）宜具有保温性能良好的成品储料仓。

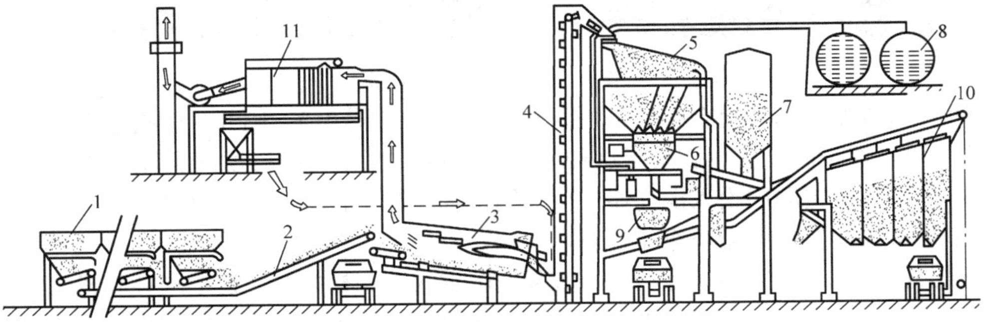

图6-4　间歇强制式沥青混凝土拌和机结构图

1—冷骨料储存及配料装置　2—冷骨料带式输送机　3—冷骨料干燥滚筒　4—热骨料提升机　5—热骨料筛分及储存装置　6—热骨料计量装置　7—石粉储仓　8—沥青供给系统　9—搅拌器　10—成品料储仓　11—除尘装置

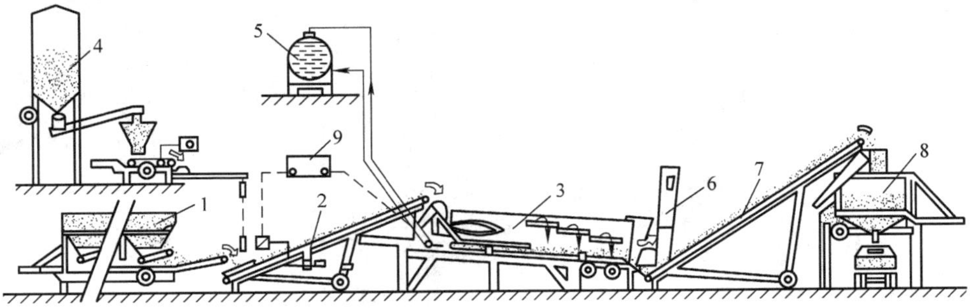

图6-5　连续滚筒式沥青混凝土拌和机结构图

1—冷骨料储存和配料装置　2—冷骨料带式输送机　3—干燥搅拌筒　4—石粉供给系统　5—沥青供给系统　6—除尘装置　7—成品料输送机　8—成品料储仓　9—控制系统

2. 沥青混合料拌制程序

间歇式拌和机拌制沥青混合料的工艺流程如图6-6所示。

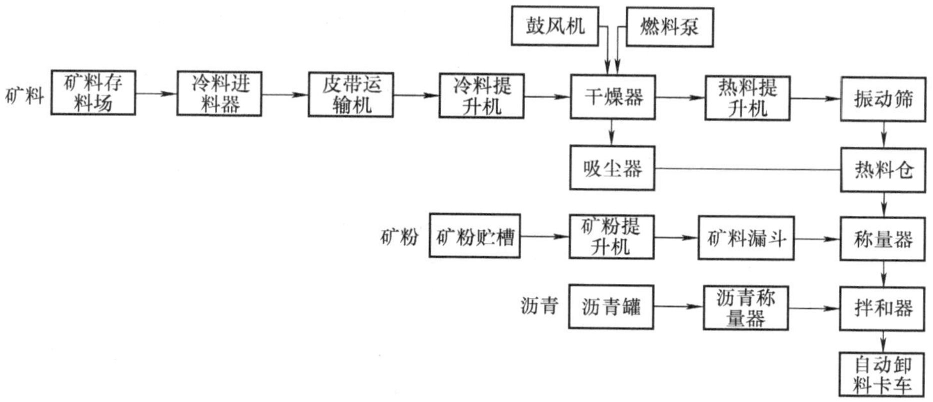

图 6-6　间歇式拌和机拌制沥青混合料的工艺流程图

3. 拌制混合料的技术要点

1）集料与沥青混合料取样应符合现行试验规程的要求。从沥青混合料运料车上取样时必须在设置取样台分几处采集一定深度下的样品。

2）集料进场宜在料堆顶部平台卸料，经推土机推平后，铲运机从底部按顺序竖直装料，减小集料离析。

3）试拌。通过试拌和抽样检验确定每盘热拌混合料的配合比及其总重、适宜的沥青用量、拌和时间、矿料和沥青加热温度，以及沥青混合料出厂的温度等，均应满足表 6-14 的规定。

4）拌和时间。沥青混合料拌和时间根据具体情况经试拌确定，以沥青均匀裹覆集料为度。间歇式拌和设备每盘的生产周期不宜少于 45s（其中干拌时间不少于 5 ~ 10s）。改性沥青和 SMA 混合料的拌和时间应适当延长。

5）拌和过程控制。高速公路和一级公路使用的沥青混合料拌和过程中应逐盘采集并打印各个传感器测定的材料用量和沥青混合料拌和量、拌和温度等各种参数。每个台班结束时打印一个台班的统计量，按“沥青路面质量过程控制及总量检验方法”进行沥青混合料生产质量及铺筑厚度的总量检验。总量检验的数据有异常波动时，应立即停止生产，分析原因。

6）热拌沥青混合料的储存。储存过程中混合料温降不得大于 10℃，且不能有沥青滴漏。普通沥青混合料的储存时间不得超过 72h，改性沥青混合料的储存时间不宜超过 24h，SMA 混合料及 OGFC 混合料宜随拌随用。

7）注意事项：

① 沥青混合料的生产温度应符合表 6-13、表 6-14 的要求。烘干集料的残余含水率不得大于1%。每天开始几盘集料应提高加热温度，并干拌几锅集料废弃，再正式加沥青拌和混合料。

② 添加消石灰、水泥等外掺剂时，宜增加粉料仓，也可由专用管线和螺旋升送器直接加入拌和锅，若与矿粉混合使用时应注意二者因密度不同易发生离析。

③ 拌和机二级除尘装置中的粉尘，经一级除尘部分可直接回收使用，二级除尘部分可进入回收粉仓使用（或废弃）。对因除尘造成的粉料损失应补充等量的新矿粉。

4. 沥青混合料出厂检验项目和频率

沥青混合料出厂时应逐车检测沥青混合料的重量和温度，记录出厂时间，签发运料单。沥青混合料拌和厂（场、站）应按下列步骤对沥青混合料生产过程进行质量控制，并按表

6-15 规定的项目和频度检查沥青混合料产品的质量，如实计算产品的合格率。

表 6-15　热拌沥青混合料的检查频度和质量要求

项　目		检查频度及单点检验评价方法	质量要求或允许偏差：高速公路一级公路	质量要求或允许偏差：其他公路	试验方法或试验规程
混合料外观		随时	观察集料粗细、均匀性、离析、油石比、色泽、冒烟、有无花白料、油团等各种现象		目测
拌和温度	沥青、集料的加热温度	逐盘检测评定	符合规范规定		传感器自动检测、显示并打印
拌和温度	混合料出厂温度	逐车检测评定	符合规范规定		传感器自动检测、显示并打印，出厂时逐车按 T0981 人工检测
拌和温度	混合料出厂温度	逐车测量记录，每天取平均值评定	符合规范规定		传感器自动检测、显示并打印
矿料级配（筛孔）	0.075mm	逐盘在线检测	±2%（2%）	—	计算机采集数据计算
矿料级配（筛孔）	≤2.36mm	逐盘在线检测	±5%（4%）	—	计算机采集数据计算
矿料级配（筛孔）	≥4.75mm	逐盘在线检测	±6%（5%）	—	计算机采集数据计算
矿料级配（筛孔）	0.075mm	逐盘检查，每天汇总1次，取平均值评定	±1%	—	总量检验法
矿料级配（筛孔）	≤2.36mm	逐盘检查，每天汇总1次，取平均值评定	±2%	—	总量检验法
矿料级配（筛孔）	≥4.75mm	逐盘检查，每天汇总1次，取平均值评定	±2%	—	总量检验法
矿料级配（筛孔）	0.075mm	每台拌和机每天1~2次，以2个试样的平均值评定	±2%（2%）	±2%	T0725 抽提筛分与标准级配比较的差
矿料级配（筛孔）	≤2.36mm	每台拌和机每天1~2次，以2个试样的平均值评定	±5%（3%）	±6%	T0725 抽提筛分与标准级配比较的差
矿料级配（筛孔）	≥4.75mm	每台拌和机每天1~2次，以2个试样的平均值评定	±6%（4%）	±7%	T0725 抽提筛分与标准级配比较的差
沥青用量（油石比）		逐盘在线检测	±0.3%	—	计算机采集数据计算
沥青用量（油石比）		逐盘检查，每天汇总1次，取平均值评定	±0.1%	—	总量检验法
沥青用量（油石比）		每台拌和机每天1~2次，以2个试件的平均值评定	±0.3%	±0.4%	抽提 T0722、T0721
马歇尔试验：空隙率、稳定值、流值		每台拌和机每天1~2次，以4~6个试件的平均值评定	符合规范规定		T0702、T0709 及配合比设计方法
浸水马歇尔试验		必要时（试件数同马歇尔试验）	符合规范规定		T0702、T0709
车辙试验		必要时（以3个试件的平均值评定）	符合规范规定		T0719

注：1. 单点检验是指试验结果以一组试验结果的报告值为一个测点的评价依据，一组试验（如马歇尔试验、车辙试验）有多个试样时，报告值的取用按《公路工程沥青与沥青混合料试验规程》（JTG　E 20）的规定执行。

2. 对高速公路和一级公路，矿料级配和油石比必须进行总量检验和抽提筛分的双重检验控制，互相校核，表中括号内的数字是对 SMA 的要求。油石比抽提试验应事先进行空白试验标定，提高测试数据的准确度。

1）观察料堆和皮带输送机各种材料的质量和均匀性，检查泥块及超粒径碎石，检查冷料仓有无窜仓。目测混合料拌和是否均匀、有无花白料、油石比是否合适，检查集料和混合料的离析情况。

2）检查沥青混合料拌和厂（场、站）控制室各项设定参数、显示屏的示值，如图6-7所示，核对计算机采集和打印记录的数据与显示值是否一致。进行沥青混合料生产过程的在线监测、总量检验，对沥青混合料的生产质量实施动态管理。

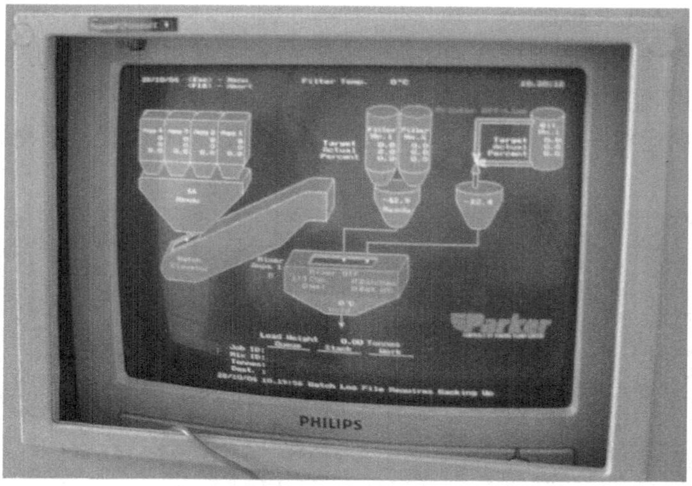

图6-7　控制室电脑屏幕

3）检测沥青混合料的材料加热温度、混合料出厂温度，取样抽提、筛分检测混合料的矿料级配、油石比。抽提筛分应至少检查0.075mm、2.36mm、4.75mm、公称最大粒径及中间粒径5个筛孔的通过率。

4）取样成型沥青混合料试件进行马歇尔试验，测定空隙率、稳定度、流值，计算合格率。对VMA、VFA指标可只作记录。同时按规范确定标准密度。

5）注意事项：沥青混合料的存放时间对体积指标有一定影响，施工质量检验的马歇尔试验以拌和厂取样后立即成型的试件为准，但成型温度和试件高度必须符合试验要求。

（三）沥青混合料运输

1. 运输车辆要求

厂（场、站）拌沥青混合料通常采用自卸汽车运往铺筑现场。所需要的运输车辆数量可按式（6-1）计算：

$$n = a \cdot \frac{t_1 + t_2 + t_3}{T} \tag{6-1}$$

$$T = \frac{60m}{Q}$$

式中　n——所需的车辆数（辆）；

t_1——运送沥青混合料到铺筑现场所需的时间（min）；

t_2——由铺筑现场返回拌和厂所需的时间（min）；

t_3——在工地卸料和其他等待的时间（min）；

T——拌制一车沥青混合料所需的时间（min）；

a——储备系数，视交通情况而定，一般取1.1～1.2；

m——运输车辆的轴载质量（t）；

Q——搅拌设备的生产率（t/h）。

热拌沥青混合料宜采用较大吨位的运料车运输，但不得超载运输，或紧急制动、急弯掉头使透层、封层造成损伤。运料车的运力应稍有富余，施工过程中摊铺机前方应有运料车等候。对高速公路、一级公路，待等候的运料车宜多于5辆后开始摊铺。

2. 运输混合料的技术要点

1）运料车每次使用前后必须清扫干净，装料前在车厢板上涂一薄层防止沥青黏结的隔离剂或防黏剂，但不能有余液积聚在车厢底部，如图6-8所示。

2）从拌和机向运料车装料时（图6-9），应多次挪动汽车位置，平衡装料，以减少混合料的离析。

图6-8 刷隔离剂

图6-9 从拌和机向运料车装料

3）运料车运输混合料宜用苫布覆盖保温、防雨、防污染。

4）运料车进入摊铺现场时，轮胎上不得沾有泥土等可能污染路面的脏物，否则宜设水池洗净轮胎后进入工程现场。沥青混合料在摊铺地点凭运料单接收，若混合料不符合施工温度要求，或已经结成团块、已遭雨淋的不得铺筑。

5）摊铺过程中运料车应在摊铺机前100～300mm处停住，空档等候，由摊铺机推动前进开始缓缓卸料，避免撞击摊铺机，如图6-10所示。为了减少运料车的污染，保证摊铺质量，可由喂料机在一侧传递沥青混合料，如图6-11所示。在有条件时，运料车可将混合料卸入转运车经二次拌和后向摊铺机连续均匀地供料。运料车每次卸料必须倒净，尤其是对改性沥青或SMA混合料，如有剩余，应及时清除，防止硬结。

（四）沥青混合料摊铺

沥青混合料的摊铺可采用摊铺机摊铺或人工摊铺。除在路面狭窄部分、平曲线半径过小的匝道或加宽部分，以及小规模工程不能采用摊铺机铺筑时可采用人工摊铺外，热拌沥青混合料应采用沥青摊铺机摊铺。

1. 人工摊铺技术要点

1）半幅施工时，路中一侧宜事先设置挡板。

2）运料车运来的沥青混合料宜先卸在铁板上，摊铺时应扣锹布料，不得扬锹远甩。铁锹等工具宜涂防黏结剂或加热使用。

图 6-10 摊铺机推动运料车前进卸料

图 6-11 喂料机供料

3）边摊铺边用刮板刮平。刮平时做到轻重一致，控制次数，严防集料离析。

4）摊铺过程中要随时检查摊铺厚度、平整度和路拱。用人工摊铺时，沥青混凝土混合料的松铺系数为 1.25～1.50。

5）摊铺时不得中途停顿，并加快碾压。如因故不能及时碾压时，应立即停止摊铺，并对已卸下的混合料覆盖苫布保温。

6）低温施工时，每次卸下的混合料应覆盖苫布保温。

2. 摊铺机摊铺技术要点

沥青混合料摊铺机有履带式和轮胎式两种，二者的构造和技术性能大致相同。在喷洒有黏层油的路面上铺筑改性沥青混合料或 SMA 时，宜使用履带式摊铺机。摊铺机的受料斗应刷涂薄层隔离剂或防黏剂。

沥青混合料摊铺机摊铺的过程是自动倾卸汽车将沥青混合料卸到摊铺机料斗后，经链式传送器（图 6-12）将混合料往后传到螺旋摊铺器（图 6-13），随后摊铺机向前行驶，螺旋摊铺器即在摊铺带宽度上均匀地摊铺混合料，随后由振捣板捣实，并由熨平板整平，如图 6-14所示。摊铺机摊铺的技术要点如下：

图 6-12 摊铺机的刮板输送器

图 6-13 摊铺机的螺旋布料器

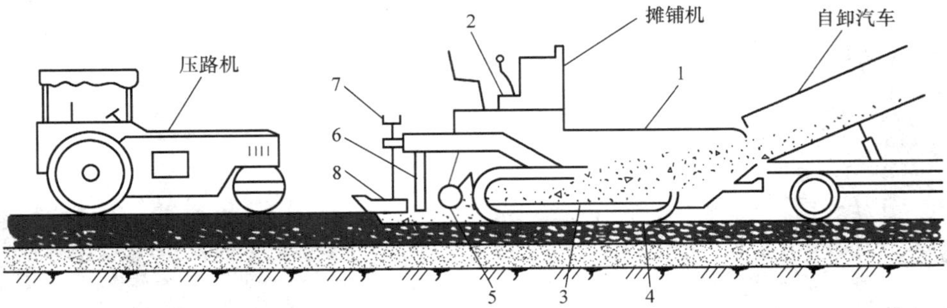

图 6-14 沥青混合料摊铺工艺流程示意图

1—料斗 2—驾驶台 3—送料器 4—履带 5—螺旋摊铺器 6—振捣器 7—厚度调节杆 8—摊平板

1）铺筑高速公路、一级公路沥青混合料时，一台摊铺机的铺筑宽度不宜超过 6（双车道）~7.5m（3 车道以上），通常宜采用两台或更多台摊铺机前后错开 10~20m 成梯队方式同步摊铺，两幅之间应有 30~60mm 宽度的搭接，并躲开车道轮迹带，上下层的搭接位置宜错开 200mm 以上，如图 6-15 所示。

2）摊铺机开工前应提前 0.5~1h 预热熨平板（图 6-16），使其不低于 100℃。铺筑过程中应根据铺筑厚度选择熨平板的振捣或夯锤压实装置具有适宜的振动频率和振幅，以提高路面的初始压实度。熨平板加宽连接应仔细调节至摊铺的混合料没有明显的离析痕迹。

图 6-15 两台摊铺机成梯队方式同步摊铺

图 6-16 用煤气加热熨平板

3）摊铺机必须缓慢、均匀、连续不间断地摊铺，不得随意变换速度或中途停顿，以提高平整度，减少混合料的离析。摊铺速度应根据拌和机的产量、施工机械配套情况及摊铺厚度、摊铺宽度按式（6-2）求得，一般宜控制在 2~6m/min 的范围内。对改性沥青混合料及 SMA 混合料宜放慢至 1~3m/min。当发现混合料出现明显的离析、波浪、裂缝、拖痕时，应分析原因，予以消除。

$$v = \frac{100Q}{60bh\gamma} \tag{6-2}$$

式中 v——摊铺机摊铺速度（m/min）；

Q——沥青混合料供给能力（t/h）；

h——压实后的摊铺厚度（cm）；

b——摊铺宽度（m）；

γ——沥青混合料压实后的密度，一般取 2.35t/m³。

4）摊铺机应采用自动找平方式，下面层或基层宜采用钢丝绳引导的高程控制方式（图 6-17），上面层宜采用平衡梁或雪橇式摊铺厚度控制方式，中面层根据情况选用找平方式。直接接触式平衡梁的轮子不得黏附沥青。铺筑改性沥青或 SMA 路面时宜采用非接触式平衡梁，如超声波平衡梁（图 6-18）。

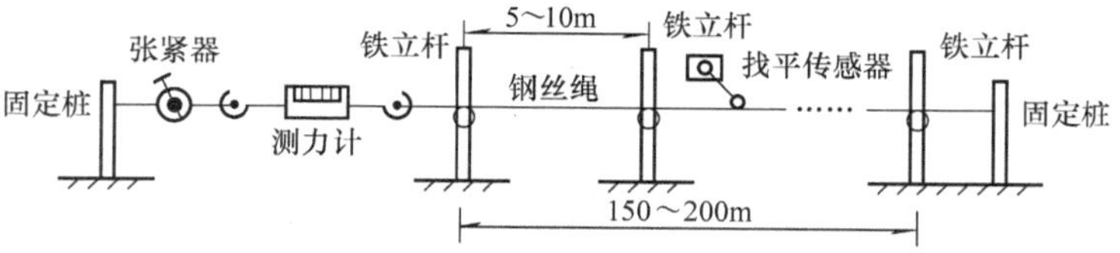

图 6-17　钢丝绳基准线示意图

5）沥青路面施工的最低气温不得低于 10℃（高速公路和一级公路）或 5℃（其他等级公路），寒冷季节遇大风降温，不能保证迅速压实时不得铺筑沥青混合料。热拌沥青混合料的最低摊铺温度根据铺筑层厚度、气温、风速及下卧层表面温度按表 6-13、表 6-14 执行，且不得低于表 6-16 的要求。每天施工开始阶段宜采用较高温度的混合料。

图 6-18　超声波平衡梁摊铺厚度控制方式

6）沥青混合料的松铺系数应根据混合料类型由试铺试压确定。摊铺过程中应随时检查摊铺层厚度及路拱、横坡，并利用一个评定周期的沥青混合料总生产量、施工总面积、沥青混合料密度按式（6-3）校验该摊铺层的平均压实厚度。

$$H=\frac{\sum m_i}{Ad}\times 1000 \tag{6-3}$$

式中　H——该评定周期沥青路面摊铺层的平均施工压实厚度（mm）；

m_i——每一盘沥青混合料的质量，i 为依次记录的盘次，$\sum m_i$ 为一个评定周期内沥青混合料的总生产量（t）；

A——该评定周期沥青路面摊铺层的总面积，当遇有加宽等情况时，铺筑面积应按实际计算（m²）；

d——评定周期内摊铺层现场压实密度的平均值，由钻孔试件的干燥密度（即实验室标准密度乘以压实度）测定得到（t/m³）。

7）摊铺机的螺旋布料器应相应于摊铺速度调整到保持一个稳定的速度均衡地转动，两侧应保持有不少于送料器 2/3 高度的混合料，以减少在摊铺过程中混合料的离析。

8）用机械摊铺的混合料，不宜用人工反复修整。当不得不由人工做局部找补或更换混合料时，需仔细进行，特别严重的缺陷应整层铲除。

9）在雨季铺筑沥青路面时，应加强与气象台（站）的联系，已摊铺的沥青层因遇雨未进行压实的应予铲除。

表 6-16 沥青混合料的最低摊铺温度

下卧层表面温度/℃	相应于下列不同摊铺层厚度的最低摊铺温度/℃					
	普通沥青混合料			改性沥青混合料或 SMA 沥青混合料		
	<50mm	（50～80）mm	>80mm	<50mm	（50～80）mm	>80mm
<5	不允许	不允许	140	不允许	不允许	不允许
5～10	不允许	140	135	不允许	不允许	不允许
10～15	145	138	132	165	155	150
15～20	140	135	130	158	150	145
20～25	138	132	128	153	147	143
25～30	132	130	126	147	145	141
>30	130	125	124	145	140	139

（五）沥青混合料压实及成型

压实是沥青路面施工的最后一道工序，良好的路面质量最终要通过碾压来体现。压实工作的主要内容包括碾压机械的选型与组合、压实层厚度、压实温度、速度、遍数、压实方式的确定。

1. 碾压机械的选型与组合

目前，常用的压路机有静载作用光面钢轮压路机、轮胎压路机和振动压路机。应综合考虑摊铺机的生产率、混合料特性、摊铺厚度、施工现场的具体条件等因素，结合实际工程，选择压路机种类、大小和数量。高速公路铺筑双车道沥青路面的压路机数量不宜少于 5 台。施工气温低、风大、碾压层薄时，压路机数量应适当增加。

2. 压实层厚度控制

沥青混凝土的压实层最大厚度不宜大于 100mm，沥青稳定碎石混合料的压实层厚度不宜大于 120mm，但当采用大功率压路机且经试验证明能达到压实度时允许增大到 150mm。

3. 压实温度控制

沥青混合料的碾压温度应符合表 6-13、表 6-14 的要求，并根据混合料种类、压路机、气温、层厚等情况经试压确定。在不产生严重推移和裂缝的前提下，初压、复压、终压都应在尽可能高的温度下进行。同时不得在低温状况下作反复碾压，使石料棱角磨损、压碎，破坏集料嵌挤。

4. 选择合理的碾压速度

合理的碾压速度，对减少碾压时间、提高作业效率有十分重要的意义。在施工中，压路机应以缓慢而均匀的速度碾压。压路机的碾压速度应符合表 6-17 的规定。

5. 压实程序

热拌压实程序分为初压、复压和终压三道工序（图 6-19），每一道程序都应严格按照要求进行。

1）初压。目的是整平和稳定混合料，同时为复压创造有利条件，因此要注意压实的平整性。初压应符合下列要求：

① 初压在混合料摊铺后较高温度下进行，压实温度应符合表6-13、表6-14的规定。

② 初压应紧跟在摊铺机后碾压，并保持较短的初压区长度，以尽快使表面压实，减少热量散失。

图6-19 热拌沥青混合料压实程序

③ 通常采用双轮6～15t钢筒式压路机（振动压路机关闭振动）静压1～2遍。碾压时应将压路机的驱动轮面向摊铺机，从外侧向中心碾压，在超高路段则由低向高碾压，在坡道上应将驱动轮从低处向高处碾压。

④ 初压后应检查平整度、路拱，有严重缺陷时要进行修整乃至返工。

表6-17 压路机碾压速度 （单位：km/h）

压路机类型	初压		复压		终压	
	适宜	最大	适宜	最大	适宜	最大
钢筒式压路机	2～3	4	3～5	6	3～6	6
轮胎压路机	2～3	4	3～5	6	4～6	8
振动压路机	2～3（静压或振动）	3（静压或振动）	3～4.5（振动）	5（振动）	3～6（静压）	6（静压）

2）复压。目的是使混合料密实、稳定、成型，混合料的密实度取决于这道工序。

① 复压应紧跟在初压后开始，且不得随意停顿。压路机碾压段的总长度应尽量缩短，通常采用不超过60～80m。采用不同型号的压路机组合碾压时宜安排每一台压路机做全幅碾压，防止不同部位的压实度不均匀。

② 密级配沥青混凝土的复压优先采用重型的轮胎压路机进行搓揉碾压，以增加密水性，其总质量不宜小于25t，吨位不足时宜附加重物，使每一个轮胎的压力不小于15kN。相邻碾压带应重叠1/3～1/2碾压轮宽度，压完全幅为一遍。总的碾压遍数由试压确定，碾压至要求的压实度为止。

③ 对粗集料为主的较大粒径的混合料，尤其是大粒径沥青稳定碎石基层，优先采用振动压路机复压。厚度小于30mm的薄沥青层不宜采用振动压路机碾压。振动压路机的振动频率宜为35～50Hz，振幅宜为0.3～0.8mm。层厚较大时选用较小频率和较大振幅，以产生较大的激振力，层厚较薄时选用高频率和低振幅，以防止集料破碎。相邻碾压带重叠宽度为100～200mm。振动压路机折返时应先停止振动。

④ 当采用三轮钢筒式压路机时，总质量不宜小于12t，相邻碾压带宜重叠后轮的1/2宽度，并不应少于200mm。

⑤ 对路面边缘、加宽及港湾式停车带等大型压路机难于碾压的部位，宜采用小型振动压路机或振动夯板作补充碾压。

3）终压。终压的目的是消除轮迹，最后形成平整的压实面，因此该道工序不宜采用重型压路机在高温下完成。终压应紧接在复压后进行，终压可选用双轮钢筒式压路机或关闭振动的振动压路机碾压不宜少于 2 遍，至无明显轮迹为止。如经复压后已无明显轮迹可免去终压。

6. 压实注意事项

1）碾压轮在碾压过程中应保持清洁，有沥青混合料沾轮时应立即清除。对钢轮可涂刷隔离剂或防黏结剂，但严禁刷柴油。当采用向碾压轮喷水（可添加少量表面活性剂）的方式时，必须严格控制喷水量且成雾状，不得漫流，以防混合料降温过快。轮胎压路机开始碾压阶段，可适当烘烤、涂刷少量隔离剂或防黏结剂，也可少量喷水，并先到高温区碾压使轮胎尽快升温，之后停止洒水。轮胎压路机轮胎外围宜加设围裙保温。

2）在碾压过程中，压路机每次应由两端折回的位置阶梯形随摊铺机向前推进，使折回处不在同一横断面上。压路机不得在未碾压成型路段上转向、调头、加水或停留。在当天成型的路面上，不得停放各种机械设备或车辆，不得散落矿料、油料等杂物。

（六）接缝处理

沥青路面的各种施工缝（包括纵缝、横缝、新旧路面的接缝等）处，往往由于压实不足，容易产生台阶、裂缝、松散等病害，影响路面的平整度和耐久性，施工时必须十分注意。

沥青路面的施工必须接缝紧密、连接平顺，不得产生明显的接缝离析。上、下层的纵缝应错开 150mm（热接缝）或 300～400mm（冷接缝）。相邻两幅及上、下层的横向接缝均应错开 1m 以上。

1. 纵向接缝施工要求

1）摊铺时采用梯队作业的纵缝属于热接缝，其压实方法是：先摊铺部分留下 100～200mm 宽暂不碾压，作为后续摊铺部分的基准面，待后续摊铺部分碾压时采用跨缝碾压以消除缝迹。

2）当半幅施工或因特殊原因而产生纵向冷接缝时，宜采用加设挡板或加设切刀切齐，也可在沥青混合料尚未冷却前用镐刨除边缘留下毛茬的方式，但不宜在冷却后采用切割机做纵向切缝。加铺另半幅前应在接缝处涂刷少量沥青，摊铺时重叠在已铺层上 50～100mm，再铲走铺在前半幅上面的混合料。冷接缝有两种碾压方法：第一种方法是压路机位于热混合料上，由边向中进行碾压，接缝处留下 100～150mm，再做跨缝挤紧压实；第二种方法是在碾压开始时，压路机在已压实路面上行走，碾压新铺热混合料宽度为 150mm 左右，然后碾压新铺部分。

2. 横向接缝施工要求

1）横向接缝的形式有斜接缝、阶梯形接缝和平接缝，如图 6-20 所示。

2）高速公路和一级公路的表面层横向接缝应采用垂直的平接缝，以下各层可采用自然碾压的斜接缝，沥青层较厚时也可作阶梯形接缝（图 6-20）。其他等级公路的各层均可采用斜接缝。

3）斜接缝的搭接长度与层厚有关，宜为 0.4～0.8m。搭接处应洒少量沥青，混合料中

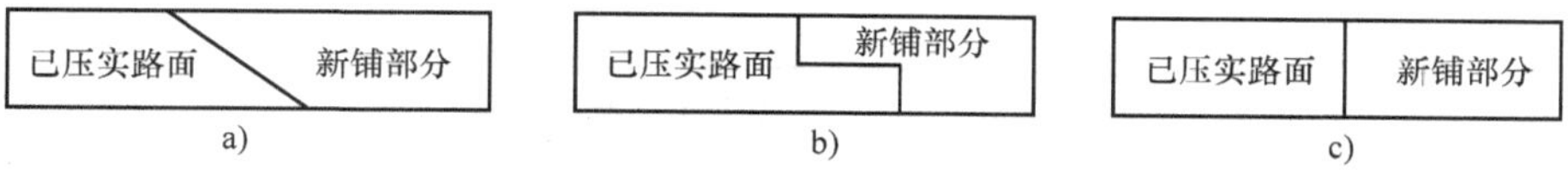

图 6-20　横向接缝的几种形式
a）斜接缝　b）阶梯形接缝　c）平接缝

的粗集料颗粒应予剔除，并补上细料，搭接平整，充分压实。阶梯形接缝的台阶经铣刨而成，并洒黏层沥青，搭接长度不宜小于3m。

4）平接缝应在沥青混合料尚未冷透时用凿岩机或人工垂直刨除端部层厚不足的部分，使工作缝成直角连接。当采用切割机制作平接缝时，宜在铺设当天混合料冷却但尚未结硬时进行。刨除或切割不得损伤下层路面。切割时留下的泥水必须冲洗干净，待干燥后涂刷黏层油。铺筑新混合料前应加热接茬使其软化，碾压开始时先用钢筒压路机进行横向碾压，可将压路机位于已压实的混合料层上，跨缝伸入新铺层宽150mm碾压，每压一遍向新铺混合料移动150～200mm，直至全部在新铺路面上为止。然后改为纵向碾压，此时应注意不要在横接缝上垂直碾压，以免引起新旧层错台。

（七）开放交通

热拌沥青混合料路面应待摊铺层完全自然冷却、混合料表面温度低于50℃后，方可开放交通。需要提早开放交通时，可洒水冷却，降低混合料温度。

五、施工过程质量控制

热拌沥青混合料路面在铺筑过程中必须随时对铺筑质量进行检查、评定，质量检查的内容、频度、允许偏差应符合表6-18的规定。

表 6-18　热拌沥青混合料路面施工过程中工程质量的控制标准

项目		检查频度及单点检验评价方法	质量要求或允许偏差		试验方法或试验规程
			高速、一级公路	其他公路	
外观		随时	表面平整密实，不得有明显轮迹、裂缝、推挤、油丁、油包等缺陷，且无明显离析		目测
接缝		随时	紧密平整、顺直、无跳车		目测
		逐条缝检测评定	3mm	5mm	T0931
施工温度	摊铺温度	逐车检测评定	符合规范规定		T0981
	碾压温度	随时	符合规范规定		插入式温度计实测
厚度①	每一层次	随时 厚度50mm以下 厚度50mm以上	设计值的5% 设计值的8%	设计值的8% 设计值的10%	施工时插入法量测松铺厚度及压实厚度
	每一层次	1个台班区段的平均值 厚度50mm以下 厚度50mm以上	-3mm -5mm	—	总量检验法
	总厚度	每2000m² 1点单点评定	设计值的-5%	设计值的-8%	T0912
	上面层	每2000m² 1点单点评定	设计值的-10%	设计值的-10%	

（续）

项目		检查频度及单点检验评价方法	质量要求或允许偏差		试验方法或试验规程
			高速、一级公路	其他公路	
压实度②		每 $2000m^2$ 检查 1 组，逐个试件评定并计算平均值	实验室标准密度的 97%（98%） 最大理论密度的 93%（94%） 试验段密度的 99%（99%）		T0924、T0922 及《公路沥青路面施工技术规范》附录 E
平整度③（最大间隙）	上面层	随时，接缝处单杆评定	3mm	5mm	T0931
	中下面层	随时，接缝处单杆评定	5mm	7mm	T0931
平整度（标准差）	上面层	连续测定	1.2mm	2.5mm	T0932
	中面层	连续测定	1.5mm	2.8mm	
	下面层	连续测定	1.8mm	3.0mm	
	基层	连续测定	2.4mm	3.5mm	
宽度	有侧石	检测每个断面	±20mm	±20mm	T0911
	无侧石	检测每个断面	不小于设计宽度		
纵断面高程		检测每个断面	±10mm	±15mm	T0911
横坡度		检测每个断面	±0.3%	±0.5%	T0911
沥青面层层面上的渗水系数④，不大于		每 1km 不少于 5 点，每点 3 处取平均值	300mL/min（普通密级配沥青混合料）；200mL/min（SMA 混合料）		T0971

① 表中厚度检测频度指高速公路和一级公路的钻坑频度，其他等级公路可酌情减少状况，且通常采用压实度钻孔试件测定。上面层的允许误差不适用于磨耗层。

② 压实度的检测见《公路路基路面现场测试规程》，括号中的数值是对 SMA 路面的要求；对马歇尔成型试件采用 50 次或 35 次击实的混合料，压实度应适当提高要求。

③ 3m 直尺主要用于接缝检测，对正常生产路段，采用连续式平整度仪测定。

④ 渗水系数适用于公称最大粒径等于或小于 19mm 的沥青混合料，应在铺筑成型后未遭行车污染的情况下测定，且仅适用于要求密水的密级配沥青混合料、SMA 混合料，不适用于 OGFC 混合料。表中渗水系数以平均值评定，计算的合格率不得小于 90%。

六、施工质量标准

沥青混合料路面工程完工后，施工单位、工程监理单位和建设单位应按相同的工程项目划分进行工程质量的监控和管理。

施工单位应将全线以 1 ~ 3km 作为一个评定路段，每一侧车行道按规定频度随机选取测点；对沥青面层进行全线自检，将单个测定值与规定的质量要求或允许偏差进行比较，计算合格率；然后计算一个评定路段的平均值、极差、标准差及变异系数。施工单位应在规定时间内提交全线检测结果及施工总结报告，申请交工验收。

按照《公路工程质量检验评定标准》（JTG F80/1）的规定，热拌沥青混合料路面交工验收阶段的基本要求和检查项目、检查频度、质量要求或允许偏差等内容如下。

（一）基本要求

1）沥青混合料的矿料质量及矿料级配应符合设计要求和施工规范的规定。

2）严格控制各种矿料和沥青用量，严格控制各种材料和沥青混合料的加热温度，沥青材料及混合料的各项指标应符合设计和施工规范要求。沥青混合料的生产，每日应做抽提试验、马歇尔稳定度试验。矿料级配、沥青含量、马歇尔稳定度等结果的合格率应不小于90%。

3）拌和后的沥青混合料应均匀一致，无花白，无粗细料分离和结团成块现象。

4）基层必须碾压密实，表面干燥、清洁、无浮土，其平整度和路拱度应符合要求。

5）摊铺时应严格控制摊铺厚度和平整度，避免离析，注意控制摊铺和碾压温度，碾压至要求的密实度。

（二）质量检验评定标准

热拌沥青混合料路面交工验收阶段的检查项目、检查频度、质量要求或允许偏差等见表6-19。

表6-19　沥青混凝土面层和沥青碎石面层实测项目

项次	检查项目		规定值或允许偏差		检查方法和频率	权值
			高速公路、一级公路	其他公路		
1①	压实度（%）		试验室标准密度的96%（*98%） 最大理论密度的92%（*94%） 试验段密度的98%（*99%）		按相关规程检查，每200m测1处	3
2	平整度	σ/mm	1.2	2.5	平整度仪：全线每车道连续按每100m计算IRI或σ	2
		IRI/(m/km)	2.0	4.2		
		最大间隙h/mm	—	5	3m直尺：每200m测2处×10尺	
3	弯沉值（0.01mm）		符合设计要求		按相关规程检查	2
4	渗水系数		SMA路面200mL/min；其他沥青混凝土路面300mL/min	—	渗水试验仪：每200m测1处	2
5	抗滑	摩擦系数	符合设计要求	—	摆定仪：每200m测1处 摩擦系数测定车：全线连续	2
		构造深度			铺砂法：每200m测1处	
6②	厚度/mm	代表值	总厚度：设计值的$-5\%H$。 上面层：设计值的$-10\%h$	$-8\%H$	按相关规程检查，双车道每200m测1处	3
		合格值	总厚度：设计值的$-10\%H$。 上面层：设计值的$-20\%h$	$-15\%H$		
7	中线平面偏位/mm		20	30	经纬仪：每200m测4点	1
8	纵断面高程/mm		±15	±20	水准仪：每200m测4断面	1
9	宽度/mm	有侧石	±20	±30	尺量：每200m测4处	1
		无侧石	不小于设计值			
10	横坡（%）		±0.3	±0.5	水准仪：每200m测4断面	1

① 表内压实度可选用其中的1个或2个标准评定，选用2个标准时，以合格率低的作为评定结果。带*者是指SMA路面，其他为普通沥青混凝土路面。

② 表列厚度仅规定负允许偏差，H为沥青层设计总厚度（mm），h为沥青上层设计厚度（mm）。

（三）外观鉴定

1）表面应平整密实，不应有泛油、松散、裂缝和明显离析等现象。对于高速公路和一级公路，有上述缺陷的面积（凡属单条的裂缝，则按其实际长度乘以0.2m宽度折算成面积）之和不得超过受检面积的0.03%，其他公路不得超过0.05%。不符合要求时每超过0.03%或0.05%减2分。半刚性基层的反射裂缝可不计作施工缺陷，但应及时进行灌缝处理。

2）搭接处应紧密、平顺，熨缝不应枯焦。不符合要求时，累计每10m长减1分。

3）面层与路缘石及其他构筑物应密贴接顺，不得有积水或漏水现象。不符合要求时，每一处减1~2分。

任务二　沥青玛蹄脂碎石混合料施工

一、一般规定

1）沥青玛蹄脂碎石混合料SMA适用于高速、一级公路的表面层。

2）粗集料不得使用筛选砾石和矿渣。粗集料必须由具有生产许可证的采石场生产或施工单位自行加工。

3）不允许在硬质粗集料中掺加部分较小粒径的、磨光值达不到要求的粗集料。

4）SMA的配合比设计不是完全依靠马歇尔配合比设计方法，主要由体积指标确定。在马歇尔试验中试件成型是双面各击50次，目标孔隙率为2%~4%，稳定度、流值不是主要指标；车辙试验是设计控制的手段，沥青的用量可以参考高温析漏试验确定。

5）SMA对材料要求高。粗集料必须特别坚硬，表面粗糙，针片状含量少，细集料不用天然砂，宜用坚硬的人工砂，矿粉必须使用磨细石灰粉，最好不使用回收矿粉。

6）SMA集料的粒径不宜小于公称最大粒径的2~2.5倍，以减少离析，便于压实。

7）SMA的施工工艺要求高，特别是拌和时间要适当延长，施工温度要提高，压实时不能采用胶轮压路机碾压。

二、材料要求及原材料检测

（一）粗集料

1）用于SMA的粗集料应采用质地坚硬、表面粗糙、形状接近立方体，有良好的嵌挤能力的破碎集料，其质量应符合表6-20的技术要求。

2）用于SMA的粗集料在细破作业时不得采用颚式破碎机加工。

3）当采用酸性石料作粗集料，沥青与石料的黏附性和沥青混合料的水稳定性不符合要求时，应采用改性沥青、掺加适量消石灰粉或水泥等措施。当使用抗剥落剂时，必须确认抗剥落剂具有长期的抗水损害效果。

表6-20　SMA表面层用粗集料质量技术要求

指　　标		单　　位	技术要求	试验方法
石料压碎值	不大于	%	26	T0316
洛衫矶磨耗损失	不大于	%	28	T0317
视密度	不小于	t/m^3	2.60	T0304
吸水率	不大于	%	2.0	T0304
与沥青的粘附性				T0616
潮湿区	不小于	级	5	
湿润区	不小于	级	4	
半干区	不小于	级	4	
干旱区性	不小于	级	3	
坚固性	不大于	%	12	T0314

（续）

指　　标		单　　位	技术要求	试验方法
针片状颗粒含量	不大于	%	15	T0312
其中粒径大于 9.5mm	不大于	%	12	
其中粒径小于 9.5mm	不大于	%	18	
水洗法颗粒含量	不大于	%	1	T0310
软石含量	不大于	%	3	T0320
石料磨光值				T0321
潮湿区	不小于	BPN	42	
湿润区	不小于	BPN	40	
半干区	不小于	BPN	38	
干旱区性	不小于	BPN	36	
具有一定数量破碎面颗粒的含量	不小于	%		T0327
具有一个破碎面的颗粒			100	
具有 2 个或 2 个以上破碎面的颗粒			90	

（二）细集料

1）细集料宜采用专用的细料破碎机（制砂机）生产的机制砂。当采用普通石屑代替时，宜采用与沥青黏附性好的石灰岩石屑，且不得含有泥土、杂物。与天然砂混用时，天然砂的用量不宜超过机制砂或石屑的用量。细集料的质量，应符合表 6-21 的技术要求。天然砂中水洗法小于 0.075mm 颗粒含量不得大于 5%。

2）当采用砂作为细集料使用时，必须测定其粗糙度指标，以表示砂粒的棱角性和表面构造状况。

表 6-21　SMA 表面层用细集料质量技术要求

指　　标		单　　位	技 术 要 求	试 验 方 法
视密度	不小于	t/m^3	2.50	T0329
坚固性	不大于	%	12	T0340
砂当量	不小于	%	60	T0334
塑性指数		%	无	T0118 或 T0119
粗糙度		s	实测	T0345

（三）填料

1）填料必须采用由石灰石等碱性岩石磨细的矿粉。矿粉必须保持干燥，能从石粉仓自由流出，其质量应符合表 6-11 中高速公路、一级公路的技术要求。为改善沥青结合料与集料的黏附性，使用消石灰粉和水泥时，其用量不宜超过矿料总质量的 2%。粉煤灰不得作为 SMA 的填料使用。

2）SMA 使用除尘装置回收粉尘时，回收粉用量不得大于矿粉总量的 25%，混用回收粉后的 0.075mm 通过部分的塑性指数不得大于 4。

（四）沥青结合料

1）用于 SMA 的沥青结合料必须具有较高的黏度，与集料有良好的黏附性，以保证有足够的高温稳定性和低温韧性。对高速公路等承受繁重交通的重大工程，夏季特别炎热或冬季特别寒冷的地区，宜采用改性沥青。改性沥青的质量应符合表 6-3 的技术要求。

2）当不使用改性沥青结合料时，沥青的质量必须符合重交通道路沥青技术要求（表

6-22)，并采用比当地常用沥青标号稍硬1级或2级的沥青。

3）当使用改性沥青时，用于改性沥青的基质沥青，必须符合重交通道路沥青技术要求（表6-22）。基质沥青的标号应通过试验确定，通常采用与普通沥青标号相当或针入度稍大的等级，沥青改性以后的针入度等级，在南方和中部地区宜为40~60，北方地区宜为40~80，东北寒冷地区宜为60~100。

4）用于SMA的聚合物改性沥青以提高沥青混合料的抗车辙能力作为主要目的时，宜要求改性沥青的软化点温度高于年最高路面温度。各类改性沥青改性剂的合理剂量，除特殊情况外，宜在下列范围内选择：对SBS及SBR类改性沥青，按内掺法计算的改性剂剂量宜为3.5%~5%，对EVA或PE类改性沥青，剂量宜为4%~6%。

5）当采用其他材料作为改性剂或采用几种改性剂混合使用时，应经过试验论证后使用。采用湖沥青、岩沥青等天然沥青作改性沥青时，天然沥青的质量参照相关国家标准执行，天然沥青与石油沥青的混合比例通过试验确定。

表6-22 重交通道路沥青技术要求

试验项目			AH-130	AH-110	AH-90	AH-70	AH-50
针入度(25℃,100g,5s)(0.1mm)			120~140	100~120	80~100	60~80	40~60
延度/cm(5cm/min,15℃)		不小于	100	100	100	100	80
软化点(环球法)/℃			40~50	41~51	42~52	44~54	45~55
闪点(COC)/℃		不小于	230				
含蜡量(蒸馏法)(%)		不小于	3				
密度(15℃)/(g/cm³)			实测记录				
溶解度(三氯乙烯)(%)		不小于	99.0				
薄膜加热试验163℃ 5h	质量损失(%)	不大于	1.3	1.2	1.0	0.8	0.6
	针入度比(%)	不小于	45	48	50	55	58
	延度(25℃)/cm	不小于	75	75	75	50	40
	延度(15℃)/cm		实测记录				

（五）纤维稳定剂

1）用于SMA的纤维稳定剂包括木质素纤维、矿物纤维、聚合物化学纤维等，起吸附沥青、增强结合料黏结力和稳定作用，以改善沥青混合料性能，减少析漏。木质素纤维的质量应符合表6-23的技术要求。其他纤维品种的质量可参照国内外相关的技术要求执行，其长度不宜大于6mm。

表6-23 木质素纤维质量技术要求

试验项目	指标	试验方法
纤维长度	≤6mm	水溶液用显微镜观测
灰分含量	18%±5%，无挥发物	高温590~650℃燃烧后，测定残留物
pH值	7.5±1.0	水溶液用pH试纸或pH计测定
吸油率	不小于纤维质量的5倍	用煤油浸泡后，放在筛上，经振敲后称量
含水率	≤5%（以质量计）	105℃烘箱烘2h后，冷却称量

2）纤维应能承受250℃以上的环境温度不变质，且对环境不造成公害，不危害身体健康。

3）纤维可采用松散的絮状纤维或预先与沥青混合制成的颗粒状纤维。施工过程中应保证纤维不受潮结块，并确认纤维能在沥青混合料拌和过程中均匀地分散开。

4）纤维应存放在室内或有棚盖的地方，在运输及使用过程中应防止受潮、结团，已经受潮、结团不能在拌和时充分分散的纤维，不得使用。

5）纤维稳定剂的掺加比例，以沥青混合料总量的质量百分率计算，用量根据沥青混合料的种类由试验确定。通常情况下用于 SMA 路面的木质素纤维不宜少于 0.3%，矿物纤维不宜少于 0.4%，必要时可适当增加。掺加纤维的质量允许误差为 ±5%。

（六）施工过程中对原材料的检测

沥青玛蹄脂碎石混合料 SMA 在生产过程中，应按照表 6-12 所列的检查项目与频度对各种原材料进行抽样试验，质量应符合现行施工技术规范规定的技术要求，在此不再重述。

三、SMA 的配合比设计方法

（一）设计原则

1）SMA 混合料的配合比设计，应遵循现行规范关于热拌沥青混合料配合比设计的目标配合比、生产配合比及试拌试铺验证的三个阶段，确定矿料级配及最佳沥青用量。

2）SMA 配合比设计采用马歇尔试件体积设计方法。混合料的体积组成结构如图 6-21 所示。配合比设计应遵循的原则为：SMA 必须具有互相嵌挤紧密的粗集料骨架。对 SMA-16 和 SMA-13，SMA 的粗集料骨架是 4.75mm 以上的粗集料，SMA-10 的粗集料骨架是 2.36mm 以上的粗集料。马歇尔试件的 VCA_{mix} 必须小于捣实状态下的粗集料骨架间隙率的 VCA_{DRC}。

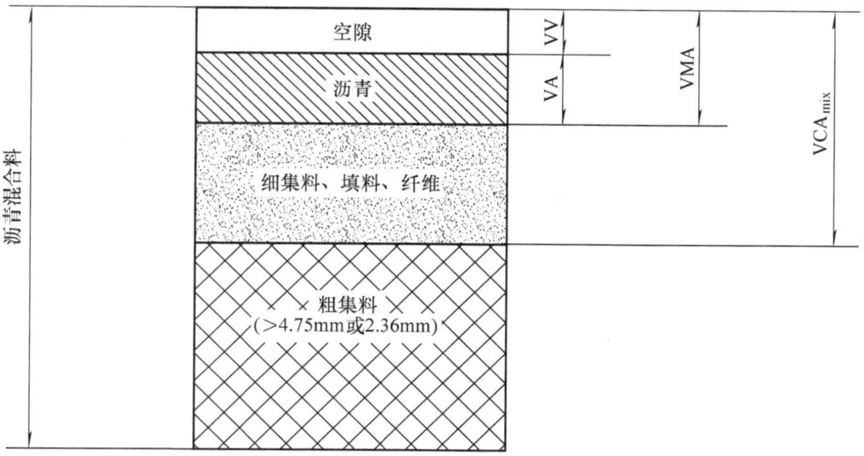

图 6-21　SMA 混合料的各种体积指标

3）按照公称最大粒径的大小及压实层的厚度，SMA 分为 SMA-20、SMA-16、SMA-13、SMA-10 4 种类型。铺筑 SMA 的压实厚度不得小于集料公称最大粒径的 2.5 倍。

（二）设计标准

1）SMA 路面的工程设计级配范围宜直接采用表 6-24 规定的矿料级配范围。

2）SMA 的配合比设计，应符合表 6-25 的技术要求。

3）SMA 设计配合比检验，应符合表 6-26 各项指标的要求。试验方法按《公路工程沥青及沥青混合料试验规程》（JTG E20—2011）的规定进行。

SMA 混合料需在配合比设计的基础上按下列项目进行各种使用性能检验，不符合要求的沥青混合料，必须要更换材料或重新进行配合比设计。

表 6-24 沥青玛蹄脂碎石混合料矿料级配范围

级配类型		通过下列筛孔（mm）的质量百分率（%）											
		26.5	19	16	13.2	9.5	4.75	2.36	1.18	0.6	0.3	0.15	0.075
中粒式	SMA-20	100	90～100	72～92	62～82	40～55	18～30	13～22	12～20	10～16	9～14	8～13	8～12
	SMA-16		100	90～100	65～85	45～65	20～32	15～24	14～22	12～18	10～15	9～14	8～12
细粒式	SMA-13			100	90～100	50～75	20～34	15～26	14～24	12～20	10～16	9～15	8～12
	SMA-10				100	90～100	28～60	20～32	14～26	12～22	10～18	9～16	8～13

表 6-25 SMA 混合料马歇尔试验配合比设计技术要求

试验项目	单位	技术要求		试验方法
		不使用改性沥青	使用改性沥青	
马歇尔试件尺寸	mm	ϕ101.6mm×63.5mm		T0702
马歇尔试件击实次数①	—	两面击实 50 次		T0702
空隙率 VV②	%	3～4		T0705
矿料间隙率 VMA②，不小于	%	17.0		T0705
粗集料骨架间隙率 VCA_{mix}③，不大于	—	VCA_{DRC}		T0705
沥青饱和度 VFA	%	75～85		T0705
稳定度④，不小于	kN	5.5	6.0	T0709
流值	mm	2～5	—	T0709
谢伦堡沥青析漏试验的结合料损失	%	不大于 0.2	不大于 0.1	T0732
肯塔堡飞散试验的混合料损失或浸水飞散试验	%	不大于 20	不大于 15	T0733

① 对集料坚硬不易击碎、通行重载交通的路段，也可将击实次数增加为双面 75 次。

② 对高温稳定性要求较高的重交通路段或炎热地区，设计空隙率允许放宽到 4.5%，VMA 允许放宽到 16.5%（SMA-16）或 16%（SMA-19），VFA 允许放宽到 70%。

③ 试验粗集料骨架间隙率 VCA 的关键性筛孔，对 SMA-19、SMA-16 是指 4.75mm，对 SMA-13、SMA-10 是指 2.36mm。

④ 稳定度难以达到要求时，容许放宽到 5.0kN（非改性）或 5.5kN（改性），但动稳定度检验必须合格。

表 6-26 SMA 配合比设计检验指标

检验项目	单位	技术要求		试验方法
		普通沥青	改性沥青	
谢伦堡沥青析漏试验结合料损失①	%	≤0.2	≤0.1	T 0732
肯塔堡飞散试验的混合料损失（20℃）	%	≤20	≤15	T 0733
车辙动稳定度②	次/mm	≥1500	≥3000	T 0719
水稳定性：				
浸水马歇尔试验残留稳定度	%	≥75	≥80	T 0709
冻融劈裂试验残留强度比	%	≥75	≥80	T 0729
渗水系数③	ml/min	≤80		T 0730

① 谢伦堡沥青析漏试验在施工最高温度下进行，没有明确规定时，非改性沥青混合料的试验温度为 170℃，改性沥青混合料的试验温度为 185℃。

② 当采用改性沥青时，车辙试验的试件成型后在常温下养护的时间不少于 48h，且不得超过 1 周，车辙试验不得采用取样后冷却再经二次加热重塑成型的试件。

③ 渗水系数仅适用于配合比设计时室内试验的压实试件检验，不适用于施工现场检验。

（三）目标配合比设计

1）SMA 混合料目标配合比设计，按图 6-22 流程图的步骤进行。

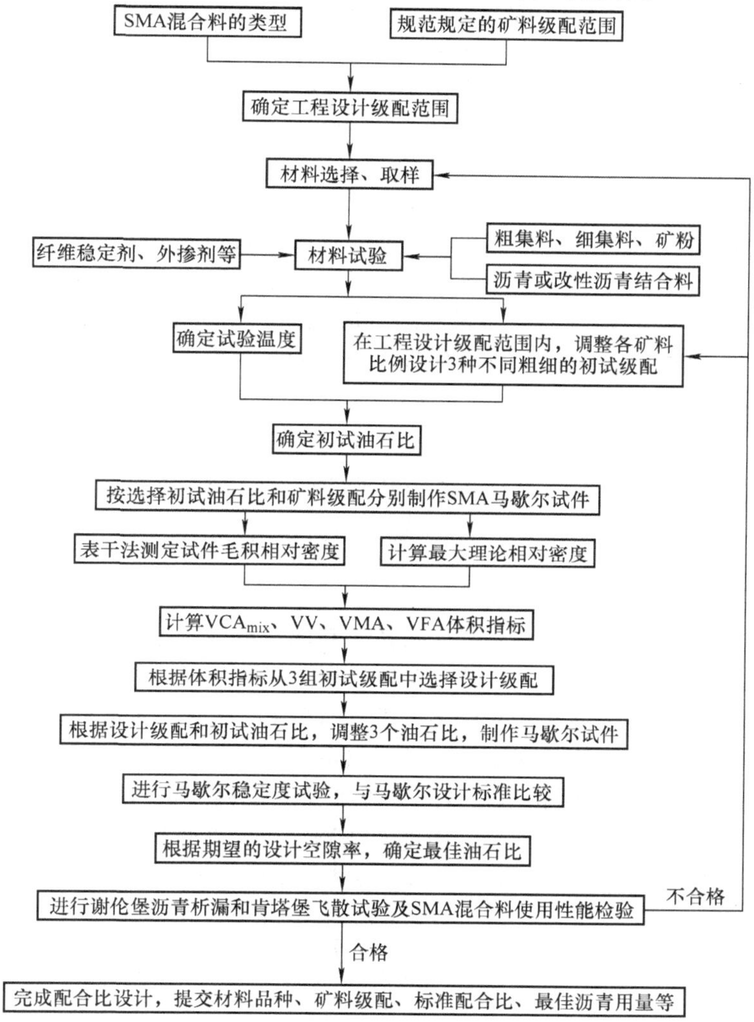

图 6-22　SMA 目标配合比设计流程图

2）设计初试级配：在工程设计级配范围内（表 6-24 的规定），调整各种矿料比例设计 3 组不同粗细的初试级配，3 组级配的粗集料骨架分界筛孔的通过率处于级配范围的中值、中值 ±3% 附近，矿粉数量均为 10% 左右。

3）计算初试级配的矿料的合成毛体积相对密度 γ_{sb}、合成表观相对密度 γ_{sa}、有效相对密度 γ_{se}。

矿料的合成毛体积相对密度 γ_{sb} 按式（6-4）计算：

$$\gamma_{sb}=\frac{100}{\frac{P_1}{\gamma_1}+\frac{P_2}{\gamma_2}+\frac{P_3}{\gamma_3}+\cdots+\frac{P_n}{\gamma_n}} \tag{6-4}$$

式中　P_1，P_2，P_3，$\cdots P_n$——各种矿料成分的配合比，其和为 100；

γ_1、γ_2、γ_3、$\cdots\gamma_n$——各种矿料相应的毛体积相对密度。

注：1. 沥青混合料配合比设计时，均采用毛体积相对密度（无量纲），不采用毛体积密度，故无需进行密度的水温修正。

2. 生产配合比设计时，当细料仓中的材料混杂各种材料而无法采用筛分替代法时，可将0.075mm 部分筛除后以统货实测值计算。

矿料的合成表观相对密度 γ_{sa} 按式（6-5）计算：

$$\gamma_{sa}=\frac{100}{\frac{P_1}{\gamma_1'}+\frac{P_2}{\gamma_2'}+\frac{P_3}{\gamma_3'}+\cdots+\frac{P_n}{\gamma_n'}} \tag{6-5}$$

式中 P_1，P_2，P_3，$\cdots P_n$——各种矿料成分的配合比，其和为100；

γ_1'、γ_2'、γ_3'、$\cdots\gamma_n'$——各种矿料按试验规程方法测定的表观相对密度。

矿料的有效相对密度 γ_{se} 宜直接由矿料的合成毛体积相对密度与合成表观相对密度按式（6-6）计算确定，其中沥青吸收系数 C 值根据材料的吸水率由式（6-7）求得，材料的合成吸水率按式（6-8）计算：

$$\gamma_{se}=C\times\gamma_{sa}+(1-C)\times\gamma_{sb} \tag{6-6}$$

$$C=0.033w_X^2-0.2936w_X+0.9339 \tag{6-7}$$

$$w_X=\left(\frac{1}{\gamma_{sb}}-\frac{1}{\gamma_{sa}}\right)\times 100 \tag{6-8}$$

式中 γ_{se}——合成矿料的有效相对密度；

C——合成矿料的沥青吸收系数，可按矿料的合成吸水率从式（6-7）求取；

w_X——合成矿料的吸水率，按式（6-8）求取（%）；

γ_{sb}——矿料的合成毛体积相对密度，按式（6-4）求取，无量纲；

γ_{sa}——矿料的合成表观相对密度，按式（6-5）求取，无量纲。

4）把每个合成级配中小于粗集料骨架分界筛孔的集料筛除，按《公路工程集料试验规程》（JTG E42—2005）T0309 的规定，用捣实法测定粗集料骨架的松方毛体积相对密度 γ_s，粗集料骨架混合料的平均毛体积相对密度 γ_{CA} 按式（6-9）计算：

$$\gamma_{CA}=\frac{P_1+P_2+\cdots+P_n}{\frac{P_1}{\gamma_1}+\frac{P_2}{\gamma_2}+\frac{P_3}{\gamma_3}+\cdots+\frac{P_n}{\gamma_n}} \tag{6-9}$$

式中 P_1、P_2、P_3、$\cdots P_n$——粗集料骨架部分各种集料在全部矿料级配混合料中的配合比；

γ_1、γ_2、γ_3、$\cdots\gamma_n$——各种粗集料相应的毛体积相对密度。

5）各组初试级配的捣实状态粗集料骨架的间隙率 VCA_{DRC} 按式（6-10）计算：

$$VCA_{DRC}=\left(1-\frac{\gamma_s}{\gamma_{CA}}\right)\times 100 \tag{6-10}$$

式中 VCA_{DRC}——粗集料骨架的松装间隙率（%）；

γ_{CA}——粗集料骨架的毛体积相对密度；

γ_s——粗集料骨架的松方毛体积相对密度。

6）按式（6-11）或按式（6-12）预估 SMA 混合料的适宜油石比 P_a 或沥青用量为 P_b，作为马歇尔试件的初试油石比。

$$P_a=\frac{P_{a1}\times\gamma_{sb1}}{\gamma_{sb}} \tag{6-11}$$

$$P_b = \frac{P_a}{100 + P_a} \times 100 \tag{6-12}$$

式中　P_a——预估的最佳油石比（与矿料总量的百分比）（%）；

P_b——预估的最佳沥青用量（占混合料总量的百分数）（%）；

P_{a1}——已建类似工程沥青混合料的标准油石比（%）；

γ_{sb}——矿料的合成毛体积相对密度；

γ_{sb1}——已建类似工程集料的合成毛体积相对密度。

注：作为预估最佳油石比的集料密度，原工程和新工程也可均采用有效相对密度。

7）按照选择的初试油石比和矿料级配制作 SMA 试件，马歇尔标准击实的次数为双面 50 次，根据需要也可采用双面 75 次，一组马歇尔试件的数目不得少于 4～6 个。SMA 马歇尔试件的毛体积相对密度由表干法测定。

8）不同沥青用量条件下 SMA 混合料的最大理论相对密度按式（6-13）的方法计算，其中纤维部分的比例不得忽略。

$$\gamma_t = \frac{100 + P_a + P_X}{\frac{100}{\gamma_{se}} + \frac{P_a}{\gamma_a} + \frac{P_X}{\gamma_X}} \tag{6-13}$$

式中　γ_{se}——矿料的有效相对密度，由式（6-6）确定；

P_a——沥青混合料的油石比，%；

γ_b——沥青的相对密度（25℃/25℃），无量纲；

P_X——纤维用量，以矿料质量的百分数计，%；

γ_X——纤维稳定剂的密度，由供货商提供或由比重瓶实测得到。

9）SMA 马歇尔混合料试件中的粗集料骨架间隙率 VCA_{mix} 按式（6-14）计算，试件的集料各项体积指标空隙率 VV、集料间隙率 VMA、沥青饱和度 VFA 分别按式（6-15）、式（6-16）、式（6-17）计算：

$$VCA_{mix} = \left(1 - \frac{\gamma_f}{\gamma_{CA}} \times \frac{P_{CA}}{100}\right) \times 100 \tag{6-14}$$

$$VV = \left(1 - \frac{\gamma_f}{\gamma_t}\right) \times 100 \tag{6-15}$$

$$VMA = \left(1 - \frac{\gamma_f}{\gamma_{sb}} \times \frac{P_s}{100}\right) \times 100 \tag{6-16}$$

$$VFA = \frac{VMA - VV}{VMA} \times 100 \tag{6-17}$$

式中　VCA_{mix}——试件的粗集料间隙率（%）；

P_{CA}——沥青混合料中粗集料的比例，即大于 4.75mm 的颗粒含量（%）；

γ_{CA}——粗集料骨架部分的平均毛体积相对密度，由式（6-9）确定；

γ_f——沥青混合料试件的毛体积相对密度，由表干法测定，无量纲；

VV——试件的空隙率（%）；

VMA——试件的矿料间隙率（%）；

VFA——试件的有效沥青饱和度（有效沥青含量占 VMA 的体积比例）（%）；

γ_t——沥青混合料的最大理论相对密度，按式（6-13）的方法计算或实测得到，无量纲；

P_s——各种矿料占沥青混合料总质量的百分率之和（%），即 $P_s = 100 - P_b$；

γ_{sb}——矿料的合成毛体积相对密度，按式（6-4）计算。

10）从3组初试级配的试验结果中选择符合 $VCA_{mix} < VCA_{DRC}$ 及 $VMA > 16.5\%$ 的要求的级配作为设计级配，当有1组以上的级配同时符合要求时，以粗集料骨架分界集料通过率大且VMA较大的级配为设计级配。

11）根据所选择的设计级配和初试油石比试验的空隙率情况，以0.2%～0.4%为间隔，调整3个不同的油石比，制作马歇尔试件，计算空隙率等各项体积指标。一组试件数不宜少于4～6个。

12）进行马歇尔稳定度试验，检验稳定度和流值是否符合表6-25的要求。表中稳定度和流值并不作为配合比设计可以接受或者否决的唯一指标，容许根据同类型SMA工程的经验予以调整，放宽标准时应符合表注的规定，对改性沥青SMA试件的流值可不作要求。

13）绘制各项体积指标与油石比的关系曲线，根据期望的设计空隙率，确定最佳油石比OAC。马歇尔试件的设计空隙率VV应符合表6-25的要求，在炎热地区空隙率宜选择靠近上限，寒冷地区空隙率可选择靠近中、下限。当击实次数为75次时，设计空隙率不宜超过4%。

（四）目标配合比设计检验

1）SMA混合料应进行谢伦堡沥青析漏试验，析漏损失不得超过表6-26规定的容许值。试验方法按《公路工程沥青及沥青混合料试验规程》（JTG E20—2011）执行，试验温度应该与生产时的最高出料温度一致，无明确要求时，非改性沥青混合料的试验温度宜为170℃，改性沥青混合料的试验温度宜为185℃。

2）SMA混合料应进行肯塔堡飞散试验检验，飞散损失不得超过表6-26规定的容许值。试验方法按《公路工程沥青及沥青混合料试验规程》（JTG E20—2011）的规定进行，标准的试验温度为20℃，水中养护时间为20h。在多雨潮湿地区，也可进行浸水飞散试验，试验温度为60℃，水中养护时间为48h。

3）SMA混合料必须进行车辙试验，对混合料的高温抗车辙能力进行验证，其试验温度为60℃，荷载压强为0.7MPa，动稳定度必须符合表6-26的规定。如有特殊需要，可根据情况提高试验温度或荷载强度。

4）SMA混合料的水稳定性应进行48h浸水马歇尔试验残留稳定度和冻融劈裂试验强度比检验，且符合表6-26的规定。当掺加除消石灰、水泥外的抗剥落剂时，必须按试验规程的要求对混合料进行老化处理。

5）SMA混合料应采用轮碾法成型的试件进行表面的渗水系数检验，且符合表6-26的规定。

（五）生产配合比设计和试拌试铺

1）SMA混合料应根据目标配合比设计的结果，按《公路沥青路面施工技术规范》（JTG F40—2004）规定的方法进行生产配合比设计和试拌试铺检验。

2）生产配合比应以二次筛分后的热料仓材料级配为基础进行，其中小于0.075mm的细粉含量也应采用水洗法测定，配合比设计步骤与目标配合比设计方法相同，矿料级配与沥青用量应力求与目标配合比设计相近，以减少试验工作量。

3）经生产配合比设计确定的油石比必须经过配合比设计检验及试验段铺筑认定。试拌试铺必须由建设单位、施工单位、监理等有关各方共同实施。由此确定的标准配合比必须得到监理工程师批准。

4）批准后的标准配合比在生产过程中不得随意变更，如有疑义需要对标准配合比作调整时，必须重新得到监理及建设单位的批准。

四、施工工艺流程

沥青玛蹄脂碎石混合料SMA施工工艺流程同热拌沥青混合料。

五、施工技术要点

在热拌沥青混合料的基础上，从施工温度、拌和、运输、摊铺、压实、接缝等几方面做了相应的补充。

（一）施工温度

1）SMA路面宜在较高的温度条件下施工，当气温或下卧层表面温度低于10℃时不得铺筑SMA路面。施工温度应根据沥青标号、黏度、改性剂的品种及剂量、气候条件及铺装层的厚度确定。通常对非改性沥青混合料应通过沥青结合料在135℃及175℃条件下测定的黏度—温度曲线按表6-27的规定确定。非改性沥青结合料缺乏黏度-温度曲线数据或采用改性沥青结合料时，可按表6-28规定的范围选择。但经试验段或施工实践证明，表中规定温度不符合实际情况时，容许作适当调整。较稠的沥青、改性剂剂量高、厚度较薄时，选用高值，反之选低值。气温或下卧层温度较低时，施工温度应适当提高。

表6-27　适宜于沥青混合料拌和及压实的沥青等黏温度

黏　度	适宜于拌和的沥青结合料黏度	适宜于压实的沥青结合料黏度	测定方法
表观黏度	(0.17 +0.02) Pa·s	(0.28 ±0.03) Pa·s	T0625
运动黏度	(170 ±20) mm^2/s	(280 ±30) mm^2/s	T0619
赛波特黏度	(85 ±10) s	(140 ±15) s	T0623

表6-28　SMA路面的正常施工温度范围　（单位:℃）

工　序	不使用改性沥青	使用改性沥青			测量部位
		SBS类	SBR类	EVA、PE类	
沥青加热温度	150～160	160～165			沥青加热罐
改性沥青现场制作温度	—	165～170	—	165～170	改性沥青车
改性沥青加工最高温度	—	175	—	175	改性沥青车或储油罐
集料加热温度	180～190	190～200	200～210	185～195	热料提升车
SMA混合料出厂温度	155～170	170～185	160～180	165～180	运料车
混合料最高温度（废弃温度）	190	195			运料车
混合料贮存温度	拌和出料后降低不超过10				贮存罐及运料车
摊铺温度	不低于150	不低于160			摊铺机
初压开始温度	不低于140	不低于150			摊铺层内部
复压开始温度	不低于120	不低于130			碾压层内部
开放交通时的路表温度	不高于50	不高于50			路表面

2）沥青结合料（含改性沥青）的加热温度或改性沥青的加工温度不得超过175℃。

3）沥青混合料的温度应采用具有金属探测针的插入式数显温度计测量，不得采用玻璃温度计测量。在运料车上测量时宜在车厢侧板下方打一个小孔插入不少于15cm量取。碾压温度可借助于金属螺丝刀在路面上打洞后迅速插入温度计测量得到（必要时应移动位置）。

（二）拌和

1）生产SMA应采用间隙式沥青拌和机拌和，且必须配备有材料配比和施工温度的自动检测和记录设备，逐盘打印各传感器的数据，每个台班作出统计，计算矿料级配、油石比、施工温度、铺装层厚度的平均值、标准差和变异系数，进行总量检验，并作为施工质量检测的依据。

2）使用于SMA的改性沥青可以采用成品改性沥青或在现场制作改性沥青。

当使用成品改性沥青时，应经常检验改性沥青的离析情况，各项指标应符合《公路沥青玛蹄脂碎石路面技术指南》（SHC F40—01—2002）规定的技术要求。

当为现场制作时，加工工艺根据改性剂的品种和基质沥青确定。改性剂必须存放在室内，不得受潮或老化变色。拌和厂的电力条件应满足现场制作改性沥青的生产需要。基质沥青的导热油加热炉应具有足够的功率。改性沥青生产后宜进入贮存罐，经过不少于半小时的继续搅拌发育后使用，贮存和运输过程中不得发生离析。

3）拌和机应配备专用的纤维稳定剂投料装置，直接将纤维自动加入拌和机的拌和锅或称量斗中。根据纤维的品种和形状的不同，可采取不同的添加方式。添加纤维应与拌和机的拌和周期同步进行。松散的絮状纤维应采用风送设备自动打散上料，并在矿料投入后干拌及喷入沥青的同时一次性喷入拌和机内。颗粒纤维宜在集料投入后立即加入，经5~8s的干拌，再投入矿粉，总的干拌时间应比普通沥青混合料增加5~10s。

4）喷入沥青后的湿拌时间，应根据拌和情况适当增加，通常不得少于5s，保证纤维能充分均匀地分散在混合料中。由于增加拌和时间，投放矿粉时间加长，废弃回收粉尘等原因而降低拌和机生产率，应在计算拌和能力时充分考虑到，以保证不影响摊铺速度，造成停顿。

5）各种原材料都必须堆放在硬质地面上，在多雨潮湿地区，细集料（含石屑）应堆放在有棚盖的干燥条件下，当细集料潮湿使冷料仓供料困难时，应采取措施。

6）矿粉必须存放在室内，保持干燥，不结块，能自由流动。拌和时，矿粉投入能力应符合配合比设计数量的需要，原有矿粉仓不敷使用时，宜增加投入矿粉的设备，或将矿粉投料口扩大，以减少矿粉投入时间。

7）拌和过程中，回收粉尘的用量不得超过矿粉总用量的25%。对逸出及废弃的粉尘，应添加矿粉补足，使0.075mm通过率达到配合比设计要求。

当抽提筛分试验的0.075mm通过率由干筛得到时，与配合比设计时矿粉采用水洗法筛分有差别，此时应该通过比较试验进行调整。

8）拌和的SMA混合料应立即使用，需在储料仓中存放时，以不发生沥青析漏为度，且不得储存至第二天使用。

9）当采用直接投入法制作改性沥青混合料时，改性剂必须计量准确，拌和均匀分散。胶乳类改性剂必须采用专用的计量投料装置按使用比例在喷入沥青后10s内投入拌和锅中，供应胶乳的泵和管道、喷嘴必须经常检查，保持畅通。颗粒状改性剂可在投放矿料后直接投入拌和锅中。

10）沥青拌和厂宜设置专用的取样台，供在运料车上对混合料取样、测量温度、盖苫布使用。

（三）运输

1）SMA 宜采用大吨位运料车运输。运料车在开始运输前，应在车厢及底板上涂刷一层油水混合物，使混合料不致与车厢黏结。

2）任何情况下，运料车在运输过程中都应加盖苫布，以防表面混合料降温结成硬壳。

3）运料车在运输途中，不得随意停歇。

4）运料车卸料必须倒净，如发现有剩余的残留物，应及时清除。

5）运料车到达现场后，应严格检查 SMA 混合料的温度，不得低于摊铺温度的要求。

（四）摊铺

1）在铺筑 SMA 之前应对下层表面作以下处理：

① 用硬扫帚或电动工具清扫路面，有泥土等不洁物沾污时，应一边清扫一边用高压水冲洗干净，并待进入路面中水分蒸发后铺筑。

② 若旧路面表面不平整，应铣刨或用热拌沥青混合料铺筑整平层，恢复横断面。

③ 必须喷洒符合要求的黏层油，用量宜为 0.3～0.4L/m^2。

2）SMA 可采用常规的沥青混合料摊铺方法进行摊铺，一台摊铺机的摊铺宽度不宜超过 6m，最大不得超过 8m，高速公路的沥青面层应采用两台以上相同型号的摊铺机成梯队形式摊铺，相邻两台摊铺机应具有相同的压实能力，摊铺间距不超过 20m，保证纵向接缝为热接缝。改性沥青 SMA 混合料宜使用履带式摊铺机铺筑。

3）摊铺机开始铺筑前应对熨平板预热至 100℃以上，铺筑过程中应开动熨平板的振动或捶击等夯实装置。

4）SMA 混合料的摊铺速度应调整到与供料速度平衡，必须缓慢、均匀、连续不间断地摊铺。摊铺过程中不得随意变换速度或中途停顿。由于改性沥青或 SMA 生产影响拌和机生产率，摊铺机的摊铺速度应放慢，通常不超过 3～4m/min，容许放慢到 1～2m/min。当供料不足时，宜采用运料车集中等候，集中摊铺的方式，尽量减少摊铺机的停顿次数。此时摊铺机每次均应将剩余的混合料铺完，做好临时接头。如等料时间过长，混合料温度降低，表面结硬成硬壳，影响继续摊铺时，必须将硬壳去除。

5）改性沥青 SMA 混合料的摊铺温度应比普通沥青混合料的摊铺温度高 10～20℃，混合料温度在卸料到摊铺机上时测量。当气温低于 15℃时，不得摊铺改性沥青 SMA 混合料。

6）SMA 混合料的松铺系数应通过试铺确定。

7）SMA 混合料在运输、等候及铺筑过程中，应注意观察，如发现有沥青析漏情况，应停止卸料，分析原因，采取降低施工温度、减少沥青用量或增加纤维用量等措施。

8）不得在雨天或下层潮湿的情况下铺筑 SMA 路面。

9）SMA 表面层铺筑时宜采用平衡梁自动找平方式，平衡梁的橡胶轮应适当涂刷废机油等防黏结材料，在每次铺筑结束后必须清理干净。当同时使用改性沥青时宜采用非接触式平衡梁。

（五）压实

1）SMA 施工必须有足够数量的压路机，压路机的最少数量根据与铺筑速度匹配的原则，由压路机的碾压宽度、碾压速度、要求的碾压遍数计算配置。铺筑双车道高速公路沥青路面时，用于初压、复压和终压的各种压路机数量不得少于 4 ~5 台。

2）混合料摊铺后，必须紧跟着在尽可能高的温度状态下开始碾压，不得等候。除必要的加水等短暂歇息外，压路机在各阶段的碾压过程中应连续不间断地进行。同时也不得在低温度状态下反复碾压 SMA，以防止磨掉石料棱角或压碎石料，破坏集料嵌挤。碾压温度应符合表 6-28 的要求。

3）SMA 路面的初压宜采用刚性碾静压。每次碾压应直至摊铺机跟前，初压区的长度通过计算确定以便与摊铺机的速度匹配，一般不宜大于 20m。高速公路宜采用两台压路机同时进行，初压遍数一般为 1 遍，以保证尽快进入复压。

摊铺机的铺筑宽度越宽，摊铺机自身的碾压效果越差，初压的要求也越高。

4）SMA 路面的复压应紧跟在初压后进行，经试验证明直接使用振动压路机初碾不造成推拥，也可直接用振动压路机初压。如发现初压有明显推拥，应检查混合料的矿料级配及油石比是否合适。压路机的吨位以不压碎集料，又能达到压实度为度。复压宜采用重型的振动压路机进行，碾压遍数不少于 3 ~4 遍；也可用刚性碾静压，复压遍数不少于 6 遍。

5）终压采用刚性碾紧接在复压后进行，以消除轮迹，终压遍数通常为 1 遍。若复压后已无明显轮迹或终压看不出明显效果时可不再终压。即允许采用振动压路机同时进行初压、复压、终压一气呵成。

6）通常情况下 SMA 不宜采用轮胎压路机碾压，以防搓揉过度造成沥青玛蹄脂挤到表面而达不到压实效果。在极易造成车辙变形的路段等特殊情况下，由于减少沥青用量必须使用轮胎压路机碾压时，必须通过试验论证，确定压实工艺，但不得发生沥青玛蹄脂上浮或挤出等现象。

7）SMA 路面宜采用振动压路机或钢筒式压路机碾压。振动压路机碾压 SMA 应遵循“紧跟、慢压、高频、低幅”的原则。即压路机必须紧跟在摊铺机后面碾压，碾压速度要慢，要均匀，并采取高频率、低振幅的方式碾压。

8）压路机应该紧跟摊铺机向前推进地碾压，碾压段长度大体相同，每次碾压到摊铺机跟前后折返碾压。SMA 的碾压速度不得超过 5km/h。

9）SMA 路面应防止过度碾压，在压实度达到 98% 以上或者现场取样的空隙率不大于 6% 后，宜停止碾压。如碾压过程中发现有沥青玛蹄脂部分上浮或石料压碎、棱角明显磨损等过碾压的现象时，碾压即应停止，并分析原因。

10）为了防止混合料黏附在轮子上，应适当洒水使轮子保持湿润，水中可掺加少量的清洗剂。但应该严格控制水量以不黏轮为度，且喷水必须是雾状的，不得采用自流洒水的压路机。

11）压路机碾压过程中不得在当天铺筑的路面上长时间停留或过夜。

（六）接缝

1）SMA 混合料的铺筑应避免产生纵向冷接缝，横向施工缝应采用平接缝。平接缝切缝应在混合料尚未完全冷却结硬之前进行，切缝后必须用水冲洗干净，待干燥后涂刷黏层油，方可铺筑新混合料。

2）应特别注意横向接缝处的平整度，刨除端部或切缝的位置应通过 3m 直尺测量确定。

（七）开放交通及其他

1）SMA 路面施工结束后，应在路表温度下降到50℃以下，方允许开放交通。如急需开放交通时，应洒水冷却。

2）当发现某些改性沥青 SMA 沥青面层在开放交通后，有发软的迹象，或大吨位运料车转弯时出现掉粒、轮印等情况时，应加强早期交通的控制。

六、施工过程质量控制

SMA 路面在铺筑过程中必须随时对铺筑质量进行检查、评定，质量检查的内容、频度、允许偏差应符合表 6-29 的规定，对聚合物改性剂沥青质量的检测要求应符合表 6-30 的规定。SMA 路面在施工过程中还应注意以下事项：

1）对 SMA 面层，应特别重视材料质量、施工温度和压实工序的管理，使混合料形成充分嵌挤并达到稳定的状态，切忌片面追求平整度而降低压实度。

2）SMA 路面如出现“油盯”，应分析原因，仔细检查纤维添加的方式、数量、时间，是否漏放及拌和是否均匀等，严重的应予铲除。

表 6-29　SMA 路面施工质量检验要求

项　目	检查频度	质量要求或允许偏差	试验方法
外观	随时	无油斑、离析、轮迹等现象	目测
接缝	随时	紧密、平整、顺直、无跳车	目测、3 米直尺
施工温度	1 次/车	符合表 6-28 要求	数显式温度计
矿料级配	每台拌和机 1～2 次/日	下列筛孔与设计标准配合比的容许差： 0.075mm　±2% 4.75mm　±4% ≥9.5mm　±5%	抽提筛分
油石比	同上	±0.3%	抽提筛分
马歇尔试验：稳定度、流值、密度、空隙率	同上	符合设计要求	拌和厂取样成型试验
车辙试验	必要时	不小于设计要求①	拌和厂或现场取样成型送实验室试验
渗水试验	随时	基本上不渗水或渗水非常慢	向路面倒水观察
	4 次/日	SMA-13 及 SMA-10：不大于 200mL/min SMA-16 及 SMA-19：宜不大于 200mL/min 或实测记录	用渗水仪测定
构造深度	不少于 5 处/日	0.8～1.3mm②	铺砂法
压实度	每 $2000m^2$ 检查 1 处	不小于马歇尔密度的 98% 或不小于真空法实测的最大相对密度的 94%（单点检验）	钻孔法或核子仪
空隙率	必要时	不大于 6%③	钻孔法

（续）

项　　目	检查频度	质量要求或允许偏差	试验方法
平整度	对每日铺筑的路段全线测定 1 ~2 次	不大于设计要求	整车式颠簸累积仪或 3m 连续式平整度仪

① 制件方式可采用：a. 拌和厂取样，装在保温桶内快速送达实验室，立即制件，若温度稍有降低，试样可在烘箱中适当加热，但不得用电炉或明火加热；b. 在摊铺现场直接取样装入试模，用现场成型机或小型压路机等适宜的方式碾压成型；c. 不得采用取样后放冷，在实验室长时间保存，二次加热重塑的试件进行车辙试验。

② 如果确实证明不渗水，构造深度容许超出上限。

③ 若试件不规准或与下层有黏连时，应对钻孔试样的两端切割，然后用表干法测定试件空隙率，设计空隙率大于 4% 时，路面残余空隙率要求不得放宽。

3）重交通道路沥青和成品改性沥青应具有产品质量检验单。产品到场后，应按照规定取样检查，不得以样品的质检报告代替。检验不符合要求的成品改性沥青不得使用。

4）现场制作的改性沥青，应随机取样，检查改性沥青质量，确认是否符合聚合物改性沥青质量技术要求。

① 改性沥青试样制作必须在改性沥青设备现场进行，不得二次加热，以防改性剂离析。

② 当采用聚合物胶乳作改性剂时，应检测固体物含量，按要求剂量用预混法制作改性沥青试样并检查质量。

③ 改性沥青质量的日常检查按表 6-30 规定的项目和频度进行。采用放大 100 倍以上的显微镜观察后宜制作照片留存备查，改性剂在基质沥青中应分散均匀，细度达到制作要求（通常为 1 ~ 10μ）。

表 6-30　施工过程中聚合物改性沥青质量的检测要求

项　　目	聚合物改性剂类型			检测频度
	SBS 类	SBR 类	EVA、PE 类	
针入度	✓	✓	✓	1 ~ 2 次/日
软化点	✓	✓	✓	1 ~ 2 次/日
低温延度	✓	✓	—	必要时
弹性恢复	✓	—	—	必要时
显微镜观察	✓	—	✓	必要时

5）沥青混合料拌和厂的质量管理和检查按下列规定进行：

① 随时检查沥青、集料的加热温度，逐车检查并记录 SMA 混合料的出厂温度。

② 路面钻孔取样或用核子密度仪检查压实度和空隙率。但当使用改性沥青，在钻孔取样过程中发生下列情况时，可减少钻孔次数至每公里 1 个孔，甚至不予钻孔。减少钻孔次数或不钻孔时，必须增加核子密度仪的检测次数，核子密度仪检测时应先用砂子将表面铺平并经过标定。

a. 改性剂发热融化黏附在钻头上，难以取出完整试样。

b. 试样取出后，由于改性剂的弹性使玛蹄脂鼓出试件表面，形成许多突出的棱，试件形状发生改变。

c. 压实度连续测定合格且较稳定。

③ 随时在碾压成型的路面上倒少量水，观察水的渗透情况，应基本上不透水（看不出透水或者透水很慢），并按《公路路基路面现场测试规程》规定的方法用渗水仪检测路面渗水系数。

④ 用铺砂法检测路表构造深度。良好的SMA结构在碾压成型后，应该是基本上不透水或者透水很慢的，表面具有足够的构造深度，又基本上不透水是鉴别是不是真正的SMA的重要标志。

⑤ 按规定随机取样，检查工地混合料的矿料级配和油石比。在对改性沥青混合料进行抽提试验时，应注意对某些不溶于溶剂的改性剂（如PE）的数量作计算修正。

⑥ 拌和厂逐盘打印的打印结果必须保存备查，每天进行总量检验，并作为施工质量管理的依据。

⑦ 按要求进行马歇尔试验，计算空隙率等体积指标。

七、施工质量标准

按照《公路工程质量检验评定标准》（JTG F80/1）的规定，SMA路面交工验收阶段的基本要求和检查项目、检查频度、质量要求或允许偏差等内容满足表6-29的要求外，未列出的项目均与一般沥青路面的要求相同。

任务三　Superpave沥青混合料施工

一、Superpave技术简介

20世纪80年代后期，美国为了改变严重的路面损坏给美国路面行车安全和服务质量造成巨大影响的现状，开始了一项历时5年，耗资1500亿美元的公路研究计划——公路战略研究计划（SHRP），其中5千万美元用在沥青研究上，其目的就是通过改善沥青及沥青混合料的质量与性能，延长沥青路面的使用寿命。而沥青研究项目最重要的研究成果就是Superpave技术，它主要包括沥青结合料性能规范、沥青混合料体积设计方法及沥青混合料性能预测三个方面。

该项目的特点在于开发了一套全新的试验设备并提供了相应的试验方法，从根本上改变了现行试验方法和规范的纯经验性质，避免由此带来的局限性。Superpave沥青结合料与沥青混合料规范的新体系直接将试验方法与指标同沥青路面的路用性能联系起来，通过控制车辙、低温开裂和疲劳开裂，来达到全面改进路面性能的目的，形成一个基于路面性能基础上的沥青—沥青混合料设计新体系。

1993年SHRP项目完成后，美国联邦公路局（FHWA）、美国各州公路与运输官员协会（AASHTO）和美国运输研究委员会（TRB）进行了大量的工作以推广Superpave技术。从1995年开始，美国部分州在沥青路面工程中采用Superpave进行沥青混合料设计，同时铺筑试验工程。经过几年的努力，Superpave混合料设计方法在美国已从推广阶段走向常规实践阶段，Superpave已成为美国大多数州运输部混合料设计的选择，成为21世纪沥青混合料的主要设计标准。为了进一步改进和完善Superpave技术，美国联邦公路管理局、各州运输部、大学、研究机构、各工业企业都在致力于有关问题的研究，如结合料规范对改性沥青的适应性问题、集料级配限制区问题、Superpave路面的离析与渗透性问题、Superpave混合料施工质量控制和质量保证问题等，这一系列问题的研究进一步推动和完善了Superpave体系，并在世界范围内产生了积极的影响。

鉴于美国SHAP研究项目的广度、深度、规模、技术含量及其产生的巨大经济效益和社会效益，世界各国都在密切注视着Superpave技术的发展，有的国家已经采纳或正在引进，并进行相应的应用和研究，SHAP研究已经成为一项国际性的研究项目。

在我国，跟踪美国SHAP计划最早的是江苏省交通科学研究院。1995年，江苏省交通科学研究院引进美国全套SHRP沥青结合料和混合料设备，建立了中国最早的SHRP实验室，最早致力于开发高性能沥青路面技术（Superpave）。随后国内许多科研院、高等院校、企业对该成果产生了浓厚的性趣。在2004年完成的新的沥青路面施工技术规范中，已采纳了Superpave技术的多项研究成果，并在全国各地展开了Superpave技术的推广应用工作，取得了一些可喜的成果。目前，全国有多家单位已购置了相应的设备，具备了应用这项技术的条件。截止到2011年，全国已有近20多个省区共约7000多公里公路应用了Superpave技术。Superpave技术的广泛应用，全面提高了我国高速公路耐久性、安全性，提高了路面全寿命周期成本。

国内应用Superpave技术主要有两种做法：一是采用旋转压实仪（SGC）成型试件、按Superpave设计方法进行目标配合比设计、选择级配和确定最佳沥青用量，用所选的级配和沥青用量进行马歇尔试验，用马歇尔指标来控制生产，然后对现场的混合料进行SGC试验验证；二是用携带式旋转压实仪在拌和厂与马歇尔试验同步、全程检验，进行施工控制，但国内携带式旋转压实仪还很少，这种方法应用较少。另外，还有一种做法，仅采用Superpave混合料的矿料级配特点，采用常规的马歇尔法进行设计，而不完全按Superpave规范要求进行，实际上这种做法得到的混合料并不是Superpave混合料，只能算是采用“修改级配”的常规沥青混合料。

在将Superpave混合料引入我国时，也必须重视我国沥青路面原材料加工和现场施工控制的实际情况，应结合我国实际国情，不可完全照搬国外研究成果，对如何消化吸收应展开系统深入的研究。

二、Superpave沥青混合料配合比设计

Superpave设计体系根据项目所在地的气候和设计交通量，把材料选择与混合料设计都集中在设计方法中。它要求在设计沥青路面时，充分考虑服务期内温度对路面的影响，要求沥青路面在最高设计温度时能满足高温性能的要求，不产生过量的车辙。其创新点有以下两点：

1）采用与路面性能相关的沥青分级方法，称为Performance Grade，简称PG分级，并采用新指标、新试验设备和试验方法来检验沥青性能。

2）以体积设计法进行混合料组成设计。Superpave沥青混合料体积设计是根据沥青混合料的空隙率、矿质集料间隙率、沥青填隙率等体积特性进行热拌沥青混合料设计。

Superpave混合料设计分为三个等级，见表6-31。混合料体积设计也称水准Ⅰ设计，要求采用旋转压实机（SGC）压实试件，并根据体积设计要求选择沥青用量。混合料中等路面性能水平设计也称水准Ⅱ设计，以水准Ⅰ混合料体积设计为基础，附加一组简单剪切试验（SST）和直接拉伸试验（IDT），以达到一系列的性能预测。混合料最高路面性能水平设计也称水准Ⅲ设计，以混合料体积设计为基础，附加的SST和IDT试验是在更宽温度范围内进行试验。由于包含了更广泛的试验范围和结果，可提供更可靠的性能预测水平。由于水准Ⅱ

和水准Ⅲ的性能预测指标不完善，且试验比较麻烦，因此，目前应用较多的是水准Ⅰ设计，即Superpave沥青混合料体积设计。所谓Superpave混合料体积设计是根据沥青混合料的空隙率、矿料间隙率、沥青填隙率等体积特性进行热拌沥青混合料设计，方法主要有设计材料选择、沥青混合料拌和、沥青混合料体积分析以及混合料验证（包括体积性质和水敏感性）。沥青混合料体积设计过程主要由四部分组成：①材料选择；②集料级配选择；③确定沥青混合料最佳沥青含量；④评估沥青混合料的验证，包括体积性质和水敏感性。Superpave沥青混合料体积设计法对材料、集料级配、混合料均有严格的规定，并制定了相应的严格的规范要求，包括胶结料规范、集料规范、混合料规范。

表6-31　Superpave沥青混合料设计水准

Superpave沥青混合料设计水准	交通等级（ESALs）	试验要求
Ⅰ	<106	材料选择和体积配合比设计
Ⅱ	106～107	水准Ⅰ+性能预测试验
Ⅲ	>107	水准Ⅰ+扩大的性能预测试验

注：设计交通量ESALs是换算为80kN的标准累计轴载次数。

此外，Superpave设计方法适用于新建或再生、密级配、改性或未改性沥青混合料以及特殊混合料，如SMA、OGFC等。同时在Superpave设计系统中，考虑了热拌沥青混合料拌和与压实可能出现的延迟对混合料体积和路用性能的影响，在混合料压实成型前，要经过短期老化以模拟实际摊铺过程对混合料的影响。

（一）原材料的选择

1. *沥青结合料的选择*

Superpave提出了一个按照路用性能分级（PG分级）的沥青结合料规范（表6-32）。PG分级直接采用设计使用温度表示适用范围。设计最高温度为7天最高平均路面温度，设计最低气温为年极端最低温度。根据道路等级、交通量确定保证率为95%（平均值）或98%。它采用三种样品：原样沥青；RTFOT后的残留沥青；RTFOT后又经PAV老化的残留沥青。Superpave胶结料规范的精髓在于，在模拟胶结料寿命期三个重要阶段的情况下进行沥青胶结料试验。用原样沥青进行的试验，代表运输、储存和装卸的第一阶段。第二阶段代表在拌和、铺筑过程中的沥青老化，规范借助于旋转薄膜烘箱中老化胶结料的方法进行模拟。这种方法是将胶结料薄膜暴露于热和空气中，相当于在热拌过程中、运输中和摊铺时的胶结料老化。第三阶段体现了作为热拌沥青路面层部分的胶结料的长期老化。规范中用压力老化箱模拟这一阶段，该方法将沥青试样暴露于热和压力条件下，以模拟路面服务期间的老化年份。SHAP沥青结合料规范列入的各种路用性能指标包括：

1）高温时抵抗永久变形的能力（高温稳定性）——动态剪切流变试验（DSR）。

2）低温时抵抗路面温缩开裂的能力（低温抗裂性）——弯梁流变试验（BBR）及直接拉伸试验（DTT）。

3）抗疲劳破坏的能力（耐疲劳性）——动态剪切流变试验（DSR）。

4）抗老化性能——旋转薄膜烘箱试验（RTFOT）及压力老化试验（PAV）。

5）施工安全性、可操作性——旋转黏度试验（RV）。

SHAP沥青结合料性能标准通过对以上各试验测试，以保证沥青结合料达到相应的技术要求。

表 6-32　美国沥青性能等级规范（AASHTO M320-03）

沥青使用性能等级	PG46			PG52							PG58					PG64					
	-34	-40	-46	-10	-16	-22	-28	-34	-40	-46	-16	-22	-28	-34	-40	-10	-16	-22	-28	-34	-40
平均7d最高路面设计温度/℃	<46			<52							<58					<64					
最低路面设计温度/℃　>	-34	-40	-46	-10	-16	-22	-28	-34	-40	-46	-16	-22	-28	-34	-40	-10	-16	-22	-28	-34	-40
原　样　沥　青																					
闪点，T48：最小/℃	230																				
黏度，T316： 最大，3Pa·s，试验温度/℃	135																				
动态剪切，T315： $G^*/\sin\delta$，最小，1.0kPa 试验温度，10rad/s/℃	46			52							58					64					
旋转薄膜烘箱残留物（T240）																					
质量损失，最大（%）	1.00																				
动态剪切，T315： $G^*/\sin\delta$，最小，2.2kPa 试验温度，10rad/s　/℃	46			52							58					64					
压力老化容器残留物（R28）																					
PAV老化温度/℃	90			90							100					100					
动态剪切，T315： $G^*\sin\delta$，最大，5000kPa 试验温度，10rad/s　/℃	10	7	4	25	22	19	16	13	10	7	25	22	19	16	13	31	28	25	22	19	16
蠕变劲度，T313： S，最大，300MPa m值，最小，0.30 试验温度，60s　/℃	-24	-30	-36	0	-6	-12	-18	-24	-30	-36	-6	-12	-18	-24	-30	0	-6	-12	-18	-24	-30
直接拉伸，T314： 破坏应变，最小，1.0% 试验温度1.0mm/min　/℃	-24	-30	-36	0	-6	-12	-18	-24	-30	-36	-6	-12	-18	-24	-30	0	-6	-12	-18	-24	-30

（续）

沥青使用性能等级	PG70						PG76					PG82				
	-10	-16	-22	-28	-34	-40	-10	-16	-22	-28	-34	-22	-28	-34	-40	-10
平均7d最高路面设计温度/℃	<70						<76					<82				
最低路面设计温度/℃　>	-10	-16	-22	-28	-34	-40	-10	-16	-22	-28	-34	-22	-28	-34	-40	-10
原　样　沥　青																
闪点，T48：最小/℃	230															
黏度，T316： 最大，3Pa·s，试验温度/℃	135															
动态剪切，T315： $G^*/\sin\delta$，最小，1.0kPa 试验温度，10rad/s　/℃	70						76					82				
旋转薄膜烘箱残留物（T240）																
质量损失，最大（%）	1.00															
动态剪切，T315： $G^*/\sin\delta$，最小，2.2kPa 试验温度，10rad/s　/℃	70						76					82				
压力老化容器残留物（R28）																
PAV老化温度/℃	100（110）						100（110）					100（110）				
动态剪切，T315： $G^*\sin\delta$，最大，5000kPa 试验温度，10rad/s　/℃	34	31	28	25	22	19	37	34	31	28	25	40	37	34	31	28
蠕变劲度，T313： S，最大，300MPa m值，最小，0.30 试验温度，60s　/℃	0	-6	-12	-18	-24	-30	0	-6	-12	-18	-24	0	-6	-12	-18	-24
直接拉伸，T314： 破坏应变，最小，1.0% 试验温度1.0mm/min　/℃	0	-6	-12	-18	-24	-30	0	-6	-12	-18	-24	0	-6	-12	-18	-24

注：1. 路面温度可按LTPPBind程序提供的公式计算，也可由指定的机构提供。
2. 如果供应商能保证在拌和温度时有足够的泵送能力且满足所有安全标准的情况下，此要求可由指定的机构确定取消。
3. 对于非改性沥青生产的质量控制来说，原样沥青的黏度测量也可用试验温度时的$G^*/\sin\delta$来代替，这时沥青是牛顿流体。
4. $G^*/\sin\delta$表示高温劲度，$G^*\sin\delta$表示中等温度劲度。
5. 质量改变应小于1.00%，不管是质量增加还是质量减少。
6. PAV老化温度为模拟气候条件，从90℃、100℃、110℃三个温度选一个，高于PG52时为100℃，除在沙漠条件下为110℃外。
7. 如果蠕变劲度小于300MPa，直接拉伸试验可不要求，如果蠕变劲度在300～600MPa，直接拉伸试验的破坏应变要求可代替蠕变劲度的要求，m值在两种情况下都应满足。

在所有的PG分级中规范要求的物理性能指标是一样的。不同级别结合料的区别在于满足要求的温度是不同的。例如，一种标识为PG64-22的结合料表示其要符合的高温物理性质指标要求的最低试验温度不小于64℃，低温物理性质指标要求的试验温度要低于－22℃。这些物理性质直接与实际的路用性能相关，因此第一个指标（PG温度）越高，沥青结合料抵抗高温车辙及推移变形的能力越强，同样第二个指标（PG温度）越低，其抵抗低温开裂的性能越好，高温、低温的标识在各自的方向（高、低）以6℃递增，这样使其可能的分级几乎是无限的。在美国最常用的铺路沥青等级是PG64-22、PG70-22、PG76-22、PG58-22、PG64-28、PG58-28和PG52-34。

Superpave沥青结合料PG等级的选择主要考虑了使用地区的气候和交通条件、交通量大小和交通速度等。

（1）路面高温和低温的确定　SHAP结合料采用温度指标对沥青进行分级是前所未有的创举，改变了以往试验条件固定而试验指标变化的常规模式，而是要求沥青结合料满足Superpave规范要求的试验指标值时其温度所能达到的极值，由该极值温度与路面的PG等级温度进行比较来判定该沥青是否符合该地区的工程需要。因此PG等级温度确定是否合适直接关系沥青结合料的确定，如果PG等级温度确定偏低，所选沥青未必满足工程要求；反之PG等级温度选择过高，则要使用质量更高的沥青材料，工程投资也会增加。

然而选择沥青胶结料应用的设计温度是路面温度，而非空气温度。因此气象台的空气温度必须转变成路面温度。PG高温设计温度采用由空气温度转化过来的路表面下H处的一年中温度最高的7d周期的平均温度。路面低温设计温度最初采用路表温度，且等于空气温度，以年最低气温表示；后来根据路面长期性能（LTPP）的研究这种做法不准确，就采用概率设计方法将空气温度转换为路面温度，LTPP相应的高温和低温概率模型公式在此略去。

只要知道工程所在地的相关气象资料，即可求出路面高温和路面低温，这就确定了沥青结合料室内试验温度。Superpave体系允许设计者规定路面高温、路面低温设计温度的可靠度来选择胶结料等级。可靠度是一年中实际温度不超过设计温度的百分率，高可靠度意味着低风险。

（2）根据交通条件进行PG等级调整　上面的路面设计温度的确定只考虑了当地的气候条件，而交通量的大小和交通速度对沥青等级的选择也至关重要，尤其是在防止早期车辙方面。性能等级胶结料规范AASHTO M323规范对此进行了详细的规定，见表6-33。

根据以上高、低温的确定和交通条件的高温等级调整，即可确定出该工程所用的沥青结合料的性能等级。

（3）沥青结合料试验温度的确定　对于沥青结合料而言，必须采用旋转黏度仪测试沥青在135℃时的黏度，SHAP规范要求其黏度必须小于3Pa·s，以确保沥青在拌和中的大泵送性能。同时还应测试另一温度下的黏度值（美国规范一般采用175℃，FHWA Superpave设计指南中采用165℃，我国规范采用165℃），绘制出相应的黏度曲线，以此确定出沥青混合料的拌和与压实温度。

2. 集料的性能与选择

集料特性在克服永久变形中起着重要作用，而混合料的疲劳开裂和低温开裂则很少受到集料特性的影响。在Superpave系统中需要重视集料的两类特性：认同特性和资源特性。

表 6-33　交通量和交通荷载速率对高温 PG 等级的调整（AASHTO M323-04）

设计 ESALs/百万次	胶结料 PG 等级调整		
	交通荷载速率		
	缓慢	低	标准
<0.3	—	—	—
0.3 至 <3	2	1	—
3 至 <10	2	1	—
10 至 <30	2	1	—
>30	2	1	1

注：1. 设计的 ESALs 为设计车道 20 年预估换算为标准轴载 80kN 的累计当量轴次，无论实际道路计设计寿命如何，都以 20 年的 ESALs 确定交通等级，选择合适的设计碾压次数 N_{des}。

2. 根据表中所列等级数（1 级相当于 6℃），相应增加高温等级，低温等级不变。

（1）集料认同特性　路面专家一致认为可靠的集料特性对热拌沥青混合料的良好使用是很重要的，这些特性因在其使用和规范数值上存在着广泛的一致性，故称为“认同特性”，主要包含粗集料棱角性、细集料棱角性、粗集料扁平细长颗粒和细集料的黏土含量。其标准是根据交通水平和在路面结构中的位置确定的，靠近承受较高交通水平的路面表面的材料认同特性要求更为严格。表 6-34 为 AASHTO M323 规范对集料的认同性要求。

表 6-34　集料认同性技术要求（AASHTO M323）

设计 ESALs/百万次	粗集料棱角性（最小），（%）		细集料棱角性（最小），（%）		砂当量（最小），（%）	针片状含量[3]（最大），（%）
	<100mm	>100mm	<100mm	>100mm		
<0.3	55/—	—/—	—	—	40	—
0.3~3	75/—	50/—	40	40	40	10
3~10	85/80[2]	60/—	45	40	45	10
10~30	95/90	80/75	45	40	45	10
>30	100/100	100/100	45	45	50	10

注：1. 85/80 表示有 85% 的粗集料有一个破碎面，80% 的粗集料有两个或更多的破碎面。

2. 标准建立在最大与最小的比例为 5:1 的基础上。

3. 如果一层有 25% 在表面 100mm 以下，这个层在设计过程中就可能认为其小于 100mm。

1）粗集料棱角性。粗集料棱角性是指留在 4.75mm 筛上有一个或多个破碎面集料的质量百分数，破碎面的定义为破碎面的投影面积与该颗粒最大横截面积之比大于 25% 时称为破碎。规定粗集料棱角这个标准主要是为确保粗集料有较高的内摩擦角，从而保证沥青混合料有较高的抗车辙能力。Superpave 体积设计法对粗集料棱角的要求与交通量和混合料在路面中所处的位置有关。表 6-34 给出了对于粗集料在特定交通量作用水平及路面位置下棱角性要求的最小值。

2）细集料棱角性。这个特性确保细集料具有很好的内部摩擦力及抗车辙能力，它的定义是小于 2.36mm 集料未压实空隙率。这种特性受集料颗粒形状、表面纹理以及级配的影响，高的空隙率表明有较多的破碎面。

试验时取细集料样品，水洗并干燥后通过一个标准的漏斗放入一个标定好的容器，通过称量填充容器的集料质量，以及已知的体积，空隙率就可以计算出来，细集料的毛体积密度用来计算细集料的体积。表6-34给出了细集料在特定交通量及其应用层位时的棱角性的最小值。

3）扁平与细长颗粒。由于扁平细长颗粒在施工中及交通荷载作用下容易破碎，因此需要对集料中扁平细长颗粒的含量进行限制。在Superpave设计方法中扁平细长颗粒含量的定义为大于4.75mm粗集料颗粒的最大与最小尺寸之比大于5的质量百分数。试验采用的测量装置称为“比例测径规”。表6-34给出了粗集料中扁平细长颗粒最大百分比。

4）黏土含量（砂当量）。黏土含量是集料小于4.75mm的部分中黏土含量百分率，采用砂当量来表征。将细集料样品与絮凝溶液在量筒中混合并搅拌，使集料中和覆裹在集料上的黏土粒松散脱落，絮凝剂使黏土成分悬浮于集料之上，经过一段时间后，测量量筒中悬浮黏土的高度及沉积的集料高度，砂当量值为砂对黏土高度的比值，用百分率表示。细集料黏土含量要求值用最小砂当量表示，并与交通量有关，见表6-34。

为满足集料认同性要求，每一种集料一般都应满足规范要求；但当某一种集料不满足要求时，掺加各种质量更好的集料，使其合成级配的指标能满足规范也是可以的。如果都要采用高质量的集料，则大大限制了一般材料的应用，工程建设成本大大增加。

（2）集料资源特性　除集料认同特性外，SHAP研究认为某些其他特性也是非常重要的，但这些特性的临界值靠认同性不可能达到，因为其性能与料源有关，因此推荐了一套“资源特性”指标，该规范由各地方部门建立。尽管在混合料设计中这些特性没有统一的认同规范，但在集料验收中应进行控制。这些特性包括坚固性、安定性和有害物质含量。

1）坚固性。坚固性是通过洛杉矶磨耗试验中集料混合物质量损失百分率表征的。这个试验估计在运输、施工和使用中粗集料抵抗磨耗和机械破坏的能力。它采用大于2.36mm的集料，用钢珠来冲击、碾磨。试验的结果是指粗集料损失百分率，通常最大损失率不超过35%～45%。

2）安定性。安定性指的是集料混合物在硫酸钠或硫酸镁溶液中浸泡损失的百分率。这个试验估计了集料在路用服务过程中的抵抗风化的能力，它可以用粗集料或细集料进行试验。这个试验是在集料烘干后将其置于饱和的硫酸钠（镁）溶液中浸泡，一次浸泡和烘干被认为是安定性试验的一个循环，在烘干的过程中，盐分沉淀于集料的空隙中。重新浸泡后盐分再水化，施加一个内部的膨胀力，这个力模拟结冰后水的膨胀力作用。试验的结果是对要求的循环次数下各种筛孔间的集料损失百分率。在五次循环下，最大损失量值通常在10%～20%之间变化。

3）有害物质。有害物质主要指集料中的黏土块、页岩、木质、云母、煤等杂质，常用有害杂质含量表示。粗集料和细集料都可以进行这种试验。试验采用规定的筛子，进行集料水洗法筛分，水洗法筛分中损失百分率被称作是黏土块和脆弱颗粒含量。对于有害物质含量有一个很广的范围标准，要求值可以在0.2%～10%之间变化，取决于杂质的组成情况。

（二）矿料级配设计与选择

Superpave集料级配设计方法首先对选定的集料进行水洗筛分，然后按照规定的控制点和限制区进行配合比设计，使得集料级配满足Superpave的要求。

Superpave对有关集料尺寸采用如下定义。集料公称最大尺寸：筛余大于10%的筛子尺寸的上一级筛子尺寸；集料最大尺寸：大于集料公称最大尺寸的筛子尺寸。

传统的密级配沥青混合料采用“0.45 次方”的最大密度级配曲线来设计。纵坐标（垂直轴）是通过百分率，横坐标（水平轴）是筛孔尺寸，以 0.45 次方表示。0.45 次方图最重要的特点是其最大理论密度线，最大理论密度线是原点与最大尺寸的连线。Superpave 新增了“控制点”和“限制区”两个特征区域来限定 0.45 次方级配，级配的选择是通过控制点和限制区来进行。设置控制点是要求集料级配不得超出规定的区间，控制点控制了集料级配必须通过的主要范围，控制点分别设于最大公称尺寸筛、中等尺寸筛（2.36mm）和最小尺寸筛（0.075mm）处，控制点值依据公称最大尺寸大小而变化。限制区处于沿最大理论密度级配线且在中等尺寸筛（4.75mm 和 2.36mm 与 0.3mm 尺寸间）附近。图 6-23 给出了控制点与限制区的范围（对于公称最大尺寸为 12.5mm 与最大尺寸为 19mm）。限制区形成一个级配不能通过的地带。由于限制区特有的驼峰形，所以通过这个区域的级配称为“驼峰级配”。设置限制区的目的有两个：①为了限制砂的用量，因为通常砂为酸性，含量太多，塑性过大，会产生永久变形；②为了提供足够大的 VMA，保证混合料有较好的体积特性。在大多数情况下，驼峰级配表示级配中含有过多的砂或混合料中细料过多，往往会使 VMA 偏小、沥青用量偏少，这种级配对沥青含量很敏感，当沥青用量微小变化后混合料会很容易变得可塑。这种混合料在施工期间常出现压实问题，并表现为在使用期间抗永久变形能力不足。因此，设计集料结构时应使设计级配处于控制点间并避开限制区以满足 Superpave 的要求，图 6-24 为 Superpave 混合料的级配图（对于公称最大尺寸为 12.5mm 与最大尺寸为 19mm）。

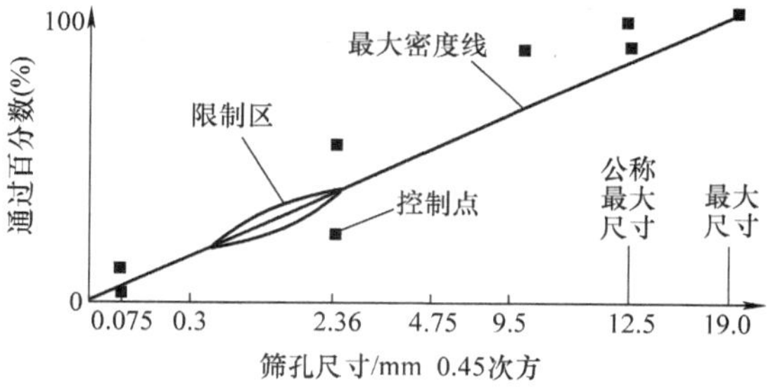

图 6-23　Superpave 混合料级配控制点与限制区

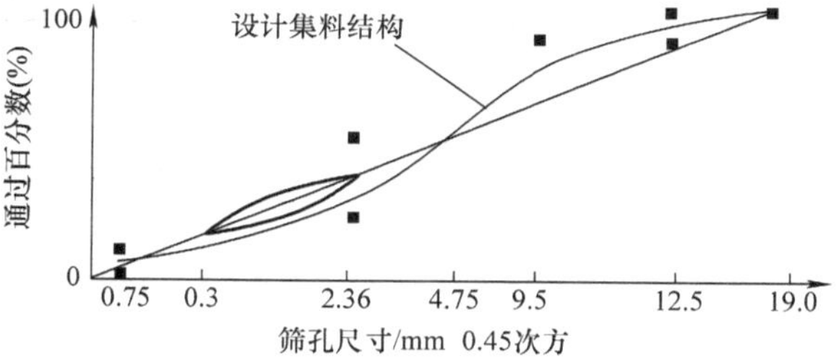

图 6-24　Superpave 混合料级配图

沥青混合料集料的控制点和限制区由混合料中集料的最大公称尺寸所确定，Superpave 用集料公称最大尺寸来确定集料级配，Superpave 通过最大的公称尺寸定义了混合料类型，见表 6-35。各种级配对控制点与限制区的规定见表 6-36 和表 6-37。

表 6-35　Superpave 混合料类型

Superpave 混合料选定	公称最大尺寸/mm	最大尺寸/mm
37.5mm	37.5	50.0
25.0mm	25.0	37.5
19.0mm	19.0	25.0
12.5mm	12.5	19.0
9.5mm	9.5	12.5

表 6-36 各种混合料集料级配对控制点的规定

筛孔尺寸	集料公称最大尺寸——控制点（通过百分率）									
	37.5mm		25.0mm		19.0mm		12.5mm		9.5mm	
	最小值	最大值	最小值	最大值	最小值	最大值	最小值	最大值	最小值	最大值
50.0mm	100	—	—	—	—	—	—	—		
37.5mm	90	100	100	—	—	—	—	—		
25.0mm	—	—	90	100	100	—	—	—		
19.0mm	—	—	—	—	90	100	100	—		
12.5mm	—	—	—	—	—	—	90	100	100	
9.5mm	—	—	—	—	—	—	—	—	90	100
4.75mm	—	—	—	—	—	—	—	—	—	90
2.36mm	15	41	19	45	23	49	28	58	32	67
0.75mm	0	6	1	7	2	8	2	10	2	10

在 Superpave 混合料设计中，首先应确定出该混合料所处层位，一般混合料的公称最大粒径并无明确要求，通常表面层或磨耗层可选择 9.5 ~ 12.5mm；中面层或联结层可选择 25.0 ~ 37.5mm；下面层或基层可选择 25.0 ~ 37.5mm；同时还要与层厚相协调。然后在满足 Superpave 规范要求下，选择性地确定出三种级配曲线进行试验。根据国内外的已有设计经验，通常经过禁区下沿的比较容易满足体积参数标准要求，并且路用综合性能较好，因此通常取经过禁区下沿的级配方案进行水准 I 体积设计，以确定最终的工程矿料级配。

表 6-37 各种混合料集料级配对限制区的规定

筛孔尺寸	集料公称最大尺寸——禁区边界（通过百分率）									
	37.5mm		25.0mm		19.0mm		12.5mm		9.5mm	
	最小值	最大值	最小值	最大值	最小值	最大值	最小值	最大值	最小值	最大值
0.3mm	10.0	10.0	11.4	11.4	13.7	13.7	15.5	15.5	18.7	18.7
0.6mm	11.7	15.7	13.6	17.6	16.7	20.7	19.1	23.1	23.5	27.5
1.18mm	15.5	21.5	18.1	24.1	22.3	28.3	25.6	31.6	31.6	37.6
2.36mm	23.3	27.3	26.8	30.8	34.6	34.6	39.1	39.1	47.2	47.2
4.75mm	34.7	34.7	39.5	39.5	—	—	—	—	—	—

关于“禁区”目前国内外有不同观点，影响比较大的是美国西部环道的试验研究结果，他们对“禁区”存在的必要性提出了疑义，甚至认为走“禁区”上沿的混合料性能比“禁区”下沿的性能还好。但其研究成果中，“禁区”上沿的沥青用量与“禁区”下沿的沥青用量相当或更小，其原因值得商讨。鉴于美国西部环道初步试验结果的影响，美国 1998 年针对“禁区”展开了专题研究，结果表明当集料的棱角性，特别是细集料的棱角性满足要求时，“禁区”是不必要的，因此将“禁区”改为了“警区”。但我国采用的细集料多为天然砂，而且规范中对棱角性的要求明确，实际操作中往往忽视细集料棱角性的测定，鉴于此，如果天然砂含量高，混合料的综合性能均不好，对我国而言，现阶段的“禁区”存在是必要的，矿料级配应尽可能走“禁区”下沿为宜。

（三）Superpave 水准 I 体积设计

1. 设计标准和设计参数的确定

在进行 Superpave 沥青混合料体积设计时，应根据路面工程预测的交通量选择设计旋转压实次数 N_{des}，由于 N_{des} 与初始旋转次数 N_{ini} 和最大旋转压实次数 N_{max} 之间存在简单的换算关系，因此确定了设计旋转压实次数 N_{des} 后，另外两个碾压次数也相应随之而定。在设计集料结构和确定最佳沥青含量阶段，只将表 6-38 中数据作为 Superpave 设计旋转压实次数。

表 6-38　Superpave 设计旋转压实次数

设计 ESALs /百万次	旋转压实次数		
	N_{ini}	N_{des}	N_{max}
<0.3	6	50	75
0.3～3	7	75	115
3～30	8	100	160
>30	9	125	205

Superpave 设计中要求沥青混合料的空隙率（V_a）为定值 4%，而我国的马歇尔混合料设计法则要求混合料的空际率是一个范围。矿质集料间隙率（VMA）的技术要求与设计集料结构的公称最大尺寸有关；沥青填隙率（VFA，即饱合度）的技术要求与设计交通量有关；粉胶比（*DP*）为 0.075mm 以下部分与有效沥青用量之比，其值要求在 0.6～1.2。Superpave 明确提出了有效沥青的概念，在计算粉胶比时要用到，而我国在规范 JTG F40—2004 中也吸收了这部分成果作为混合料设计的一个控制标准。Superpave 体积参数标准见表 6-39。

表 6-39　Superpave 体积参数标准

<table>
<tr><th rowspan="3">设计 ESALs /百万次</th><th colspan="3" rowspan="2">要求的% G_{mm}（%）</th><th colspan="5">VMA（%）</th><th rowspan="3">VFA（%）</th><th rowspan="3">DP</th></tr>
<tr><th colspan="5">集料公称最大尺寸</th></tr>
<tr><th>N_{ini}</th><th>N_{des}</th><th>N_{max}</th><th>37.5</th><th>25</th><th>19</th><th>12.5</th><th>9.5</th></tr>
<tr><td><0.3</td><td>≤91.5</td><td rowspan="5">96</td><td rowspan="5"><98</td><td rowspan="5">11</td><td rowspan="5">12</td><td rowspan="5">13</td><td rowspan="5">14</td><td rowspan="5">15</td><td>70～80</td><td rowspan="5">0.6～1.2</td></tr>
<tr><td>0.3～3</td><td>≤90.5</td><td>65～78</td></tr>
<tr><td>3～10</td><td rowspan="3">≤89</td><td rowspan="3">65～75</td></tr>
<tr><td>10～30</td></tr>
<tr><td>>30</td></tr>
</table>

注：当级配通过禁区下方时，粉胶比（*DP*）可增加到 0.8～1.6。

2. 最初沥青用量的确定

确定试拌混合料的级配后，要根据混合料的体积特性进行初始沥青用量的估算。

1）总集料由粗集料、细集料及填料组成，所有的集料有不同的相对密度，总集料毛体积相对密度（G_{sb}）和表观相对密度（G_{sa}）可根据各集料的配合比，采用式（6-18）进行计算：

$$G_s = \frac{P_1 + P_2 + \cdots + P_N}{\dfrac{P_1}{G_1} + \dfrac{P_2}{G_2} + \cdots + \dfrac{P_N}{G_N}} \tag{6-18}$$

式中　G_s——总集料毛体积相对密度 G_{sb} 和表观相对密度 G_{sa}（g/cm^3）；

P_1，P_2，…，P_N——各种集料所占质量的百分比（%）；

G_1，G_2，…，G_N——各种集料的毛体积相对密度或表观密度（g/cm^3）。

2）集料的有效相对密度（G_{se}）可用式（6-19）进行计算：

$$G_{se} = G_{sb} + 0.8(G_{sa} - G_{sb}) \tag{6-19}$$

式中 G_{se}——总集料的有效相对密度（g/cm^3）；

G_{sb}——总集料的毛体积相对密度（g/cm^3）；

G_{sa}——总集料的表观相对密度（g/cm^3）。

式中的系数0.8可根据设计者的判断而改变，通常吸水性集料可取0.6或0.5进行计算。

3）集料吸收的沥青结合料体积（V_{ba}）由式（6-20）计算：

$$V_{ba} = \frac{P_s \times (1 - V_a)}{\left(\frac{P_b}{G_b} + \frac{P_s}{G_{se}}\right)} \times \left(\frac{1}{G_{sb}} - \frac{1}{G_{se}}\right) \tag{6-20}$$

式中 V_{ba}——吸收的沥青结合料体积；

P_b——沥青结合料的质量百分数；

P_s——总集料的质量百分数；

G_b——沥青结合料的相对密度；

V_a——空隙率，一般固定为4%。

4）有效沥青结合料用量（V_{be}）可由式（6-21）确定：

$$V_{be} = 0.176 - 0.0675\lg(S_n) \tag{6-21}$$

式中 V_{be}——吸收的沥青结合料体积；

S_n——合成集料的公称最大尺寸（mm）。

5）每立方厘米混合料中集料质量（W_s）可由式（6-22）计算：

$$W_s = \frac{P_s \times (1 - V_a)}{\left(\frac{P_b}{G_b} + \frac{P_s}{G_{se}}\right)} \tag{6-22}$$

式中 W_s——每立方厘米混合料中集料质量（g）。

6）初始沥青用量（P_{bi}）用式（6-23）计算：

$$P_{bi} = \frac{G_b \times (V_{be} + V_{ba})}{[G_b \times (V_{be} + V_{ba})] + W_s} \times 100\% \tag{6-23}$$

式中 P_{bi}——初始沥青用量（%）。

3. 压实各试验级配混合料试件，并进行混合料体积参数分析，选择最佳级配

（1）采用旋转压实仪（SGC）成型压实试件 确定多种级配和相应的初始沥青用量后，再通过旋转压实仪（SGC）压实试件去评价试验级配，并且确定每种试验级配的体积特性。根据AASHTO相应规范中标准方法的推荐经验估计：对每种级配最少要压实两个试件，需要准备的集料总质量约为4800g，另外准备2000g集料，用于测定混合料的理论最大相对密度（G_{mm}）。

Superpave体系的一个主要特性是改变了试验室压实方法。室内压实是用Superpave旋转压实仪（SGC）完成，如图6-25所示。虽然其主要目的是压实试件，但SGC还可能根据在压实过程中采集的资料提供有关混合料可压实性的信息。旋转压实对混合料产生揉搓碾压作

用，这与施工现场压实效果较接近，而马歇尔法的试件成型采用落锤冲击的方法，没有模拟实际路面的压实，压实功作用不够，单纯增加击实次数并不能提高压实效果，而且有时还会使石料产生击碎现象。同时，当矿料的最大粒径较大时，与标准马歇尔试验仪的模筒直径101.6mm不相适应。在不同沥青用量的条件下，旋转压实方法较马歇尔击实要稳定。

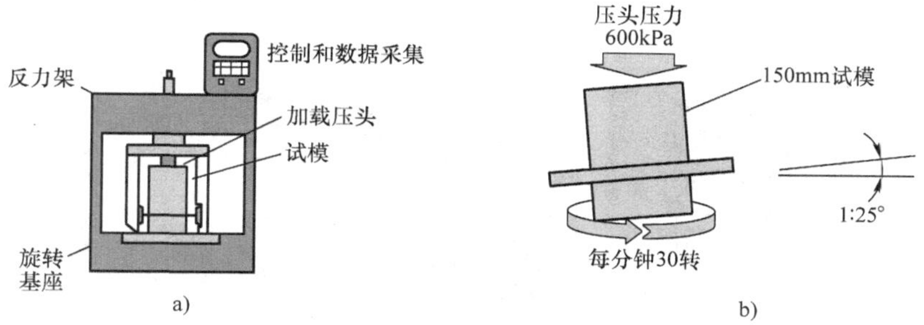

图6-25　旋转压实仪设备

a）Superpave旋转压实仪　b）旋转压实仪参数

每种试验级配在初始沥青用量条件下准备三份试样用于成型试件，另外两份试件用于测定该混合料的理论最大相对密度。值得注意的是，试件成型前，混合料要进行短期老化2h，混合料老化完成后，一部分用于压实，另一部分用于测定混合料理论最大相对密度，在室温下冷却后进行测定沥青混合料理论最大相对密度的试验。试件成型过程如图6-26所示。

（2）测定松散混合料的理论最大相对密度　将与压实试件经历相同短期老化的松散混合料，进行理论最大相对密度的实测。当根据沥青混合料的理论最大相对密度来计算集料的有效相对密度时，有效相对密度包含集料颗粒中除吸收了沥青外的所有空隙，则 G_{se} 由式（6-24）计算：

$$G_{se} = \frac{P_{mm} - P_b}{\dfrac{P_{mm}}{G_{mm}} - \dfrac{P_b}{G_b}} \tag{6-24}$$

式中　G_{se}——集料的有效相对密度（g/cm^3）；

G_{mm}——沥青混合料的理论最大相对密度（g/cm^3）；

P_{mm}——松散混合料质量百分数（%）；

P_b——沥青结合料用量（%）；

G_b——沥青结合料的相对密度（g/cm^3）。

需要注意的是，集料吸收沥青结合料的体积要低于吸收水分的体积，所以集料的有效相对密度值应在它的毛体积相对密度与表观密度值之间。如果集料的有效相对密度不在这个范围之内，其值肯定是错误的。应对试验计算出的最大相对密度和该沥青混合料的组成情况进行比较，重新进行试验，以找出原因所在。

我国规范规定：实测法确定最大理论相对密度只是对普通基质沥青混合料是适用的，而对SMA混合料及改性沥青混合料，则必须采用一个修正理论相对密度计算公式进行计算，而Superpave设计中并没有明确这一点。

（3）确定压实试件的毛体积相对密度和体积参数　各试验级配试件压实完成后，需要对试验集配的压实特性进行评价，以确定在初始假定条件下，压实沥青混合料在 N_{des} 时的

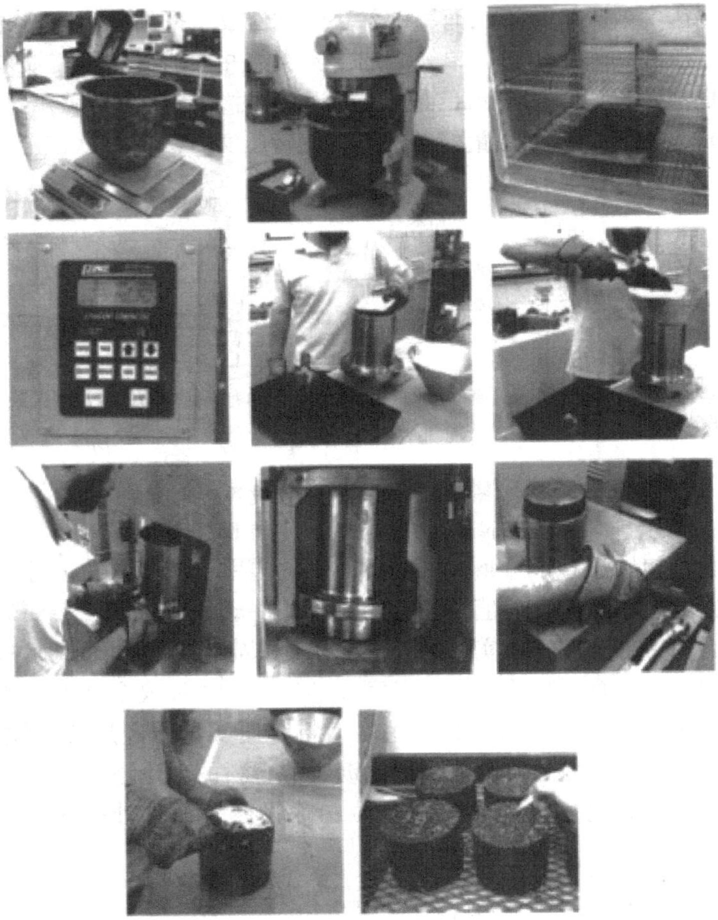

图 6-26 Superpave 试件成型过程图

VMA、VFA、*DP*、密度以及在 N_{ini} 和 N_{des} 时的相对密度与 Superpave 标准的偏差。通常在初始沥青用量时一般不可能正好产生 4% 的空隙率，这时就要根据试验结果对沥青用量进行调整，以便使压实沥青混合料的空隙率为 4%，然后再对其他各项指标进行估算，看是否满足 Superpave 标准要求，以便确定出集料级配和初始沥青用量。

4. 设计级配的最佳沥青用量的确定

设计集料级配确定后，就要选择设计沥青用量。所谓设计沥青用量就是指沥青混合料在设计旋转压实条件下产生 4% 空隙率时的沥青用量，而且同时要满足 VMA、VFA、DP 的规范要求。一般需要 4 种不同沥青用量下压实沥青混合料试件，然后确定沥青用量。

在压实中，旋转压实仪自动数据采集装置会记录每次旋转后试件高度；由混合料成型试件质量、体积、测量的高度，可以得到实测的毛体积相对密度 G_{mb}。然后用实测的最大理论相对密度 G_{mm} 和各旋转碾压次数下的高度 h_i，计算各旋转碾压次数的压实度% G_{mm}，得到对应于每个试件碾压次数为 N_{ini} 和 N_{des} 时的试件高度。在任何旋转碾压次数时试件的压实度% G_{mm} 可由式（6-25）得到：

$$\% G_{mm(x)} = 100 \frac{G_{mb} h_d}{G_{mm} h_x} \tag{6-25}$$

式中　$\%G_{mm(x)}$——旋转碾压次数 x 时的压实度（%）；

G_{mb}——实测压实试件的毛体积相对密度（g/cm^3）；

G_{mm}——实测松散混合料的最大理论相对密度（%）；

h_d——成型试件的最终高度（mm）；

h_x——成型试件在旋转碾压次数 x 时的高度（mm）。

5. 设计级配和设计沥青用量的验证

在完成集料级配和最佳沥青用量的设计后，进行最大碾压次数 N_{max} 下的压实度验证。计算最大碾压次数 N_{max} 下的压实度按式（6-26）计算，然后和 Superpave 标准进行比较。

$$\%G_{mm(max)} = 100\frac{G_{mb}}{G_{mm}} \tag{6-26}$$

式中　$\%G_{mm(max)}$——设计级配和最佳沥青用量在最大碾压次数下的压实度（%）；

G_{mb}——设计级配和最佳沥青用量在最大碾压次数下毛体积相对密度（g/cm^3）；

G_{mm}——设计级配和最佳沥青用量时松散混合料的最大理论相对密度（%）。

6. 水稳定性检验

Superpave 规范要求对混合料的水稳定性进行检验，具体步骤如下：

1）设计集料级配和设计沥青用量，用旋转压实仪压实成型 6 个试件，空隙率为 7%。

2）试件分成两组，第一组非条件试验，试件放在塑料袋里封好，放入 25℃ 水浴至少恒温 2h 后进行试验。第二组条件试验，加蒸馏水淹没试件顶面以上 25.4mm；加真空 33.86 ~ 87.99kPa，时间 5 ~ 10min；撤掉真空，浸水 5 ~ 10min；饱水率 >80% 剔除，<55% 再饱水；合格试件装入塑料袋，加 10L 水并扎紧；在 −18℃ ±3℃ 冰冻至少 16h 后置入 60℃ ±1℃ 水浴中浸泡 24h；去掉塑料袋，放在 25℃ ±0.5℃ 水中水浴，浸泡 2h ±1h。

3）用 50mm/min 速率进行劈裂强度试验，测定条件前后劈裂强度比（TSR）。

4）如果劈裂强度比小于 80%，则应加抗剥落剂重新试验，直至大于 80%。

三、Superpave 沥青混合料施工

Superpave 沥青混合料是热拌沥青混合料（HMA）的一种，因此传统的混合料的生产控制都是有效的。也就是说，过去用于铺筑 HMA 路面的合适的处理和施工方法，只要总体上满足预期的性能，也适用于 Superpave 项目。为了充分了解 Superpave 混合料的相关内容，建议相关的各方举行预备会议。如果估计到材料特性的差异，并且在设计过程中将其考虑进去，并在施工阶段认识和沟通，那么 Superpave 对施工的影响是不大的。在此叙述 Superpave 混合料在施工的某些阶段可能产生的不同性状，以及对改进现有的处理操作提出一些建议。

（一）Superpave 混合料拌和

由于 Superpave 混合料通常所用的粗集料量要大得多（4.75 ~ 19mm），所以需要在振动筛上装较大的筛子，以保持生产效率。粗集料的过度集中会引起筒中集料遮蔽的减少，可能造成料温的增加，参照开级配混合料常规方法，可以成功生产出具有这些特性的混合料。如果用了清洁、低吸水性的集料，烟尘收集系统及电动机的荷载实际上可能会减少，生产效率就会增加。

对于粗级配的 Superpave 混合料的拌和来说，特别需要集料应足够干燥，以减少拌和时间；同时硬的、相对密度较大的棱角性集料对设备造成的磨损较大，承包商应明白这些增加机械磨损的可能性，因此应加大监督，判断机械养护的需要。

Superpave 混合料更易于离析，如果混合料是均匀偏粗，这种离析可能不太明显。为了使离析最小化，应采取预防措施。

集料的料堆堆放方式要适当，层厚统一，最大层厚 1.2～1.5m，集料从料堆取出和放入（不要落下）冷料仓的方式要确保材料不发生离析。拌和混合料应细心处理，输送器应安装准确，避免颠簸使材料离析，如果使用料仓，装料斗（或其他装载方式）能够同步控制使混合料一次完整地落入贮料仓。

混合料装入货车的方法必须得当，混合料不应以细流方式进入卡车，应以大块倾倒。在开始装载前，贮料仓要有足够的混合料用于装载卡车。倾倒混合料的位置要限制较大颗粒从大块混合料中滚下，开始装料应紧靠卡车前部和后部，然后，对应地装另一头，如图 6-27 所示。

图 6-27 混合料正确的装载

图 6-28 卡车上罩上油布

改性胶结料的稠度比直溜沥青的稠度要大，保温以满足施工和易性和压实性是很重要的，把卡车罩上油布或采用保温卡车能有助于使热损失最小化，如图 6-28 所示。

（二）Superpave 混合料摊铺和压实

1. 摊铺机中的离析

在铺路现场还要采取标准的预防措施，减少现场的离析。要从货车上正确地卸料开始，混合料从卡车到摊铺机料斗必须成块状，不能允许混合料流淌进料斗。货车车厢应慢慢地抬起，以便混合料在开门前向车后滑动，以倾倒在摊铺机料斗中。

“不要收供料斗两翼”，这对于 Superpave 混合料也是适用的。同样，通常推荐料斗中混合料应保持合适的厚度，如图 6-29 所示。供足够的料到螺旋给料器等实践，也是可行的。材料转运车，对多个车装载的混合料的“再混合”，并保持对摊铺机的连续供料，有助于减少离析，在摊铺过程中采用这样的设备可能会改进面层的质量。

2. 摊铺机操作

在施工 Superpave 路面时，需要对摊铺机的常规操作设置做些调整，特别是摊铺机熨平板的操作可能与常规不同。为改善抗车辙采用的较硬的混合料也会引起 Superpave 混合料较难摊铺。通常的调整包括熨平板垂直角的轻微调整或者增加整平板的压实功（振动、夯锤等）。如果 Superpave 混合料比通常用的混合料粗，则需要增加摊铺层的厚度，以保证路面平顺，建议 Superpave 混合料的铺层厚度至少是公称最大集料尺寸的三倍。

3. 人工操作和接缝施工

Superpave 混合料性质（劲度较高的胶结料，粗集料多，粗集料棱角性好，天然砂少等），虽改进了抗车辙能力，但也会引起混合料难于修整或难于手工操作，建议把各项手工操作降低到最低程度。同样，Superpave 混合料选用的相对较粗的集料结构可能比细级配的混合料更难建成密实的、低渗透性的纵向接缝，如图 6-30 所示。重要的是，摊铺机要供给足量未离析混合料到接缝上。

图 6-29　摊铺机料斗保持合适厚度

图 6-30　纵向接缝施工

4. 压实

某些 Superpave 设计的混合料不能满足压实要求，但这不是新问题，有许多常规 HMA 工程要满足压实要求也很困难，有时也达不到满意的密度。懂得 Superpave 设计的混合料如何与压路机配合作业是很重要的，并可由此获得最佳密度。

在压实细级配 Superpave 设计的混合料与常规 HMA 混合料时一般没有什么差别，但偶尔会有点差别，一个差别可能是 Superpave 设计的混合料破碎颗粒含量高，难以压实；另一个差别可能是 Superpave 混合料的体积设计比马歇尔混合料的体积设计得出的最佳沥青用量低。较高的破碎颗粒含量和较低的沥青用量能形成更稳定的混合料，因而也更难以压实。再加上改性沥青的使用，也增加了所要求的压实功。

对于具有高粗集料含量的粗级配 Superpave 设计的混合料，的确与细级配混合料不同，粗级配混合料冷却较快，缺乏足够的压实时间，这就需要增加压路机数量并更密切地注意路面压实温度。

某些 Superpave 设计的混合料在温度 93 ~ 115℃ 时可能有一个不稳定区，可以在这个温度以上或以下获得满意的压实效果，可是在这个温度范围内是不稳定的，不能获得足够的压实，因此最好在达到不稳定区之前获得最佳密度。

（三）Superpave 沥青混合料的施工控制

在我国，由于一些地区 Superpave 试验仪器的缺乏，试验采用马歇尔方法与 Superpave 方法结合起来进行施工控制。主要控制方法是：设计单位按 Superpave 方法进行沥青混合料设计，并提供相关的马歇尔试验技术指标，以此试验结果作为施工、监理及业主试验生产配合比设计的依据。通过施工经验来看，一般采用马歇尔试验方法击实的空隙率要比旋转压实的空隙率高 1% ~1.5%。

Superpave 沥青路面技术主要是在沥青混合料设计上与我国马歇尔方法不同，其施工方法可以按照我国公路沥青路面施工技术规范的要求进行，但其压实要求要高于我国传统的 AC 型混合料。在控制好原材料的质量以及混合料的组成设计、试验段现场摊铺及碾压作业外，在施工中应需要注意以下几点：

1）严格控制温度。要重点做好原材料加热温度、拌和温度、出厂温度、到场温度、摊铺和碾压等阶段的温度控制。设专人检测、记录，项目部根据记录跟踪管理，同时采用运输覆盖、紧跟碾压等措施，确保施工温度。

2）以高速和干线公路四车道12m左右路幅为例，沥青混合料采用两台ABG423摊铺机梯队作业进行摊铺，两台摊铺机纵向距离控制在5～10m。初压由2台钢轮压路机前静后振各1遍，复压采用套压方式，3台轮胎压路机紧跟碾压，3台30t轮胎压路机各碾压2遍，终压由1台钢轮压路机碾压2遍。摊铺厚度采用拖架找平梁的方式进行高程控制，松铺系数以试验段结果作为控制，摊铺过程中随时检测松铺厚度是否符合规定，随时进行调整。

3）由于Superpave沥青混合料的温度敏感性和粗集料较多的特性，在混合料摊铺后，摊铺面容易散热，如不及时碾压，混合料很难压实，并可能在之间产生推移裂缝和温度离析，不能形成沥青混合料的正常结构，故采取以下措施：①压路机在规定的碾压速度范围内，尽量向摊铺机靠拢，施工作业段不超过40m，尽量缩短钢轮压路机与胶轮压路机之间的距离，争取在高温下胶轮压路机及时揉压，并控制好压路机的碾压速度、碾压次序和不同压路机之间的协调一致；②注意控制好隔离剂用量，在不产生黏轮的情况下防止使用过多对沥青产生稀释作用；③在碾压过程中注意钢轮压路机喷水量的大小；④针对离析现象，对于条状离析，注意控制好布料器内混合料高度，料位尽量确保一致并依靠螺旋布料器自身主动布料形式，基本消灭条状离析；对于块状离析，采取尽可能减少拢料频率、适当人工补料等措施减少块状离析产生。

4）现场及时检测。Superpave沥青路面的生产配合比的级配尽可能接近目标配合比级配。在实际应用中采用的办法是控制关键筛孔：0.075mm误差±1%；2.36mm误差±2%；4.75mm误差±2%；最大公称尺寸误差±2%；最大尺寸误差为零；其他筛孔一般不作具体要求。而在抽提试验中，则以生产配合比级配为准，同时油石比适当放大允许误差范围。由于施工现场没有旋转压实仪，可采用马歇尔击实试验来控制，通常的做法是根据设计过程Superpave混合料对应的马歇尔试件空隙率±1%来控制。由于Superpave混合料的设计方法与常规不同，混合料粗集料含量偏多。因此对混合料级配的控制是保证摊铺碾压质量的关键。除每天加大混合料抽提试验批次外，还要坚持每天热料仓取样筛分试验，以确保混合料级配稳定、合格，并每天上路取芯，主要检查压实度与渗水两项指标，及时将数据反映给施工前台，加强沥青路面质量的动态控制。

任务四　沥青表面处治施工

一、一般规定

1）沥青表面处治适用于三级及三级以下公路的沥青面层。各种封层适用于加铺薄层罩面、磨耗层、水泥混凝土路面上的应力缓冲层、各种防水和密水层、预防性养护罩面层。

2）沥青表面处治与封层宜选择在干燥和较热的季节施工，并在最高温度低于15℃到来以前半个月及雨季前结束。

二、材料要求及原材料检测

（一）集料

沥青表面处治的集料最大粒径应与处治层的厚度相等，其规格和用量宜按表6-40选用。

沥青表面处治施工后，应在路侧另备 S12（5～10mm）碎石或 S14（3～5mm）石屑、粗砂或小砾石 2～3m³/1000m² 作为初期养护用料。

表 6-40　沥青表面处治材料规格和用量

沥青种类	类型	厚度/mm	集料/(m³/1000m²) 第一层 规格、用量	第二层 规格、用量	第三层 规格、用量	沥青或乳液用量/(kg/m²) 第一次	第二次	第三次	合计用量
石油沥青	单层	1.0 1.5	S12、7～9 S10、12～14			1.0～1.2 1.4～1.6			1.0～1.2 1.4～1.6
	双层	1.5 2.0 2.5	S10、12～14 S9、16～18 S8、18～20	S12、7～8 S12、7～8 S12、7～8		1.4～1.6 1.6～1.8 1.8～2.0	1.0～1.2 1.0～1.2 1.0～1.2		2.4～2.8 2.6～3.0 2.8～3.2
	三层	2.5 3.0	S8、18～20 S6、20～22	S12、12～14 S12、12～14	S12、7～8 S12、7～8	1.6～1.8 1.8～2.0	1.2～1.4 1.2～1.4	1.0～1.2 1.0～1.2	3.8～4.4 4.0～4.6
乳化沥青	单层	0.5	S14、7～9			0.9～1.0			0.9～1.0
	双层	1.0	S12、9～11	S14、4～6		1.8～2.0	1.0～1.2		2.8～3.2
	三层	3.0	S6、20～22	S10、9～11	S12、4～6 S14、3.5～4.5	2.0～2.2	1.8～2.0	1.0～1.2	4.8～5.4

注：1. 煤沥青表面处治的沥青用量可比石油沥青用量增加 15%～20%。
2. 表中的乳液用量按乳化沥青的蒸发残留物含量 60% 计算，如沥青含量不同应予折算。
3. 在高寒地区及干旱风沙大的地区，可超出高限 5%～10%。

（二）结合料

沥青表面处治可采用道路石油沥青、乳化沥青、煤沥青铺筑。对道路石油沥青材料的要求见任务一，下面着重介绍乳化沥青和煤沥青。

1. 乳化沥青

乳化沥青是指石油沥青与水在乳化剂、稳定剂等的作用下经乳化加工制得的均匀沥青产品，也称沥青乳液。

1）乳化沥青适用于沥青表面处治路面、沥青贯入式路面、冷拌沥青混合料路面，修补裂缝，喷洒透层、黏层与封层等。乳化沥青的品种和适用范围宜符合表 6-41 的规定。

表 6-41　乳化沥青品种及适用范围

分类	品种及代号	适用范围
阳离子乳化沥青	PC-1	表面处治、贯入式路面及下封层用
	PC-2	透层油及基层养护用
	PC-3	黏层油用
	BC-1	稀浆封层或冷拌沥青混合料用
阴离子乳化沥青	PA-1	表面处治、贯入式路面及下封层用
	PA-2	透层油及基层养护用
	PA-3	黏层油用
	BA-1	稀浆封层或冷拌沥青混合料用

（续）

分类	品种及代号	适用范围
非离子乳化沥青	PN-2	透层油用
	BN-1	与水泥稳定集料同时使用（基层路拌或再生）

2）乳化沥青的质量应符合表6-42的规定。在高温条件下宜采用黏度较大的乳化沥青，寒冷条件下宜使用黏度较小的乳化沥青。

表6-42 道路用乳化沥青技术要求

试验项目		单位	品种及代号										试验方法
			阳离子				阴离子				非离子		
			喷洒用		拌和用		喷洒用			拌和用	喷洒用	拌和用	
			PC-1	PC-2	PC-3	BC-1	PA-1	PA-2	PA-3	BA-1	PN-2	BN-1	
破乳速度			快裂	慢裂	快裂或中裂	慢裂或中裂	快裂	慢裂	快裂或中裂	慢裂或中裂	慢裂	慢裂	T 0658
粒子电荷			阳离子（+）				阴离子（-）				非离子		T 0653
筛上残留物（1.18mm筛）、不大于		%	0.1				0.1				0.1		T 0652
黏度	恩格拉黏度计 E_{25}		2~10	1~6	1~6	2~30	2~10	1~6	1~6	2~30	1~6	2~30	T 0622
	道路标准黏度计 $C_{25.3}$	s	10~25	8~20	8~20	10~60	10~25	8~20	8~20	10~60	8~20	10~60	T 0621
蒸发残留物	残留分含量，不小于	%	50	50	50	55	50	50	50	55	50	55	T 0651
	溶解度，不小于	%	97.5				97.5				97.5		T 0607
	针入度（25℃）	0.1mm	50~200	50~300	45~150		50~200	50~300	45~150		50~300	60~300	T 0604
	延度（15℃），不小于	cm	40				40				40		T 0605
与粗集料的黏附性，裹附面积，不小于			2/3			—	2/3			—	2/3	—	T 0654
与粗、细粒式集料拌和试验			—			均匀	—			均匀	—		T 0659
水泥拌和试验的筛上剩余，不大于		%	—				—				—	3	T 0657
常温贮存稳定性：1d，不大于		%	1				1				1		T 0655
5d，不大于		%	5				5				5		

注：1. P为喷洒型，B为拌和型，C、A、N分别表示阳离子、阴离子、非离子乳化沥青。

2. 黏度可选用恩格拉黏度计或沥青标准黏度计之一测定。

3. 表中的破乳速度与集料的黏附性、拌和试验的要求、所使用的石料品种有关，质量检验时应采用工程上实际的石料进行试验，仅进行乳化沥青产品质量评定时可不要求此三项指标。

4. 贮存稳定性根据施工实际情况选用试验时间，通常采用5d，乳液生产后能在当天使用时也可用1d的稳定性。

5. 当乳化沥青需要在低温冰冻条件下贮存或使用时，尚需按T0656进行-5℃低温贮存稳定性试验，要求没有粗颗粒、不结块。

6. 如果乳化沥青是将高浓度产品运到现场经稀释后使用时，表中的蒸发残留物等各项指标指稀释前乳化沥青的要求。

3）乳化沥青类型根据集料品种及使用条件选择。阳离子乳化沥青可适用于各种集料品种，阴离子乳化沥青适用于碱性石料。乳化沥青的破乳速度、黏度宜根据用途与施工方法选择。

4）制备乳化沥青用的基质沥青，对高速公路和一级公路，宜符合表 6-2 道路石油沥青 A、B 级沥青的要求，其他情况可采用 C 级沥青。

5）乳化沥青宜存放在立式罐中，并保持适当搅拌。储存期以不离析、不冻结、不破乳为度。

2. 煤沥青

煤沥青是将烟煤在隔绝空气条件下进行干馏而得的副产品——煤焦油再经蒸馏而获得的产品。

1）道路用煤沥青的标号根据气候条件、施工温度、使用目的选用，其质量应符合表 6-43 的规定。

2）道路用煤沥青适用于下列情况：

① 各种等级公路的各种基层上的透层，宜采用 T-1 或 T-2 级，其他等级不合喷洒要求时可适当稀释使用。

② 三级及三级以下的公路铺筑表面处治或贯入式沥青路面，宜采用 T-5、T-6 或 T-7 级。

③ 与道路石油沥青、乳化沥青混合使用，以改善渗透性。

3）道路用煤沥青严禁用于热拌热铺的沥青混合料，作其他用途时的贮存温度宜为 70 ~ 90℃，且不得长时间贮存。

3. 沥青标号及用量的选用

沥青标号应按表 6-2、表 6-41、表 6-42、表 6-43 选用。沥青用量按表 6-40 选用。

（三）施工过程中对原材料的检测

沥青表面处治在生产过程中，应按照表 6-12 所列的检查项目与频度对各种原材料进行抽样试验，质量应符合现行施工技术规范规定的技术要求，每个检查项目的平行试验次数或一次试验的试样数必须按相关试验规程的规定进行，并以平均值评价是否合格。

三、施工工艺流程

沥青表面处治层铺法施工按施工工序的不同，可分为先油后料法和先料后油法。一般多用先油后料法，但当路肩过窄无法堆放全部矿料，采用人工撒料施工或在低温施工时，为加速石油成型，可采用先料后油法施工。先料后油法的优点是节省一道洒油工序，但由于没有底层油，可能会产生路面脱皮现象。故施工前应严格清扫底层，同时初期养护时应加强控制行车速度，防止上述病害发生。

所谓“先油后料”法，即先洒布一层沥青，后铺撒一层矿料。以三层式沥青表面处治为例，其施工工艺流程如下：

备料→清理基层及放样→浇洒透层沥青→洒布第一层沥青→铺撒第一层矿料→碾压→洒布第二层沥青→铺撒第二层矿料→碾压→洒布第三层沥青→铺撒第三层矿料→碾压→初期养护。

单层式和双层式沥青表面处治的施工程序与三层式相同，仅需相应地减少一次或二次布沥青、铺撒矿料和碾压工序。

表 6-43 道路用煤沥青技术要求

试验项目		T-1	T-2	T-3	T-4	T-5	T-6	T-7	T-8	T-9	试验方法[1]
黏度/s	$C_{30,5}$	5～25	26～70								T 0621
	$C_{30,10}$			5～25	26～50	51～120	121～200				
	$C_{50,10}$							10～75	76～200		
	$C_{60,10}$									35～65	
蒸馏试验，馏出量（%）	170℃前，不大于	3	3	3	2	1.5	1.5	1.0	1.0	1.0	T 0641
	270℃前，不大于	20	20	20	15	15	15	10	10	10	
	300℃前，不大于	15～35	15～35	30	30	25	25	20	20	15	
300℃蒸馏残留物软化点（环球法）/℃		30～45	30～45	35～65	35～65	35～65	35～65	40～70	40～70	40～70	T 0606
水分，不大于（%）		1.0	1.0	1.0	1.0	1.0	0.5	0.5	0.5	0.5	T 0612
甲苯不溶物，不大于（%）		20	20	20	20	20	20	20	20	20	T 0646
萘含量，不大于（%）		5	5	5	4	4	3.5	3	2	2	T 0645
焦油酸含量，不大于（%）		4	4	3	3	2.5	2.5	1.5	1.5	1.5	T 0642

四、施工技术要点

下面以三层式沥青表面处治为例来说明层铺法沥青表面处治的施工工艺及技术要点。

1）清扫基层、喷洒透层油。在清扫干净的碎（砾）石路面上或各类基层上铺筑沥青表面处治时，应喷洒透层油。在旧沥青路面、水泥混凝土路面、块石路面上铺筑沥青表面处治路面时，可在第一层沥青用量增加10%～20%，不再另洒透层油或黏层油。

2）洒布第一层沥青。施工时应采用沥青洒布车喷洒沥青。其洒布长度应与矿料撒布能力相协调。沥青要洒布均匀，当发现洒布沥青后有空白、缺边时，应立即用人工补洒，有积聚时应立即刮除。洒布设备的喷嘴应适用于沥青的稠度，确保能成雾状，与洒油管成15°～25°的夹角，洒油管的高度应使同一地点接受2～3个喷油嘴喷洒的沥青，不得出现花白条。

沥青洒布温度应根据施工气温以及沥青标号确定，一般情况下，石油沥青宜为130～170℃，煤沥青宜为80～120℃，乳化沥青宜在常温下洒布。加温洒布的乳液温度不得超过60℃。前后两车喷洒的接茬处用铁板或建筑纸铺1～1.5m，使搭接良好。分几幅浇洒时，纵向搭接宽度宜为100～150mm。洒布第二、三层沥青的搭接缝应错开。

3）铺撒第一层矿料。洒布主层沥青后应立即用集料撒布机或人工撒布第一层主集料。撒布集料后应及时扫匀，达到全面覆盖、厚度一致、集料不重叠、不露出沥青的要求。局部有缺料时适当找补，积料过多的将多余集料扫出。两幅搭接处，第一幅洒布沥青应暂留100～150mm宽度不撒布石料，待第二幅一起撒布。

4）碾压。撒布主集料后，不必等全段撒布完，立即用6～8t钢筒双轮压路机从路边向路中心碾压3～4遍，每次轮迹重叠约300mm。碾压速度开始不宜超过2km/h，以后可适当增加。

5）第二、三层的施工方法和要求应与第一层相同，但可以采用8t以上的压路机碾压。

6）初期养护。沥青表面处治施工后，应进行初期养护。当发现有泛油时，应在泛油部位补撒与最后一层矿料规格相同的嵌缝料并扫匀；当有过多的浮动矿料时，应扫出路外。

在施工过程中还应注意以下事项：

1）双层式或单层式沥青表面处治浇洒沥青及撒布集料的次数相应减少。

2）喷洒沥青材料时应对道路人工构造物、路缘石等外露部分作防污染遮盖。

3）沥青表面处治施工应确保各工序紧密衔接，每个作业段长度应根据施工能力确定，并在当天完成。人工撒布集料时应等距离划分段落备料。

4）除乳化沥青表面处治应待破乳、水分蒸发并基本成型后方可通车外，沥青表面处治在碾压结束后即可开放交通，并通过开放交通补充压实，成型稳定。在通车初期应设专人指挥交通或设置障碍物控制行车，限制行车速度不超过20km/h，严禁畜力车及铁轮车行驶，使路面全部宽度均匀压实。

五、施工过程质量控制

沥青表面处治施工过程中质量检查的内容、频度、允许偏差应符合表6-44的规定。

表6-44　沥青表面处治施工过程中工程质量的控制标准

项　　目	检查频度及单点检验评价方法	质量要求或允许偏差	试验方法或试验规程
外观	随时	集料嵌挤密实，沥青撒布均匀，无花白料，接头无油包	目测
集料及沥青用量	每日1次，逐日评定	±10%	每日施工长度的实际用量与计划用量比较，T0982
沥青洒布温度	每车评定1次	符合施工技术规范规定	温度计测量
厚度（路中央及路侧各1点）	每2000m^2不少于1点，逐点评定	−5mm	T0912
平整度（最大间隙）	随时，以连续10尺的平均值评定	10mm	T0931
宽度	检测每个断面，逐个评定	±30mm	T0911
横坡度	检测每个断面，逐个评定	±0.5%	T0911

六、施工质量标准

（一）基本要求

1）在新建或旧路的表面进行表面处治时，应将表面的泥砂及一切杂物清除干净，底层必须坚实、稳定、平整，保持干燥后才可施工。

2）沥青材料的各项指标和石料的质量、规格、用量应符合设计要求和施工规范的规定。

3）沥青浇洒应均匀，无露白，不得污染其他构造物。

4）嵌缝料必须趁热撒铺，扫布均匀，不得有重叠现象，压实平整。

（二）施工质量标准

沥青表面处治交工验收阶段的检查项目、检查频度、质量要求或允许偏差等见表6-45。

表 6-45 沥青表面处治面层实测项目

项次	检查项目		规定值或允许偏差	检查方法和频度	权值
1	平整度	σ/mm	4.5	平整度仪：全线每车道连续按每100m计算IRI或σ	3
		IRI/(m/km)	7.8		
		最大间隙 h/mm	10	3m直尺：每200m测2处×10尺	
2	弯沉值/0.01mm		符合设计要求	按相关规程检查	2
3	厚度/mm	代表值	-5	按相关规程检查；每200m每车道1点	3
		合格值	-10		
4	沥青总用量/(kg/m^2)		±10%	每工作日每层洒布查1次	3
5	中线平面偏位/mm		30	经纬仪：每200m测4点	1
6	纵断高程/mm		±15	水准仪：每200m测4断面	2
7	宽度/mm	有侧石	±30	尺量：每200m测4处	2
		无侧石	不小于设计		
8	横坡(%)		±0.5	水准仪：每200m测4断面	2

注：1. 当设计厚度>60mm时，以厚度的百分率控制；当设计厚度≤60mm时，按厚度不足的毫米数控制，H为厚度。

2. 沥青用量按《公路路基路面现场测试规程》中T0892的方法，每工作日每层洒布沥青检查一次，并计算同一路段的单位面积的总沥青用量。

（三）外观鉴定

1）表面应平整密实，不应有松散、油包、油丁、波浪、泛油、封面料明显散失等现象，有上述缺陷的面积和不超过受检面积的0.2%。不符合要求时，每超过0.2%减2分。

2）表面无明显碾压轮迹，不符合要求时，每处减1~2分。

3）面层与路缘石及其他构筑物应密贴接顺，无积水现象。不符合要求时，每一处减1~2分。

任务五 沥青贯入式路面施工

一、一般规定

1）沥青贯入式路面适用于三级及三级以下公路，也可作为沥青路面的联结层或基层。

2）沥青贯入式路面的厚度宜为4~8cm，但乳化沥青贯入式路面的厚度不宜超过5cm。当贯入层上部加铺拌和的沥青混合料面层成为上拌下贯式路面时，拌和层的厚度宜不小于1.5cm。

3）沥青贯入式路面的最上层应撒布封层料或加铺拌和层。沥青贯入层作为联结层使用时，可不撒表面封层料。

4）沥青贯入式路面宜选择在干燥和较热的季节施工，并宜在日最高温度降低至15℃以前半个月结束，使贯入式结构层通过开放交通碾压成型。

二、材料要求与原材料检测

（一）集料

1）沥青贯入式路面的集料应选择有棱角、嵌挤性好的坚硬石料，其规格和用量宜根据贯入层厚度按表6-46选用，上拌下贯式路面的材料规格和用量按表6-47选用。当使用破碎砾石时，其破碎面应符合表6-7的要求。沥青贯入层主层集料中大于粒径范围中值的数量不宜少于50%。表面不加铺拌和层的贯入式路面在施工结束后每1000m² 宜另备2～3m³ 与最后一层嵌缝料规格相同的细集料等供初期养护使用。

2）沥青贯入层的主层集料最大粒径宜与贯入层厚度相当。当采用乳化沥青时，主层集料最大粒径可采用厚度的0.8～0.85，数量宜按压实系数1.25～1.30计算。

表6-46　沥青贯入式路面材料规格和用量

沥青品种	石油沥青					
厚度/cm	4		5		6	
规格和用量	规格	用量	规格	用量	规格	用量
封层料	S14	3～5	S14	3～5	S13（S14）	4～6
第三遍沥青		1.0～1.2		1.0～1.2		1.0～1.2
第二遍嵌缝料	S12	6～7	S11（S10）	10～12	S11（S10）	10～12
第二遍沥青		1.6～1.8		1.8～2.0		2.0～2.2
第一遍嵌缝料	S10（S9）	12～14	S8	16～18	S8（S6）	16～18
第一遍沥青		1.8～2.1		2.4～2.6		2.8～3.0
主层石料	S5	45～50	S4	55～60	S3（S4）	66～76
沥青总用量	4.4～5.1		5.2～5.8		5.8～6.4	

沥青品种	石油沥青				乳化沥青			
厚度/mm	7		8		4		5	
规格和用量	规格	用量	规格	用量	规格	用量	规格	用量
封层料	S13（S14）	4～6	S13（S14）	4～6	S13（S14）	4～6	S14	4～6
第五遍沥青								0.8～1.0
第四遍嵌缝料							S14	5～6
第四遍沥青						0.8～1.0		1.2～1.4
第三遍嵌缝料					S14	5～6	S12	7～9
第三遍沥青		1.0～1.2		1.0～1.2		1.4～1.6		1.5～1.7
第二遍嵌缝料	S10（S11）	11～13	S10（S11）	11～13	S12	7～8	S10	9～11
第二遍沥青		2.4～2.6		2.6～2.8		1.6～1.8		1.6～1.8
第一遍嵌缝料	S6（S8）	18～20	S6（S8）	20～22	S9	12～14	S8	10～12
第一遍沥青		3.3～3.5		4.0～4.2		2.2～2.4		2.6～2.8
主层石料	S3	80～90	S1（S2）	95～100	S5	40～45	S4	50～55
沥青总用量	6.7～7.3		8.2～7.2		6.0～6.8		7.4～8.5	

注：1. 煤沥青贯入式的沥青用量可较石油沥青用量增加15%～20%。
2. 表中乳化沥青是指乳液的用量，并适用于乳液浓度约为60%的情况，如果浓度不同，用量应予换算。
3. 在高寒地区及干旱风沙大的地区，可超出高限，再增加5%～10%。
4. 用量单位：集料，m³/1000m²；沥青及沥青乳液，kg/m²。

表 6-47 上拌下贯式路面的材料规格和用量

沥青品种	石油沥青					
厚度/cm	4		5		6	
规格和用量	规格	用量	规格	用量	规格	用量
第二遍嵌缝料	S12	5～6	S12（S11）	7～9	S12（S11）	7～9
第二遍沥青		1.4～1.6		1.6～1.8		1.6～1.8
第一遍嵌缝料	S10（S9）	12～14	S8	16～18	S8（S7）	16～18
第一遍沥青		2.0～2.3		2.6～2.8		3.2～3.4
主层石料	S5	45～50	S4	55～60	S3（S2）	66～76
沥青总用量	3.4～3.9		4.2～4.6		4.8～5.2	

沥青品种	石油沥青		乳化沥青			
厚度/cm	7		5		6	
规格和用量	规格	用量	规格	用量	规格	用量
第四遍嵌缝料					S14	4～6
第四遍沥青						1.3～1.5
第三遍嵌缝料			S14	4～6	S12	8～10
第三遍沥青				1.4～1.6		1.4～1.6
第二遍嵌缝料	S10（S11）	8～10	S12	9～10	S9	8～12
第二遍沥青		1.7～1.9		1.8～2.0		1.5～1.7
第一遍嵌缝料	S6（S8）	18～20	S8	15～17	S6	24～26
第一遍沥青		4.0～4.2		2.5～2.7		2.4～2.6
主层石料	S2（S3）	80～90	S4	50～55	S3	50～55
沥青总用量	5.7～6.1		5.9～6.2		6.7～7.2	

注：1. 煤沥青贯入式的沥青用量可较石油沥青用量增加 15%～20%。

2. 表中乳化沥青是指乳液的用量，并适用于乳液浓度约为 60% 的情况。

3. 在高寒地区及干旱风沙大的地区，可超出高限，再增加 5%～10%。

4. 表面加铺拌和层部分的材料规格及沥青（或乳化沥青）用量按热拌沥青混合料（或乳化沥青碎石混合料路面）的有关规定执行。

5. 用量单位：集料，$m^3/1000m^2$；沥青及沥青乳液，kg/m^2。

（二）结合料

沥青贯入层的结合料可采用道路石油沥青、煤沥青或乳化沥青。对道路石油沥青的要求见任务一，对乳化沥青和煤沥青的要求见任务四。

贯入式路面的沥青标号按表 6-2、表 6-41、表 6-42、表 6-43 选用，各层分次沥青用量应根据施工气温及沥青标号等按表 6-46、表 6-47 选用。在寒冷地带或当施工季节气温较低、沥青针入度较小时，沥青用量宜用高限。在低温潮湿气候下用乳化沥青贯入时，应按乳液总用量不变的原则进行调整，上层较正常情况适当增加，下层较正常情况适当减少。

（三）施工过程中对原材料的检测

沥青贯入式在生产过程中，应按照表 6-12 所列的检查项目与频度对各种原材料进行抽样试验，质量应符合现行施工技术规范规定的技术要求，每个检查项目的平行试验次数或一次试验的试样数必须按相关试验规程的规定进行，并以平均值评价是否合格。

三、施工工艺流程

贯入式路面施工工艺流程如下（实际施工时根据撒布嵌缝料和洒布沥青的遍数予以调整）：

清扫基层→喷洒透层或黏层沥青（乳化沥青贯入式或沥青贯入式厚度小于5cm）→摊铺主层矿料→碾压→洒布第一遍沥青→撒布第一遍嵌缝料→碾压→洒布第二遍沥青→撒布第二遍嵌缝料→碾压→洒布第三遍沥青→撒封层料→碾压→初期养护。

四、施工技术要点

1）基层准备。沥青贯入式路面施工前，基层必须清扫干净。当需要安装路缘石时，应在路缘石安装完成后施工。路缘石应予遮盖。

2）浇洒透层或黏层沥青。乳化沥青贯入式路面必须浇洒透层或黏层沥青。沥青贯入式路面厚度小于或等于5cm时，也应浇洒透层或黏层沥青。

3）摊铺主层集料。采用碎石摊铺机、平地机或人工摊铺主层集料。铺筑后严禁车辆通行。

4）碾压主层集料。撒布后应采用6~8t的轻型钢筒式压路机自路两侧向路中心碾压，碾压速度宜为2km/h，每次轮迹重叠约30cm，碾压一遍后检验路拱和纵向坡度，当不符合要求时，应调整找平后再压。然后用重型的钢轮压路机碾压，每次轮迹重叠轮宽的1/2左右，宜碾压4~6遍，直至主层集料嵌挤稳定，无显著轮迹为止。

5）浇洒第一层沥青。浇洒方法与沥青表面处治施工相同。采用乳化沥青贯入时，为防止乳液下漏过多，可在主层集料碾压稳定后，先撒布一部分上一层嵌缝料，再浇洒主层沥青。

6）撒布第一层嵌缝料。采用集料撒布机或人工撒布，撒布后尽量扫匀，不足处应找补。当使用乳化沥青时，石料撒布必须在乳液破乳前完成。

7）碾压第一层嵌缝料。立即用8~12t钢筒式压路机碾压嵌缝料，轮迹重叠轮宽的1/2左右，宜碾压4~6遍，直至稳定为止。碾压时随压随扫，使嵌缝料均匀嵌入。因气温较高使碾压过程中发生较大推移现象时，应立即停止碾压，待气温稍低时再继续碾压。

8）按上述方法浇洒第二层沥青、撒布第二层嵌缝料，然后碾压，再浇洒第三层沥青。

9）按撒布嵌缝料方法撒布封层料。

10）采用6~8t压路机做最后碾压，宜碾压2~4遍，然后开放交通。

沥青贯入式路面开放交通后应按现行施工技术规范的要求控制交通，作初期养护。

铺筑上拌下贯式路面时，贯入层不撒布封层料拌和层应紧跟贯入层施工，使上下成为整体。贯入部分采用乳化沥青时应待其破乳、水分蒸发且成型稳定后方可铺筑拌和层，当拌和层与贯入部分不能连续施工，且要在短期内通行施工车辆时贯入层部分的第二遍嵌缝料应增加用量2~3m^3/1000m^2，在摊铺拌和层沥青混合料前，应作补充碾压，并浇洒黏层沥青。

五、施工过程质量控制

沥青贯入式路面施工过程中质量检查的内容、频度、允许偏差应符合表6-48的规定。

六、施工质量标准

（一）基本要求

表 6-48 沥青贯入式路面施工过程中工程质量的控制标准

项 目	检查频度及单点检验评价方法	质量要求或允许偏差	试验方法或试验规程
外 观	随时	集料嵌挤密实，沥青撒布均匀，无花白料，接头无油包	目测
集料及沥青用量	每日 1 次，总量评定	±10%	每日施工长度的实际用量与计划用量比较，T0982
沥青洒布温度	每日 1 次，逐点评定	符合施工技术规范规定	温度计测量
厚 度	每 $2000m^2$ 1 点，逐点评定	-5mm 或 -8% 设计厚度	T0912
平整度（最大间隙）	随时，以连续 10 尺的平均值评定	8mm	T0931
宽 度	检测每个断面	±30mm	T0911
横坡度	检测每个断面	±0.5%	T0911

1）沥青材料的各项指标应符合设计要求和施工规范。

2）各种材料的规格和用量应符合设计要求和施工规范，上拌沥青混凝土混合料每日应做抽提试验和马歇尔稳定度试验。

3）碎石层必须平整坚实，嵌挤稳定，沥青贯入应深透，浇洒应均匀，不得污染其他构筑物。

4）嵌缝料必须趁热撒铺，扫料均匀，不应有重叠现象。

5）上层采用拌和料时，混合料应均匀一致，无花白和粗细分离现象，摊铺平整，接茬平顺，及时碾压密实。

6）沥青贯入式面层施工前，应先做好路面结构层与路肩的排水。

（二）质量检验评定标准

沥青贯入式路面交工验收阶段的检查项目、检查频度、质量要求或允许偏差等见表 6-49。

表 6-49 沥青贯入式面层（或上拌下贯式面层）实测项目

项次	检查项目		规定值或允许偏差	检查方法和频度	权值
1	平整度	σ/mm	3.5	平整度仪：全线每车道连续按每 100m 计算 IRI 或 σ	3
		IRI/(m/km)	5.8		
		最大间隙 h/mm	8	3m 直尺：每 200m 测 2 处 ×10 尺	
2	弯沉值/0.01mm		符合设计要求	按相关规程检查	2
3	厚度/mm	代表值	-8% H 或 -5mm	按相关规程检查；每 200m 每车道 1 点	3
		合格值	-15% H 或 -10mm		
4	沥青用量/(kg/m^2)		±0.5%	每工作日每层洒布查 1 次	3
5	中线平面偏位/mm		30	经纬仪：每 200m 测 4 点	1
6	纵断高程/mm		±15	水准仪：每 200m 测 4 断面	2

（续）

项次	检查项目		规定值或允许偏差	检查方法和频度	权值
7	宽度/mm	有侧石	±20	尺量：每200m测4处	2
		无侧石	不小于设计		
8	横坡（%）		±0.5	水准仪：每200m测4断面	2

注：1. 当设计厚度＞60mm时，以厚度的百分率控制；当设计厚度≤60mm时，按厚度不足的毫米数控制，H为厚度。

2. 沥青用量按《公路路基路面现场测试规程》中T0892的方法，每工作日每层洒布沥青检查一次，并计算同一路段的单位面积的总沥青用量。

（三）外观鉴定

1）表面应平整密实，不应有松散、裂缝、油包、油丁、波浪、泛油等现象，有上述缺陷的面积之和不超过受检面积的0.2%。不符合要求时，每超过0.2%减2分。

2）表面无明显碾压轮迹，不符合要求时，每处减1～2分。

3）面层与路缘石及其他构筑物应密贴接顺，无积水现象。不符合要求时，每一处减1～2分。

任务六　冷拌沥青混合料路面施工

一、一般规定

1）冷拌沥青混合料适用于三级及三级以下的公路的沥青面层、二级公路的罩面层施工，以及各级公路沥青路面的基层、联接层或整平层。冷拌改性沥青混合料可用于沥青路面的坑槽冷补。

2）冷拌沥青混合料宜采用乳化沥青或液体沥青拌制，也可采用改性乳化沥青，各种结合料类型及规格应符合公路沥青路面施工技术规范的要求。

3）冷拌沥青混合料宜采用密级配沥青混合料，当采用半开级配的冷拌沥青碎石混合料路面时应铺筑上封层。

二、材料要求与原材料检测

（一）结合料

冷拌沥青混合料宜采用乳化沥青或液体沥青拌制，也可采用改性乳化沥青。对乳化沥青的要求见任务四，下面着重介绍液体沥青和改性乳化沥青。

1. 液体沥青

液体沥青是用汽油、煤油、柴油等溶剂将石油沥青稀释而成的沥青产品，也称轻制沥青或稀释沥青。

1）液体沥青适用于透层、黏层及拌制冷拌沥青混合料。根据使用目的与场所，可选用快凝、中凝、慢凝的液体石油沥青，其质量应符合表6-50的规定。

2）液体沥青宜采用针入度较大的石油沥青，使用前按先加热沥青后加稀释剂的顺序，掺配煤油或轻柴油，经适当搅拌、稀释制成。掺配比例根据使用要求由试验确定。

3）液体沥青在制作、储存、使用的全过程中必须通风良好，并有专人负责，确保安全。基质沥青的加热温度严禁超过140℃，液体沥青的储存温度不得高于50℃。

表 6-50　道路用液体沥青技术要求

试验项目		单位	快凝		中凝						慢凝						试验方法[1]
			AL(R)-1	AL(R)-2	AL(M)-1	AL(M)-2	AL(M)-3	AL(M)-4	AL(M)-5	AL(M)-6	AL(S)-1	AL(S)-2	AL(S)-3	AL(S)-4	AL(S)-5	AL(S)-6	
黏度	$C_{25,5}$	s	<20	—	<20	—	—	—	—	—	<20	—	—	—	—	—	T 0621
	$C_{60,5}$	s	—	5~15	—	5~15	16~25	26~40	41~100	101~200	—	5~15	16~25	26~40	41~100	101~200	
蒸馏体积	225℃前	%	>20	>15	<10	<7	<3	<2	0	0	—	—	—	—	—	—	T 0632
	315℃前	%	>35	>30	<35	<25	<17	<14	<8	<5	—	—	—	—	—	—	
	360℃前	%	>45	>35	<50	<35	<30	<25	<20	<15	<40	<35	<25	<20	<15	<5	
蒸馏后残留物	针入度(25℃)	0.1mm	60~200	60~200	100~300	100~300	100~300	100~300	100~300	100~300	—	—	—	—	—	—	T 0604
	延度(25℃)	cm	>60	>60	>60	>60	>60	>60	>60	>60	—	—	—	—	—	—	T 0605
	浮漂度(5℃)	s	—	—	—	—	—	—	—	—	<20	>20	>30	>40	>45	>50	T 0631
闪点(TOC法)		℃	>30	>30	>65	>65	>65	>65	>65	>65	>70	>70	>100	>100	>120	>120	T 0633
含水量不大于		%	0.2	0.2	0.2	0.2	0.2	0.2	0.2	0.2	2.0	2.0	2.0	2.0	2.0	2.0	T 0612

2. 改性乳化沥青

改性乳化沥青是指在制作乳化沥青的过程中同时加入聚合物胶乳，或将聚合物胶乳与乳化沥青成品混合，或对聚合物改性沥青进行乳化加工得到的乳化沥青产品。

改性乳化沥青宜按表 6-51 选用，质量应符合表 6-52 的技术要求。

（二）施工过程中对原材料的检测

冷拌沥青混合料路面在生产过程中，应按照表 6-12 所列的检查项目与频度对各种原材料进行抽样试验，质量应符合现行施工技术规范规定的技术要求，每个检查项目的平行试验次数或一次试验的试样数必须按相关试验规程的规定进行，并以平均值评价是否合格。

表 6-51　改性乳化沥青的品种和适用范围

品种		代号	适用范围
改性乳化沥青	喷洒型改性乳化沥青	PCR	黏层、封层、桥面防水黏结层用
	拌和用乳化沥青	BCR	改性稀浆封层和微表处用

三、施工技术要点

1）冷拌沥青混合料宜采用拌和厂机械拌和及沥青摊铺机摊铺的方式。缺乏厂拌条件时也可采用现场路拌及人工摊铺方式。冷拌沥青混合料施工应注意防止混合料离析。

表 6-52 改性乳化沥青技术要求

试验项目			单位	品种及代号		试验方法
				PCR	BCR	
破乳速度			—	快裂或中裂	慢裂	T0658
粒子电荷			—	阳离子（+）	阳离子（+）	T0653
筛上剩余量（1.18mm）		不大于	%	0.1	0.1	T0652
黏度	恩格拉黏度 E_{25}		—	1～10	3～30	T0622
	沥青标准黏度 $C_{25,3}$		s	8～25	12～60	T0621
	含量	不小于	%	50	60	T0651
	针入度（100g，25，5s）		0.1mm	40～120	40～100	T0604
	软化点	不小于	℃	50	53	T0606
	延度（5℃）	不小于	cm	20	20	T0605
	溶解度（三氯乙烯）	不小于	%	97.5	97.5	T0607
与矿料的黏附性，裹覆面积		不小于	—	2/3	—	T0654
贮存稳定性	1d	不大于	%	1	1	T0655
	5d	不大于	%	5	5	T0655

注：1. 破乳速度与集料黏附性、拌和试验、所使用的石料品种有关。工程上施工质量检验时应采用实际的石料试验，仅进行产品质量评定时可不对这些指标提出要求。
2. 当用于填补车辙时，BCR 蒸发残留物的软化点宜提高至不低于 55℃。
3. 贮存稳定性根据施工实际情况选择试验天数，通常采用 5d，乳液生产后能在第二天使用完时也可选用 1d。个别情况下改性乳化沥青 5d 的贮存稳定性难以满足要求，如果经搅拌后能够达到均匀一致并不影响正常使用，此时要求改性乳化沥青运至工地后存放在附有搅拌装置的贮存罐内，并不断地进行搅拌，否则不准使用。
4. 当改性乳化沥青或特种改性乳化沥青需要在低温冰冻条件下贮存或使用时，尚需按 T0656 进行 -5℃ 低温贮存稳定性试验，要求没有粗颗粒、不结块。

2）当采用阳离子乳化沥青拌和时，宜先用水使集料湿润，若湿润后仍难以与乳液拌和均匀时，应改用破乳速度更慢的乳液，或用 1%～3% 浓度的氯化钙水溶液代替水润湿集料表面。

3）混合料适宜的拌和时间应根据实际情况调节并通过试拌确定，矿料中加进乳液后的机械拌和时间不宜超过 30s，人工拌和时间不宜超过 60s。

4）已拌好的混合料应立即运至现场进行摊铺，并在乳液破乳前结束。在拌和与摊铺过程中已破乳的混合料，应予废弃。

5）乳化沥青冷拌混合料摊铺后宜采用 6t 左右的轻型压路机初压 1～2 遍，使混合料初步稳定，再用轮胎压路机或钢筒式压路机碾压 1～2 遍。当乳化沥青开始破乳、混合料由褐色转变成黑色时，改用 12～15t 轮胎压路机碾压，将水分挤出，复压 2～3 遍后停止，待晾晒一段时间，水分基本蒸发后继续复压至密实为止。当压实过程中有推移现象时应停止碾压，待稳定后再碾压。当天不能完全压实时，可在较高气温状态下补充碾压。当缺乏轮胎压路机时，也可采用钢筒式压路机或较轻的振动压路机碾压。

6）乳化沥青混合料路面的上封层应在压实成型、路面水分完全蒸发后加铺。

7）乳化沥青混合料路面施工结束后宜封闭交通 2～6h，并注意做好早期养护。开放交通初期，应设专人指挥，车速不得超过 20km/h，不得刹车或掉头。

8）冷拌沥青混合料施工遇雨应立即停止铺筑，以防雨水将乳液冲走。

任务七 透层、黏层、封层施工

一、透层施工技术要点

透层是为了使沥青面层与非沥青材料基层结合良好，在基层上浇洒乳化沥青、煤沥青或液体沥青而形成的透入基层表面的薄层。沥青路面各类基层都必须喷洒透层油，沥青层必须在透层油完全渗透入基层后方可铺筑。

（一）材料规格和用量

透层油的材料根据基层类型选择渗透性好的液体沥青、乳化沥青、煤沥青作透层油。透层油的黏度通过调节稀释剂的用量或乳化沥青的浓度得到适宜的黏度，基质沥青的针入度通常宜不小于100。透层用乳化沥青的蒸发残留物含量允许根据渗透情况适当调整，当使用成品乳化沥青时，可通过稀释得到要求的黏度。透层用液体沥青的黏度通过调节煤油或轻柴油等稀释剂的品种和掺量经试验确定。透层油的质量应符合规范的要求，见表6-42、表6-43、表6-50。透层油的用量应通过试洒确定，不宜超出表6-53要求的范围。

（二）施工技术要点

1）气温低于10℃或大风、即将降雨时不得喷洒透层油。

2）在无结合料粒料基层上洒布透层油时，宜在铺筑沥青层前1～2d洒布。而用于半刚性基层的透层油宜紧接在基层碾压成型后表面稍变干燥但尚未硬化的情况下喷洒。

3）喷洒透层油前应清扫路面，遮挡防护路缘石及人工构造物避免污染。

表6-53 沥青路面透层材料的规格和用量表

用途	液体沥青		乳化沥青		煤沥青	
	规格	用量/(L/m²)	规格	用量/(L/m²)	规格	用量/(L/m²)
无结合料粒料基层	AL(M)-1、2或3 AL(S)-1、2或3	1.0～2.3	PC-2 PA-2	1.0～2.0	T-1 T-2	1.0～1.5
半刚性基层	AL(M)-1、2或3 AL(S)-1、2或3	0.6～1.5	PC-2 PA-2	0.7～1.5	T-1 T-2	0.7～1.0

注：表中用量是指包括稀释剂和水分等在内的液体沥青、乳化沥青的总量。乳化沥青中的残留物含量以50%为基准。

4）透层油宜采用沥青洒布车一次喷洒均匀，使用的喷嘴宜根据透层油的种类和黏度选择并保证均匀喷洒，沥青洒布车喷洒不均匀时宜改用手工沥青洒布机喷洒。透层油洒布不均匀，有花白遗漏的应人工补洒，喷洒过量的立即撒布石屑或砂吸油，必要时作适当碾压。透层油洒布后不得在表面形成能被运料车和摊铺机黏起的油皮，透层油达不到渗透深度要求时，应更换透层油稠度或品种。

5）透层油洒布后的养护时间随透层油的品种和气候条件由试验确定，确保液体沥青中的稀释剂全部挥发，乳化沥青渗透且水分蒸发，然后尽早铺筑沥青面层，防止工程车辆损坏透层。

6）喷洒后通过钻孔或挖掘确认透层油渗透入基层的深度宜不小于5（无机结合料稳定集料基层）～10mm（无结合料基层），并能与基层联结成为一体。

二、黏层施工技术要点

（一）材料规格和用量

黏层油宜采用快裂或中裂乳化沥青、改性乳化沥青，也可采用快凝、中凝液体石油沥青，其规格和质量应符合规范的要求，见表6-42、表6-50、表6-52。所使用的基质沥青标号宜与主层沥青混合料相同。

黏层油品种和用量应根据下卧层的类型通过试洒确定，并符合表6-54的要求。当黏层油上铺筑薄层大空隙排水路面时，黏层油的用量宜增加到0.6～1.0L/m^2。在沥青层之间兼作封层而喷洒的黏层油宜采用改性沥青或改性乳化沥青，其用量宜不少于1.0L/m^2。

表6-54　沥青路面黏层材料的规格和用量表

下卧层类型	液体沥青		乳化沥青	
	规　格	用量/(L/m^2)	规　格	用量/(L/m^2)
新建沥青层或旧路面	AL（R）-3～AL（R）-6 AL（M）-3～AL（M）-6	0.3～0.5	PC-3 PA-3	0.3～0.6
水泥混凝土	AL（M）-3～AL（M）-6 AL（S）-3～AL（S）-6	0.2～0.4	PC-3 PA-3	0.3～0.5

注：表中用量是指包括稀释剂和水分等在内的液体沥青、乳化沥青的总量，乳化沥青中的残留物含量以50%为基准。

（二）施工技术要点

1）气温低于10℃时不得喷洒黏层油，寒冷季节施工不得不喷洒时可以分成两次喷洒。路面潮湿时不得喷洒黏层油，用水洗刷后需待表面干燥后喷洒。

2）黏层油宜采用沥青洒布车喷洒，并选择适宜的喷嘴，洒布速度和喷洒量保持稳定。当采用机动或手摇的手工沥青洒布机喷洒时，必须由熟练的技术工人操作，均匀洒布。

3）喷洒的黏层油必须成均匀雾状，在路面全宽度内均匀分布成一薄层，不得有洒花漏空或成条状，也不得有堆积。喷洒不足的要补洒，喷洒过量处应予刮除。

4）喷洒黏层油后，严禁运料车外的其他车辆和行人通过。

5）黏层油宜在当天洒布，待乳化沥青破乳、水分蒸发完成，或稀释沥青中的稀释剂基本挥发完成后，紧跟着铺筑沥青层，确保黏层不受污染。

三、封层施工技术要点

（一）上封层施工技术要点

1）根据情况可选择乳化沥青稀浆封层、微表处、改性沥青集料封层、薄层磨耗层或其他适宜的材料。

2）上封层的下卧层必须彻底清扫干净，对车辙、坑槽、裂缝进行处理或挖补。

3）上封层的类型应根据使用目的、路面的破损程度选用。

① 裂缝较细、较密的可采用涂洒类密封剂、软化再生剂等涂刷罩面。

② 对二级及二级以下公路的旧沥青路面可以采用普通的乳化沥青稀浆封层，也可在喷洒道路石油沥青后撒布石屑（砂）后碾压作封层。

③ 对高速公路、一级公路有轻微损坏的宜铺筑微表处。

④ 对用于改善抗滑性能的上封层可采用稀浆封层、微表处或改性沥青集料封层。

（二）下封层施工技术要点

1）多雨潮湿地区的高速公路、一级公路的沥青面层空隙率较大，有严重渗水的可能，或铺筑基层不能及时铺筑沥青面层而需通行车辆时，宜在喷洒透层油后铺筑下封层。

2）下封层宜采用层铺法表面处治或稀浆封层法施工。稀浆封层可采用乳化沥青或改性乳化沥青作结合料。下封层的厚度不宜小于6mm，且做到完全密水。

3）以层铺法沥青表面处治铺筑下封层时，通常采用单层式，表6-40 中的矿料用量宜为 5 ~ $8m^3/1000m^2$，沥青用量可采用要求范围的中高限。

（三）稀浆封层与微表处施工技术要点

稀浆封层是用适当级配的石屑或砂、填料（水泥、石灰、粉煤灰、石粉等）与乳化沥青、处掺剂和水，按一定比例拌和而成的流动状态的沥青混合料，将其均匀地摊铺在路面上形成的沥青封层。

微表处是指采用适当级配的石屑或砂、填料（水泥、石灰、粉煤灰、石粉等）与聚合物改性乳化沥青、外掺剂和水按一定比例拌和而成的流动状态的沥青混合料，将其均匀地摊铺在路面上形成的沥青封层。

1. 适用情况

微表处主要用于高速公路及一级公路的预防性养护以及填补轻度车辙，也适用于新建公路的抗滑磨耗层。稀浆封层一般用于二级及二级以下公路的预防性养护，也适用于新建公路的下封层。

2. 对材料的要求

1）沥青。微表处必须采用改性乳化沥青，稀浆封层可采用普通乳化沥青或改性乳化沥青，其品种和质量应符合表6-42、表6-52 及现行《公路沥青路面施工技术规范》（JTG F40）的要求。

2）集料。稀浆封层和微表处应选择坚硬、粗糙、耐磨、洁净的集料。各项性能应符合表6-4、表6-8 的要求。其中微表处用通过4.75mm 筛的合成矿料的砂当量不得低于65%，稀浆封层用通过4.75mm 筛的合成矿料的砂当量不得低于50%。当用于抗滑表层时，还应符合表6-6 对磨光值的要求。细集料宜采用碱性石料生产的机制砂或洁净的石屑。对集料中的超粒径颗粒必须筛除。

3）矿料级配。根据铺筑厚度、处治目的、公路等级等条件，按照表6-55 选用合适的矿料级配。

4）混合料。稀浆封层和微表处的混合料中乳化沥青及改性乳化沥青的用量应通过配合比设计确定。混合料的质量应符合现行施工技术规范的技术要求。混合料质量应符合表6-56 的技术要求。

表6-55 稀浆封层和微表处的矿料级配

筛孔尺寸/mm	不同类型通过各筛孔的百分率（%）				
	微表处		稀浆封层		
	MS-2 型	MS-3 型	ES-1 型	ES-2 型	ES-3 型
9.5	100	100	—	100	100
4.75	95 ~ 100	70 ~ 90	100	95 ~ 100	70 ~ 90
2.36	65 ~ 90	45 ~ 70	90 ~ 100	65 ~ 90	45 ~ 70
1.18	45 ~ 70	28 ~ 50	60 ~ 90	45 ~ 70	28 ~ 50
0.6	30 ~ 50	19 ~ 34	40 ~ 65	30 ~ 50	19 ~ 34
0.3	18 ~ 30	12 ~ 25	25 ~ 42	18 ~ 30	12 ~ 25

（续）

筛孔尺寸/mm	不同类型通过各筛孔的百分率（%）				
	微表处		稀浆封层		
	MS-2 型	MS-3 型	ES-1 型	ES-2 型	ES-3 型
0.15	10～21	7～18	15～30	10～21	7～18
0.075	5～15	5～15	10～20	5～15	5～15
一层的适宜厚度/mm	4～7	8～10	2.5～3	4～7	8～10

3. 施工要点

1）下承层的准备。稀浆封层和微表处施工前，应彻底清除原路面的泥土、杂物，修补坑槽、凹陷，较宽的裂缝宜清理灌缝。在水泥混凝土路面上铺筑微表处时宜洒布黏层油，过于光滑的表面需拉毛处理。

2）混合料拌制。混合料的拌制宜采用拌和厂机械拌和的方式。当采用阳离子乳化沥青拌和时，宜先用水使集料湿润，若湿润后仍难于与乳液拌和均匀时，应改用破乳速度更慢的乳液，或用1%～3%浓度的氯化钙水溶液代替水润湿集料表面。混合料适宜的拌和时间应根据实际情况调节并通过试拌确定，矿料中加进乳液后的机械拌和时间不宜超过30s，人工拌和时间不宜超过60s。

表6-56　稀浆封层和微表处混合料技术要求

项　目	单　位	微　表　处	稀　浆　封　层	试验方法
可拌和时间	s	>120		手工拌和
稠度	cm	—	2～3	T　0751
黏聚力试验			（仅适用于快开放交通的稀浆封层）	T 0754
30min（初凝时间）	N·m	≥1.2	≥1.2	
60min（开放交通时间）	N·m	≥2.0	≥2.0	
负荷轮碾压试验（LWT）			（仅适用于重交通道路表层时）	T 0755
黏附砂量	g/m^2	<450	<450	
轮迹宽度变化率①	%	<5	—	
湿轮磨耗试验的磨耗值（WTAT）				T 0752
浸水1h	g/m^2	<540	<800	
浸水6d	g/m^2	<800	—	

注：负荷轮碾压试验（LWT）的宽度变化率适用于需要修补车辙的情况。

3）混合料摊铺。稀浆封层和微表处必须使用专用的摊铺机进行摊铺。单层微表处适用于旧路面车辙深度不大于15mm的情况，超过15mm的必须分两层铺筑，或先用V字形车辙摊铺箱摊铺，深度大于40mm时不适宜微表处处理。

4）接缝处理。稀浆封层和微表处两幅纵缝搭接的宽度不宜超过80mm，横向接缝宜做成对接缝。分两层摊铺时，第一层摊铺后至少应开放交通24h后方可进行第二层摊铺。

5）施工气温控制。稀浆封层和微表处的最低施工温度不得低于10℃，严禁在雨天施工，摊铺后尚未成型混合料遇雨时应予铲除。

6）施工过程质量控制。稀浆封层和微表处铺筑后的表面不得有超粒径料拖拉的严重划痕，横向接缝和纵向接缝处不得出现余料堆积或缺料现象，用3m直尺测量接缝处的不平整度不得大于6mm。对微表处不得有横向波浪和深度超过6mm的纵向条纹。经养护和初期交通碾压稳定的稀浆封层和微表处，在行车作用下应不飞散且完全密水。

4. 沥青同步碎石封层施工技术要点

沥青同步碎石封层即用同步碎石封层车将沥青与一定规格、干净的碎石同步喷洒在原路面上，经过胶轮碾压机和行驶车辆的自然碾压，形成一种以沥青为结合料的碎石封层（磨耗层）。与传统的碎石封层相比，其主要的特点有：良好的防滑性、防水性、对原路面病害的修复作用好、施工工期短、施工工艺简单、实用性强、应用范围广，同时降低了道路养护成本。

1）沥青同步碎石封层的施工工艺流程如下：

原有旧路面的处理→施工材料的准备→沥青同步碎石封层车现场喷洒→胶轮压路机碾压→开放交通→清扫路面、回收剩余集料。

2）施工技术要点如下：

① 封层前要对原路面进行认真清扫，作业过程中应保证足够数量的胶轮压路机，以便在沥青温度降低之前或乳化沥青破乳后能及时完成碾压工序。另外，封层后即可通车，但在初期应限制车速，待2h后可完全开放交通，从而防止快速行车造成石子飞溅。

② 使用改性沥青作为黏结料时，为保证雾状喷洒而形成均匀、等厚度的沥青膜，必须保证沥青的温度在160～170℃范围内。

③ 同步碎石封层车的喷油嘴高度不同，所形成的沥青膜厚度会不同（因为各个喷嘴喷出的扇形雾状沥青重叠情况不同），通过调整喷嘴高度使得沥青膜的厚度符合要求。

④ 同步碎石封层车应以适宜的速度均匀行驶，在此前提下石料和黏结料两者的撒布率必须匹配。

⑤ 作为表面处治层或磨耗层的碎石封层，其使用条件是原路面平整度和强度满足要求。

任务八　普通水泥混凝土路面施工

一、材料要求及原材料检测

（一）水泥

1）水泥品种的选择。水泥品种及强度等级的选择与交通等级密切相关。极重、特重、重交通荷载等级公路面层水泥混凝土应采用旋窑生产的道路硅酸盐水泥、硅酸盐水泥、普通硅酸盐水泥；中、轻交通荷载等级公路面层水泥混凝土可采用矿渣硅酸盐水泥。高温期施工采用普通型水泥，低温期施工宜采用早强型水泥。

2）水泥的强度等级。面层水泥混凝土所用水泥的技术要求除应满足现行《道路硅酸盐水泥》（GB 13693）或《通用硅酸盐水泥》（GB 175）的规定外，各龄期的实测抗折强度、抗压强度应符合表6-57的规定。

3）水泥的化学成分和物理指标。水泥进场时每批量应附有化学成分、物理、力学指标合格的检验证明。各交通荷载等级公路面层水泥混凝土用水泥的化学成分应符合表6-58的有关规定，物理指标应符合表6-59的有关规定。

4）选用水泥时，除应满足表6-57、表6-58、表6-59各项要求外，还应对拟采用厂家水泥进行混凝土配合比对比试验，根据所配制的混凝土弯拉强度、耐久性和工作性，选择适宜的水泥品种、强度等级。

5）采用滑模摊铺机施工时，宜选用散装水泥。高温施工时，散装水泥的入罐最高温度不宜高于60℃；低温施工时，水泥进入搅拌缸前的温度不宜低于10℃。

表6-57　面层水泥混凝土用水泥各龄期的实测强度值

混凝土设计弯拉强度标准值/MPa	5.5①		5.0		4.5		4.0		试验方法
龄期/d	3	28	3	28	3	28	3	28	
水泥实测抗折强度/MPa ≥	5.0	8.0	4.5	7.5	4.0	7.0	3.0	6.5	GB/T 17671
水泥实测抗压强度/MPa ≥	23.0	52.5	17.0	42.5	17.0	42.5	10.0	32.5	GB/T 17671

① 本栏也适用于设计弯拉强度为6.0MPa的纤维混凝土。

表6-58　各交通荷载等级公路面层水泥混凝土用水泥的成分要求

项次	水泥成分	极重、特重、重交通荷载等级	中、轻交通荷载等级	试验方法
1	熟料游离氧化钙含量（%） ≤	1.0	1.8	GB/T 176
2	氧化镁含量（%） ≤	5.0	6.0	
3	铁铝酸四钙含量（%）	15.0～20.0	12.0～20.0	
4	铝酸三钙含量（%） ≤	7.0	9.0	
5	三氧化硫含量①（%） ≤	3.5	4.0	
6	碱含量 $Na_2O+0.658K_2O$（%） ≤	0.6	怀疑集料有碱活性时，0.6； 无碱活性集料时，1.0	
7	氯离子含量②（%） ≤	0.06	0.06	
8	混合材种类	不得掺窑灰、煤矸石、火山灰、烧黏土、煤渣，有抗盐冻要求时不得掺石灰岩粉		水泥厂提供

① 三氧化硫含量在硫酸盐腐蚀场合为必测项目，无腐蚀场合为选测项目。

② 氯离子含量在配筋混凝土与钢纤维混凝土面层中为必测项目，水泥混凝土面层为选测项目。

表6-59　各交通荷载等级公路面层水泥混凝土用水泥的物理指标要求

项次	水泥物理性能		极重、特重、重交通荷载等级	中、轻交通荷载等级	试验方法
1	出磨时安定性		雷氏夹或蒸煮法检验必须合格	蒸煮法检验必须合格	JTG E30 T0505
2	凝结时间/h	初凝时间 ≥	1.5	0.75	
		终凝时间 ≤	10	10	
3	标准稠度需水量（%） ≤		28.0	30.0	
4	比表面积/（m^2/kg）		300～450	300～450	JTG E30 T0504
5	细度（80μm筛余）（%） ≤		10.0	10.0	JTG E30 T0502
6	28d干缩率（%） ≤		0.09	0.10	JTG E30 T0511
7	耐磨性/（kg/m^2） ≤		2.5	3.0	JTG E30 T0510

（二）掺合料

1）使用道路硅酸盐水泥或硅酸盐水泥时，可在混凝土中掺入适量粉煤灰；使用其他水泥时，不应掺入粉煤灰。

2）面层水泥混凝土可单独或复配掺用符合《公路水泥混凝土路面施工技术细则》（JTG/T F30—2014）规定的粉状低钙粉煤灰、矿渣粉或硅灰等掺合料，不得掺用结块或潮湿的粉煤灰、矿渣粉和硅灰。粉煤灰质量不应低于表6-60中的Ⅱ级粉煤灰的要求。不得掺用高钙粉煤灰或Ⅲ级及Ⅲ级以下低钙粉煤灰。粉煤灰进货应有等级检验报告。

表6-60 低钙粉煤灰分级和质量标准

粉煤灰等级	细度（45μm气流筛，筛余量）（%）	烧失量（%）	需水量（%）	含水率（%）	游离氧化钙含量（%）	SO_3（%）	混合砂浆强度活性指数①	
							7d	28d
Ⅰ	≤12.0	≤5.0	≤95.0	≤1.0	<1.0	≤3.0	≥75	≥85（75）
Ⅱ	≤25.0	≤8.0	≤105.0	≤1.0	<1.0	≤3.0	≥70	≥80（62）
Ⅲ	≤45.0	≤15.0	≤115.0	≤1.0	<1.0	≤3.0	—	—
试验方法	GB/T 1596	GB/T 176	GB/T 1596	GB/T 1596	GB/T 176	GB/T 176	GB/T 1596	

① 混合砂浆强度活性指数为掺粉煤灰的砂浆与水泥砂浆的抗压强度比的百分数，不带括号的数值适用于所配制混凝土强度等级不小于C40时；当配制的混凝土强度等级小于C40时，混合砂浆强度活性指数应满足28d括号中数值的要求。

3）掺加于面层水泥混凝土中的矿渣粉、硅灰，其质量应符合表6-61的规定。使用矿渣硅酸盐水泥时不得再掺加矿渣粉。高温期施工时，不宜掺用硅灰。

表6-61 矿渣粉、硅灰的质量标准

质量标准		比表面积/（m^2/kg）	密度/（g/cm^3）	烧失量（%）	流动度比（%）	含水率（%）	氯离子含量②（%）	玻璃体含量（%）	游离氧化钙含量（%）	SO_3（%）	混合砂浆强度活性指数（%）	
种类	等级										7d	28d
磨细矿渣粉①	S105 S95	≥500 ≥400	≥2.80	≤3.0	≥95.0	≤1.0	<0.06	≥85.0	<1.0	≤4.0	≥95 ≥75	≥105 ≥95
硅灰		≥15000	≥2.10	≤6.0	—	≤3.0	<0.06	≥90.0	<1.0	—	≥105	
试验方法		GB/T 8074	GB/T 208	GB/T 18046	GB/T 18046	GB/T 18046	GB/T 176	GB/T 18046	GB/T 176	GB/T 176	GB/T 18046	

① 矿渣粉匀质性以比表面积为考核依据，单一样品的比表面积不应超过前10个样品比表面积平均值的10.0%。

② 氯离子含量在配筋混凝土与钢纤维混凝土面层中为必测项目，水泥混凝土面层为选测项目。

4）各种掺合料在使用前，应进行混凝土配合比试配检验与掺量优化试验，确认面层水泥混凝土弯拉强度、工作性、抗磨性、抗冰冻性、抗盐冻性等指标满足设计要求。

（三）粗集料与再生粗集料

1）粗集料应使用质地坚硬、耐久、洁净的碎石、破碎卵石或卵石。极重、特重、重交通荷载等级公路面层混凝土用粗集料质量不应低于表6-62中Ⅱ级的要求；中、轻交通荷载等级公路面层混凝土可使用Ⅲ级粗集料。

2）中、轻交通荷载等级公路面层水泥混凝土可使用再生粗集料，其质量应符合表6-63的规定。再生粗集料可单独或掺配新集料后使用，但应通过配合比试验验证，确定混凝土性能满足设计要求，并符合下列规定。

① 有抗冰冻、抗盐冻要求时，再生粗集料不应低于Ⅱ级；无抗冰冻、抗盐冻要求时，可使用Ⅲ级再生粗集料。

② 再生粗集料不得用于裸露粗集料的水泥混凝土抗滑表层。

③ 不得使用出现碱活性反应的混凝土为原料破碎生产的再生粗集料。

表6-62　碎石、破碎卵石和卵石质量标准

项次	项　目		技术要求			试验方法
			Ⅰ级	Ⅱ级	Ⅲ级	
1	碎石压碎值（%）　≤		18.0	25.0	30.0	JTG E42 T0316
2	卵石压碎值（%）　≤		21.0	23.0	26.0	JTG E42 T0316
3	坚固性（按质量损失计）（%）　≤		5.0	8.0	12.0	JTG E42 T0314
4	针片状颗粒含量（按质量计）（%）　≤		8.0	15.0	20.0	JTG E42 T0311
5	含泥量（按质量计）（%）　≤		0.5	1.0	2.0	JTG E42 T0310
6	泥块含量（按质量计）（%）　≤		0.2	0.5	0.7	JTG E42 T0310
7	吸水率①（按质量计）（%）　≤		1.0	2.0	3.0	JTG E42 T0307
8	硫化物及硫酸盐含量②（按SO_3质量计）（%）　≤		0.5	1.0	1.0	GB/T 14685
9	洛杉矶磨耗损失③（%）　≤		28.0	32.0	35.0	JTG E42 T0317
10	有机物含量（比色法）		合格	合格	合格	JTG E42 T0313
11	岩石抗压强度（MPa）②≥	岩浆岩	100			JTG E41 T0221
		变质岩	80			
		沉积岩	60			
12	表观密度/（kg/m^3）≥		2500			JTG E42 T0308
13	松散堆积密度（kg/m^3）≥		1350			JTG E42 T0309
14	空隙率（%）≤		47			JTG E42 T0309
15	磨光值③（%）≥		35.0			JTG E42 T0321
16	碱活性反应②		不得有碱活性反应或疑似碱活性反应			JTG E42 T0325

① 有抗冰冻、抗盐冻要求时，应检验粗集料吸水率。

② 硫化物及硫酸盐含量、碱活性反应、岩石抗压强度在粗集料使用前应至少检验一次。

③ 洛杉矶磨耗损失、磨光值仅在要求制作露石水泥混凝土面层时检测。

表6-63　再生粗集料的质量标准

项次	项　目	技术要求			试验方法
		Ⅰ级	Ⅱ级	Ⅲ级	
1	压碎值（%）　≤	21.0	30.0	43.0	JTG E42 T0316
2	坚固性（按质量损失计）（%）　≤	5.0	10.0	15.0	JTG E42 T0314
3	针片状颗粒含量（按质量计）（%）　≤	10.0	10.0	10.0	JTG E42 T0311

（续）

项次	项　　目	技术要求			试验方法
		Ⅰ级	Ⅱ级	Ⅲ级	
4	微粉含量（按质量计）（%）　≤	1.0	2.0	3.0	JTG E42 T0310
5	泥块含量（按质量计）（%）　≤	0.5	0.7	1.0	JTG E42 T0310
6	吸水率（按质量计）（%）　≤	3.0	5.0	8.0	JTG E42 T0307
7	硫化物及硫酸盐含量（按 SO_3 质量计）（%）　≤	2.0	2.0	2.0	GB/T 14685
8	氯化物含量（以氯离子质量计）（%）　≤	0.06	0.06	0.06	GB/T 14685
9	洛杉矶磨耗损失（%）　≤	35	40	45	JTG E42 T0317
10	杂物含量（按质量计）（%）　≤	1.0	1.0	1.0	JTG E42 T0313
11	表观密度/(kg/m^3)　≥	2450	2350	2250	JTG E42 T0308
12	空隙率（%）　≤	47	50	53	JTG E42 T0309

注：1. 当再生粗集料中碎石的岩石品种变化时，应重新检测上述指标。

2. 硫化物及硫酸盐含量、氯化物含量、洛杉矶磨耗损失在再生粗集料使用前应至少检验一次。

3）粗集料与再生粗集料应根据混凝土配合比的公称最大粒径分为 2～4 个单粒级的集料，并掺配使用。粗集料与再生粗集料的合成级配及单粒级级配范围宜符合表 6-64 的要求。不得使用不分级的统料。

表 6-64　粗集料与再生粗集料的级配范围

类型	级配 \ 粒径	方筛孔尺寸/mm							
		2.36	4.75	9.50	16.0	19.0	26.5	31.5	37.5
		累计筛余（以质量计）（%）							
合成级配	4.75～16	95～100	85～100	40～60	0～10	0			
	4.75～19	95～100	85～95	60～75	30～45	0～5	0		
	4.75～26.5	95～100	90～100	70～90	50～70	25～40	0～5	0	
	4.75～31.5	95～100	90～100	75～90	60～75	40～60	20～35	0～5	0
单粒级级配	4.75～9.5	95～100	80～100	0～15	0				
	9.5～16		95～100	80～100	0～15	0			
	9.5～19		95～100	85～100	40～60	0～15	0		
	16～26.5			95～100	55～70	25～40	0～10	0	
	16～31.5			95～100	85～100	55～70	25～40	0～10	0

注：试验方法为 JTG E42 T0302。

4）面层水泥混凝土配合比的不同种类粗集料与再生粗集料公称最大粒径宜符合表 6-65 的规定。

表 6-65　面层水泥混凝土配合比不同种类粗集料与再生粗集料公称最大粒径（单位：mm）

交通荷载等级		极重、特重、重	中、轻	试验方法
公称最大粒径	碎石	26.5	31.5	JTG E42 T0302
	破碎卵石	19.0	26.5	
	卵石	16.0	19.0	
	再生粗集料	—	26.5	

（四）细集料

1）细集料应采用质地坚硬、耐久、洁净的天然砂或机制砂，不宜使用再生细集料。

2）极重、特重、重交通荷载等级公路面层水泥混凝土用天然砂的质量标准不应低于表6-66规定的Ⅱ级，中、轻交通荷载等级的公路面层水泥混凝土可使用Ⅲ级天然砂。

表6-66　天然砂的质量标准

项次	项　　目		技术要求			试验方法
			Ⅰ级	Ⅱ级	Ⅲ级	
1	坚固性（按质量损失计）（%）	≤	6.0	8.0	10.0	JTG E42 T0340
2	砂含泥量（按质量计）（%）	≤	1.0	2.0	3.0	JTG E42 T0333
3	泥块含量（按质量计）（%）	≤	0	0.5	1.0	JTG E42 T0335
4	氯离子含量①（质量计）（%）	≤	0.02	0.03	0.06	GB/T 14684
5	云母含量（按质量计）（%）	≤	1.0	1.0	2.0	JTG E42 T0337
6	硫化物及硫酸盐含量①（按SO_3质量计）（%）	≤	0.5	0.5	0.5	JTG E42 T0341
7	海砂中的贝壳类物质含量（按质量计）（%）	≤	3.0	5.0	8.0	JTJ 206
8	轻物质（按质量计）（%）	≤	1.0			JTG E42 T0338
9	吸水率（%）	≤	2.0			JTG E42 T0330
10	表观密度/（kg/m^3）	≥	2500.0			JTG E42 T0328
11	松散堆积密度/（kg/m^3）	≥	1400.0			JTG E42 T0331
12	空隙率（%）	≤	45.0			JTG E42 T0331
13	有机物含量（比色法）		合格			JTG E42 T0336
14	碱活性反应①		不得有碱活性反应或疑似碱活性反应			JTG E42 T0325
15	结晶态二氧化硅含量②（%）	≥	25.0			JTG E42 T0324

① 碱活性反应、氯离子含量、硫化物及硫酸盐含量在天然砂使用前应至少检验一次。

② 按现行《公路工程集料试验规程》（JTG E42）T0324岩相法，测定除隐晶质、玻璃质二氧化硅以外的结晶态二氧化硅的含量。

3）天然砂的级配范围宜符合表6-67的规定。面层水泥混凝土使用的天然砂细度模数宜在2.0～3.7之间。

表6-67　天然砂的推荐级配范围

砂分级	细度模数	方孔筛尺寸/mm（试验方法JTG E42 T0327）							
		9.5	4.75	2.36	1.18	0.60	0.30	0.15	0.075
		通过各筛孔的质量百分率（%）							
粗砂	3.1～3.7	100	90～100	65～95	35～65	15～30	5～20	0～10	0～5
中砂	2.3～3.0	100	90～100	75～100	50～90	30～60	8～30	0～10	0～5
细砂	1.6～2.2	100	90～100	85～100	75～100	60～84	15～45	0～10	0～5

4）机制砂宜采用碎石作为原料，并用专用设备生产。极重、特重、重交通荷载等级公路面层水泥混凝土用机制砂的质量标准不应低于表6-68规定的Ⅱ级，中、轻交通荷载等级公路面层水泥混凝土可使用Ⅲ级机制砂。

表 6-68 机制砂的质量标准

项次	项目			技术要求			试验方法
				Ⅰ级	Ⅱ级	Ⅲ级	
1	机制砂母岩的抗压强度/MPa		≥	80.0	60.0	30.0	JTG E41 T0221
2	机制砂母岩的磨光值		≥	38.0	35.0	30.0	JTG E42 T0321
3	机制砂单粒级最大压碎指标（%）		≤	20.0	25.0	30.0	JTG E42 T0350
4	坚固性（按质量损失计）（%）		≤	6.0	8.0	10.0	JTG E42 T0340
5	氯离子含量①（按质量计）（%）		≤	0.01	0.02	0.06	GB/T 14684
6	云母含量（按质量计）（%）		≤	1.0	2.0	2.0	JTG E42 T0337
7	硫化物及硫酸盐含量①（按 SO_3 质量计）（%）		≤	0.5	0.5	0.5	JTG E42 T0341
8	泥块含量（按质量计）（%）		≤	0	0.5	1.0	JTG E42 T0335
9	石粉含量（%）＜	MB 值＜1.40 或合格		3.0	5.0	7.0	JTG E42 T0349
		MB 值≥1.40 或不合格		1.0	3.0	5.0	
10	轻物质含量（按质量计）（%）		≤	1.0			JTG E42 T0338
11	吸水率（%）		≤	2.0			JTG E42 T0330
12	表观密度（kg/m^3）		≥	2500.0			JTG E42 T0328
13	松散堆积密度/（kg/m^3）		≥	1400.0			JTG E42 T0331
14	空隙率（%）		≤	45.0			JTG E42 T0331
15	有机物含量（比色法）			合格			JTG E42 T0336
16	碱活性反应①			不得有碱活性反应或疑似碱活性反应			JTG E42 T0325

① 碱活性反应、氯离子含量、硫化物及硫酸盐含量在机制砂使用前应至少检验一次。

5）机制砂的级配范围宜符合表6-69的规定。面层水泥混凝土使用的机制砂细度模数宜在2.3～3.1之间。

表 6-69 机制砂的级配范围

机制砂分级	细度模数	方孔筛尺寸/mm（试验方法 JTG E42 T0327）						
		9.5	4.75	2.36	1.18	0.60	0.30	0.15
		水洗法通过各筛孔的质量百分率（%）						
Ⅰ级砂	2.3～3.1	100	90～100	80～95	50～85	30～60	10～20	0～10
Ⅱ、Ⅲ级砂	2.8～3.9	100	90～100	50～95	30～65	15～29	5～20	0～10

6）细集料的使用尚应符合下列规定：

① 配筋混凝土路面及钢纤维混凝土路面中不得使用海砂。

② 细度模数差值超过0.3的砂应分别堆放，分别进行配合比设计。

③ 采用机制砂时，外加剂宜采用引气高效减水剂或聚羧酸高性能减水剂。

（五）水

1）符合现行《生活饮用水卫生标准》（GB 5749）的饮用水可直接作为混凝土搅拌与养护用水。

2）非饮用水应进行水质检验，并应符合表6-70的规定，还应与蒸馏水进行水泥凝结时间与水泥胶砂强度的对比试验；对比试验的水泥初凝与终凝时间差均不应大于30min，水泥胶砂3d和28d强度不应低于蒸馏水配制的水泥胶砂3d和28d强度的90%。

表6-70　非饮用水质量标准

项次	项　　目	钢筋混凝土及钢纤维混凝土	素混凝土	试验方法
1	pH值≥	5.0	4.5	
2	Cl^-含量（mg/L）≤	1000	3500	
3	SO_4^{2-}含量（mg/L）≤	2000	2700	
4	碱含量（mg/L）≤	1500	1500	JGJ 63
5	可溶物含量（mg/L）≤	5000	10000	
6	不溶物含量（mg/L）≤	2000	5000	
7	其他杂质	不应有漂浮的油脂和泡沫；不应有明显的颜色和异味		

3）养护用水可不检验不溶物含量和其他杂质，其他指标应符合表6-70的规定。

（六）外加剂

1）面层水泥混凝土外加剂质量除应符合国家和行业现行相关标准外，尚应符合表6-71的要求，各项性能的检验方法应符合现行《混凝土外加剂》（GB 8076）的规定。

表6-71　面层水泥混凝土外加剂产品的质量标准

项　　目		普通减水剂	高效减水剂	引气剂	引气减水剂	引气高效减水剂	缓凝剂	缓凝减水剂	缓凝高效减水剂	引气缓凝高效减水剂	早强剂	早强减水剂	早强高效减水剂	引气早强高效减水剂
减水率（%）	≥	8	15	8	12	18	—	8	15	18	—	8	15	15
泌水率比（%）	≤	100	90	80	80	90	100	100	100	80	100	95	90	95
含气量①（%）		≤4.0	≤3.0	≥3.0	≥3.0	≥3.0	—	≤5.5	≤4.5	≥3.0	—	≤4.0	≤3.0	≥3.0
凝结时间差②/min	初凝	-90～120	-90～120	-90～120	-90～120	-60～90	>90	>90	>90	>90	-90～90	-90～90	-90～90	-90～90
	终凝						—							
抗压强度比（%）≥	1d	—	140	—	—	—	—	—	—	—	135	135	140	135
	3d	115	130	95	115	120	110	—	—	—	130	130	130	130
	7d	115	125	95	110	115	110	115	125	120	110	110	125	110
	28d	110	120	90	100	105	110	110	120	115	100	100	120	100
弯拉强度比③（%）≥	1d	—	—	—	—	—	—	—	—	—	130	130	135	130
	3d	—	125	—	—	120	—	—	—	—	120	120	125	120
	28d	105	115	105	110	115	105	105	115	110	100	105	110	110
收缩率比（%）≤	28d	125	125	120	120	120	125	125	125	120	130	130	130	120
磨耗量④/（kg/m^2）≤	28d	2.5	2.0	2.5	2.5	2.0	2.5	2.5	2.5	2.5	2.5	2.5	2.0	2.0

注：除含气量外，表中所列数据为掺外加剂混凝土与基准混凝土的差值或比值。

① 引气剂与各种引气型减水剂含气量1h最大经时损失应小于1.5%。

② 凝结时间之差质量标准中的“-”号表示提前，“+”号表示延缓。

③ 弯拉强度比仅用于路面混凝土时检验。

④ 磨耗量仅用于路面与桥面混凝土时检验。

2）外加剂产品出厂报告中应标明其主要化学成分和使用注意事项。面层水泥混凝土的各种外加剂应经有相应资质的检测机构检验合格，并提供检验报告后方可使用。

3）外加剂产品应使用工程实际采用的水泥、集料和拌和用水进行试配，检验其性能，确定合理掺量。

4）外加剂复配使用时，不得有絮凝现象，应使用工程实际采用的水泥、集料和拌合用水进行试配，确定其性能满足要求后方可使用。

5）各种可溶外加剂均应充分溶解为均匀水溶液，按配合比计算的剂量加入。

6）采用非水溶的粉状外加剂时，应保证其分散均匀、搅拌充分，不得结块。

7）滑模摊铺施工的水泥混凝土面层宜采用引气高效减水剂；高温施工混凝土拌合物的初凝时间短于3h时，宜采用缓凝引气高效减水剂；低温施工混凝土拌合物终凝时间长于10h时，宜采用早强引气高效减水剂。

8）有抗冰冻、抗盐冻要求时，各级公路水泥混凝土面层及暴露结构物混凝土应掺入引气剂；无抗冻要求地区的二级及二级以上公路路面混凝土面层宜掺入引气剂。

9）处在海水、海风、氯离子环境或冬季撒除冰盐的路面或桥面钢筋混凝土、钢纤维混凝土中可掺用或复配阻锈剂。阻锈剂产品的质量标准、检验方法及应用技术应符合现行《钢筋阻锈剂应用技术规程》（JGJ/T 192）的规定。

（七）钢筋

水泥混凝土、钢筋混凝土及连续配筋混凝土面层所用钢筋、钢筋网、传力杆、拉杆等应符合国家和行业现行相关标准的规定。钢筋应顺直，不得有裂纹、断伤、刻痕、表面油污和锈蚀。配筋混凝土路面与桥面用钢筋宜采用环氧树脂涂层或防锈漆涂层等保护措施。传力杆应无毛刺，两端应加工成圆锥形或半径为2～3mm圆倒角。胀缝传力杆应在一端设置镀锌钢管帽或塑料套帽，套帽厚度不应小于2.0mm，并应密封不透水，套帽长度宜为100mm，套帽内活动空隙长度宜为30mm。传力杆钢筋应采取喷塑、镀锌、电镀或涂防锈漆等防锈措施，防锈层不得局部缺失。拉杆钢筋应在中部不小于100mm范围内采取涂防锈漆等防锈措施。

（八）接缝材料

1. 胀缝板

胀缝板应选用能适应混凝土面板膨胀和收缩、施工时不变形、弹性复原率高、耐久性好的。高速公路、一级公路宜采用塑胶、橡胶泡沫板或沥青纤维板；其他公路可采用浸油木板。用于水泥混凝土面层的胀缝板的高度、长度和厚度应符合技术要求，并按设计间距预留传力杆孔。孔径宜大于传力杆直径2mm，高度和厚度尺寸偏差均应小于1.5mm。胀缝板质量应符合表6-72的规定。

2. 填缝材料

填缝材料应具有与混凝土板壁黏结牢固、回弹性好、不溶于水、不渗水。高温时不挤出、不流淌、抗嵌入能力强、耐老化龟裂，负温拉伸量大，低温时不脆裂、耐久性好等性能。填缝料有常温施工式和加热施工式两种，常温施工式填缝料主要有聚氨酯类、硅酮类，聚氨酯类常温施工式填缝料质量应符合表6-73的规定，聚氨酯类填缝料中不得掺入炭黑等无机充填料。硅酮类常温施工式填缝料质量应符合表6-74的规定。加热施工式填缝料主要有橡胶沥青、石油沥青与改性沥青类填缝料，其质量标准应分别符合表6-75、表6-76

的规定。

表 6-72　胀缝板的质量标准

项目	胀缝板的种类		
	浸油木材	塑胶、橡胶（泡沫）类	沥青纤维板
压缩应力/MPa	5.0～20.0	0.2～0.6	2.0～10.0
弹性复原率（%）≥	55	90	65
挤出量/mm　<	5.5	5.0	3.0
弯曲荷载/N	100～400	0～50	5～40

注：1. 浸油木板在加工时应风干、去除结疤并用木材填实，浸渍时间不应小于 4h。

2. 各种接缝板的厚度应为（20～25）mm±2mm。

表 6-73　聚氨酯类常温施工式填缝料的质量标准

序号	项　目		低模量型	高模量型	试验方法
1	表干时间/h	≤	4	4	GB/T 13477.5
2	失黏～固化时间/h	≤	12	10	JT/T 203
3	拉伸模量/MPa	23℃	0.20～0.40	0.40	GB/T 13477.8
		-20℃	0.30～0.60	0.60	
4	弹性恢复率（%）	≥	75	90	JT/T 203
5	定伸黏结性（23℃干态）		定伸 100%无破坏	定伸 60%无破坏	GB/T 13477.10
6	（-10℃）拉伸量/mm	≥	25	15	JT/T 203
7	固化后针入度/0.1mm		40～60	20～40	JTG E20 T0604
8	耐水性，水泡 4d 黏结性		定伸 100%无破坏	定伸 60%无破坏	GB/T 13477.10
9	耐高温性		（60℃±2℃）×168h 倾斜 45°表面不流淌、开裂、发黏	（80℃±2℃）×168h 倾斜 45°表面不流淌、开裂、发黏	JTG E20 T0608
10	负抗裂性		（-40℃±2℃）×168h 弯曲 90°不开裂	（-20℃±2℃）×168h 弯曲 90°不开裂	JTG E20 T0613
11	耐油性		93 号汽油浸泡 48h 后，在温度 23℃±3℃，湿度 50%±5%下静置 72h，延伸率下降≤20%		GB/T 528
12	抗光、氧、热加速老化（采用氙弧光灯照射法）		180h 照射后，外观无流淌、变色、脱落、开裂，-10℃拉伸量不小于未老化前的 80%，与混凝土的定伸黏结试验无裂缝		JT/T 203 GB/T 13477.10

硅酮类、聚氨酯类常温施工式填缝料可用于各等级公路水泥混凝土面层；橡胶沥青、改性沥青类填缝料可用于二级及二级以下公路，不宜用于高速公路和一级公路；道路石油沥青类填缝料可用于三、四级公路，不宜用于二级公路，不得用于高速公路和一级公路。

严寒及寒冷地区宜采用低模量型填缝料，其他地区宜采用高模量型填缝料。橡胶沥青应根据当地所处的气候区划选用四类中适宜的一类。严寒、寒冷地区宜使用 70 号石油沥青和（或）SBS 类Ⅰ-C；炎热、温暖地区宜使用 50 号石油沥青和（或）SBS 类Ⅰ-D。

表 6-74 硅酮类常温施工式填缝料的质量标准

序号	项目			低模量型	高模量型	试验方法
1	表干时间/h		≤	3	3	GB/T 13477.5
2	针入度/0.1mm		≤	80	50	JTG E20 T0604
3	伸长 100% 拉伸模量/MPa		23℃	≤0.4	>0.4	GB/T 13477.8
			-20℃	≤0.6	>0.6	
4	定伸黏结性		定伸 60%	无破坏	无破坏	GB/T 13477.10
5	弹性恢复率(%)		≥	75	90	GB/T 13477.17
6	抗拉强度/MPa≥	无处理		0.20	0.40	GB/T 528
		热老化(80℃,168h)		0.15	0.30	
		紫外线(300W,168h)		0.15	0.30	
		浸水(4d)		0.15	0.30	
7	延伸率(%)≥	无处理		600	500	JT/T 203
		热老化(80℃,168h)		500	400	
		紫外线(300W,168h)		500	400	
		浸水(4d)		600	500	
8	耐高温性			(90℃ ±2℃)×168h 倾斜 45°表面不流淌、开裂、发黏		JTG E20 T0608
9	负抗裂性			(-40±2℃)×168h 弯曲 90°不开裂		JTG E20 T0613
10	耐油性			93 号汽油浸泡 48h 前后质量损失率≤5%,且浸泡 48h 后试件表面不发黏		GB/T 528

表 6-75 加热施工式橡胶沥青填缝料质量标准

项目	高温型	普通型	低温型	严寒型	试验方法
低温拉伸	0℃/R.H25%/3 循环,15mm,一组 3 个试件全部通过	-10℃/R.H50%/3 循环,15mm,一组 3 个试件全部通过	-20℃/R.H75%/3 循环,15mm,一组 3 个试件全部通过	-30℃/R.H100%/3 循环,15mm,一组 3 个试件全部通过	JT/T 740
针入度/(0.1mm)	≤70	50~90	70~110	90~150	
软化点/℃≥	80	80	80	80	
流动值/mm≤	3	5	5	5	
弹性恢复率(%)	30~70	30~70	30~70	30~70	

表 6-76 加热施工式道路石油沥青与改性沥青类填缝料质量标准

项目	70 号石油沥青	50 号石油沥青	SBS 类 I-C	SBS 类 I-D	试验方法
针入度(25℃,5s,100g)/(0.1mm)	60~80	40~60	60~80	40~60	JTG E20 T0604
软化点(R&B)/℃≥	45	49	55	60	JTG E20 T0606

（续）

项　　目	70号石油沥青	50号石油沥青	SBS类I-C	SBS类I-D	试验方法
10℃延度/cm≥	15		—	—	JTG E20 T0605
5℃延度(5cm/min)/cm≥	—		30	20	JTG E20 T0605
闪点/℃≥	260		230		JTG E20 T0611
25℃弹性恢复率(%)≥	40	60	65	75	JTG E20 T0662
老化试验TFOT后					
质量变化(%)≤	±0.8		±1.0		JTG E20 T0603
残留针入度比(25℃)(%)≥	61	63	60	65	JTG E20 T0604
残留延度(25℃)/cm≥	6	4	—	—	JTG E20 T0605
残留延度(5℃)/cm≥	—	—	20	15	JTG E20 T0605

3. 背衬垫条

填缝背衬垫条应具有良好的弹性、柔韧性、不吸水、耐酸碱腐蚀和高温不软化等性能。背衬垫条可采用橡胶条、发泡聚氨酯、微孔泡沫塑料等制成，其形状宜为可压缩圆柱形，直径应比接缝宽度大2~5mm。

（九）养护材料

1）水泥混凝土面层用养护剂应采用石蜡、适量高分子聚合物与适量稳定剂、增白剂经胶体磨制成水乳液，不得采用以水玻璃为主要成分的养护剂。养护剂宜为白色胶体乳液，不宜为无色透明的乳液。养护剂的质量应符合表6-77的规定。

表6-77　养护剂的质量标准

项　　目			一级品	合格品	试验方法
有效保水率(%)		≥	90	75	JT/T 522
抗压强度比或弯拉强度比①(%)≥	7d		95	90	
	28d		95	90	
磨损量②/(kg/m²)		≤	3.0	3.5	
含固量(%)		≥	20.4③		
干燥时间/h		≥	4		
成膜后浸水溶解性			养护期内不应溶解		
成膜耐热性			合格		

① 路面应检测弯拉强度比，其他结构应检测抗压强度比。

② 磨损量对有耐磨性要求的面层为必检项目。

③ 当所使用的高分子养护剂的有效保水率大于90%时，该值可为15.0。

2）使用养护剂时，高速公路、一级公路水泥混凝土面层应使用满足一级品要求的养护剂，其他等级公路可使用满足合格品要求的养护剂。

3）水泥混凝土面层用节水保湿养护膜应由高分子吸水保水树脂和不透水塑料面膜制成，其质量应符合表6-78的规定。

4）高温期施工时，宜选用白色反光面膜的节水保湿养护膜；低温期施工时，宜选用黑色或蓝色吸热面膜的产品。

表 6-78 节水保湿养护膜的质量标准

节水保湿养护膜的性能			节水保湿养护膜养护水泥混凝土面层的性能			试验方法
软化温度/℃ ≥		70	3d 有效保水率(%) ≥		95	JG/T 188
0.006～0.02mm 厚面膜的水蒸气透过量/[g/(m^2·d)] ≤		47	一次性保水时间/d ≥		7	
拉伸强度/MPa ≥	双层膜	14	用养护膜养护混凝土抗压强度比(%)(标养比) ≥	3d	95	
	单层膜	12		7d	95	
纵、横向直角撕裂强度/(kN/m) ≥		55	用养护膜养护混凝土弯拉强度比(%)①(标养比) ≥	3d	95	
芯膜厚度/mm		0.08～0.10		7d	95	
面膜厚度/mm		0.12～0.15				
长度允许偏差(%)		±1.5	保温性(膜内温度与外界环境温度之差)/℃ ≥		4	
芯膜宽度		不允许负偏差	单位面积吸蒸馏水量/(kg/m^2) ≥		0.5	
面膜、芯膜外观		干净整齐，无破损	养护膜养护混凝土磨耗量/(kg/m^2) ≤		2.0	

① 当节水保湿养护膜用于水泥混凝土路面工程时，应检测磨耗量和弯拉强度比。

（十）施工过程原材料的质量检测

水泥混凝土在生产过程中，对各种原材料，应将相同料源、规格、品种的原材料作为一个批次，按表 6-79 中的全部检测项目、检测频率和试验方法进行检测，检测合格并经配合比试验确认满足要求后，方可使用。不合格原材料不得进场。

表 6-79 混凝土原材料的检测项目和频率

材料	检测项目	检查频率		试验方法
		高速公路、一级公路	其他等级公路	
水泥	抗折强度、抗压强度，安定性	机铺 1500t 一批	机铺 1500t、小型机具 500t 一批	GB 175 GB13693
	凝结时间，标稠需水量，细度	机铺 2000t 一批	机铺 3000t、小型机具 500t 一批	
	f-CaO、MgO、SO_3 含量，铝酸三钙、铁铝酸四钙，干缩率、耐磨性、碱度，混合材料种类及数量	每合同段不少于 3 次，进场前必测	每合同段不少于 3 次，进场前必测	
	温度	冬、夏季施工随时检测	冬、夏季施工随时检测	温度计
掺合料	活性指数、细度、烧失量	机铺 1500t 一批	机铺 1500t、小型机具 500t 一批	GB/T18736 GB/T1596
	需水量比、SO_3 含量	每合同段不少于 3 次，进场前必测	每合同段不少于 3 次，进场前必测	

（续）

材料	检测项目	检查频率		试验方法
		高速公路、一级公路	其他等级公路	
粗集料	级配，针片状、超径颗粒含量，表观密度，堆积密度，空隙率	机铺 2500m^3 一批	机铺 5000^3，小型机具 1500^3 一批	JTG E42 T0302/T0312 T0308/T0309
	含泥量、泥块含量	机铺 1000^3 一批	机铺 2000^3，小型机具 1000^3 一批	JTG E42 T0310
	压碎值、岩石抗压强度	每种粗集料每合同段不少于 2 次	每种粗集料每合同段不少于 2 次	JTG E42 T0316/JTG E41 T0221
	碱集料反应	怀疑有碱活性集料进场前测	怀疑有碱活性集料进场前测	JTG E42 T0325
	含水量	降雨或湿度变化随时测，且每日不少于 2 次	降雨或湿度变化随时测，且每日不少于 2 次	JTG E42 T0307
砂	细度模数，表观密度，堆积密度，空隙率，级配	机铺 2000m^3 一批	机铺 4000m^3，小型机具 1500m^3 一批	JTG E42 T0331/T0328
	含泥量、泥块、石粉含量	机铺 1000m^3 一批	机铺 2000m^3，小型机具 500m^3 一批	JTG E42 T0333/T0335
	坚固性	每种砂每合同段不少于 3 次	每种砂每合同段不少于 3 次	JTG E42 T0340
	云母含量轻物质与有机物含量	目测有云母或杂质时测	目测，有云母或杂质时测	JTG E42 T0337
	硫化物及硫酸盐、氯盐、海砂中氯离子的含量	必要时测，淡化海砂每合同段 3 次	必要时测，淡化海砂每合同段 2 次	JTG E42 T0341/JGJ206
	含水率	降雨或湿度变化随时测，且每日不少于 4 次	降雨或湿度变化随时测，且每日不少于 3 次	JTG E42 T0330
外加剂	减水率、缓凝时间，液体外加剂含固量和相对密度，粉状外加剂的不溶物含量	机铺 5t 一批	机铺 5t，小型机具 3t 一批	GB 8076
	引气剂含气量、气泡细密程度和稳定性	机铺 2t 一批	机铺 3t，小型机具 1t 一批	
养护材料	有效保水率、抗压强度比、耐磨性、耐热性、膜水溶性、含固量、成膜时间、薄膜或成膜连续不透气性	开工前或有变化时，每合同段不少于 3 次，每 5t 一批	开工前或有变化时，每合同段不少于 3 次，每 5t 一批	JT/T 522 JG/T 188
水	pH 值、含盐量、硫酸根及杂质含量	开工前和水源有变化时	开工前和水源有变化时	JGJ 63

注：1. 当原材料规格、品种、生产厂、来源变化或开工前，所有原材料项目均应检验。

2. 机铺是指滑模、三辊轴机组和碾压混凝土摊铺，数量不足一批时，按一批检验。

二、施工工艺流程

水泥混凝土面层的铺筑目前主要有滑模摊铺机铺筑、三辊轴机组铺筑、小型机具铺筑三种施工工艺。

滑模摊铺工艺宜用于高速、一级、二级公路普通水泥混凝土面层、配筋混凝土面层、纤维混凝土面层、钢筋混凝土桥面、隧道混凝土面层、混凝土路缘石、路肩石及护栏等的滑模施工。但上坡纵坡大于5%、下坡纵坡大于6%、半径小于50m或超高超过7%的路段，不宜采用滑模摊铺机进行摊铺。

三辊轴机组铺筑工艺可用于二级及二级以下公路的水泥混凝土路面面层、桥面和隧道混凝土面层的施工，也可用于高速、一级公路硬路肩、匝道、收费广场边板、封闭式中央分隔带、弯道超高加宽段路肩及局部异形面板等的施工。

小型机具铺筑工艺可用于三、四级公路水泥混凝土面层的施工，不得用于隧道水泥混凝土面层与桥面铺装施工。

（一）滑模摊铺机施工工艺流程

采用滑模摊铺机铺筑水泥混凝土面层的施工工艺。其特征是不架设边缘固定模板，布料、摊铺、振捣密实、挤压成型、抹面修饰等施工流程在摊铺机行进过程中连续完成。水泥混凝土路面滑模摊铺机施工工艺流程图如图6-31所示。

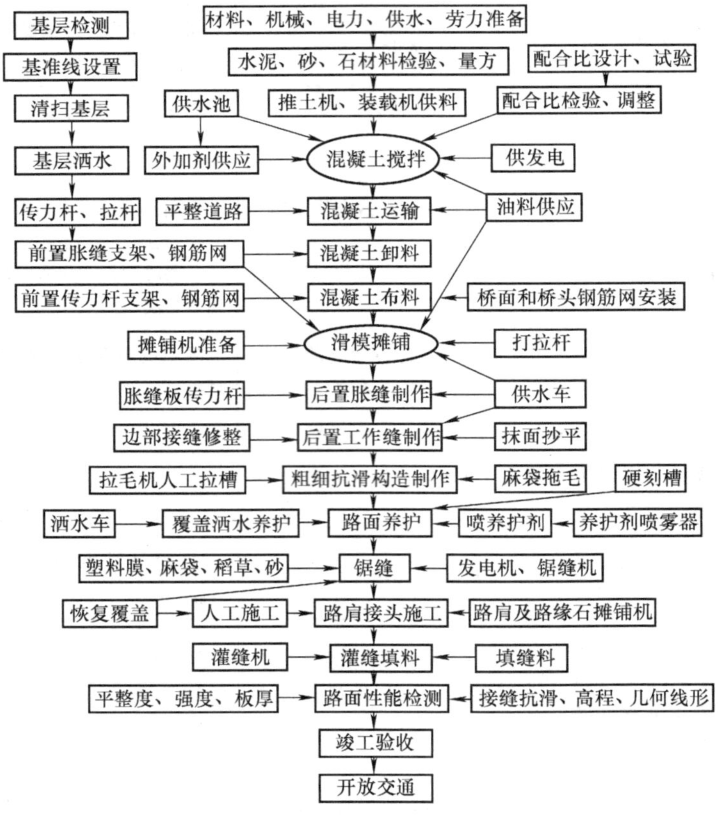

图6-31 水泥混凝土滑模摊铺机施工工艺流程图

（二）三辊轴机组施工工艺流程

采用振捣机具和三辊轴整平机配合铺筑水泥混凝土面层的施工工艺。其特征是需要在边缘架设固定模板，模板同时兼具三辊轴整平轨道的功能。水泥混凝土路面三辊轴机组施工工艺流程图如图6-32所示。

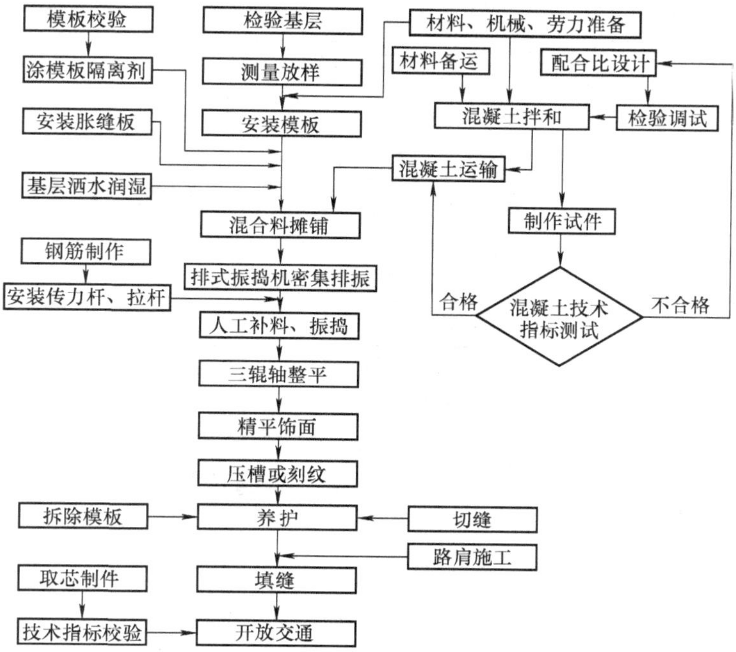

图6-32　水泥混凝土三辊轴机组施工工艺流程图

（三）小型机具施工工艺流程

采用小型机具铺筑水泥混凝土面层的施工工艺。其特征是采用固定模板，人工布料，手持振捣棒、振动板、振捣梁振实，滚杠、修整尺、抹刀等整平的混凝土路面施工工艺。水泥混凝土路面小型机具施工工艺流程图如图6-33所示。

三、施工技术要点

（一）施工准备

1. 一般规定

1）施工交底及现场资源调研。应充分了解并掌握设计要求。应对施工现场及其附近的原材料、燃油、水资源储存及供应情况进行充分调研，收集当地气候特征、中长期天气预报、无线通信条件等与施工相关的资料。

2）编制施工组织设计。应根据标段施工条件、场地位置、沿线建筑物等情况，对现场施工便道、拌和站、钢筋加工场、生活与办公区等进行合理的总体布局。应根据路面的设计与施工质量控制水平要求、工程规模、进度工期等条件，选择适宜施工工艺、机械设备及其数量，制订施工方案和施工组织计划。

3）提高施工质量措施。应对拌和楼（机）与滑模摊铺机操作手和各特种岗位人员进行培训。未经培训的人员不得上岗操作。基层、封层或夹层应验收合格，并应测量校核平面和高程控制桩，恢复路面中心、边缘等全部基本标桩，测量精度应满足相应规范的规定。进场时，每批量原材料应有产品合格证。应建立能对原材料、配合比和施工质量进行检测和控

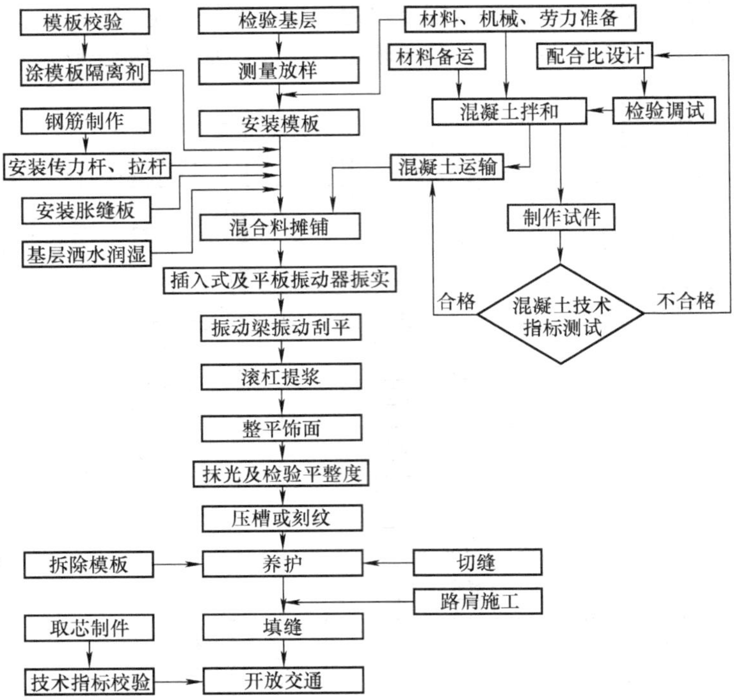

图 6-33 水泥混凝土小型机具施工工艺流程图

制、符合相应资质要求的工地试验室。

4）施工现场安全规定。应制订拌和楼、发电（机）站、运输车、滑模摊铺机、沥青摊铺机、三辊轴机组等大型机械设备的安全操作规程，并在施工中严格执行。施工现场的发电机、线缆等应放置在无车辆、人、畜通行部位，确保用电安全。使用填缝料、外加剂、水泥或粉煤灰、矿渣粉时，现场操作人员应按规定配戴防护用具。所有施工机械、电力、燃料等操作部位，严禁吸烟和有任何明火。摊铺机、拌和楼、油库、发电站、配电站等重要施工设备上应配备消防器具，确保防火安全。所有机械设备机手不得擅离操作台，严禁用手或工具触碰正在运转机件。非操作人员不得登机。

5）施工机械设备的安全停放。大型摊铺设备停放在通车道路上时，周围应设置明显的安全标志，正对行车方向应提前不少于200m引导车辆转向，夜间应以红灯示警。

2. 施工组织

1）施工单位应根据设计图纸、合同文件、摊铺方式、机械设备、施工条件等确定混凝土路面施工工艺流程、施工方案，进行详细的施工组织设计。施工组织设计应包括下列内容：施工机械设备种类与数量组合、进场计划、操作人员与设备调配方案；路面的施工工艺流程、质量检验计划、关键工序质量控制要求；配合比的试验、检验与控制程序，计划和质检人员安排；工程计划进度网络图及直方图；原材料进场计划，水资源、油料与电力获取方式、供应计划与备用方案；劳动力进场计划；拌和站、钢筋加工场、项目部与生活区建设方案；施工便道及临时导改方案，原材料与混凝土运输道路的建设计划与施工交通管制；安全生产计划等。

2）施工过程中，应结合工程的进展速度及变化情况，及时调整主要组织设计，使工程质量及进度始终处于可控状态。

3）摊铺现场和搅拌场之间应建立快速有效的通信联络，及时进行生产调度、指挥和应急措施。

4）交通繁忙的路口应设立标志，疏导交通。夜间施工时，应保证施工照明，模板或基准线桩附近应设置警示灯或反光标志。

3. 拌和站

1）拌和站设置位置及最长运输半径的要求。拌和站的选址应防止噪声扰民和粉尘污染，距摊铺路段的最长运输距离不宜大于20km。

2）拌和站设施要求。拌和站的规模和场地布置应根据施工需求确定，应布置紧凑，节约用地。拌和站应布置粗、细集料储存区、水泥或掺合料罐仓、蓄水池、搅拌生产区、工地试验室、钢筋储备库和加工场。使用袋装水泥时尚应设置水泥库。拌和站蓄水池容量应满足拌和、清洗、养护用水及洒水防尘的需要。拌和站的电力总容量应满足全部施工用电设备、夜间施工照明及生活用电的需要。应确保摊铺机械、运输车辆及发电机等动力设备的燃料供应。离加油站较远的工地宜设置燃料储备库，并确保其储备安全。拌和站内的运输道路及拌和楼下应硬化处理，其结构和强度应满足施工车辆行驶的需要。拌和站内宜设置完善的排水设施，水泥库、备件库及集料堆场应重点进行防排水设计，拌和站四周应设置截水沟或排水沟。搅拌楼应设置污水排放管沟、沉淀池或污水回收处理设备。

3）水泥和掺合料的储存和供应符合下列规定。

① 散装水泥和粉煤灰应使用罐仓储存。罐仓顶部应有过滤、防潮措施。不同厂家的水泥应分罐存放，更换水泥品种或厂家时应清仓再灌。粉煤灰不得与水泥混罐。

② 罐仓中宜储备满足不少于3d生产需要的水泥与掺合料。水泥库应防水防潮。

4）外加剂应设置储液罐或稀释池。储液罐、稀释池应与拌和楼外加剂计量容器的管路及沉淀池上下接通，并便于清理沉淀。

5）集料储备应满足下列规定。

① 施工前，宜储备不少于正常施工10d用量的粗、细集料。

② 料场宜建在排水通畅的位置，底部应作硬化处理。不同规格的集料之间应设置隔离设施，并设置明显标志牌，避免混杂。

③ 应控制粗、细集料中粉尘与含泥量，并应架设顶棚，保证其含水率稳定。

6）拌和站应保持清洁，排除积水，并及时整治运输道路和停车场地，做到整洁、标准化施工。从拌和楼清理出的混凝土残渣应集中利用或掩埋处理。

4. 原材料与设备检查

1）所有原材料进出场应进行称量、登记、保管或签发。对原材料的检验项目和批量应符合表6-79的规定。

2）施工前必须对机械设备、测量仪器、基准线或模板、机具工具及各种试验仪器等进行全面地检查、调试、校核、标定，并适量储备主要施工机械的易损零部件。

5. 路基沉稳观测与基层检查修复

1）施工前应对桥头、软基、高填方、填挖方交界等处的路基段进行连续沉降观测，当发现局部路段沉稳尚未稳定时，不得进行该段面层施工。

2）面层施工前，应提供足够连续施工7d以上的合格基层，并应严格控制表面高程和横坡。

3）局部破损的基层应按下列规定进行修复。

① 存在挤碎、隆起、空鼓等病害的基层，应清除病害部位，并使用相同的基层料重新铺筑。

② 当基层产生非扩展性温缩、干缩裂缝时，可先采用灌沥青密封防水后，再采用土工合成材料进行防裂处理。

③ 局部开裂、破碎的部位，应局部全厚度挖除，并采用贫混凝土修复。

6. 夹层与封层施工

1）沥青混凝土夹层、热沥青表面处治封层与乳化改性沥青稀浆封层的施工及质量标准应符合现行《公路沥青路面施工技术规范》（JTG F40）的相关规定。

2）土工布封层的施工应符合现行《公路土工合成材料应用技术规范》（JTG/T D20）的相关规定。

3）薄膜封层的铺设施工应符合下列规定。

① 施工前，应清除基层表面的浮土、碎石等杂物，再铺设薄膜。

② 封层铺设应完全覆盖基层表面，不得漏铺，并应做到平整、顺直，避免褶皱。一布一膜型复合土工膜或单面复合塑料编织布封层铺设应使膜面朝上，布面紧贴基层。

③ 封层搭接时，纵向搭接长度不应小于500mm，横向搭接宽度不应小于300mm。采用黏结方式连接时，纵向黏结长度不应小于200mm，横向黏结宽度不应小于150mm。重叠部分，沿纵坡或横坡下降方向高程较大一侧，封层应在上方。

④ 纵坡大于5.0%的路段和设超高的弯道封层宜采用二布一膜型复合土工膜，平曲线上宜采用折线形式铺设。

⑤ 薄膜封层宜与基层表面粘贴固定。

⑥ 应对铺设好的封层进行保护，损坏的封层应及时进行修补。

⑦ 封层铺设应在面层施工模板或基准线安装前完成。

4）薄膜封层铺设质量检验应符合下列规定。

① 薄膜封层铺设搭接偏差、宽度偏差不得超过规定值的20%。

② 因施工产生最大破口长度不得超过60mm；每10m^2 范围内长度超过20mm的破口数量不得超过3个。所有破口均应贴补修复或更换新封层。

7. 试验路段铺筑

1）二级及二级以上公路水泥混凝土面层施工前，应制订路段的施工方案和质量检测计划，并应铺筑试验路段。其他等级公路施工前宜铺筑试验路段。试验路段长度不短于100m，高速公路、一级公路宜在主线路面以外进行试铺。

2）试验路段试铺应达到的目的：确定拌和楼的拌和参数、实际生产能力和配料精度；检验混凝土的施工性能、技术参数和实测强度；检验铺筑机械、工艺参数及与拌和能力匹配情况；检验施工组织方式、质量控制水平和人员配备。

3）拌和楼应通过动、静态标定检验合格后方可试拌。试拌应确定下列内容：每座拌和楼的生产能力、施工配合比的配料精度，以及全部拌和楼（机）的总产量；计算机拌和程序及粗细集料含水率的反馈控制系统满足要求；合理投料顺序和时间、纯拌和与总拌和时间；拌合物坍落度、VC值、含气量等工艺参数；检验混凝土试件弯拉强度是否满足要求。

4）用于试验段的拌和楼（机）试拌合格后，方可进行试验路段铺筑。

5）试验路段铺筑时，应确定下列内容：

① 主要铺筑设备的工艺性能、质量指标和生产能力满足要求；辅助设备的配备合理、适用；模板架设固定方式或基准线设置方式能够保证高程和厚度控制要求。

② 实测试验路段的松铺系数、摊铺速度、振捣时间与频率、滚压遍数、碾压遍数、压实度、拉杆与传力杆置入精度、抗滑构造深度、摩擦因数、接缝顺直度等。

③ 验证施工各工艺环节操作要领，确定各关键岗位的作业指导书。

④ 检验施工组织形式和人员编制。

⑤ 通信联络、生产调度指挥及应急管理系统满足施工组织要求。

6）水泥混凝土路面试验路段应经过建设单位组织的对各项施工质量指标的复检和验收，合格后，经批准，方可投入正式铺筑施工。若试验路段质量检验评定不合格，或未能达到预期目标时，应重新铺筑试验路段。

（二）水泥混凝土拌合物搅拌

1. 搅拌设备

拌和站总生产能力应与施工速度配套，并有一定的能力储备。应根据工程规模、施工工艺和日进度要求合理配备拌和设备，并根据需要和设备能力确定拌和楼（机）数量。同一拌和站的拌和楼（机）的规格宜统一，且宜采用同一厂家的设备。

1）拌和站最小生产能力。拌和站最小生产能力应满足表6-80的规定。

表6-80　拌和站最小生产能力配置　（m^3/h）

摊铺宽度 \ 摊铺方式	滑模摊铺	三辊轴机组摊铺	小型机具摊铺
单车道3.75～4.5m	≥150	≥75	≥50
双车道7.5～9m	≥300	≥100	≥75
整幅宽≥12.5m	≥400	—	—

2）总拌和生产能力要求。拌和站配置的混凝土总设计标称生产能力可按式（6-27）计算，并按总拌和能力确定搅拌楼数量和型号。

$$M = 60\mu bhv_t \tag{6-27}$$

式中　M——拌和楼（机）总设计标称搅拌能力（m^3/h）；

b——摊铺宽度（m）；

v_t——摊铺速度（m/min），不小于1m/min；

h——面层松铺厚度（m），普通与碾压混凝土分别取设计厚度1.10倍、1.15倍；

μ——拌和楼（机）可靠性系数，取值范围1.2～1.5，根据下述具体情况确定：拌和楼（机）可靠性高，μ可取较小值，反之，μ取较大值；搅拌钢纤维混凝土时，μ应取较大值；坍落度要求较低者，μ应取较大值。

3）搅拌机型选择。水泥混凝土拌和应采用间歇强制式拌和楼（机），或配料计量精度满足要求的连续式拌和楼（机），不宜使用自落式滚筒搅拌机。高速公路、一级公路及二级公路水泥混凝土面层施工时，应采用配备计算机自动控制的强制式拌和楼（机）。

4）搅拌楼的配套设备。每座拌和楼（机）应根据粗集料级配数加细集料进行分仓，各级集料不得混仓。粗、细集料仓顶应设置过滤超粒径颗粒的钢筋筛。同时，还应配备不少于2个用于储存水泥的罐仓，每种掺合料应单独设置储存料仓。

2. 拌和技术要求

1）搅拌楼的标定和校验。每台搅拌楼在投入生产前，必须进行标定和试拌。在标定有效期满或拌和楼（机）搬迁安装后，均应重新标定。施工中应每15d校验一次拌和楼（机）计量精度。采用计算机自动控制的拌和楼（机）时，应使用自动配料方式控制生产，并按要求打印对应路面摊铺桩号的混凝土配料统计数据及偏差。拌和楼（机）配料计量允许偏差不得超过表6-81的规定。

表6-81　拌和楼（机）配料计量允许偏差　（%）

材料名称	水泥	掺合料	细集料	粗集料	水	外加剂
高速公路、一级公路每盘	±1	±1	±2	±2	±1	±1
高速公路、一级公路累计每车	±1	±1	±2	±2	±1	±1
其他等级公路	±2	±2	±3	±3	±2	±2

2）拌和时间。搅拌时间应根据拌合物的黏聚性、匀质性及搅拌机类型，经试拌确定。一般情况下，单立轴式搅拌机总拌和时间宜为80～120s，纯拌和时间不宜短于40s；行星立轴和双卧轴式搅拌机总拌和时间宜为60～90s，纯拌和时间不应短于35s；连续双卧轴拌和楼（机）的总搅拌时间宜为80～120s，纯拌和时间不应短于40s。

3）外加剂掺加要求。可溶解的外加剂应先充分溶解、搅拌均匀后加入搅拌锅，并扣除溶液中的加水量。有沉淀的外加剂溶液，应每天清除一次稀释池中的沉淀物。不可溶解的粉末外加剂加入前应过0.30mm筛，可与集料同时加入，并适当延长纯搅拌时间。

4）引气混凝土拌和要求。混凝土中掺有引气剂时，拌和楼（机）一次搅拌量不应大于其额定搅拌量的90%。

5）粉煤灰等掺合料掺加要求。粉煤灰或其他掺合料应采用与水泥相同的输送、计量方式加入。加入粉煤灰的混凝土拌合物的纯拌和时间应比不掺的延长15～25s。

6）砂石含水率控制。除拌和楼（机）应配备砂（石）含水率自动反馈控制系统外，每台班应至少监测3次粗细集料含水率。并根据集料含水率变化，快速反馈并严格控制加水量和粗、细集料用量。

7）拌和楼安全操作规定。施工单位应编制安全搅拌生产作业指导书，明确混凝土拌合物质量标准和安全拌和生产程序。拌和楼（机）机械上料时，在铲斗及拉铲活动范围内，人员不得逗留和通过。在拌和楼（机）的搅拌锅内清理黏结混凝土时，无电视监控的拌和楼（机）应有两人以上方可进行，一人清理，一人值守操作台。有电视监控的拌和楼（机），应打开电视监控系统，关闭主电动机电源，并在主开关上挂警示红牌。

8）其他注意事项。

① 拌和楼（机）拌和第一盘拌合物之前，应润湿搅拌锅，并排净积水。拌和楼（机）生产时，每台班结束后均应对搅拌锅进行清洗，剔除结硬的混凝土块，并更换严重磨损的搅拌叶片。

② 拌和楼（机）卸料时，自卸车每装载一盘拌合物应挪动一次车位，搅拌锅出口与车厢底板之间的卸料落差不应大于2.0m。

③ 拌和楼（机）的水泥、粉煤灰或矿渣粉罐仓除应防止拌和期间撒漏外，在水泥罐车输送水泥时，罐仓顶部应设置过滤布。不得使大量水泥粉或粉煤灰、矿渣粉从仓顶飞散入大气中。

④ 当摊铺机械出现故障时，应及时通知拌和楼（机）停止搅拌，防止运输到机前的混凝土因超过初凝时间不能铺筑而废弃。

3. 拌合物质量检测项目和频率

混凝土拌合物质量检测项目及频率应符合表 6-82 的规定。

低温或高温天气施工时，拌合物出料温度宜控制在 10 ~ 35℃。拌合物应均匀一致，有生料、干料、严重离析的拌合物，或有外加剂团块、粉煤灰团块的拌合物不得用于路面摊铺。一座拌和楼（机）每盘之间，各拌和楼（机）之间，拌合物的坍落度偏差应小于 10mm，而且拌和楼（机）出口混凝土拌合物的坍落度应根据铺筑最适宜的坍落度值加上运输过程中坍落度的经时损失值确定，并应根据运距长短、气温高低随时进行微调。

表 6-82　混凝土拌合物的质量检测项目及频率

检查项目	检查频度		试验方法
	高速公路、一级公路	其他等级公路	
水灰比及其稳定性	每 5000m^3 抽检 1 次，有变化随时测	每 5000m^3 抽检 1 次，有变化随时测	JTG E30 T0529
坍落度及其损失率	每工班测 3 次，有变化随时测	每工班测 3 次，有变化随时测	JTG E30 T0522
振动黏度系数	试拌、原材料和配合比有变化时测	试拌、原材料和配合比有变化时测	附录 A
纤维体积率	每工班测 2 次，有变化随时测	每工班测 1 次，有变化随时测	附录 B
含气量	每工班测 2 次，有抗冻要求不少于 3 次	每工班测 1 次，有抗冻要求不少于 3 次	JTG E30 T0526
泌水率	每工班测 2 次	每工班测 2 次	JTG E30 T0528
表观密度	每工班测 1 次	每工班测 1 次	JTG E30 T0525
温度、凝结时间、水化发热量	冬、夏季施工，气温最高、最低时，每工班至少测 1 ~ 2 次	冬、夏季施工，气温最高、最低时，每工班至少测 1 次	JTG E30 T0527
改进 VC 值	每工班测 3 次，有变化随时测	每工班测 3 次，有变化随时测	JTG E30 T0524
离析	随时观察	随时观察	—
压实度、松铺系数	每工班测 3 次，有变化随时测	每工班测 3 次，有变化随时测	JTG E30 T0525

注：本表中附录是指《公路水泥混凝土路面施工技术细则》（JTG/T F30）的附录。

4. 混凝土拌合物坍落度要求

拌和楼（机）出口混凝土拌合物的坍落度应根据铺筑最适宜的坍落度值加上运输过程中坍落度的经时损失值确定，并应根据运距长短、气温高低随时进行微调。不同施工工艺混凝土拌合物坍落度要求见表 6-83，铺筑最适宜的坍落度规定如下：

① 碎石混凝土滑模摊铺时的坍落度宜为 10 ~ 30mm，卵石混凝土滑模摊铺时的坍落度宜为 5 ~ 20mm。

② 三辊轴机组摊铺时，拌合物的现场坍落度宜为 20 ~ 40mm。

③ 小型机具摊铺时，拌合物的现场坍落度宜为 5 ~ 20mm。

表 6-83 拌合物坍落度要求

技术指标 \ 摊铺方式	滑模摊铺		三辊轴机组摊铺	小型机具摊铺
摊铺时推荐坍落度/mm	30 ± 10	40 ± 10	40 ± 10	15 ± 10
拌和楼（机）出口适宜坍落度/mm	50 ± 15	60 ± 15	55 ± 15	25 ± 15

（三）水泥混凝土拌合物的运输

1. 运输设备

混凝土运输车辆可选配车况优良、载重 2 ~ 20t 的自卸车。自卸车后挡板应关闭紧密，运输时不漏浆撒料，车箱板应平整光滑，其最大运距不应超过 20km。桥面铺装或远距离运输时，宜选配混凝土罐车，如图 6-34所示。

图 6-34 混凝土罐车运输

应根据施工进度、运量、运距及路况选配车型和车辆总数。总运力应比总拌和能力略有富余，确保新拌混凝土在规定时间内运到摊铺现场。机械摊铺系统配套的运输车辆数量可按式（6-28）计算，且不应少于 3 辆，高速公路、一级公路不应少于 5 辆。

$$N = 2n\left(1 + \frac{s\rho_c m}{v_q g_q}\right) \tag{6-28}$$

式中 N——运输车数量（辆）；

n——相同产量拌和楼（机）台数；

s——单程运输距离（km）；

ρ_c——混凝土拌合物视密度（t/m^3）；

m——一座拌和楼（机）生产能力（m^3/h）；

v_q——车辆的平均运输速度（km/h）；

g_q——汽车载重能力（t/辆）。

2. 运输技术要求

1）混凝土拌合物应在初凝时间之内运输到铺筑现场，确保运输到现场的拌合物具有适宜摊铺的工作性。

2）不掺加缓凝剂的混凝土拌合物从搅拌机出料到运抵现场的允许最长时间应符合表 6-84的规定。不满足时，可采用通过试验调整缓凝剂的剂量等措施，保证到达现场的拌合物工作性满足要求。

表 6-84 混凝土拌合物出料到运抵现场允许最长时间

施工气温/℃	滑模摊铺/h	三辊轴机组摊铺、小型机具摊铺/h
5 ~ 9	1.5	1.20
10 ~ 19	1.25	1.0
20 ~ 29	1.0	0.75
30 ~ 35	0.75	0.40

3）运送混凝土的车辆装料前，应清洁车厢或车罐，洒水润壁，排干积水。

4）混凝土运输过程中应防止漏浆、漏料和污染，防止拌合物离析。

5）车辆行驶和卸料过程中，当碰撞了模板或基准线，应重新测量纠偏。

（四）模板架设与拆除

采用三辊轴机组和小型机具施工时，均需要安装侧向模板。

1. 模板的技术要求

1）模板应采用钢材、槽钢或方木制成。模板高度应为面层设计厚度，直线段模板长度不宜小于3m，小半径弯道及竖曲线部位，为了满足渐变段施工要求，可配备长度为3m的短模板。

2）纵向施工缝侧模板应按照设计的拉杆直径和间距钻拉杆插入孔。为了提高模板的架设稳固性，模板每米长度应设置不少于1处支撑固定装置进行水平固定，如图6-35所示。

3）模板加工与矫正精度应符合表6-85的规定。

表6-85　模板加工与矫正精度

施工方式	高度偏差/mm	局部变形/mm	垂直边夹角	顶面平整度/mm	侧面平整度/mm	纵向变形/mm
三辊轴机组	±1	±2	90°±2°	±1	±2	±2
小型机具	±2	±3	90°±3°	±2	±3	±3

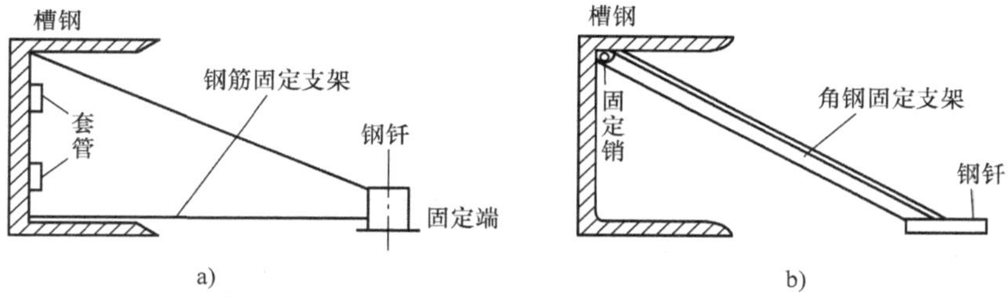

图6-35　（槽）钢模板焊接钢筋或角钢固定装置示意图

a）焊接钢筋固定支架　b）焊接角钢固定支架

4）横向施工缝端模板应按设计规定的传力杆直径和间距设置传力杆插入孔和定位套管。两边缘传力杆到自由边距离不宜小于150mm。端模板每米长度应设置1个垂直固定孔套。工作缝端模侧立面如图6-36所示。

5）模板数量应根据施工进度和施工气温确定，并满足拆模周期周转需要。一般情况下，模板总量不宜少于两次周转的需要。

2. 模板安装

1）模板测量放样。模板安装前应进行测量放样，并核对路面高程、面板分块、胀缝和构造物位置。路面中心桩应每20m设一处，水准点宜每100m布设一处。测量放样的质量要求和允许偏差应符合相关规范的规定。

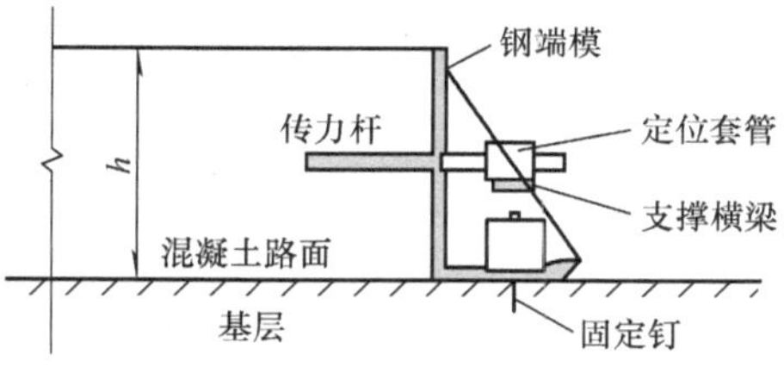

图6-36　工作缝端模侧立面

2）纵横曲线路段支模。安装水平曲线与纵曲线路面模板时，应将每块短模板中点安装在曲线的切点上。

3）模板应采用三角形木块调整高度。厚度不足时，可会同设计调整设计线，不得在基层上挖槽、嵌入安装模板。

4）模板应固定牢固，在振捣机、三辊轴整平机、滚杠等设备、机具往复作用下，不得出现推移、变形、跑模等现象。

5）模板固定后，底部空隙宜采用干硬性砂浆填堵，相邻模板接头应粘贴胶带密封，并不得漏浆。与混凝土拌合物接触的表面应涂脱模剂或隔离剂。

6）模板的安装应平整、顺适、稳固，相邻模板连接应紧密平顺，不得错茬与错台。模板安装应在混凝土面层铺筑之前完成，并满足封模砂浆固化要求。

3. 模板安装检验

模板安装精度采用尺测或20m拉线检测，安装精度应符合表6-86的规定。检验合格后，方可开始铺筑。

表6-86 模板安装精度要求

检测项目			三辊轴机组	小型机具
平面偏位/mm ≤			10	15
纵断高程偏差/mm			±5	±10
摊铺宽度偏差/mm ≤			10	15
面板厚度/mm	≥	代表值	-3	-4
		极值	-6	-8
横坡偏差（%）			±0.10	±0.20
相邻板高差/mm ≤			1	2
顶面接茬3m直尺平整度/mm ≤			2，合格率不低于90%	2.5，合格率不低于90%
模板接缝宽度/mm ≤			2	3
模板垂直度/mm ≤			3	4
纵向顺直度/mm ≤			3	4

4. 模板拆除及矫正

1）当面层混凝土抗压强度不小于8.0MPa时方可拆除模板。当缺乏强度实测数据时，边侧模板的最早允许拆模时间应符合表6-87的规定。

2）模板拆卸应使用专用工具。拆模不得损坏板边、板角，不得造成传力杆和拉杆松动或变形。

3）拆下的模板应将黏附砂浆清除干净，并矫正变形。模板矫正精度应符合表6-85的要求。

表6-87 水泥混凝土面层的最早允许拆模时间 （单位：h）

昼夜平均气温/℃	-5	0	5	10	15	20	25	≥30
硅酸盐水泥、R型水泥	240	120	60	36	34	28	24	18
道路、普通硅酸盐水泥	360	168	72	48	36	30	24	18
矿渣硅酸盐水泥	—	—	120	60	50	45	36	24

注：允许最早拆侧模时间从混凝土面层精整成形后开始计算。

（五）水泥混凝土面层滑模摊铺机铺筑

1. 一般规定

1）采用滑模摊铺机在基层上行走的铺筑方案时，基层侧边缘到滑模摊铺面层边缘的宽度不宜小于650mm。

2）传力杆和胀缝拉杆钢筋宜采用前置支架法施工，也可采用滑模摊铺机配备的自动插入装置（DBI）施工。

3）应加强混凝土运输组织，保证供料速度与摊铺速度相适应，避免发生料废弃或等料停机现象。

4）滑模铺筑施工应编制安全生产作业指导书。

2. 机械配备

1）滑模摊铺机，如图6-37所示。滑模摊铺机的选择应根据路面结构形式、路面板块划分等因素，并参考滑模摊铺机的性能确定。高速公路、一级公路宜选配能一次摊铺不少于2个车道宽度的滑模摊铺机；二级公路路面的最小摊铺宽度不得小于单个车道设计宽度。硬路肩的摊铺宜选配中、小型多功能滑模摊铺机，并宜连体一次摊铺路缘石。滑模摊铺机可按表6-88的基本技术参数选择。

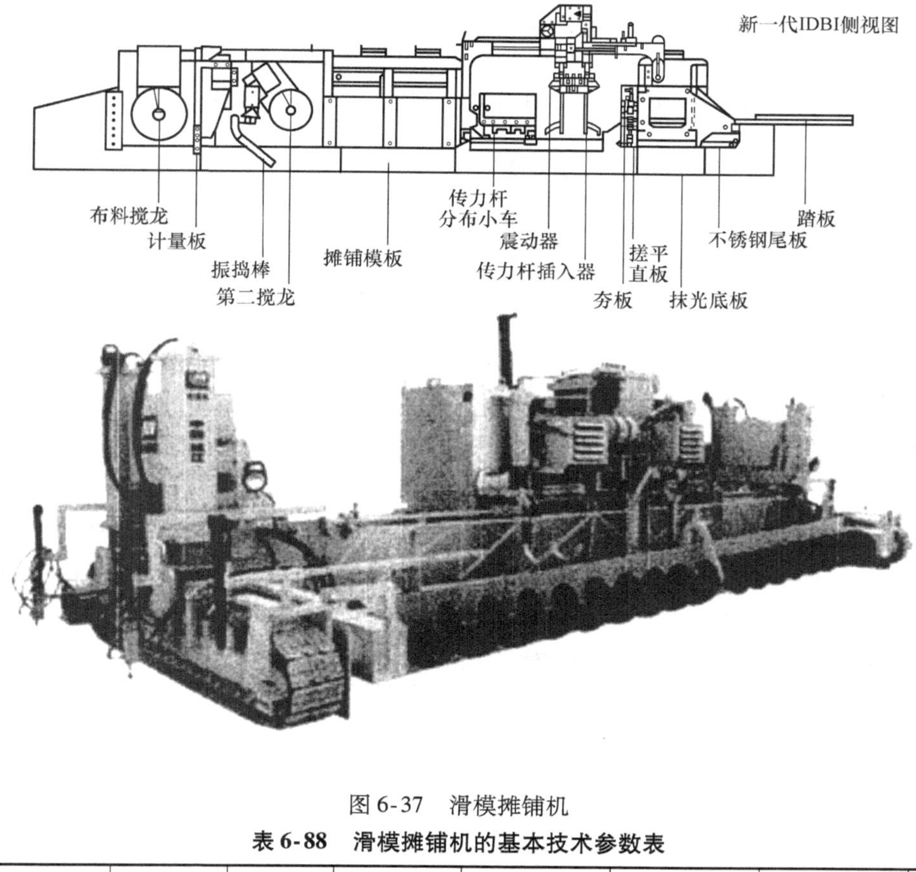

图6-37　滑模摊铺机

表6-88　滑模摊铺机的基本技术参数表

项目	发动机最小功率/kW≥	摊铺宽度范围/m	摊铺最大厚度/mm≤	摊铺速度范围/(m/min)	最大空驶速度/(m/min)≤	最大行走速度/(m/min)≤	履带个数/个
三车道滑模摊铺机	200	12.5~16.0	500	0.75~3.0	5.0	15	4
双车道滑模摊铺机	150	3.6~9.7	500	0.75~3.0	5.0	18	2~4

（续）

项目	发动机最小功率/kW≥	摊铺宽度范围/m	摊铺最大厚度/mm≤	摊铺速度范围/(m/min)	最大空驶速度/(m/min)≤	最大行走速度/(m/min)≤	履带个数/个
多功能单车道滑模摊铺机	70	2.5~6.0	400 护栏最大高度≤1900	0.75~3.0	9.0	15	2~4
小型路缘石滑模摊铺机	60	0.50~2.5	450	0.75~2.0	9.0	10	2~3

2）布料机械。滑模摊铺无传力杆水泥混凝土路面时，布料可使用轻型挖掘机或推土机。滑模铺筑连续配筋混凝土路面、钢筋混凝土路面、桥面和桥头搭板时，路面中设传力杆钢筋支架、胀缝钢筋支架时，布料应采用侧向上料的布料机或供料机。

3）自动抹平板。滑模摊铺水泥混凝土路面时，摊铺机应配备自动抹平板装置。

4）抗滑构造施工机械。应采用刻槽机进行硬刻槽，其刻槽作业宽度不宜小于500mm，所配备的硬刻槽机数量及刻槽能力应与滑模摊铺进度相匹配。中、轻交通荷载的公路水泥混凝土面层也可采用拉毛机或人工软拉槽制作抗滑沟槽，如图6-38所示。

5）切缝机械。滑模摊铺混凝土路面的切缝，可使用软锯缝机、支架式硬锯缝机和普通锯缝机，如图6-39所示。配备的锯缝机数量及切缝能力应与滑模摊铺进度相适应。

图6-38 人工拉毛

图6-39 锯缝机

6）滑模摊铺系统机械配套。滑模摊铺机械系统应配套齐全，辅助设备的数量及生产能力应满足铺筑进度的要求，可按表6-89要求进行配备。

表6-89 滑模摊铺机施工主要机械和机具配套表

工作内容	主要施工机械设备	
	名称	机型及规格
钢筋加工	钢筋锯断机、折弯机、电焊机	根据需要定规格和数量
测量基准线	水准仪、经纬仪、全站仪①	根据需要定规格和数量
	基准线、线桩及紧线器	300个桩、5个紧线器、3000m基准线
搅拌	强制式搅拌楼	≥50m^3/h，数量由计算确定
	装载机	2~3m^3
	发电机	≥120kW
	供水泵和蓄水池	≥250m^3

（续）

工作内容	主要施工机械设备	
	名称	机型及规格
运输	运输车①	4～6m^3 数量由匹配计算确定
	自卸车	4～24m^3 数量由匹配计算确定
摊铺	布料机①、挖掘机、起重机等布料设备	根据需要定规格和数量
	滑模摊铺机 1 台	技术参数见表 6-88
	手持振捣棒、整平梁、模板	根据人工施工接头需要定
抗滑	拉毛养护机① 1 台	与滑模摊铺机同宽
	人工拉毛齿耙、工作桥	根据需要定规格和数量
	硬刻槽机①刻槽宽度≥500mm，功率≥7.5kW	数量与摊铺进度匹配
切缝	软锯缝机	根据需要定规格和数量
	常规锯缝机或支架锯缝机	根据需要定规格和数量
	移动发电机	12～60kW，数量由施工需要定
磨平	水磨石磨机	需要处理欠平整部位时
灌缝	灌缝机或插胶条工具	根据需要定规格和数量
养护	压力式喷洒机或喷雾器	根据需要定规格和数量
	工地运输车	4～6t，按需要定数量
	洒水车	4.5～8t，按需要定数量

① 可按装备、投资、施工方式等不同要求选配。

3. 基准线设置

滑模摊铺混凝土面层前，应准确架设基准线。基准线用拉线的设置方法。基准线设置形式有单向坡双线式、单向坡单线式和双向坡双线式三种。滑模摊铺高速公路、一级公路时，应采用单向坡双线基准线；横向连接摊铺时，连接一侧可依托已铺成的路面，另一侧设置单线基准线。滑模整体铺筑二级公路的双向坡路面时，应设置双线基准线，滑模摊铺机底板应设置为路拱形状。基准线应满足下列要求：

1）基准线桩纵向间距直线段不宜大于 10m，桥面铺装、隧道路面及竖曲线和平曲线路段宜为 5～10m，大纵坡与急弯道可加密布置。基准线桩最小距离不宜小于 2.5m。

2）基层顶面到夹线臂的高度宜为 450～750mm。基准线桩夹线臂夹口到桩的水平距离宜为 300mm。基准线桩应固定牢固。

3）单根基准线的最大长度不宜大于 450m。架设长度不宜大于 300m。

4）基准线宜使用钢绞线。采用直径 2.0mm 的钢绞线时，张线拉力不宜小于 1000N；采用直径 3.0mm 钢绞线时，不宜小于 2000N。

5）基准线的设置精确度应符合表 6-90 规定。

6）基准线设置后，应避免扰动、碰撞和振动。多风季节施工，宜缩小基准线桩间距。

7）架设完成的基准线，不得存在目视可见的拐点及下垂，并应逐段校验其顺直度与张紧度。

8）顺直度、张紧度或板厚不满足要求时，应重新测量架设基准线。

表 6-90 基准线设置精确度要求

项目	中线平面偏位 /mm≤	路面宽度偏差 /mm≤	面层厚度偏差/mm≥		纵断高程偏差 /mm	横坡偏差 (%)	连接纵缝高差 /mm
			平均值	极值			
规定值	10	+15	-3	-8	±5	±0.10	±1.5

4. 摊铺前准备

1）检查夹层或封层质量。摊铺段夹层或封层质量应检验合格，对于破损或缺失部位，应及时修复。表面应清扫干净并洒水润湿，并采取防止施工设备和车辆碾坏封层的措施。

2）检查并平整滑模摊铺机的履带行走区。行走区应坚实，不得存在湿陷等病害，并应清除砖、瓦、石块、废弃混凝土块等杂物。履带行走部位基层存在斜坡时，应提前整平。

3）检查并调试施工设备。滑模摊铺机首次作业前，应挂线对其铺筑位置、几何参数和机架水平度进行设置、调整和校准，满足要求后方可用于摊铺作业。

4）横向连接摊铺准备。横向连接摊铺前，前次摊铺路面纵向施工缝处溜肩胀宽部位应切割顺直；拉杆应校正扳直，缺少的拉杆应钻孔锚固植入；摊铺时，纵向施工缝的上半部缝壁应按设计涂覆隔离防水材料。

5）校验板厚。板厚应按下列规定进行校验。

① 采用垂直于两侧基准线横向拉线，用直尺或加垂头的方法，对预备摊铺路段的板厚进行复核测量。

② 单车道铺筑时，一个横断面横向应测不少于 3 个点；双车道及全幅摊铺时，应测不少于 5 个点。纵向每 200m 应测不少于 10 个断面。

③ 横断面板厚测量值的算术平均值不应薄于设计板厚，极小值不应薄于质量控制极值。

④ 纵向以 200m 为单元，全部板厚总平均值不应薄于设计板厚。

6）安装和固定支架。当面层传力杆、胀缝钢筋采用前置支架法施工时，应在表面先准确安装和固定支架，保证传力杆中部对中缩缝切割位置，且不会因布料、摊铺而导致推移。支架可采用与锚固入基层的钢筋焊接等方法固定。

7）安装边缘补强钢筋。边缘补强钢筋的安装应符合下列规定。

① 应按设计图纸加工焊接边缘补强钢筋支架。

② 边缘补强中部底筋与封层表面距离宜为 30～50mm；两端弯起筋与面层表面的距离不应小于 50mm；外侧钢筋到板边距离宜为 100～150mm。

③ 可采用在封层或夹层上钻孔，钉入架立锚固钢筋，再将边缘补强钢筋支架与架立锚固钢筋焊接的方式固定边缘补强钢筋。

④ 边缘补强钢筋两端弯起处应各有不少于 2 根锚固钢筋与支架相焊接，其他部位每延米不宜少于 1 根锚固钢筋。

8）安装角隅钢筋。角隅钢筋的安装应符合下列规定。

① 钢筋混凝土搭板与桥面钝角角隅补强钢筋宜加工成网片状。

② 发针状角隅补强钢筋片宜采用焊接制成。

③ 发针状角隅补强钢筋安装位置应根据设计图纸确定，且距两锐角边距离不宜小于 50mm。

④ 钢筋片与基层锚固点不宜少于 5 个。

5. 滑模摊铺机的施工参数设定及校准

1）振捣棒位置设定。振捣棒应均匀排列，间距宜为 300～450mm；混凝土摊铺厚度较大时，应采用较小间距。两侧最边缘振捣棒与摊铺边缘距离不宜大于 200mm。振捣棒下缘位置应位于挤压底板最低点以上，如图 6-40 所示。

图 6-40　振捣棒位置设定

2）挤压底板前倾角。挤压底板前倾角宜设置为 3°左右。提浆夯板位置宜在挤压底板前缘以下 5～10mm 之间。

3）超铺高度及搓平梁的设置。边缘超铺高度根据拌合物稠度确定，宜为 3～8mm；板厚较厚、坍落度较小时，边缘超铺高度宜采用较小值。搓平梁前沿宜调整到与挤压板后沿高程相同，搓平梁的后沿应比挤压底板后沿低 1～2mm，并与路面高程相同。

4）符合铺筑精度要求的摊铺机设置应加以固定和保护。当基底高程等摊铺条件发生变化，铺筑精度超出范围时，可由操作手在行进中通过缓慢微调加以调整。

6. 布料

滑模摊铺混凝土机前布料，应采用机械完成，布料高度应均匀一致，不得采用翻斗车直接卸料的方式。布料尚应符合下列规定。

1）卸料、布料速度应与摊铺速度协调一致，不得局部或全断面缺料。发生缺料时应立即停止摊铺。

2）采用布料机布料时，布料机与滑模摊铺机之间施工距离宜为 5～10m；现场蒸发率较大时，宜采用较小值。

3）当坍落度在 10～30mm 时，布料松铺系数宜控制在 1.08～1.15 之间。

4）应保证滑模摊铺机前的料位高度位于螺旋布料器叶片最高点以下，最高料位高度不得高于松方控制板上缘。使用布料犁布料时，应按松方高度严格控制料位高度。

5）当面层传力杆、胀缝与隔离缝钢筋采用前置支架法施工时，不得在支架顶面直接卸料。传力杆以下的混凝土宜在摊铺前采用手持振捣棒振实。

7. 铺筑作业技术要点

1）松方高度板调整。摊铺过程中应随时调整松方高度板控制摊铺机进料，保证进料充足。起步时宜适当调高，正常摊铺时宜保持振捣仓内料位高于振捣棒顶面 100mm 左右，料位高低波动宜控制在 ±30mm 之内。

2）控制摊铺速度。滑模摊铺应缓慢、匀速、连续不间断地作业。滑模摊铺速度应根据板厚、混凝土工作性、布料能力、振捣排气效果等确定，可在 0.75～2.5m/min 之间选择，宜采用 1m/min。滑模摊铺水泥混凝土面层时，严禁快速推进、随意停机与间歇摊铺。

3）振捣频率控制。滑模摊铺中应符合下列规定。

① 滑模摊铺振捣频率应根据板厚、摊铺速度和混凝土工作性确定，以保证拌合物不发生过振、欠振或漏振。振捣频率可在100～183Hz之间调整，宜为150Hz。

② 可根据拌合物的稠度大小，采取调整摊铺的振捣频率或速度等措施，保证摊铺质量稳定。当拌合物稠度发生变化时，宜先采取调振捣频率的措施，后采取改变摊铺速度的措施。

③ 滑模摊铺机起步时，应先开启振捣棒，在2～3min内调整振捣棒到适宜振捣棒频率，使进入挤压底板前缘拌合物振捣密实，无大气泡冒出破灭，方可开动滑模机平稳推进摊铺。当天摊铺施工结束，摊铺机脱离拌合物后，应立即关闭振捣棒组。

4）坡段施工。摊铺上坡路段时，挤压底板前仰角宜适当调小，并适当调小抹平板压力；摊铺下坡路段时，前仰角宜适当调大，并适当调大抹平板压力。

5）弯道施工。摊铺小半径水平弯道时，弯道外侧的抹平板到摊铺边缘的距离应向内调整，两侧的加长侧模应采用可水平转动的铰连接，不得固接。

6）插入拉杆与传力杆。滑模摊铺采用传力杆插入装置（DBI）设置传力杆与拉杆时，应符合下列规定。

① 应安排专人负责对中横向缩缝位置，应一次振动插入整排全部传力杆。

② 插入传力杆时，应缓慢插入，防止快速插入导致阻力过大使滑模摊铺机整体抬升。

③ 拉杆插入装置应根据一次摊铺的车道数和设计选用。与未摊铺水泥混凝土面层连接的拉杆应采用侧向拉杆插入装置插入；两个以上车道摊铺，在摊铺范围内的拉杆应采用拉杆压入装置压入。

④ 中央拉杆可自动定位插入或手工操作在规定位置插入，应一次插入到位。

⑤ 边缘拉杆应一次插入到位，不得在脱模后多次插入或手工反复打进。插入就位的拉杆应妥善保护，避免拉杆与混凝土黏结丧失。

⑥ 应通过试验路段采用非破损方法对传力杆插入深度进行校准，施工中应进行传力杆精度复核。检测可使用钢筋保护层厚度测试仪或专用传力杆位置检测仪进行。

7）抹面与表面砂浆厚度控制。滑模摊铺中应符合下列规定。

① 配备振动搓平梁时，摊铺过程中搓平梁前方砂浆卷直径宜控制在100mm±30mm，避免砂浆卷中断、散开或摊展。

② 应通过控制抹平板压力的方法，使其底部不小于85%长度接触新铺混凝土表面。

③ 滑模摊铺过程中应采用自动抹平板装置进行抹面。滑模摊铺时，应保证自动抹平板装置正常工作。出现局部麻面或少量缺料部位，可在搓平梁前补充适量拌合物，利用搓平梁和抹平板修平表面。

④ 滑模摊铺推进时应匀速、平稳，滑出挤压底板或搓平梁的拌合物表面应平整、无缺陷，两侧边角应为90°，光滑规则，无塌边溜肩，表层砂浆厚度不宜大于3mm。除露石混凝土路面外，滑模摊铺水泥混凝土面层表面不应裸露粗集料。

8）修整。滑模摊铺的水泥混凝土面层纵缝边缘出现局部倒边、塌边、溜肩现象，或表面局部存在小缺陷时，可用人工进行局部修整。修整作业应符合下列规定。

① 局部修整后应精确整平，整平用抄平器长度不应短于2m。

② 面层边缘应采用设置侧模或在上部支方形金属管，控制修整时的变形。

③ 纵、横向施工接头处存在明显高差时，可整平后采用手持振捣棒振捣密实和水准仪

测量，整平用的抄平器长度不应短于3m。

④ 表面修补作业需要补料时，可使用从摊铺拌合物中筛出的细料进行，不得洒水、撒水泥粉。

⑤ 不得采用薄层贴补的办法进行表面修补。

9）施工缝设置。设置施工缝应符合下列规定。

① 当滑模摊铺机停机等料时间预计会超过运至现场混凝土的初凝时间时，应将滑模摊铺机迅速开出摊铺工作面，制作横向施工缝。

② 横向施工缝可采用架设端模板的方法施做，并宜与胀缝或隔离缝合并设置，无法与胀缝合并设置时，应与缩缝合并设置。横向施工缝部位应满足面层平整度、高程、横坡的质量要求。

③ 施工缝端部两侧可采取架设侧模的方法，使侧边向内收进20～40cm，方便后续连续摊铺。侧边向内收进长度宜比滑模摊铺机侧模板略长。

10）摊铺中其他注意事项。滑模摊铺中还需注意以下事项。

① 在开始摊铺5～10m内，应在铺筑行进中对摊铺出的路面高程、边缘厚度、中线、横坡度等参数进行复核测量，必要时可缓慢微调摊铺参数，保证路面摊铺质量满足规定的要求。

② 摊铺中应经常检查振捣棒的工作情况和位置。面层出现条带状麻面现象时，应停机检查振捣棒是否损坏；振捣棒损坏后，应更换振捣棒。摊铺面层上出现发亮的砂浆条带时，应检查振捣棒位置是否异常；振捣棒位置异常时，应将振捣棒调整到正常位置。

③ 当摊铺宽度大于7.5m时，应加强左右两侧拌合物工作性检查。发现不一致时，摊铺速度应按偏于一侧进行微调，并采取将偏稀一侧的振捣棒频率调小等措施，避免局部过振。当拌合物严重离析或离散时，应停止摊铺，废弃已拌和的混合料，查找并解决问题后，再重新开始摊铺。

④ 在不影响路面总体耐久性的前提下，可采取调整拌合物稠度、挤压底板前仰角、起步及摊铺速度等措施，减少水泥混凝土面层横向拉裂现象。

⑤ 抗滑纹理做毕，应立即开始保湿养护。养护龄期不应少于5d，且混凝土强度满足要求后，方可连接摊铺相邻车道面板。履带在新铺面层上行走时，钢履带底部应铺橡胶垫或使用有橡胶垫履带的摊铺机。纵缝横向连接高差不应大于2mm。

滑模摊铺机的铺筑作业如图6-41所示。

（六）水泥混凝土面层三辊轴机组铺筑

1. 一般规定

1）三辊轴机组铺筑工艺的混凝土应采用集中搅拌。铺筑长度不足10m时，可使用小型搅拌机现场搅拌。严禁人工拌和。

2）三辊轴机组铺筑时，应加强各工序之间的衔接，振捣密实与成型饰面所需时间不得超过拌合物初凝时间。

3）三辊轴机组铺筑水泥混凝土面层时，应按照支模、安装钢筋、布料、振捣、三辊轴整平、精平、养护、刻槽（拉毛）、切缝、填缝的工艺流程进行。

2. 设备选择与配套

1）三辊轴整平机（如图6-42所示）。三辊轴整平机应由振动辊、驱动辊和甩浆辊组

图 6-41 滑模摊铺机铺筑作业

成，材质应为三根等长度同直径无缝钢管，并具有足够的刚度和耐磨性。三辊轴整平机的技术参数应符合表 6-91 的要求，并应根据面层厚度、拌合物工作性和施工进度等合理选用。三辊轴整平机使用功能应符合下列规定。

图 6-42 三辊轴整平机

① 三辊轴整平机辊轴长度应比实际铺筑的面层宽度至少长出 0.6m，两端应搭在两侧模板顶面。

② 三辊轴整平机振动辊应有偏心振捣装置，偏心距应由密实成型所需振幅决定，宜为 3mm。振动辊应安装在整平机前侧，由单独的动力驱动。甩浆辊的转动方向应与铺筑前进方向相反，不振动时可提离模板顶面。

表 6-91 三辊轴整平机的技术参数要求

轴直径 /mm	轴速 /(r/min)	轴长 /m	轴质量 /(kg/m)	行走速度 /(m/min)	整平轴距 /mm	振动功率 /kW	驱动功率 /kW	适宜整平路面厚度/mm
168	300	5 ~ 9	65 ± 0.5	13.5	504	7.5	6	200 ~ 260
219	380	5 ~ 12	77 ± 0.7	13.5	657	17	9	160 ~ 240

2）振捣机（如图 6-43 所示）。三辊轴机组铺筑水泥混凝土面层时，应配备振捣机。振捣机应符合下列规定。

① 振捣机应由机架、行走机构和一排振捣棒组成，并配备螺旋布料器和松方控制刮板，具备自行或推行功能。

② 连续式振捣机的振捣棒组宜水平或小角度布置，直径宜为 80～100mm，振动频率宜为 100～200Hz，工作长度宜为 400～500mm，振捣棒之间的间距宜为 350～500mm。振捣机的移动速度应可调整，调整范围宜为 0.5～2m/min。

图 6-43 三辊轴摊铺用振捣机

③ 间歇式振捣机的振捣棒可垂直或大角度布置，振捣棒的直径、振动频率、工作长度和间距要求应与连续式振捣机相同。振捣棒每次插入振动最短时间不应短于 20s，振捣棒应缓慢抽出后，再移动振捣机，每次移动距离不应超过振捣棒有效作用半径的 1.5 倍，并不宜大于 0.6m。

3）振捣梁。振捣梁应设置在三辊轴整平机前方。当铺筑厚度不大于 200mm 时，其振动频率宜为 50～60Hz，振动加速度宜为 4～5g（g 为重力加速度）。

4）其他施工辅助配套设备可参照表 6-89 选配。

3. 三辊轴机组铺筑作业要点

1）安装拉杆和传力杆。当一次铺筑宽度大于 4.5m 时，纵缝拉杆宜使用预设钢筋支架固定。横向连接纵缝处的拉杆应在边模板预留孔中插入，并振实粘牢。松动的拉杆应在连接摊铺前重新植牢固。横缝传力杆应采用预制钢筋支架法安装固定，不得手工设置传力杆。宜使用手持振捣棒专门振实传力杆支架范围内的混凝土。振捣机连续振捣时，振捣棒的深度应位于传力杆顶面以上。

2）铺筑方向。纵坡路段宜向上坡方向铺筑。

3）松铺系数控制。应根据铺筑时拌合物的实测坍落度，按照表 6-92 初选松铺系数，并根据铺筑效果最终确定。弯道横坡与超高路段的松铺系数，高侧宜取表 6-92 中的高值，低侧宜取其低值。

表 6-92 不同铺筑坍落度时的拌合物松铺系数

铺筑坍落度/mm	10～30	30～50	50～70
拌合物松铺系数	1.2～1.25	1.15～1.20	1.10～1.15

4）振捣作业。应全断面布料，松铺高度符合要求后，再使用振捣机开始振捣。振捣机应匀速缓慢、连续地振捣行进作业。振捣后的混凝土面层应成为连续均匀的整体，并达到所要求的密实度。振捣机振实后，料位应高于模板顶面 5～15mm，局部坑洼不得低于模板顶面。过高时应铲除，过低应及时补料。

5）三辊轴整平机作业要点。

① 作业单元长度控制：三辊轴整平机按作业单元分段整平，作业单元长度宜为 10～30m，施工开始或施工温度较高时，可缩短作业单元长度，最短不宜短于 10mm。振捣机振实与三辊轴整平两道工序之间的时间间隔不宜超过 15min。

② 三辊轴整平机作业方式。在作业单元长度内，三辊轴整平机应采用前进振动、后退

静滚方式作业。

③ 振动滚压遍数控制：三辊轴机组施工最关键的是料位高差和振动滚压遍数的控制。三辊轴整平机整平水泥混凝土面层不同料位高差的滚压遍数，可根据表6-93按拌合物坍落度初步设置，并根据试铺效果最终确定。

表6-93　三辊轴整平机整平水泥混凝土面层不同料位高差的滚压遍数参考表

坍落度/mm	料位高差/mm					
	2	4	6	2	4	6
	$L=9m$，$d=168mm$，$m=2095kg$			$L=12m$，$d=219mm$，$m=3800kg$		
	滚压遍数					
1.5	3	5	8	1	2	2
4.0	2	3	5	1	1	2
6.0	1	2	3	1	1	1

注：1. 前进振动、后退静滚的一次往返，为一遍。
2. L为三辊轴长度，d为三辊轴直径，m为三辊轴整机质量。

④ 料位高差控制：三辊轴整平作业时，应处理整平轴前料位的高低情况，过高时应铲除，轴下的间隙应采用混凝土补平。

⑤ 整平质量控制：滚压完成后，应升起振动辊，用甩浆辊抛浆整平一遍，再用整平轴前、后静滚整平，直到平整度符合要求、表面砂浆厚度均匀为止。

⑥ 表面砂浆厚度控制：路面表面砂浆的厚度宜控制为4mm±1mm，过厚的稀砂浆应及时刮除丢弃，不得用于路面补平。

6）精平饰面。三辊轴整平机整平后，应采用3～5m刮尺，在纵、横两个方向进行精平饰面，纵向不少于3遍，横向不少于2遍。也可采用旋转抹面机密实精平饰面2遍，直到平整度符合要求。

7）养护。饰面完成后，应立即开始保湿养护。

图6-44　三辊轴整平机作业

三辊轴整平机作业如图6-44所示。

（七）水泥混凝土面层小型机具铺筑

1. 一般规定

1）小型机具铺筑工艺的混凝土应采用集中搅拌。铺筑长度不足10m时，可使用小型搅拌机现场搅拌。严禁人工拌和。

2）小型机具铺筑时，应加强各工序之间的衔接，振捣密实与成型饰面所需时间不得超过拌合物初凝时间。

3）小型机具铺筑宽度不大于4.5m时，铺筑能力不宜小于20m/h。

2. 小型机具配套

小型机具性能应稳定可靠，操作简易，维修方便，机具配套应与工程规模、施工进度相适应。选配机械、机具宜参照表6-94的要求。

表6-94　小型机具施工配套机械、机具配置

工作内容	主要施工机械机具	
	机械机具名称、规格	数量、生产能力
钢筋加工	钢筋锯断机、折弯机、电焊机	根据需要定规格和数量
测量	水准仪、全站仪	根据需要定规格和数量
架设模板	与路面厚度等高3m长槽钢模板、固定钢钎	数量不少于3d摊铺用量
搅拌	强制式搅拌楼，单车道≥25m³/h，双车道≥50m³/h	总搅拌产生能力及搅拌数量，根据施工规模和进度由计算确定
	装载机	2~3m³
	发电机	≥120kW
	供水泵和蓄水池	单车道≥100m³，双车道≥200m³
运输	5~10t自卸车	数量由匹配计算确定
振实	手持振捣棒，功率≥1.1kW	每2m宽路面不少于1根
	平板振动器，功率≥2.2kW	每车道路面不少于1个
	振捣整平梁，刚度足够，2个振动器，功率≥1.1kW	每车道路面不少于1个振动器 每车道路面不少于1根振动梁
	现场发电机，功率≥30kW	不少于2台
提浆整平	提浆滚杠直径15~20mm，表面光滑无缝钢管，壁厚≥3mm	长度适应铺筑宽度，一次摊铺单车道路面1根，双车道路面2根
	叶片式或圆盘式抹面机	每车道路面不少于1台
	3m刮尺	每车道路面不少于2根
	手工抹刀	每米宽路面不少于1把
抗滑构造	工作桥	不少于3个
	人工拉毛齿耙、压槽器	根据需要定数量
切缝	软锯缝机	根据需要定数量
	手推锯缝机	根据进度定数量
磨平	水磨石磨机	需要处理欠平整部位时
灌缝	灌缝机具	根据需要定规格和数量
养护	洒水车，4.5~8.0t	按需要定数量
	压力式喷洒机或喷雾器	根据需要定规格和数量
	工地运输车，4~6t	按需要定数量

3. 摊铺

1）摊铺前检查：混凝土拌合物摊铺前，应对模板的架设位置、精度、支撑稳固情况，传力杆、拉杆的安设等进行全面检查。修复破损基层，并洒水润湿。用厚度标尺板全面检测板厚，与设计值相符方可开始摊铺。

2）卸料：专人指挥自卸车，尽量准确卸料，卸料应均匀。

3）人工布料：人工布料应用铁锹反扣，严禁抛掷和耧耙。

4）坍落度控制：混凝土拌合物的坍落度宜控制在5~20mm之间。

5）松铺系数控制：拌合物松铺系数宜控制在1.10~1.25之间，坍落度高时取低值，横坡高侧取高值。

6）停工等待时间：因故造成1h以上停工或达到2/3初凝时间，致使拌和物无法振实时，应在已铺筑好的面板端头设置施工缝，废弃不能被振实的拌合物。

4. 振实

小型机具铺筑时，应依次使用振捣棒、振动板、振动梁三遍振捣密实。

图6-45 插入式振捣棒振实

1）插入式振捣棒振实：如图6-45所示。

① 在待振横断面上，每车道应配备不少于3根振捣棒，振捣棒的功率不应小于1.1kW，沿横断面连续振捣密实，板底、内部和边角不得欠振或漏振。

② 振捣时，振捣棒应轻插慢提，不得在拌合物中平推或拖拉振捣。

③ 振捣棒移动距离不应大于有效作用半径的1.5倍，并不大于500mm，每处振动时间不宜短于30s。边角插入振捣离模板的距离不应大于150mm，并应避免碰撞模板。

④ 缩缝传力杆支架与胀缝钢筋笼应预先安装固定，再用振捣棒振捣密实。边缘拉杆振捣时，应由人工扶正拉杆。

⑤ 振捣时，应辅以人工补料，并随时检查振实效果，及时纠正模板、拉杆、传力杆和钢筋网的移位、变形、松动、漏浆等情况。

2）振动板振实：

① 每车道应配备不少于2台振动板，振动板的功率不应小于2.2kW。

② 每个振动板应由两名作业人员提拉振动，不得自由放置或长时间持续振动。振动板移位时，应重叠100~200mm，每处振动时间不应少于15s。

③ 振动板振动遍数应纵、横向交错两遍，不得过振或漏振，应控制振动板板底泛浆厚度为4mm±1mm。

④ 缺料的部位，应在振动的同时辅以人工补料找平。

3）振动梁振实：如图6-46所示。

① 应配备1根振动梁，长度应比路面宽度每侧宽出300~500mm。振动梁上应安装2台附着式表面振动器，振动器功率不应小于1.1kW。振动梁底部应焊接或安装深度4mm的粗集料压入齿。

图6-46 振动梁振实

② 振动板振实长度达到10m后，可垂直路面中线纵向人工拖动振动梁，在模板顶面往复拖行2~3遍，使表面泛浆均匀平整。

③ 拖行过程中，振动梁下间隙应及时用混凝土补平，不得用纯砂浆填补；料位高出模板时应人工铲除，直到表面泛浆均匀，路面平整。

5. 整平

小型机具应采用滚杠、整平尺或抹面机三遍整平，直至面层无任何缺陷，平整度符合要求。

1）滚杠整平：如图6-47所示。

① 应在每个作业面配备2根整平滚杠，一根用于施工，另一根浸泡清洗备用。滚杠应使用直径为100mm或125mm的无缝钢管制成，刚度及顺直度应满足施工质量要求，两端设有把手与轴承，能够往复拖滚。

② 滚杠应支承在模板顶面，用人工往返拖滚，拖滚遍数宜为2～3遍，第一遍应短距离缓慢拖滚或推滚，以后应较长距离匀速拖滚，并将水泥浆始终赶在滚杠前方。

③ 滚杠下有间隙的部位应及时找补，多余水泥浆应铲除。

2）整平饰面：如图6-48所示。

图6-47　滚杠提浆整平

图6-48　抹面机抹光

① 整平饰面应待混凝土表面泌水基本完成后进行，采用3m刮尺收浆饰面，纵横各2～3遍抄平饰面，直到表面平整度符合要求，表面砂浆厚度均匀。

② 整平饰面也可采用叶片式或圆盘式抹面机进行，抹面机应按每车道路面不少于1台配备。饰面遍数宜为往返1～2遍。

3）精平饰面：如图6-49所示。

图6-49　抹刀抹平

在抹面机完成作业后，应使用抹刀进行精平饰面。精平饰面包括清边整缝，清除粘浆，修补缺边、掉角等工作。当烈日暴晒或风大时，应加快表面的修整速度，或在防雨篷遮阴下进行。精平饰面后的面板表面应无抹面印痕，致密均匀，无露骨，平整度应达到规定要求。

（八）接缝施工

1. 纵缝施工

1）纵向施工缝：当一次铺筑宽度小于面层加硬路肩总宽度时，应按设计设置纵向施工缝。纵向施工缝采用平缝加拉杆型。采用滑模摊铺机施工时，纵向施工缝的拉杆宜采用支架法安设，也可采用摊铺机的侧向拉杆液压装置一次推入。采用固定模板施工时，应从侧模预留孔中插入拉杆并振实。采用小型机具施工，也可事先插入拉杆，如图6-50所示。

图 6-50　拉杆前置图示

2）纵向缩缝：当一次铺筑宽度大于 4.5m 时，应采用假缝拉杆型纵向缩缝，即锯切纵向缩缝。纵缝位置应按车道宽度设置，并在摊铺过程中用专用的拉杆插入装置插入拉杆。

3）插入的侧向拉杆应牢固，避免松动和漏插，拉杆握裹强度应实测，不满足规定要求时应钻孔重新设置拉杆。

2. 横缝施工

1）横向缩缝施工。

① 在中、轻交通荷载等级水泥混凝土面层上，横向缩缝可切割而成，不设传力杆的构造如图 6-51 所示。临近胀缝、自由端、收费站广场等局部缩缝的传力杆设置应使用前置钢筋支架法，支架法横断面构造如图 6-52 或图 6-53 所示。不得采用设置精度不满足要求的方式设置传力杆。

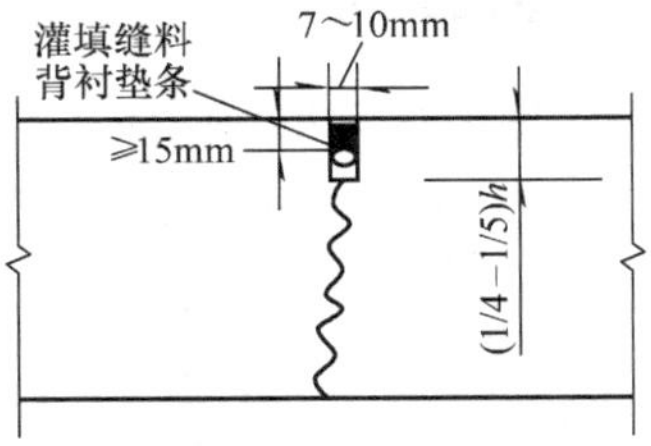

图 6-51　不设传力杆假缝型横向缩缝构造图

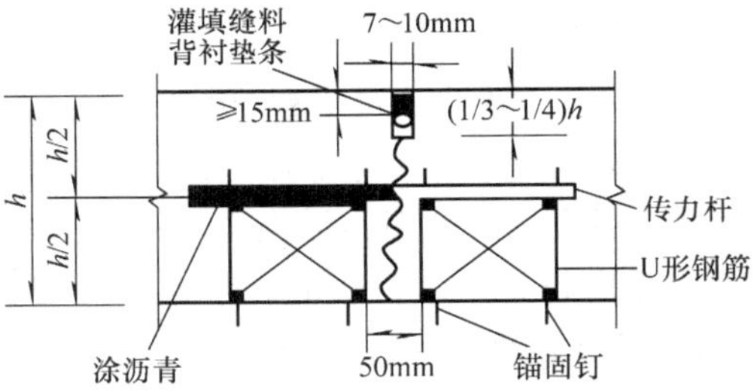

图 6-52　假缝加传力杆（支架法）构造图

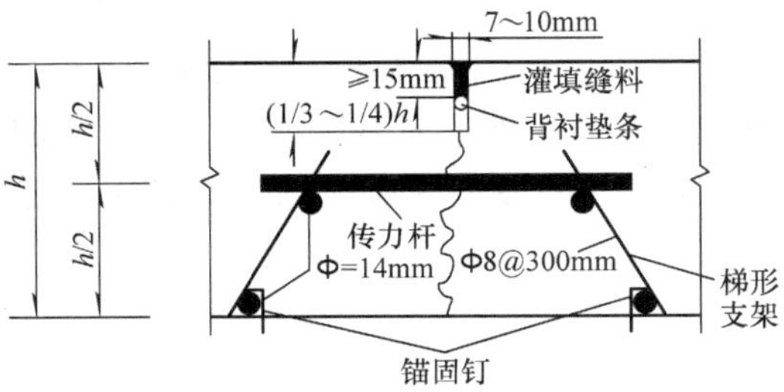

图 6-53　假缝加传力杆（支架法）构造图

图 6-54　传力杆钢筋布置图

② 在极重、特重、重交通荷载公路面层每条缩缝均设置传力杆时，宜采用前置钢筋支架法，支架法横断面构造如图 6-52 或图 6-53 所示，传力杆钢筋布置如图 6-54 所示，前置

钢筋支架法如图6-55a所示。可采用滑模摊铺机上配备的传力杆插入装置（DBI）或独立传力杆插入机，构造如图6-56所示，传力杆插入装置（DBI）法如图6-57所示。严禁采用传力杆精度不满足要求的其他方式设置。

③ 钢筋支架应具有足够的刚度，传力杆应准确定位，摊铺之前应在基层表面放样，并用钢钎锚固，宜使用手持振捣棒振实传力杆高度以下的混凝土，然后机械摊铺。传力杆无防粘涂层一侧应焊接，有涂料一侧应绑扎。用DBI法置入传力杆时，应在路侧缩缝切割位置作标记，保证切缝位于传力杆中部。

④ 角隅部位的传力杆与拉杆交叉时，应取消交叉部位拉杆，保留传力杆。

2）胀缝施工。

① 胀缝板应与路中心线垂直，并连续贯通整个面板宽度，缝中完全不连浆。

② 高温期施工时，顺直路段中可根据设计要求减少胀缝的设置。春秋季施工时，两端构造物间距大于500m时，宜在顺直路段中间设一道或若干道胀缝。低温期施工时，两端构造物间距大于350m时，宜设置顺直路段胀缝。

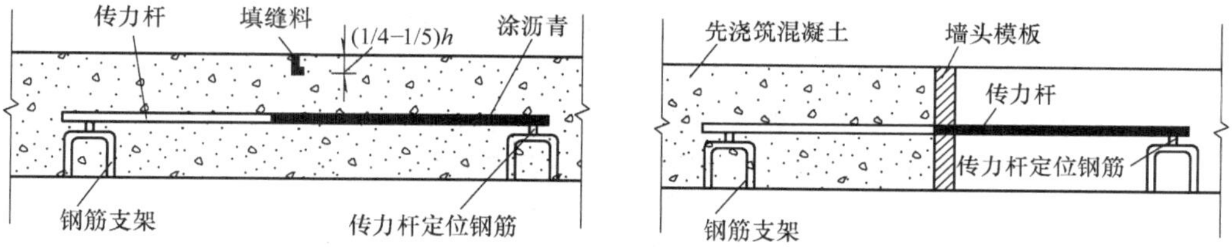

a)　　b)

图6-55　预制定位支架固定传力杆

a）缩缝（假缝）　b）施工缝

③ 胀缝应采用前置钢筋支架法（如图6-58所示）施工，也可采用预留两块面板的方法，在气温接近年平均气温时再封铺。前置法施工，应预先准确安装和固定胀缝钢筋支架，并使用手持振捣棒振实胀缝板两侧的混凝土后，再摊铺。宜在混凝土未硬化时，剔除胀缝板上部的混凝土，嵌入（20～25mm）×20mm的木条，整平表面。填缝前，应剔除木条，再粘胀缝多孔橡胶条或填缝。胀缝板应连续完整，胀缝板两侧的混凝土不得相连。

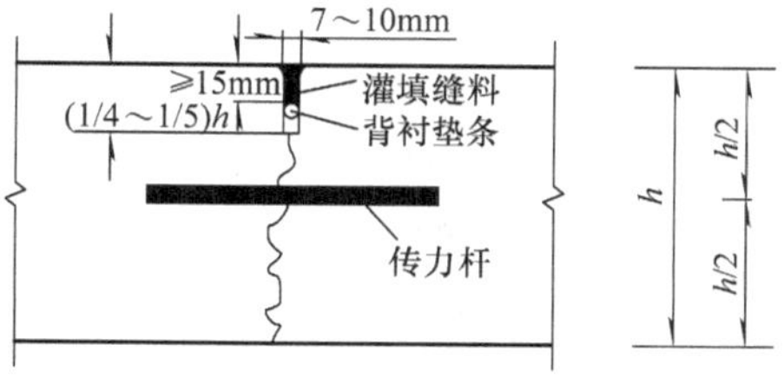

图6-56　假缝加传力杆型构造图（DBI法）

图6-57　传力杆插入装置（DBI）法

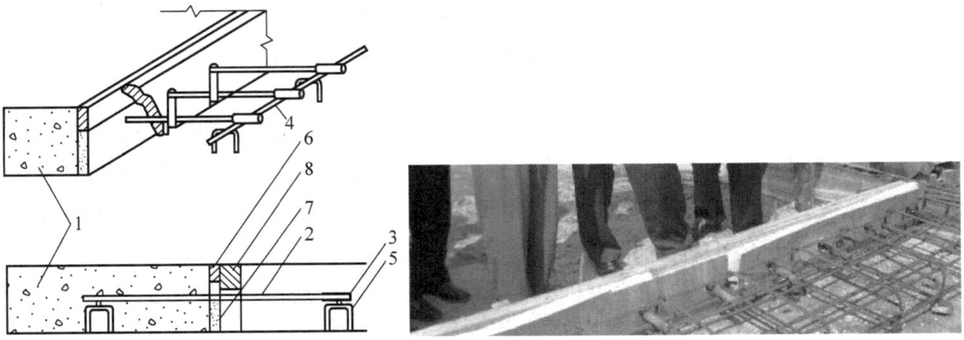

图6-58　胀缝传力杆的架设（钢筋支架法）

1—先浇的混凝土　2—传力杆　3—金属套筒　4—钢筋　5—支架　6—压缝板条　7—嵌缝板　8—胀缝模板

3）横向施工缝施工。每天摊铺结束或摊铺中断时间超过30min时，应设置横向施工缝，其位置宜与胀缝或缩缝重合。横向施工缝在缩缝处可采用平缝加传力杆型（如图6-55b所示），在胀缝处，应按胀缝施工，胀缝两侧补强钢筋笼宜分两次安装。

3. 拉杆、胀缝板、传力杆等设置精度

拉杆、胀缝板、传力杆及其套帽设置精确度应符合表6-95的要求。

表6-95　拉杆、胀缝板、传力杆及其套帽设置精确度

项目	允许偏差/mm	测量位置
传力杆端上下左右偏斜	10	在传力杆两端测量
传力杆深度及左右位置偏差	20	以板面为基准测量
传力杆沿路面纵向前后偏位	30	以缝中心线为准
拉杆端及在板中上下左右偏差	20	杆两端和板面测量
拉杆沿路面纵向前后偏位	30	纵向测量
胀缝传力杆套帽偏差（长度≥100mm）	10	从封堵帽端起测
胀缝板倾斜偏差	20	以板底为准
胀缝板的弯曲和位移偏差	10	以缝中心线为准

4. 切缝

缩缝的切缝方式有全部硬切缝、软硬结合切缝和全部软切缝三种。缩缝的切缝应根据当地昼夜温差，参照表6-96选用适宜的切缝方式、时间与深度，切缝时间应以切缝时不啃边为开始切缝的最佳时机，并以铺筑第二天及施工初期无断板为控制原则。切缝作业应符合下列规定。

表6-96　当地昼夜温差与缩缝适宜切缝方式、时间与深度参考表

昼夜温差①/℃	缩缝切缝方式与时间②	缩缝切割深度
<10	硬切缝：切缝时机以切缝时不啃边即可开始，纵缝可略晚于横缝，所有纵、横缩缝最晚切缝时间均不得超过24h	缝中无拉杆、传力杆时，深度1/3～1/4板厚，最浅60mm；缝中有拉杆、传力杆时，深度1/3～2/5板厚，最浅80mm
10～15	软硬结合切缝：每隔1～2条提前软切缝，其余用硬切缝补切	硬切缝深度同上。软切缝深度不应小于60mm；不足者应硬切补深到1/3板厚，已断开的缝不补切

（续）

昼夜温差①/℃	缩缝切缝方式与时间②	缩缝切割深度
>15	软切缝：抗压强度为 1～1.5MPa，人可行走时开始软切。软切缝时间不应超过 6h	软切缝深度不应小于 60mm，未断开的接缝，应硬切补深到≥2/5 板厚

① 当降雨、刮风引起路面温度骤降时，应提早软切缝或慢切缝。

② 三种切缝方式均应冲洗干净切缝泥浆，并恢复表面养护覆盖。

① 纵、横缩缝切缝形状为台阶状时，宜使用磨圆角的台阶叠合锯片一次切成。设备受限制时，也可分两次切割，再磨出半径为 6～8mm 的圆角。缩缝切缝细部构造应符合图 6-59 的规定。

② 纵、横缩缝切割顺直度应小于 10mm。相邻板的纵、横缩缝切口应接顺。需调整异形板锐角时，可切成斜缝或小转角的折线缝。弯道与匝道面层的横缝应垂直于其设计中心线。

③ 对分幅摊铺的路面，应在先摊铺的混凝土板已断开的横缩缝处作标记，后摊铺面层上应对齐已断开的横缩缝采用软切缝的工艺，提前切缝。

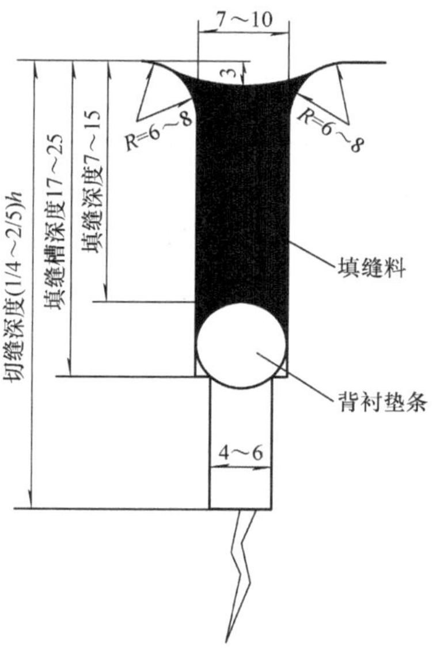

图 6-59　缩缝切缝、填缝等细部构造（尺寸单位：mm）

5. 灌缝

混凝土板养护期满后，应及时灌缝。

1）灌缝技术要求：

① 清缝：灌缝前应先清洁接缝。清洁接缝应先采用飞缝机清除接缝中夹杂的砂石、凝结的泥浆等杂物，再使用压力不小于 0.5MPa 的压力水或压缩空气彻底清除接缝中的尘土及其他污染物，确保灌缝前缝内及缝壁清洁、干燥。缝壁检验以擦不出水、泥浆或灰尘为可灌缝标准。

② 填缝料：用双组分或多组分常温填缝料时，应准确按比例将几种原材料混拌均匀后灌缝，每次准备量不宜超过 1h，且不应超过材料规定的操作时间。使用热石油沥青、改性沥青或橡胶沥青灌缝时，应加热融化至易于灌缝温度，搅拌均匀，并保温灌缝。

③ 灌缝的形状系数控制：水泥混凝土面层缩缝的灌缝形状系数（即灌缝槽的深宽比）宜为 1.5，钢筋混凝土、连续配筋混凝土面层、过渡板、搭板与桥面的灌缝形状系数宜为 1.0。1 灌缝时，应先按设计嵌入直径 9～12mm的多孔泡沫塑料背衬条或橡胶条。灌缝应饱满、均匀、厚度一致并连续贯通，填缝料不得缺失、开裂和渗水。高温期灌缝时，顶面应与板面刮齐平；一般气温时，应填刮为凹液面形，中心宜低于板面 3mm。填缝料施工如图 6-60 所示。

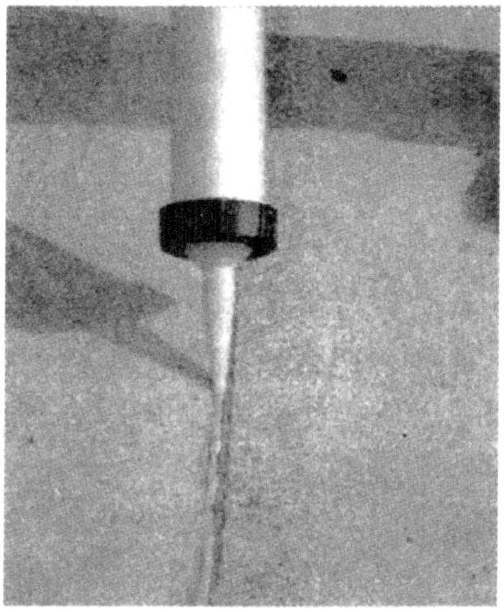

图 6-60　填缝料施工

④ 填缝料的养护与保护：常温施工式填缝料的养护期，低温期宜为24h，高温期宜为10h。加热施工式填缝料的养护期，低温期宜为2h，高温期宜为6h。在灌缝料固化期间应封闭交通。

2）胀缝填缝。胀缝填缝前，应凿除胀缝板顶部临时嵌入的木条，并清理干净，涂粘合剂后，嵌入专用多孔橡胶条或灌进适宜填缝料。当胀缝宽度与多孔橡胶条宽度不一致或有啃边、掉角等现象时，应采用灌料填缝，不得采用多孔橡胶条填缝。

（九）抗滑构造施工

1. 抗滑构造技术要求

各级公路混凝土面层交工时的表面抗滑技术要求应符合表6-97的规定。水泥混凝土路面抗滑有两方面的技术要求：宏观抗滑构造用构造深度进行定量检测与评定；细观抗滑纹理用摩擦系数进行定量检测与评定。

表6-97 各级公路混凝土面层交工时的表面抗滑要求

公路等级 路段	高速、一级公路		其他公路		检测方法
	构造深度 TD/mm	摩擦因数 SFC	构造深度 TD/mm	摩擦因数 SFC	TDE 用 JTG E60 T0961/T0962
一般路段	1.10≥TD≥0.70	≥50	0.9≥TD≥0.50	—	SFC 用 JTG E60 T0965
特殊路段①	1.20②≥TD≥0.80	≥55	1.00≥TD≥0.60	≥50	

① 高速公路、一级公路的特殊路段指立交匝道、平交口、弯道、变速车道、组合坡度不小于3%、桥面、隧道路面及收费站广场等处；其他公路系指设超高或加宽弯道、组合坡度≥4.0%坡道、交叉口、桥面、隧道路面及集镇附近等处。

② 大纵坡匝道、急弯、陡坡段可将抗滑构造深度提高到1.5；摩擦因数可提高到60。

2. 抗滑构造施工

1）软拖细观构造施工。细观纹理宜在精平后的湿软表面，使用钢支架拖挂1～3层叠合麻布、帆布等布片拖出。布片接触路面的长度宜为0.7～1.5m，细度模数较大的粗砂，接触长度宜取小值；细度模数较小的细砂，接触长度宜取大值。用抹面机修整过较干硬的光面，可采用较硬的竹扫帚扫出细观纹理。已经硬化后的光滑表面可采用钢丝刷刷毛、喷砂打毛、喷钢丸打毛、稀盐酸腐蚀、高压水射流等方式制作细观纹理。

2）软拉宏观构造施工。我国高速、一级公路已经废止软拉抗滑构造，要求使用硬刻槽工艺技术，但在中、轻交通荷载等级公路水泥混凝土面层可使用软拉槽制作宏观抗滑构造，在没有拉毛机时，可采用人工拉槽方式。软拉宏观抗滑构造时，待面层混凝土泌水完毕20～30min内应及时采用齿耙拉槽进行拉槽。拉槽深度宜为2～4mm，槽宽3～5mm，每耙之间距离与槽间距15～25mm，槽深应基本相同。衔接距离应与槽间距相同，并始终保持一致，不得局部缺失。软拉后的表面砂浆应清扫干净。

3）硬刻槽施工：

① 极重、特重和重交通荷载等级公路水泥混凝土面层应采用硬刻槽法制作宏观抗滑构造。凡使用抹面机精平后已硬化的各级公路混凝土面层、纤维混凝土面层亦应硬刻槽制作宏观抗滑沟槽。

② 采用硬刻槽法制作宏观抗滑构造时，刻槽机最小刻槽宽度不应小于500mm。衔接距离与槽间距相同。刻槽过程中应避免槽口边角损坏，不得中途抬起刻槽机或改变刻槽方向。

刻槽不得刻穿纵、横缩缝。刻槽后表面应随即冲洗干净，并恢复路面的养护。

③ 槽间距有等间距和非等间距两种。一般情况下，可使用等间距宏观抗滑沟槽，矩形槽槽深宜为3~4mm，槽宽宜为3~5mm，槽间距宜为12~25mm。需降低噪声时，应采用非等间距宏观抗滑沟槽。采用变间距时，槽间距可在规定尺寸范围内随机调整。

④ 一般路段可采用横向槽或纵向槽，在水平弯道路段、桥面、隧道路面宜使用纵向槽。当组合坡度小于3%时，要求减噪的路段可使用纵向槽。组合坡度大于或等于3%的纵坡路段，应使用横向槽。

⑤ 路面结冰地区，可采用上宽6mm、下宽3mm的梯形槽或上宽6mm的半圆形槽。

4）露石抗滑构造施工：

当面层粗集料的磨光值PSV大于42时，可使用露石抗滑构造，其施工应符合下列规定。

① 宜采用在饰面后的表面喷洒超缓凝剂，再用刷毛机洗刷出粗集料的方法。二级以下公路也可使用硬度适宜的秃竹扫帚在初凝到终凝时段内扫洗出粗集料的方法。

② 露石面积宜控制在65%~75%。

③ 实测表面摩擦因数SFC和构造深度TD应达到表6-97特殊路段的抗滑要求。

（十）养护

1. 养护方式选择

水泥混凝土面层铺筑完成或软作抗滑构造完毕后应立即开始养护。面层养护应合理选择养护方式，保证混凝土强度增长的需要，防止养护过程中产生微裂纹与裂缝。面层养护应符合下列规定。

1）高速公路、一级公路混凝土面层宜采用养护剂加覆膜养护。

2）现场养护用水充足的情况下，可采用节水保湿养护膜、土工毡、土工布、麻袋、草袋、草帘等养护，并及时洒水保湿养护。

3）缺水条件下，宜采用覆盖节水保湿养护膜养护，并应洒透第一遍养护水。

2. 喷洒养护剂养护

水泥混凝土面层采用喷洒养护剂养护时，应符合下列规定。

1）喷洒应均匀，喷洒后的表面不得有颜色差异。成膜厚度应满足产品要求，并足以形成完全密闭水分的薄膜。

2）养护剂的喷洒宜在表面抗滑纹理做完后即刻进行。刚铺筑的湿软混凝土面层遭遇刮风或暴晒天气，摊铺现场水分蒸发率接近0.50kg/(h·m^2)，开裂风险较大时，可提前喷洒养护剂养护。

3）喷洒高度宜控制在0.10~0.30m之间。现场风大时，可采用全断面喷洒机贴近路面喷洒的方式喷洒。

4）养护剂的现场平均喷洒剂量宜在试验室测试剂量基础上，一等品再增加不小于40%，合格品增加不小于60%。

5）不得使用易被雨水冲刷掉的、阳光暴晒可融化的或引起表面开裂、卷起薄壳的养护剂。

3. 覆盖保湿养护膜

覆盖保湿养护膜应符合下列规定。

1）覆盖养护的初始时间，应为不压坏表面细观抗滑纹理的最短时间。

2）养护膜材料的最窄幅宽不宜小于2m。

3）两条膜层对接时，纵向搭接宽度不宜小于400mm，横向搭接长度不宜小于200mm。养护期间应始终保持薄膜完整盖满。

4）应有专人巡查养护膜覆盖完整情况。养护期间被掀起或撕破的养护膜、养护片材均应及时重新洒水，并完整覆盖。

5）当现场瞬间风力大于4级时，宜在养护膜表面罩绳网或土工格栅，并压牢固，防止养护膜被大风吹破。

4. 其他材料养护措施

低温期或夏季夜间气温有可能低于零度的高原、山区施工水泥混凝土路面和桥面时，应采取保温保湿双重养护措施。保温养护材料可选用干燥的泡沫塑料垫、棉絮片、苇片、草帘等。养护期间遭遇降雨时，应在保温片材上、下表面采取包覆隔水膜层等防水措施。

5. 养护时间

实测混凝土强度大于设计强度的80%后，可停止养护。不同气温条件下混凝土面层的最短养护龄期可参照表6-98确定。

表6-98 不同气温条件下最短养护龄期参考表

养护期间日平均气温/℃	隧道内水泥混凝土/d	水泥混凝土/d
5~9	21	21
10~19	14	14
20~29	12	10
30~35	8	7

注：1. 各级公路水泥混凝土面层不得在日间零下气温大面积铺筑。

2. 当在混凝土面层中掺加粉煤灰时，最短养护龄期宜再延长7d。

3. 在日平均气温5~9℃养护时，应同时采取保温保湿双重覆盖养护措施。

6. 养护期保护

水泥混凝土面层养护初期，严禁人、畜、车辆通行；在达到设计弯拉强度40%后，行人方可通行。平交道口应采取搭建临时便桥等措施保护养护期的混凝土面层。面层达到设计弯拉强度后，方可开放交通。

（十一）特殊天气条件施工

1. 一般规定

1）水泥混凝土面层铺筑期间，应收集当地月、旬、日天气预报资料。高速、一级公路宜在现场设置简易气象站。遭遇危害路面铺筑质量的灾害性天气和气象要素时，应进行及时观测与快速通报，并制订特殊天气的专项施工组织方案和应急处理预案。

2）水泥混凝土面层施工如遇下列天气条件之一者，必须停工，不得强行铺筑。

① 现场降雨或下雪。

② 风力达到6级及以上的强风天气。

③ 现场气温高于40℃或拌合物摊铺温度高于35℃。

④ 摊铺现场连续5昼夜平均气温低于5℃或夜间最低气温低于-3℃。

⑤ 铺筑现场发生影响铺筑面层质量的瞬间强风、下雷阵雨或冰雹时。

2. 雨期施工

1）雨期施工时，应准备足量防雨篷、帆布和塑料布或塑料薄膜等防雨器材和材料。防雨篷支架宜采用可推行的焊接钢结构，其高度应满足人工饰面、拉槽的要求。

2）摊铺中遭遇阵雨时，应立即停止混凝土拌和及铺筑工作，并使用防雨篷、塑料布或塑料薄膜等覆盖尚未硬化的水泥混凝土面层。

3）水泥混凝土面层因阵雨冲刷导致平整度与抗滑构造不满足要求时，应采用先磨平恢复平整度，再刻槽恢复抗滑构造措施处置。被暴雨冲刷后，路面与桥面局部成坑部位或边部冲毁的，应铲除重铺。

4）开工前应排除现场、车厢内、设备内、拌和站、集料堆场内的积水或淤泥。运输便道应排除积水；陷车的运输道路与便道应进行修整。摊铺前应清扫干净基层、夹层、封层上的积水，并保持表面处于湿润状态。

3. 刮风天施工

1）刮风天施工时，宜采用风速计在摊铺现场测风速，也可根据经验采用观测自然现象等方法，确定风级，并根据经验采取防止塑性收缩开裂的措施。经验不足时，可参考表6-99的规定进行。

2）刮风天应加强混凝土拌和站粗、细集料的覆盖及其含水率检测，并根据粗、细集料含水率的变化及时微调加水量。自卸车上的混凝土拌合物应加遮盖。

表6-99　刮风天防止水泥混凝土面层塑性收缩开裂措施参考表

风力	风速/(m/s)	相应自然现象	防止路面塑性收缩开裂措施
1级软风	≤1.5	烟能表示风向，水面有鱼鳞波	正常施工，喷洒一遍养护剂，原液剂量0.40kg/m^2
2级轻风	1.6~3.3	人面有风感，树叶沙沙响，风标转动，水面波峰破碎，产生飞沫	加厚喷洒一遍养护剂，剂量0.50kg/m^2
3级微风	3.4~5.6	树叶和细枝摇晃，旗帜飘动，水面波峰破碎，产生飞沫	路面摊铺完成后，立即喷洒第一遍养护剂，刻槽后，再喷洒第二遍养护剂。两遍剂量共0.60kg/m^2
4级和风	5.7~7.9	吹起尘土和纸片，小树枝摇动，水波出白浪	刻槽前后用喷洒机喷两遍养护剂，两遍剂量共0.75kg/m^2
5级清劲风	8.0~10.7	有叶小树开始摇动，大浪明显，波峰起白沫	使用抹面机抹面或人工收浆后，用喷洒机加厚喷一遍剂量1.0kg/m^{2}养护剂并覆盖节水保湿养护膜、土工毡、湿麻袋、湿草袋等
6级强风	10.8~13.8	大树枝摇动，电线呼呼响，水面出现长浪，波峰吹成条纹	停止施工

3）持续刮4~5级风天施工水泥混凝土路面和桥面时，应采取下列防裂措施：

① 尽快喷洒足量养护剂，喷洒机宜具有相对密闭的低矮喷洒空间，保证养护剂喷洒效果。

② 当覆盖材料不压出折印时，应尽早覆盖节水保湿养护材料等保湿养护。养护膜表面宜罩绳网或土工格栅，并压牢，防止养护膜被大风吹破或掀起。

③ 养护过程中，应有专人负责巡视和检查覆盖养护情况，被大风掀起或吹破的养护膜材应重新洒水，及时恢复覆盖。

4. 高温期施工

铺筑现场连续4h平均气温高于30℃或日间最高气温高于35℃时，应按高温期施工的技术要求进行水泥混凝土面层施工。

高温天铺筑水泥混凝土面层应采取下列措施。

1）高温期宜选择在早晨、傍晚或夜间施工，避开中午高温时段施工。夜间施工应有良好的操作照明，并确保施工安全。

2）集料堆应设遮阳篷。搅拌用水宜采用新抽地下冷水或在水中加冰屑降温。应选用中、低热普通型水泥，不宜使用R型高热水泥。高温期施工配合比可掺适量的粉煤灰，不得掺硅灰。可采用适当的缓凝剂延长混凝土凝结时间。

3）采用自卸车运输时，混凝土拌合物应加遮盖，避免阳光直射；采用罐车运输时，混凝土罐仓外应贴隔热层。

4）应加快施工各环节的衔接，采取压缩运输、布料、摊铺、饰面等各工艺环节所耗费的时间等措施，缩短从拌和至抹面完成时间。

5）在每日气温最高和日照最强烈时段施工时，应采取防止阳光直射措施。可以利用防雨篷遮挡阳光。

6）高温期施工时，应控制混凝土拌合物的出料温度低于35℃。

7）施工中应随时检测气温，以及水泥、搅拌水和拌合物温度，监控水泥混凝土面层温度，温度过高时应及时采取措施。必要时，可增加对混凝土水化热的检测。

8）采用洒水覆盖保湿养护时，应控制养护水温与混凝土面层表面的温差不大于12℃、与混凝土桥面的温差不大于10℃。不得采用冰水或冷水养护造成骤冷而导致表面开裂。

9）切缝应按不啃边或不超过250℃·h控制，高温期宜采用比常温施工提早切缝的措施，以减少断板。在夜间降温幅度较大时或风雨后，应提早切缝。

5. 低温期施工

当摊铺现场连续5昼夜平均气温低于5℃，夜间最低气温在-3~5℃之间，水泥混凝土面层的施工应按低温期施工规定的措施进行。

低温天铺筑水泥混凝土面层应采取下列技术措施。

1）拌合物中宜加入早强剂、防冻剂或促凝剂，并根据试验确定其适宜掺量。应选用R型水泥。配合比中可掺矿渣粉、硅灰，不宜掺粉煤灰。

2）拌合物出搅拌机的温度不得低于10℃，摊铺混凝土温度不得低于5℃。可采用热水或加热集料搅拌混凝土，热水温度不得高于80℃，集料温度不宜高于50℃。

3）应采取保温保湿覆盖养护的方法进行养护，保温垫上，下表面均宜采取隔水措施。

4）施工过程中应随时检测气温，以及水泥、搅拌水和集料温度，每工班应至少实测3次拌合物及面层温度。养护期间，应始终保持混凝土板内最低温度不低于10℃。

5）水泥混凝土面层弯拉强度未达到1.0MPa或抗压强度未达到5.0MPa时，应严防路面和桥面受冻。

6）低温期施工，各级公路水泥混凝土面层覆盖保温保湿最短养护龄期不得短于表6-98

第一行的规定，拆模时间应符合表6-87的规定。

四、施工过程施工质量控制

水泥混凝土面层的施工应建立健全的施工质量保证体系，对施工全过程进行全面的质量控制。

施工单位在施工过程中应按铺筑工艺与进度要求，配备足量质检仪器设备和人员。对面层施工各环节的各项质量标准应做到及时检测，根据检测结果对施工进行动态控制，保证施工各面质量指标合格、稳定。自检项目和频率：原材料的自检项目和频率见表6-79；拌合物的自检项目和频率见表6-82；水泥混凝土路面铺筑质量标准及检查项目、频率和方法按表6-100的规定进行，水泥混凝土面层铺筑几何尺寸质量标准及检查项目、频率和方法按表6-101的规定进行，水泥混凝土面层铺筑的质量缺陷检验项目、标准、频率和方法按表6-102的规定进行。在施工过程中应采取有效措施，严防出现质量缺陷。当施工、监理、监督人员发现质量缺陷时，应加大检测频率，必要时应停工整顿，查找原因，提出处置对策，恢复到正常铺筑工况和良好质量状态再继续施工。

表6-100　水泥混凝土路面铺筑质量标准及检查项目、频率和方法

项次	检查项目		质量标准		检查频率		检查方法
			高速公路、一级公路	其他公路	高速公路、一级公路	其他公路	
1	弯拉强度①	标准小梁弯拉强度/MPa	按附录H评定		每班留2~4组试件，日进度<500m留2组；≥500m留3组；≥1000m留4组，测算f_{cs}、f_{min}、C_v②	每班留1~3组试件，日进度<500m留1组；≥500m留2组；≥1000m留3组，测算f_{cs}、f_{min}、C_v②	JTG E30 T0552、T0558
		路面钻芯劈裂强度换算弯拉强度/MPa			每车道每3km钻取1个芯样，单独施工硬路肩为1个车道，测算f_{cs}、f_{min}、C_v②	每车道每2km钻取1个芯样，单独施工硬路肩为1个车道，测算f_{cs}、f_{min}、C_v②	JTG E30 T0552、T0561
2	板厚度/mm		平均值≥-5；极值≥-15，C_v值符合设计规定		路面摊铺宽度内每100m左右各2处，连接摊铺每100m单边1处	路面摊铺宽度内每100m左右各1处，连接摊铺100m单边1处	板边与岩芯尺测，岩芯最终判定
3	纵向平整度	σ③/mm	≤1.32	≤2.00	所有车道连续检测		车载平整度检测仪
		IRI③/(m/km)	≤2.20	≤3.30			
		3m直尺最大间隙Δh/mm（合格率应≥90%）	≤3	≤3	每半幅车道100m取2处，每处10尺	每半幅车道200m取2处，每处10尺	3m直尺

（续）

项次	检查项目		质量标准		检查频率		检查方法
			高速公路、一级公路	其他公路	高速公路、一级公路	其他公路	
4	抗滑构造深度 TD /mm	一般路段	0.70～1.10	0.50～0.90	每车道及硬路肩每200m测2处	每车道每200m测1处	铺砂法
		特殊路段④	0.80～1.20	0.60～1.00			
5	摩擦系数 SFC	一般路段	≥50	—	行车道、超车道全长连续检测，每车道每20m连续检测1个测点	一般路段免检，仅检查特殊路段，每车道每20m连续检测1个测点，不足20m测1个测点	JTG E60 T0965
		特殊路段④	≥55	≥50			
6	取芯法测定抗冻等级⑥	严寒地区⑤	≥250	≥200	每车道每3km钻取1个芯样	每车道每5km钻取1个芯样	JTG E30 T0552
		寒冷地区⑤	≥200	≥150			

注：本表中附录指《公路水泥混凝土路面施工技术细则》（JTG/T F30—2014）中的附录。

① 标准小梁弯拉强度用于评定施工配合比；钻芯劈裂强度用于评价实际面层施工密实度及弯拉强度。

② f_{cs}为平均弯拉强度；f_{min}为最小弯拉强度；C_v为统计变异系数。

③ 动态平整度 σ 与 IRI 可选测一项。

④ 高速公路、一级公路特殊路段指立交匝道、平交口、弯道、变速车道、组合坡度不小于3%、桥面、隧道路面及收费站广场等处；其他公路系指设超高路段、加宽弯道段、组合坡度大于或等于4%坡道段、交叉口路段、桥面及其上下坡段、隧道路面及集镇附近路段等处。

⑤ 取芯法测定抗冻性仅在有抗冰冻要求的地区必检。

⑥ 严寒地区指当地最冷月平均气温低于－8℃的地区；寒冷地区指当地最冷月平均气温在－8～－3℃的地区。

表6-101　水泥混凝土面层铺筑几何尺寸质量标准及检查项目、频率和方法

项次	检查项目	质量标准			检查频率		检查方法
		高速公路、一级公路		其他公路	高速公路、一级公路	其他公路	
1	相邻板高差/mm≤	2		3	每200m纵横缝2条，每条3处	每200m纵横缝2条，每条2处	尺测
2	连接摊铺纵缝高差/mm≤	平均值	3	5	每200m纵向工作缝，每条3处，每处间隔2m测3尺，共9尺	每200m纵向工作缝，每条2处，每处间隔2m测3尺，共6尺	尺测
		极值	5	7			
3	接缝顺直度/mm≤	10			每200m测6条	每200m测4条	20m拉线测
4	中线平面偏位/mm≤	20			每200m测6点	每200m测4点	经纬仪测
5	路面宽度/mm≤	±20			每200m测6处	每200m测4处	尺测
6	纵断高程/mm	平均值±5；极值±10		平均值±10；极值±15	每200m测6点	每200m测4点	水准仪测
7	横坡度（%）	±0.15		±0.25	每200m测6个断面	每200m测4个断面	

（续）

项次	检查项目		质量标准		检查频率		检查方法
			高速公路、一级公路	其他公路	高速公路、一级公路	其他公路	
8	路缘石顺直度和高度/mm≤		20	20	每 200m 测 4 处	每 200m 测 2 处	20m 拉线测
9	灌缝饱满度/mm≤		2	3	每 200m 接缝测 6 处	每 200m 接缝测 4 处	测针加尺测
10	最浅切缝深度/mm≥	缝中有拉杆、传力杆	80	80	每 200m 测 6 处	每 200m 测 4 处	尺测
		缝中无拉杆、传力杆	60	60			

表 6-102　水泥混凝土面层铺筑的质量缺陷检验项目、标准、频率和方法

项次	检查项目	检查标准		检查频率		检查方法
		高速公路、一级公路	其他公路	高速公路、一级公路	其他公路	
1	断板率①（%）≤	0.2	0.4	数断板面板块数占总块数比例	数断板面板块数占总块数比例	数断板
2	断角率①（%）≤	0.1	0.2	数断角板块数占总块数比例	数断角板块数占总块数比例	数断角
3	破损率②（%）≤	0.2	0.3	计算破损面积与板块面积百分率	计算破损面积与板块面积百分率	尺测面积
4	路表面和接缝缺陷	不应有	不应有	每块面板坑穴、鼓包和每条接缝啃边、掉角及填缝料缺失、开裂	每块面板坑穴、鼓包和每条接缝啃边、掉角及填缝料缺失、开裂	眼睛观察
5	胀缝板倾斜/mm≤	20	25	每块胀缝板两侧	每块胀缝板两侧	垂线加尺测
	胀缝板弯曲和位移/mm≤	10	15	每块胀缝板 3 处	每块胀缝板 3 处	拉线加尺测
	胀缝板连浆/mm	不允许	不允许	每块胀缝板	每块胀缝板	安装前检查
6	传力杆偏斜/mm≤	10	13	每车道每公里测 4 条缩缝每条测 1 根	测设传力杆缩缝 1 条，每条测 3 根	钢筋保护层仪

① 断板率中包含断角率，应统计行车道与超车道面板，不计硬路肩板，不计入修复后的面板。

② 破损率指水泥混凝土面层施工期发生的脱皮、印痕、露石、缺边、掉角、微裂纹等缺陷实测面积与总面积之比的百分率。

五、施工质量标准

施工单位的质检结果应按表 6-100、表 6-101、表 6-102 的规定，以 1km 为单位进行整理。混凝土路面完工后，施工单位应提交全线检测结果、施工总结报告及全部原始记录等齐全资料，以《公路工程质量检验评定标准》（JTG F80/1—2004）为依据，申请交工验收。

1. 基本要求

1）基层质量必须符合规定要求，并应进行弯沉测定，验算的基层整体模量应满足设计要求。

2）水泥强度、物理性能和化学成分应符合国家标准及有关规范的规定。

3）粗细集料、水、外掺剂及接缝填缝料应符合设计和施工规范要求。

4）施工配合比应根据现场测定水泥的实际强度进行计算，并经试验选择采用最佳配合比。

5）接缝的位置、规格、尺寸及传力杆、拉力杆的设置应符合设计要求。

6）路面拉毛或机具压槽等抗滑措施，其构造深度应符合施工规范要求。

7）面层与其他构造物相接应平顺，检查井井盖顶面高程应高于周边路面 1～3mm。雨水口标高按设计比路面低 5～8mm，路面边缘无积水现象。

8）混凝土路面铺筑后按施工规范要求养护。

2. 实测项目

水泥混凝土面层交工验收阶段的检查项目、检查频度、质量要求或允许偏差等见表6-103。

表 6-103　水泥混凝土面层实测项目

项次	检查项目		规定值或允许偏差		检查频率		检测方法	权值
			高速、一级公路	其他等级公路	高速、一级公路	其他等级公路		
1	弯拉强度/MPa	标准小梁弯拉强度	按附录 H 评定		每班留 2～4 组试件，日进度＜500m 留 2 组；≥500m 留 3 组；≥1000m 留 4 组，测算f_{cs}、f_{min}、C_v	每班留 1～3 组试件，日进度＜500m 留 1 组；≥500m 留 2 组；≥1000m 留 3 组，测算f_{cs}、f_{min}、C_v	JTGE30 T0552/T0558	3
		路面钻芯劈裂强度换算弯拉强度			每车道每 3km 钻取 1 个芯样，单独施工硬路肩为 1 个车道，测算f_{cs}、f_{min}、C_v	每车道每 2km 钻取 1 个芯样，单独施工硬路肩为 1 个车道，测算f_{cs}、f_{min}、C_v	JTGE30 T0552/T0561	
2	板厚度/mm		平均值 -5；极值 -15，C_v 值符合设计规定		路面摊铺宽度内每 100m 左右各 2 处，连接摊铺 100m 单边 1 处	路面摊铺宽度内每 100m 左右各 1 处，连接摊铺 100m 单边 1 处	板边与岩芯尺测，岩芯最终判定	3
3	纵向平整度	σ/mm	1.32	2.00	所有车道连续检测		车载平整度检测仪	2
		IRI/(m/km)	2.20	3.30				
		3m 直尺最大间隙 h/mm	3	5	每半幅车道 100m 取 2 处，每处 10 尺	每半幅车道 200m 取 2 处，每处 10 尺	3m 直尺	
4	抗滑构造	一般路段	0.70～1.10	0.50～0.90	每车道及硬路肩每 200m 测 2 处	每车道每 200m 测 1 处	铺砂法	2
		特殊路段	0.80～1.20	0.60～1.00				

（续）

项次	检查项目	规定值或允许偏差		检查频率		检测方法	权值
		高速、一级公路	其他等级公路	高速、一级公路	其他等级公路		
5	相邻板高差/mm	2	3	每200m纵横缝2条，每条3处	每200m纵横缝2条，每条2处	尺测	2
6	纵、横缝顺直度/mm	10		每200m测6条	每200m测4条	20m拉线测	1
7	中线平面偏位/mm	20		每200m测6点	每200m测4点	经纬仪测	1
8	路面宽度/mm	±20		每200m测6处	每200m测4处	尺测	1
9	纵断高程/mm	平均值±5 极值±10	平均值±10 极值±15	每200m测6处	每200m测4处	水准仪测	1
10	横坡(%)	±0.15	±0.25	每200m测6个断面	每200m测4个断面	水准仪测	1

注：1. 本表中附录指《公路水泥混凝土路面施工技术细则》（JTG/T F30—2014）中的附录。

2. 表中f_{cs}为平均弯拉强度；f_{min}为最小弯拉强度；C_v为统计变异系数；σ为平整度仪测定的标准差；IRI为国际平整度指数；h为3m直尺与面层的最大间隙。

3. 外观鉴定

1）混凝土板的断裂块数，高速公路和一级公路不得超过评定路段混凝土板总块数的0.2%，其他公路不得超过0.4%。不符合要求时，每超过0.1%减2分。对于断裂板应采取适当措施予以处理。

2）混凝土板表面的脱皮、印痕、裂纹和缺边掉角等病害现象，对于高速公路和一级公路，有上述缺陷的面积不得超过受检面积的0.2%，其他公路不得超过0.3%。不符合要求时，每超过0.1%减2分。对于连续配筋的混凝土路面和钢筋混凝土路面，因干缩、温缩产生的裂缝，可不减分。

3）路面侧石直顺、曲线圆滑，越位20mm以上者，每处减1~2分。

4）接缝填筑饱满密实，不污染路面。不符合要求时，累计长度每100m减2分。

5）胀缝有明显缺陷时，每条减1~2分。

项目训练

1.【背景材料】某高速公路路面面层为三层式沥青混凝土结构，基层为热拌沥青碎石。施工中严格按规范要求操作，具体施工过程如下：

1）沥青混合料采用场拌制，拌和时严格控制拌和质量；

2）根据拌和站的产量、运距合理安排运输车辆，确保运输过程中混合料的质量；

3）铺筑沥青混合料前，检查下层的质量，确保混合料的摊铺温度满足要求；

4）由试铺试压法确定沥青混合料的松铺系数；

5）选择合理的压路机组合及碾压步骤；

6）在施工接缝及构造物两端的连接处仔细操作，保证紧密、平顺。

[问题]：

1）简述沥青路面施工前试验路段的目的？

2）沥青混合料摊铺过程中采用什么方式控制摊铺厚度？

3）沥青路面碾压分为哪三个阶段？每阶段的作用是什么？

2.【背景材料】京沈高速公路为北京到沈阳的高速路，是国家的重点建设项目，其中宝坻—山海关，全长199km，为双向六车道高速公路。沥青混凝土表面层为SBS改性沥青混凝土。结构为：20cm厚石灰稳定土底基层，18cm厚石灰粉煤灰稳定碎石基层，19cm厚水泥稳定碎石基层以及4cm厚沥青混凝土表面层，5cm厚沥青混凝土中面层，6cm厚沥青混凝土底面层。工程质量检验结果：

在两标段的施工过程中，经监理抽验的合格率等各项指标均达到优良标准，压实度的合格率达到100%，平整度均方差达到0.5～0.6，一次交验合格率达到100%。受到业主和监理的好评。

[问题]：

1）沥青路面结构层由哪几部分组成？

2）简述沥青混凝土路面施工的工序。

3）沥青混合料按矿料最大粒料不同可分为哪几类？

4）请列举沥青混凝土面层交工验收阶段的实测项目。

3.【背景材料】全长56km的某高速公路，其路面为沥青混凝土。考虑到混合料中含有较多的粗碎石，为了防止离析现象的发生，6标B段的项目部在施工过程中，采取了以下措施：

1）集料在堆放时，堆料采用大料堆，避免堆放时大颗粒流到外侧。

2）填料的含量应严格控制，减少混合料中小于0.075mm颗粒的含量。

3）沥青混凝土的足够拌和时间对保证沥青混合料的均匀性非常重要，通常的干拌时间不少于10s。混合料的湿拌时间一般在35s左右。自卸车装料时要在拌和楼下停车原地等待到料装满车厢，不能随意变动位置。

4）摊铺过程中，在每辆卡车卸料之间，不要完全用完受料斗中的混合料，留少量部分混合料在受料斗内，尽可能连续摊铺混合料。调整摊铺机的速度，使摊铺机的产量与拌合机的产量相匹配等。

[问题]：

1）逐条判断项目部采取的4条措施是否恰当？如不恰当说明理由。

2）沥青混凝土装料和卸料时需注意的要点。

3）沥青混凝土在碾压、接缝及开放交通时的温度控制及施工要点。

4.【背景材料】某一级公路，路面面层采用C30水泥混凝土。该项目施工单位对面层的施工过程如下：

1）该施工单位按要求进行水泥混凝土配合比设计；

2）施工单位按要求架设模板；

3）确定好最佳拌和时间，配备一座间歇式搅拌楼拌和；

4）对搅拌混凝土进行现场取样，做水泥混凝土抗压强度试验；

5）采用自卸车将新拌混凝土在规定的时间内合格地运到摊铺现场；

6）采用小型机具铺筑法进行摊铺和振捣施工；

7）整平饰面：振动、提浆、整平后用圆盘式抹面机往返2～3遍进行压实整平饰面；

8）按要求进行各类接缝的设置与施工；

9）按要求进行混凝土的养护；

10）养护期满后，采用软拉毛机械进行抗滑沟槽施工；

11）清除混凝土板缝中夹杂的砂石、泥浆、尘土及其他污染物后进行灌缝施工及灌缝养护。

[问题]：

1）除水泥混凝土抗压强度试验以外，路面用水泥混凝土还应该进行什么强度试验？

2）水泥混凝土路面的基层和垫层有何作用？对基层和垫层有何要求？

3）水泥混凝土路面养护应注意什么？

4）水泥混凝土路面板接缝有哪些类型?

5.【背景材料】北京附近某高速公路，是国家的重点建设项目，全长199km，为双向六车道高速公路，路面全宽22.5m，沥青混凝土表面层为沥青混凝土。结构为：20cm厚石灰土底基层，18cm厚石灰粉煤灰稳定碎石基层，19cm厚水泥稳定碎石基层以及4cm厚沥青混凝土表面层，5cm厚沥青混凝土中面层，6cm厚沥青混凝土底面层，施工单位施工时，在基层上喷洒了透层油，且不能及时铺筑面层，并还需开放交通。其主要施工具体做法如下：①清扫路基表面，并使表面干燥。②洒布沥青。透层沥青洒布后应不致流淌，透入基层应有一定深度，最好在表面形成油膜。③遇大风或将下雨时，不喷洒透层油。当气温低于10℃或路面潮湿时禁止喷洒。④喷洒黏层后，严禁车辆行人通过。⑤撒布适量石屑。⑥用轮胎压路机稳压，并控制车速。

[问题]：

1）该基层上是否必须设置透层?说明理由。

2）施工单位施工具体做法哪些不正确?并改正。

6.【背景材料】某公司承建城市主干道改造工程，其结构为二灰土底基层、水泥稳定碎石基层和沥青混凝土面层，工期要求当年5月份完成拆迁，11月底完成施工。由于城市道路施工干扰因素多，有较大的技术难度，项目部提前进行了施工技术准备工作。水泥稳定碎石基层施工时，项目部在城市外设置了拌合站；为避开交通高峰时段，夜间运输，白天施工。检查发现水泥稳定碎石基层表面出现松散、强度值偏低的质量问题。项目部依据冬季施工方案，选择在全天最高温度时段进行沥青混凝土摊铺碾压施工。经现场实测，试验段的沥青混凝土面层的压实度、厚度、平整度均符合设计要求，自检的检验结论为合格。为确保按期完工，项目部编制了详细的施工进度计划，实施中进行动态调整；完工后依据进度计划、调整资料对施工进行总结。

[问题]：

1）本项目的施工技术准备工作应包括哪些内容?

2）分析水泥稳定碎石基层施工出现质量问题的主要原因。

3）结合本工程简述沥青混凝土冬季施工的要求。

4）项目部对沥青混凝土面层自检合格的依据充分吗?如不充分，还应补充哪些?

7.【背景材料】某道路改扩建工程，路面结构层为：上面层4cm厚改性沥青混合料；中面层5cm厚中粒式沥青混凝土；底面层6cm厚粗粒式沥青混凝土；基层为36cm厚的石灰粉煤灰稳定碎石，底基层30cm厚的石灰土。施工过程中发生如下事件：

1）为保障摊铺石灰粉煤灰稳定碎石基层的进度，在现场大量暂存二灰碎石，摊铺碾压时已超过24h，基层成型后，发现二灰碎石基层松散，骨料明显离析。

2）为防止刮风扬尘，现场对基层用水进行冲洗，碾压后表面不平整，局部有水渍和坑凹现象。现场采用薄层贴补二灰碎石进行找平，保障基层的平整度。

3）道路基层施工正值雨季，施工单位做了雨季施工准备。

4）施工单位认为改性沥青混合料面层施工，只要比普通沥青混合料多压几遍就可以达到质量要求。

[问题]：

1）二灰碎石的使用是否正确，如不正确，写出正确做法。

2）写出2）中有哪些违反施工技术规程要求的做法?

3）基层雨季施工时，施工单位做了哪些施工准备?

4）施工单位对改性沥青混合料面层施工特点认识是否全面，简述改性沥青混合料施工要点。

项目七　路面排水施工技术

学习目标

1. 会路面地表排水构造物和中央排水构造物的布置。
2. 会路面边缘和基层内部排水构造物的布置。
3. 能完成路面表面和中央分隔带排水构造物的施工。
4. 能完成路面边缘和基层内部排水构造物的施工。

重　点

路面地表排水构造物的布置与施工。

难　点

路面内部排水构造物的施工。

路面排水的目的是迅速排除路面表面的大气降水和渗入路面结构中的水，防止水对路面结构层的损害（水损害），确保路面结构的强度和稳定性。

路面排水设计应根据公路等级、降水量、路线纵坡等因素，结合路基、桥涵结构物排水设计，合理选择排水方案，布置排水设施，形成完整、畅通的排水体系，保证路基路面稳定。路面排水包括路面地表排水及路面内部排水。

任务一　路面地表排水施工

一、路面地表排水构造物布置及施工要点

路表排水常采用分散排水和集中排水两种形式。分散排水由路面横坡、路肩和边坡防护组成，适用于路线纵坡平缓、汇水量较小、路堤高度较低的路段。集中排水由路面横坡、拦水缘石或矩形槽、泄水口和急流槽组成，适用于路堤高度较高，或路堤边坡易受冲刷的粉性土、砂性土路段，以及凹形曲线底部等。

一般情况下，分散排水路段的土路肩常采用生态防护，种植适合当地气候、土质条件的草皮，并在底基层顶面外侧设置横向排水管，将滞留在填土绿化层底面的渗水通过横向排水管排到路基外，如图 7-1a 所示。对于低填方路堤，可采用图 7-1b 所示构造，垫层铺至路基边缘。

冲刷相对较大的路段，土路肩宜用不小于 50mm 厚的预制水泥混凝土块铺砌或现场浇筑混凝土，下设砂砾、砂、碎石等透水材料，以利于路面结构排水，如图 7-1c 所示；也可用碎石、砂砾加固，如图 7-1d 所示。

分散排水设计应与路基边坡防护、边沟或排水沟相结合。

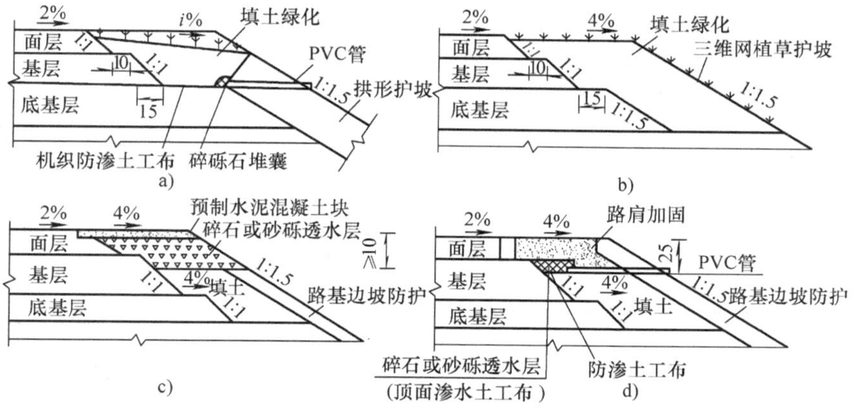

图 7-1　分散排水路肩构造图（尺寸单位：cm）

a）土路肩边部构造Ⅰ　b）土路肩边部构造Ⅱ　c）土路肩边部构造Ⅲ　d）土路肩边部构造Ⅳ

采用集中排水时，直线路段的集中排水泄水口的间距应按有关规范计算确定，一般30～50m设一处，其开口宽度一般为0.5m。在凹形竖曲线的底部或其他位置，宜适当加密。拦水带（图7-2、图7-3）可用沥青混凝土或预制水泥混凝土制作。当用沥青混凝土拦水带时，其沥青混凝土混合料的级配宜符合有关规范规定，沥青用量宜按马歇尔试验确定的最佳沥青用量增加0.5%～1%，采用双面击实50次，孔隙率宜为2%～4%。预制水泥混凝土拦水缘石，或用滑模整体浇筑的缘石，应预留相应的出水孔，以免阻止路面结构内部排水。

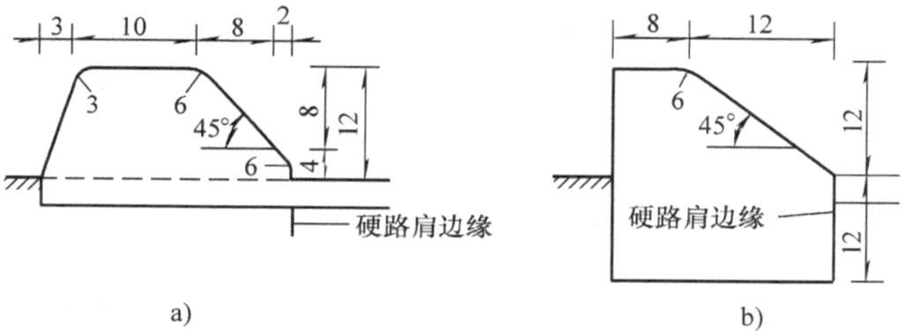

图 7-2　拦水带横断面参考尺寸（尺寸单位：cm）

a）沥青混凝土拦水带　b）水泥混凝土拦水带

对新建高速公路超高段的集中排水，宜采用在左侧路缘带左侧设置有钢筋混凝土盖板的预制整体式U形混凝土沟或缝隙式排水沟，每25～50m设一处集水井，并通过横向排水管引至边坡的急流槽（图7-4）或暗管，如图7-5所示。

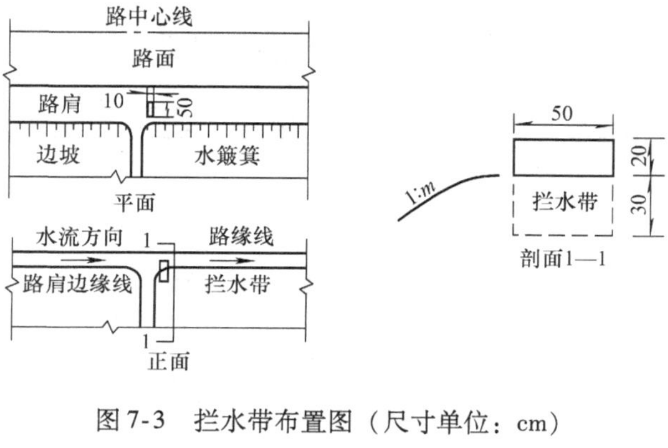

图 7-3　拦水带布置图（尺寸单位：cm）

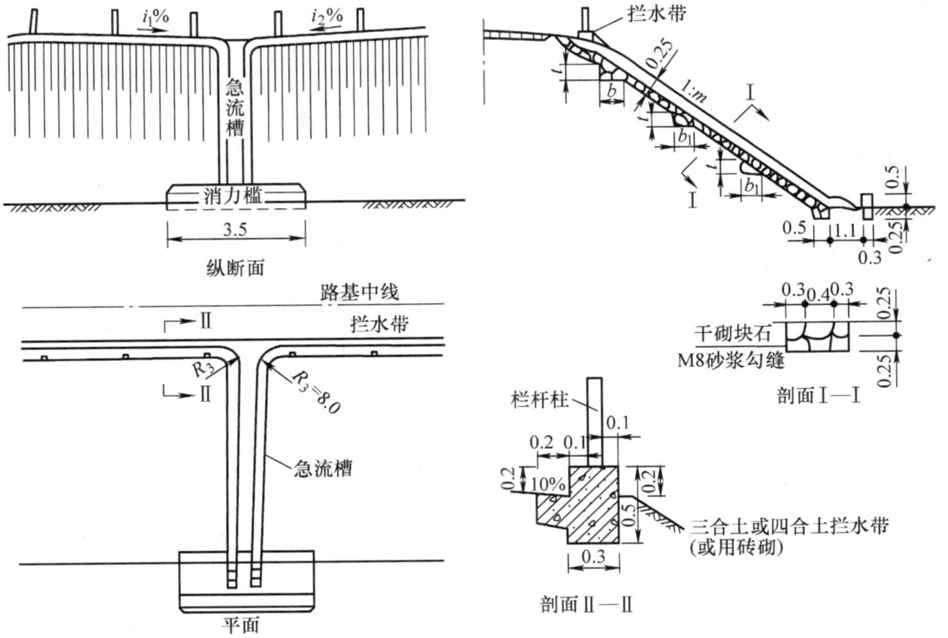

图 7-4 高路堤地段边坡急流槽（尺寸单位：cm）

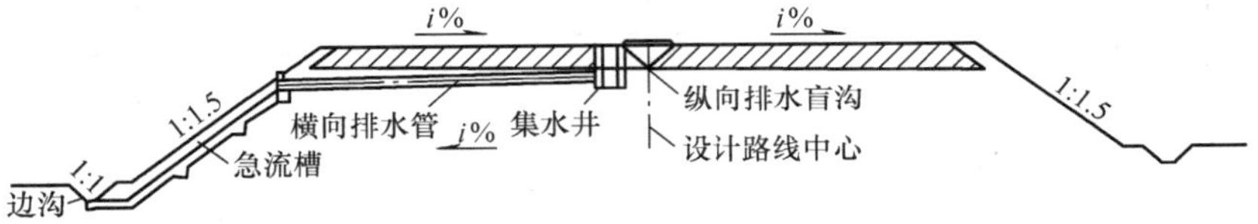

图 7-5 超高段集中排水构造图

二、中央分隔带排水构造物布置及施工要点

中央分隔带的排水设施由排水沟（明沟、暗沟、盲沟）、渗沟、雨水井、集水井、横向排水管等组成。中央分隔带可用凸式，平式或凹式，一般不封闭，也可封闭，如图 7-6 所示。

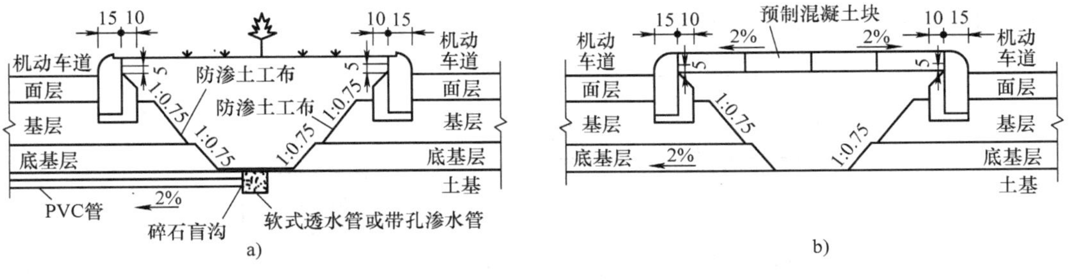

图 7-6 中央分隔带排水（尺寸单位：cm）

a）中央分隔带排水大样（凸式） b）封闭式中央分隔带排水大样（凸式）

为排除渗入分隔带内的表面水，中央分隔带内可设置纵向排水渗沟或盲沟，并间隔 40 ~ 80m设一条横向排水管将渗沟内的水排引出，渗沟周围包裹反滤织物（土工布），以免渗入水携带的细粒将渗沟堵塞。渗沟上的回填料与路面结构的交界处铺设防水土工布或设置

防水层。

中央分隔带封闭后可不设内部排水系统。封闭可用 40 ~ 80mm 预制混凝土或现浇混凝土，其下设砂砾垫层。

任务二　路面内部排水施工

在潮湿和多雨地区，路基由透水性差的细粒土组成的高速公路、一级公路或重要的二级公路；或路基两侧有滞水，可能渗入路面结构内；或严重冰冻地区，路基为由粉性土组成的潮湿、过湿路段；或现有路面改建或改善工程均需排除积滞在路面结构内的水分等情况下，宜设置路面内部排水系统。

为排除通过路面接缝、裂缝、空隙或由路基、路肩渗入并滞留在路面结构内的自由水，可沿路面边缘设置边缘排水系统，或者在路面结构层内设置排水基层或排水垫层排水系统。

一、路面边缘排水构造物布置及施工要点

路面边缘排水系统是由透水性填料（碎石、砂砾、砂等）集水沟、纵向排水管、横向出水管和过滤织物（土工布）组成的。该系统是将渗入路面结构内的自由水，先沿路面结构层间空隙或某一透水层横向流入由透水性材料组成的纵向集水沟，并汇流入沟中的带孔（或槽口）集水管内，再由间隔一定距离布设的横向出水管排引出路基。透水性材料可由多孔水泥混凝土、水泥处治、沥青处治或未处治的开级配碎石或砾石集料组成。这种方案常用于基层透水性小的水泥混凝土路面，特别是用于改善排水状况不良的旧水泥混凝土路面。水泥混凝土面层板的边缘和角隅处，由于温度和湿度梯度引起的翘曲变形作用以及地基的沉降变形，常出现板底面同基层顶面的脱空。下渗的路表水易积聚在这些脱空内，促使唧泥和错台等损坏的出现。设置边缘排水系统，便于将面层—基层—路肩界面处积滞的自由水排离路面结构。而对于排水状况不良的旧水泥混凝土路面，采用边缘排水设施方案，可以在不改变原路面结构的情况下改善其排水状况，从而提高原路面的使用性能和使用寿命。边缘排水系统的常用形式如图 7-7 所示。

纵向排水管通常选用聚氯乙烯（PVC）或聚乙烯（PE）塑料管。排水管设 3 排槽口或孔口，排水管的埋设深度应保证不被车辆或施工机械压裂，并应低于当地的冰冻深度。在非冰冻地区，新建路面时，排水管管底通常与基层底面齐平；改建路面时，管中心应低于基层顶面。排水管的纵向坡度宜与路线纵坡相同，但不得小于 0.25%。

横向出水管选用不带槽或孔的聚氯乙烯或聚乙烯塑料管，管径与排水管相同。出水管的横向坡度不宜小于 5%。埋设出水管所开挖的沟，须用透水材料回填，透水性填料由水泥处治开级配粗集料组成，其孔隙率为 15% ~20%。出水管的外露端头用镀锌铁丝网或格栅罩住。出水口的下方应铺设水泥混凝土防冲刷垫板或者对泄水道的坡面进行浆砌片石防护，以防止水流冲刷路基边坡和植物生长。出水水流应尽可能排引至排水沟或涵洞内。

集水沟底面的最小宽度，对新建路面，不应小于 30cm；对改建路面，应能保证排水管两侧各有至少 5cm 宽的透水填料。透水填料底面和外侧围以反滤织物（土工布），以防垫层、基层路肩内的细料侵入而堵塞填料空隙或管孔。反滤织物可选用由聚酯类、丙烯材料制成的无纺织物，能透水，但细粒土不能随水一起透过。

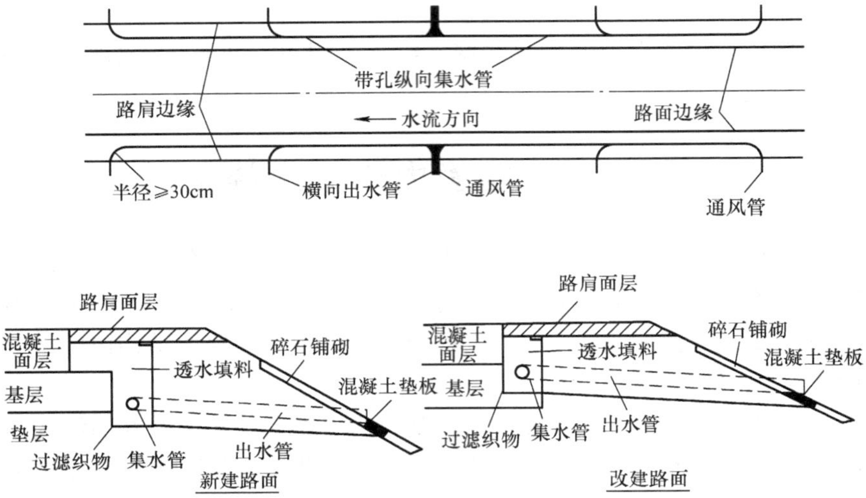

图 7-7 边缘排水系统（尺寸单位：cm）

二、基层内部排水构造物布置及施工要点

当路面内部可能出现自由水滞留时，可采用开级配沥青碎石或骨架空隙型水泥稳定碎石或级配碎石做排水基层，如图 7-8 所示。排水基层的集料应选用洁净、坚硬而耐久的碎石，其压碎值不应大于 28%，最大粒径可为 19mm 或 26.5mm，集料级配应满足透水性要求（渗透系数不得小于 300m/d），可通过常水头或变水头渗透试验确定。骨架空隙型水泥稳定碎石，其 7d 浸水抗压强度不得低于 3 ~5MPa，开级配沥青碎石集料的沥青用量可为集料干重的 3.0% ~4.5%。

纵向集水沟可设在面层边缘外侧、路肩下或路肩边缘外侧（图 7-8）。集水沟中的填料采用与排水基层相同的透水性材料。水沟的下部设置带槽口或圆孔的纵向排水管，并间隔适当距离设置不带槽孔的横向出水管。

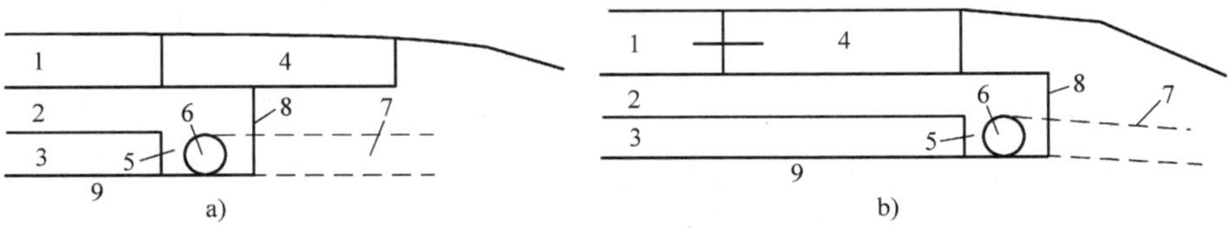

图 7-8 排水基层排水系统

1—面层 2—排水基层 3—不透水垫层 4—路肩面层或水泥混凝土路肩面层
5—集水沟 6—排水管 7—出水管 8—反滤织物 9—路基

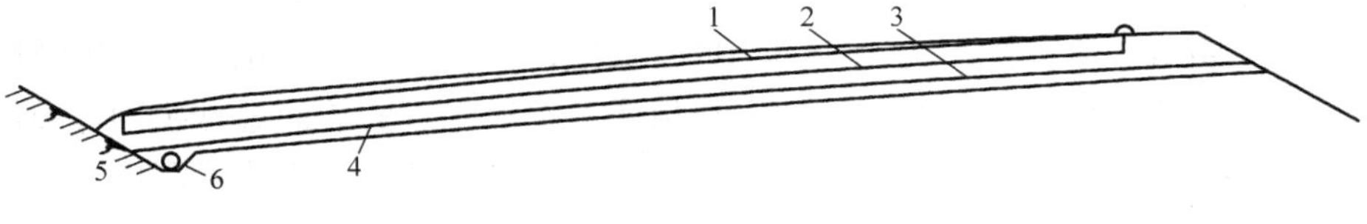

图 7-9 排水垫层排水系统

1—面层 2—基层 3—垫层 4—排水垫层 5—集水沟 6—排水管

为拦截地下水、滞水或泉水进入路面结构，或排出因负温差作用而积聚在路基上层的自由水，可直接在路基顶面设置透水性排水垫层，并适当配置纵向集水沟、排水管和出水管

等，如图 7-9 所示。排水垫层选用开级配集料（砂或砂砾石），其级配应满足排水和反滤的要求。

项目训练

1. 路表排水有哪几种形式?
2. 中央分隔带排水有哪些要求?
3. 路面结构内部排水有哪些要求?
4. 绘制分散排水路肩构造图。
5. 绘制边缘排水系统。
6. 绘制中央分隔带排水大样图。
7. 绘制基层内部排水布置图。

参 考 文 献

[1] 夏连学．路面施工技术［M］．北京：人民交通出版社，2011.
[2] 栗振锋，李素梅．路基路面工程［M］．2 版．北京：人民交通出版社，2009.
[3] 王建林．公路工程技术［M］．北京：中国电力出版社，2009.
[4] 文德云，彭富强．路基路面施工技术［M］．北京：人民交通出版社，2006.
[5] 美国沥青协会．高性能沥青路面（Superpave）基础参考手册［M］．贾渝，曹荣吉，等译．北京：人民交通出版社，2005.
[6] 陈栓发，陈华鑫，郑木莲．沥青混合料设计与施工［M］．北京：化学工业出版社，2006.